革命文献与民国时期文献
保护计划

成果

中国近代华侨教育史料丛编

华侨教育文献卷

罗志欢
李炳球 / 编
刘　强

齊魯書社

图书在版编目（CIP）数据

中国近代华侨教育史料丛编/罗志欢，李炳球，刘强编. --济南：齐鲁书社，2019.12
ISBN 978-7-5333-4227-2

Ⅰ.①中… Ⅱ.①罗… ②李… ③刘… Ⅲ.①华侨教育—教育史—史料—中国—近代 Ⅳ.①G749.8

中国版本图书馆CIP数据核字(2019)第276660号

策划编辑：刘 强
责任编辑：向 群 周 磊
装帧设计：李 生 刘羽珂

中国近代华侨教育史料丛编
ZHONGGUO JINDAI HUAQIAO JIAOYU SHILIAO CONGBIAN
罗志欢 李炳球 刘强 编

主管单位 山东出版传媒股份有限公司
出版发行 齐鲁书社
社　　址 济南市英雄山路189号
邮　　编 250002
网　　址 www.qlss.com.cn
电子邮箱 qilupress@126.com
营销中心 （0531）82098521 82098519 82098517
印　　刷 山东临沂新华印刷物流集团有限责任公司
开　　本 700mm×1000mm 1/16
印　　张 254
插　　页 27
字　　数 4000千
版　　次 2019年12月第1版
印　　次 2019年12月第1次印刷
标准书号 ISBN 978-7-5333-4227-2
定　　价 1580.00元

革命文献与民国时期文献整理出版工作委员会

革命文献与民国时期文献整理出版
学术顾问

（按姓氏笔画排序）

序

华侨教育历史悠久，内容丰富，是国内外的重要教育支系和研究课题。相对于国外尤其是东南亚地区的华侨教育，我国华侨教育起步较晚、过程艰难，这在饱经忧患的近代表现得尤为明显。

我国近代华侨教育的发展，颇有筚路蓝缕，以启山林的色彩，虽有国外华侨教育的一些做法可以参考，但是在师资选聘、教材选编、经费落实、物资筹措、员生保障等多方面需要探索与尝试。

尽管我国近代华侨教育留给清朝的时间不多，清朝晚期也处于世道浇漓、人心思变的状态，清朝还是实际性地迈出了我国近代华侨教育的第一步。清朝的初心未必是发展华侨教育，却历史性地与国外华侨教育同频共振。说树欲静而风不止也好，国外华侨教育推波助澜也好，我国的华侨教育毕竟随着历史的发展来到了近代。在这个过程中，清末的多种政治势力如保皇派、立宪派、革命党等起到的作用是微妙而复杂的。尤其是就民主革命力量来看，基于华侨对民主革命的支持，一段不长的时间内华侨教育成为革命党人工作的重要方面。不过，晚清鼎革，共和初造，时代转型，教育受伤。随后军阀混战、北伐事发、抗战军兴……社会虽然动荡，近代华侨教育却在经历中辍后，于动乱中继起而蹒跚前行，风雅不失，玉汝于成。

暨南大学的发展与我国近代华侨教育的发展若合符节，成为我国近代华侨教育的标本和晴雨表，也成为考察我国近代教育史乃至近代史的良好个案。

暨南大学的前身暨南学堂，肇造于清朝晚期。其诞生之时，正逢溪云初起，山雨欲来，处于新旧时代陵替之前夜。近代教育有待开篇：

新式教育如春风微兴，日渐向暖；旧式教育如秋雨飘摇，仍有温存。深受修齐治平思想浸润的开明之士，有感于海波微澜，华侨拳拳，基于故园之心，“弘济苍生，其益多；肇造区夏，其功大”。“暨南”于斯开篇。

创设不久，暨南学堂即饱受乱世困顿，频遭战火袭扰，终以其闪烁之光辉，树立华侨教育铭牌。暨南学堂（大学）时历清末、民国，见证清朝陵替、革命军起、日寇侵华等事件；地迁宁、沪、闽等，几经辗转，几番变换，然风雅不失、文脉不绝。一代代暨南人，志存高远，奋而兴教，引领潮流，坚持不懈，举民族文化振兴大旗于兵燹之中，辟中华文明远播途径于浩瀚以外，四海溥及，远而徕之，千里长沙，文而化之。侨胞递延，诗礼承传，暨南大学任重道远，我国近代华侨教育赖其利焉。

考察暨南大学建立之缘起、学者之追求、兴办之努力，可以为研究我国近代史尤其是教育史、文化史、社会史等提供重要镜鉴。关于我国近代华侨教育史的研究成果尚难说丰富，资料的缺乏和有待整理无疑是一个重要原因。我国近代华侨教育史料散乱沉积在鱼龙混杂、无序缺章的近代文献中，对之进行钩稽整理有其时代意义。而目前关于我国近代教育的数种出版物无论从规模还是从角度、广度、深度来看，对我国近代华侨教育的展示都是相当不够的，有的甚至几乎没有涉及。暨南大学作为我国近代华侨教育的活标本，无疑是整理我国近代华侨教育史料的一根扯不断的主流线索、一个重要抓手。

有鉴于此，亦有感于暨南大学作为我国近代教育的不朽丰碑，钦佩其深厚文脉，敬仰其芳华风范，我们以暨南大学为主线，顺藤摸瓜，编录了这套《中国近代华侨教育史料丛编》。

《中国近代华侨教育史料丛编》以暨南大学不同发展阶段为着眼点，基于近代华侨教育史与学术史的视角，广泛钩稽史料，汇集相关文献，尤其是沉积在民国时期的杂志、报纸、出版物等媒介方面的稀见文献或者章节内容，展现我国近代华侨教育从蹒跚起步到连绵推进、饱经艰难而弦歌不辍的发展历程。全书分为六卷：华侨教育文献卷、华侨教育人士卷、华侨教育学府（暨南大学校史）卷、华侨教育讲演卷、华侨教育影像卷、华侨教育图书馆建设（暨南大学图书馆史料）卷。六卷统筹阐扬暨南大学之优秀学术传统、近代华侨教育的优良教育经验，彰显暨南大学与华侨教育之深厚渊源；每卷又各有侧重，以期多角度展现近代华侨教育的主导思想、教育理念、教育实践、实体建设及相关学术与文化的历史演变。

人事有代谢，往来成古今。百余年之暨南，留下了如许可歌可泣之英烈篇章，令人难忘，近代华侨教育前贤，挽民族文化丰碑于不倒之热忱、得天下英才而培育之情怀，值得感念。我们期望能承前人风雅，是以谨秉广文弘教之旨、持忠信笃敬之念编选此书，以便为暨南大学、为华侨教育事业的发展和学术研究提供基础性文献。在编选过程中，我们虽然尽力克服民国文献因印刷技术、编排技术所限而导致的错误，但限于我们的学术水平也很难谈得上有多完善，分类归集或不免其弊端，亦难免失误。我们诚恳期待方家指正。

“读史者，考实录。通古今，若亲目。”“戒之哉，宜勉力。”是为絮烦之言叨列于前。

编　者
2019 年 11 月

总目录

前 言

一、本卷重点收录我国近代华侨教育兴办初期尤其是暨南学堂创立前后有关华侨教育的文件政策、评论概说及相关资料，略分为条例概论、文书公告、华侨教育、杂录四类。

二、本卷资料主要来源于报刊和专书中的重要章节，所录资料均注明出处。除了独立成篇的史料，此前出版之相关专书和资料集一般不整体收录。《南洋文化教育事业部组织条例》两年内重复刊登三次，内容出入较大，故仍予保留，以资参照。

三、所录文章体例各异，本书辑集时采统一体例，将原文章之附件如中英文内容提要、关键词及分类号等内容省略，只保留相关注释和参考文献，错字和标点符号酌情修改，其余则照录，不予改动。

目　录

条例概论

文书公告

华侨教育

杂 录

条例概论

暨南学校师范科之教育方针

本校师范科将造成何种人才乎？此就学本校之少年与其父兄或保护人,以及关心华侨教育者,必有之疑问也。兹将本校之期望及计划,说明大要如左。

一、造成人格高尚之教育家 教育者神圣之业也,故教育者之本身,不可不以神圣自居。否则无以得人之信仰,而及感化于受教育之人。南洋群岛,从事华侨教育者众矣。然其在社会之地位,不甚尊严。其故半由习俗,半由教育者之本身,阙乏伟大与高尚之人格。此无可讳言也。故本校为振兴华侨教育前途计,首在造成有道德有作为所谓人格高尚之教育家。

二、造成明达学理之教育家 教育又至难之业也。教育学之在今日已成为独立的科学,不明教育与心理而从事学校,犹之不明机械而为机械工师,未有不误事者。南洋群岛,华侨之热心兴学者众矣,何以教育成绩远不敌欧洲人所立之学校？其故即在缺乏明达教育学理之学董,致不易得明达教育学理之教员。间有少数教员,能应用教育学理者,亦无以得校董同情,而贯彻其理想,致学董教员,大都隔阂,无研究改良之事,此南侨教育上之重要病原也。本校为使热心兴学之华侨,克举教育上独立自营之成绩,不独造就一般良善教员,且将进而造就未来之新校董焉。

三、造成贯通中外之教育家 华侨不能废国文固也,然在中外杂处经济竞争极烈之南洋,不能不通外国文又势也。故为华侨教育前途计,中外国文,必须并重,且必须联络。然观今之现象,则僻远之区,规模稍小之学校,即困于经费,不能并置外国文教员,致喜习外国文者,改入欧人所立之学校，以专习欧文。其在规模闳大之校，虽中外国文之教员并置，然亦毫无联络。本校欲救此失，故务在造成贯通中外之教育家。

四、造成学识溥博教授灵活之教育家 南洋各埠，华侨学校，殆皆属两等小学，故每级教员，均须总揽一级中之各课。此为学校经费计，不能不如是。然其教员，非皆通晓各科学也。闻数年前，有不知理化博物为何物。而教理科者，不明普通之数理，而教算术者，自欺欺人，贻误匪浅。今鉴此弊，凡南洋小学应有之课目，悉于本校教授之准备之，务使成学识溥博之教育家而已。

五、造成精一技能生计上足以独立自营之教育家 处经济竞争之社会，势不能委身不生产之事业，而置生产于不问。教育之事，非于其个人有生产。而南洋之社会，经济竞争为最烈，在从事南洋教育者，教育之余，必多兼营生产之机会。故本校师范科所注意者，不独在授以纯粹教育上之学术，而尤在授以经济上有价值之技能。以期教育之外，以兼营生产事业，而发达个人之经济力焉。

六、造成常识丰富足以指导社会之教育家 教育家之责任，有教育与社会两方面。学校中博学多闻之良教员，实即社会上先知先觉之良导师也。南洋社会，无固有文明可言，加以天候炎热，不适于专门科学之研究，彼各国人民，住居南洋者，其文明程度，常较本国为低，不独我华侨为然。促而进之，惟在教育家。故从事南洋教育者，其活动范围，决不当限于学校，当以丰富之智识，时时灌输于华侨社会，以开其愚昧，而导其进步。若讲演，若新闻事业，种种社会教育事业，皆南洋教育者之所应有事。故本校造成师范科，即以造成华侨进步之键、文明之钥为已任者也。

本校设置师范科之期望，大要如上。然以何法而能达此？此相因而至之第二问题也。兹更将本校训练教授之方针，说明要旨如左。

一、训练上采用英国训育之精神以造成人格 世界各国，论学校训育之成绩，首推英。英之训育特点在力行人格主义。所谓人格者，在合道德能力二者，以锻炼成活泼有为之人物，非仅仅砥砺品操已也。

故其训练方法,以学生自治为根本,以着重运动体育为方便。若团体之管理交际之礼仪,皆于学校练习焉。本校训育方针,悉仿其意,故于校内各部,推行自治制。体育运动等事,则视同正课。课外复组织各种团体,如音乐会、演说会、俱乐部等,皆以职教员为指导辅助,而令学生自经营之。余如园林风景之布置、花木树艺之事,亦时令学生为之,务期造成优美高尚之品性、遵行规则之习惯、管理团体之能力、处世交际之常识,而尤在培养其自动自觉之精神。此其理由,至为微妙,当另文详述之也。

二、教授上采用适应南洋教育所需要之主义 以达前述各目的,分述如左。

甲、教育学心理学教授法管理法学校设备法等之教授与练习 此为师范学校中当有之学科。惟本校所特别者,一在略于理论而详于应用之方法,二在准酌南洋教育情况而讨论适宜之方法。要以不涉空谈切于实用为主。

乙、国文外国文之并重 英语之在今日商业上,殆成为世界之普通语。南洋各中华学校,国文以外,兼重英文。其见甚是。本校课程,国文程度,以平易切实为目的,算学程度,至略计代数几何而止。故课表上所占之时间,较普通之师范学校为少,而英文时间,较之普通为多。务期毕业以后,能兼操英语,兼作英文,兼阅英书。

荷属中华学校,现有推广荷兰语之趋势。本校第一年后,当准酌此种趋势,添置荷兰语一科,教授荷兰语。

丙、各普通课目之提要教授与图画课之注重 历史、地理、法制、经济、理化学、博物学(包动、植、矿、生理四种)皆学师范者所不可不知。本校于此等课目,提纲挈领,摘要教授,不涉繁细。而于图画一课,则特别注意,盖教授上最足使儿童发生兴味,容易了解者,莫如借实物与图画之直接指示,所谓直观直觉者是也。然实物不易备,国画则只须一粉笔一黑板,便能举大块河山,细微生物,悉集指端,毫不费力也。故图画于南洋教育上,有莫大之价值,本校特别重视之,一以为将来教授上之利器,一以为手工美术品之胚胎。

丁、教授实用的工业的手工　从事南洋教育者，有兼营生产事业之机会，故应有兼营生产事业之技能。前文已明述之。故本校所谓手工一课，虽曰教育上陶冶智能所不可缺，实以工业的手工，在经济上有生产价值者为主要。其详细教材今正详加研究，未全决定。然如石膏工之美术品，木工之教育器械及日用具，藤工、皮革工之旅行具，以及电气化学工之电镀品，均认为在南洋社会有生产价值，本校均列入教程者也。

戊、教授南洋知识　何谓南洋智识？各课目中多有之，如历史则有中外之南洋殖民史，如地理则有南洋之经济地理，如法制则有英荷美法各国殖民地之法规及其政治，如博物则有热带动植物。本校于此等课目，均注意于南洋方面之事实，并加商业一课焉。

近时日本人研究南洋甚力，其所调查出版之书籍，亦极丰富。故本校特置日本文之随意课，用简易法，教以阅日本书，以便毕业本校后，多一吸收新智识之途径焉。

总括言之，（甲）所以造成明达学理之教育家，（乙）所以造成贯通中外之教育家，（丙）所以造成学识溥博教授灵活之教育家，（丁）所以造成生计上足以独立自营之教育家，（戊）所以造成指导南洋华侨之教育家。本校师范科之所期望及计划者，大略如是，愿当世热心南洋华侨教育者，进而教之。

无论何种计划，能否实行，能否奏效，总视乎人。学校之所期望及计划，无论如何完善，倘乏完善之职教员以实施之，未见其能著成绩也。故本校对于师范科职教员，异常慎重，要必无滥竽充数之弊。此本校物色教员之宗旨，堪为豫告者。其详另见职员表。

（《新教育》第1卷第4期，1919）

暨南学校商业科之教育方针

闭关自守之世，有国内商业，无对外商业，故无国内外之竞争，而不成为商战。且其时商业，大多由个人经营，少团体之共同经营，营业之法，至为简单，故不重赖夫商学。中国数千年来，商人失学，而亦不乏大成功者，职是之故。然今世界交通，国内商业，殆无价值，国际间商业竞争，异常剧烈，所谓商战之世也。商战既成，于是大规模大资本之共同商业，随之而兴，营业之组织与方法，日益复杂。而商业一科，遂有成为独立的科学之势。近世各国，无国无高等中等之商业学校，亦斯之故。或曰华侨之于国外经商，固国外商业，非国内商业也。然而营业上奏大成功，经济上有大势力者，不可胜数，安见国外商业之必需夫学？曰是有故，何故曰无商业之竞争者耳？何谓无竞争者？曰华侨商业天才，远出愚昧土人之上，故能在土人之中，操商业霸权。迨后欧人东来，虽其学识能力，凌驾华侨，而华侨在商业上之根蒂已深，一时断无淘汰之理，且欧人与土人不若华人之易于接近，故华人居白人与土人之中，不失为贸易之媒介者，所以华侨商业，迄今犹巍然可观也。然循此以往，劲敌日起，譬之南洋各岛，除欧人外，远则有日本人在工商业上殆无孔不钻，无隙不入，近则有稍受教育之土人略解商业智识，骎骎焉有渐起经商之势。即在欧人，其生长南洋者，亦渐能与土人接近。我华侨倘徒仗天才、徒恃历史之凭借，商业前途，必不免日受侵蚀，日即衰微。日本之华侨已不如二十年前之盛大即其明证也。故今后欲维持华侨固有之势力，并发展海外将来之商业计，不可不汲汲以科学的训练，造成商战场中之强兵良将。此本校商业科之所以设也。

本科之主旨，既在造成南洋商业上强健分子，故所授学科，概以应夫南洋需要，切于南洋实用为前提，与内地商业学校，大有不同之点。就程度言之，内地商业学校，有中等高等两种。本商科则非中等，亦非高等。何也？谓为中等，则固类似高等，谓为高等，则又不尽同焉。就课目言之，有为内地商校所有，而为本商科所无者；有为内地商校所无，而为本商科所有者；有为同一课程，而详略迥异者。总之，本商科性质，为一种特别之商业专修科耳。

本科之程度课目何以采取此特殊之编制？泛言之，不过曰应夫需要而切于实用。切言之，则实有特殊之意义。试揭如左。

一、造成殖民地之商人 在今世言殖民，其难十倍于往昔，故各国有殖民学之研究。往昔之殖民，只须冒险勇往之精神，与夫经营商业之商识耳。今则全世界山陬水澨，无往无主权，无往无法律，无往无竞争者，故不独冒险勇往之精神不可阙，即此地之风俗、习惯、政治、法律、经济情况，（农、工、商业、交通、金融各事）无一不当研究，本科既为南洋华侨之商科，则毕业学生，应为一种“新殖民”。申言之，应有独立自营开辟新事业之精神与智力。而南洋群岛之风俗、习惯、政治、法律、经济情况，无一不当搜入教材。此本商科不能不特殊于内地商校者一。

二、养成共同组织之能力以期望大商业之发生 欧洲各国，往往凭借殖民地人民之成功，而开辟一殖民地。英之收印度，荷兰之领东印度群岛，其著者也。彼其人民，何以能此？曰不过公司力耳。公司之利于国家，利于社会，利于个人，实不可胜道。近时我国大小公司，亦有日渐发达之势。顾南洋华侨资本达数十万万，而无一独立自营堪与欧人匹敌之大银行与保险公司，人数达四五百万而无一独立自营航行世界之航轮公司，是可痛也。问：何以致此？共同道德之阙乏，与夫个人商业之习惯，固为一重要原因，然不信银行与公司之利益、不解银行与公司之组织及运用，则又一重要原因也。补救之法，一方在训练组织财团之道德与习惯，一方尤当启发组织财团之观念与养成运用财团之智能。故高等商校所有学科中，如银行学、保险学、公司学、统计学等学识，本校认为于华侨非常切要者。故本商科于此等学科，概皆特别注重。然一以实用为标准，决不流于高深之理论。此本商科特殊于内地商校者二。

三、养成营商切用之技能以便个人得服务之机会　语云材大难为用，学问亦然。日本人有毕业于高等商业之文学士，充当巡警者；有毕业于文科大学之文学士，充当电车运转夫者。其在我国，毕业东西洋专门以上学校，返国后，无所事事者，尤指不胜屈，此皆徒有高尚之学术，无切用之技能故也。南洋经济竞争之社会中，在一家不可有一无职业之人，在一人不可有无一职业之时。而殖民地独立自营之小商业，与夫共同经营之大商业，或为时机所限，或为资力所限，非尽人可能，则不能不就现有之商业场中，得一服务之机会，庶一方可免目前之闲散，一方可为将来之准备。今欲贯彻此主义，不能不于高尚学科之外，更置切实应用，而偏于技能方面之课目，使专精之。此种课目，在内地中等商校亦有之，如商业算术如簿记、如珠算等是。然在本商科则特加打字速记等课，且于商业算术、商业簿记、银行簿记各种，特重英文教授。如英语一课，尤注意于商业会话、商业尺牍，俾得自由服务于中外之公司，或银行，或商店，而无眼高手低之患。此本商科特殊于内地商校者三。

四、养成有农工常识得乘机兴业之实业家　南洋各岛，在繁盛之区，则经济状况，异常活泼；在边僻之地，则天然利源，未尽开辟。凡属商人，随时有致富之机，随地有可兴之业，即追溯华侨，积资巨万者，或由树艺，或由垦殖，或由矿产，决非限于贸易一途也。故为增进华侨殖民之能力计，为商人者必须通晓商业外之兴业常识，以为并营农林工矿之地步。本商科课目除商业上有关系各科外，如实用之理化常识、工厂常识、农林常识，均分年列入教材者，即本此旨。此本商科特殊于内地商校者四。

本商科程度课目，采取特殊编制之意义大略如上。然商业为实践之学，不独属技能之课目，当重实习。即讲理论之课目，亦务求近于实习。故本商科于各课目之实习一事，尤为特别注意。商品学也，商业地理也，则设博物馆（或商品陈列所）以为实习之地。银行学，则除校内假设银行以实习外，并赴实际银行考察其服务焉。公司保险、税关、仓库(货栈)等商业上种种机关,则设特别教室以实习其手续焉。凡此皆属课内或校内之事。至在课外,则有商业上之成功家临时演讲商业之上经验。又若校外则有赴国内外各商埠(如上海、香港、新嘉坡、槟榔屿、棉兰、巴达维亚、三宝垄、泗水各处)视察商况,随处实地教授之事。总之,本商科一切课目、一切实习,力求与实际之商业相一致,并力求与殖民地之商业相一致。此本校商业科之教育方针也。愿海内外商界贤哲,有以教之。至教授大纲,容另宣布。

商业科课程表

第一学年课目	每星期时数	第二学年课目	每星期时数	第三学年课目	每星期时数
商业道德	一				
商用文	四	商用文	二	商用文	二
英文 商业读本 会话	六 二	英文 商业读本 商业书信 会话	四 二 二	英文 商业读本 商用作文 商业书信 会话	三 二 二 一
商业算术 英文教授	二	商业算术 英文教授	一		
珠算	一			法制 国际法 破产法 南洋法规	二
民商法大意	二	公司组织 参用英文	二	商业学 保险学 关税论 海陆运输论 (参用英文)	三
经济学 原论 商业经济 (参用英文)	二	经济学 投机论 恐慌论 货币学 (参用英文)	三	商品学 实物教授	二

（续表）

第一学年课目	每星期时数	第二学年课目	每星期时数	第三学年课目	每星期时数
商业学通论 （参用英文）	二	商业学卖买论 交易所论 货栈论 保险学 （参用英文）	四	银行学实务	三
簿记商业簿记 英文教授	二	商品学实物 教授	二	银行簿记英文 教授	三
打字	二			速写	二
商业图案	二	银行学政策 概论 （参用英文）	四	经济地理本国 南洋 欧美	二
工业常识	一	银行簿记英文 教授	三	商业史本国近时商业 史世界殖民史	二
理化常识	二	农工常识	二	统计学	二
体育	三	体育	三	体育	三
合计	三四		三三		三三
实习（随时行之）		实习（随时行之）		实习（随时行之）	
第二外国语德法日 随意		第二外国语德法日 随意		第二外国语德法日 随意	

（《新教育》第1卷第5期，1919）

南洋教育方针之商榷

陈安仁

一时代有一时代之教育，一时代有一时代之教育方针。于新时代执旧时代之教育方针，冥行擿埴，未见其可。于新时代而徒拘于一时代之教育思潮，未尝斟酌古今之时势及将来应采之方针，亦未见其可。一国有一国之教育，一国有一国之教育方针。于一国之教育，而固执他国之教育方针，步亦步，趋亦趋，未敢少有所更变，未尝默察现在一己之国情，及国民之心理，而竟削足适履，以期䜣合，更未见其可。今标题曰"南洋教育方针"，顾名思义，可知南洋之教育方针，与欧美之教育方针异，与祖国之教育方针又异。其有异耶，其无异耶，非可以片面的观察，而当求其真际的见解而后可也。

教育方针当随社会国家诸方面之进步而进步，故教育方针非固定的而流动的也。社会国家之进步无已时，而教育方针之进步亦无已时，故教育方针，非暂时的而继续的也。人类思潮，随社会国家之变迁而异，其倾向教育者，所以改变人类之思潮，而人类思潮之进步，亦足以促教育方针之进步。十九世纪以来求知主义教育之反动，而情意本位之教育遂盛行。经济社会受剧烈之革命，而经济的职业的主义教育继之起。个人主义之思潮，走于极端，而国家公民的教育与社会本位的教育接踵而兴。因民族竞争之风潮甚剧，国家有分裂之虞，而军国主义之教育，伴之而进。机械的教育有流弊，遂盛倡人格本位与尊重儿童个性之教育。物质文明进步，遂创设人种改良学之一科。他如艺术的教育、新理想主义教育、勤劳主义教育，何一非随社会国家及人类思潮之进步，而教育方针依之而变迁者乎？虽然社会国家常随世界国际之潮流而变迁，而一国之教育方针，因时势之要求，亦常随世界国际而易其倾向。试考英国，其教育方针与教育思想，常感受他国之影响，例如文学复兴时代，则受意大利之风气；宗教时代，则受瑞士与德意志之影响；十七世纪之中叶，则受法国之感化；十九世纪之末，感染美国之个人主义，且因德意志之政治家及思想家之学说，图系统的教育，因时势之要求，顷且倾向于国家教育。自一千八百至一千八百五十年间，国家于国民教育，可谓活动之初期。一千八百零二年布教育法，内有规定纺绩及其他关于工作劳动等事。因显里普尼夏之提倡，调查各种下级社会之教育，而注意其生活状态。一千八百三十三年，英国会下院欲图英国教育之上进，国家须给以补助费。一千八百三十九年，女皇维多利亚于枢密院中设特别委员会，专管教育补助费。自一千八百五十年至一千九百年间为英国国家干涉教育厉行之时代。一千八百五十三年新置科学术部一衙门，以发达工艺教育。百年来英国工业之腾达为世界诸国冠，推其故皆以实利教育为教育之方针也。美利坚教育之发达，近数十年来，叹观止矣。美利坚之教育制度虽任各州自为之，未尝有统一，然其教育之新气象，随自由之倾向而益蓬勃；其教育之方针，亦注重实利教育也。一千八百五十年以前，美利坚工业教育之学校较有声誉者，只仑斯栾赛多艺学校而已。自一千八百五十年后，工业教育渐加需要，而工业之学校亦日益加多。巴仑大学校长惠兰德博士谓评议员曰：（一八五十）迩来美利坚人口繁庶，货财丰富，而大学生不特不能加多，且日见减少，可知今日教育制度之不能达其目的，昭昭可见。盖大学生之缺乏，必其教育不足以餍人望，从事于无用之教科故也。惠兰德追溯大学减少之原因，遂宣言于众曰：吾人有大学校一百二十，神学校四十二，法律学校四十七，而授农、工、商等实业教育者，犹未之闻也。惠兰德又曰：居陆地不得不行测量道路，不得不有建筑；他若造船、航海、耕种诸事，亦在所不可缺；且不可无制造厂与先进诸国竞争。一言以蔽之曰：后进之共和国，欲与欧洲诸国并立，不得不利用实用的科学，以速文明之进步。今日美利坚工业专门学校，凡大学工业部约有五十所，每岁卒业生不下二千人，工业教育，可谓盛矣。盖美利坚实业之发达，工业学校之力最多。征之工业史无可疑者。虽谓美利坚无工业学校，即无今日之工业史；无近数十年以实效教育为方针，即无今日之工业学校；非过言也。夫世界各国之教育方针，每以国家之情势而异，又每以世界之潮流而悬一方针以督率之进行者。论者谓现代风俗之日趋于恶劣，人心日趋于邪僻，世运日趋于卑下，当采欧洲十六七世纪之宗教主义为教育之方针，而后国民适合于道德的人格也。或曰：世界日进于自由之境域，人心每顺于自然的状态，为铸造未来之后进青年计，当扫除阻害幼者之自然发育，而以自然主义为教育之方针，方适合于现世的训育也。或曰：人生之真价值，在以实现高尚之优美性质，故当以美术文学为教育之方针，方能为诸能力之调和也。或曰：人生于纷扰之社会，一失其奋斗之能力，无以营独立的生活，以获人生之幸福，故当以实利主义为教育之方针，专授实用的知识、实业的学科，以完全其独立的能力也。今问吾国兴学已数十年于兹矣，而其教育方针何在耶？东瀛提倡教育，其始也，以军国主义之教育方针以锻炼其国民，以增进其国家之实力；继也以实利主义为教育之方针，以增进其国家之富力。近数年来感于国民道德力之日益薄弱，其教育家且提倡注重道德主义为教育之方针矣。吾国数千年之教育，实际上以美感主义及道德主义为方针，诗词歌赋、吟风弄月，视为学子应习之必要科，而圣贤遗训，视为金科玉律，以约束士夫之思想行动，则以道德为教育之方针。改法变制以来，国家政治之变迁，及国内机陧不宁之现象，交涌而至，而财政上感极大之困难，执教育枢机者，对于教育事业，趋于消极态度，致教育方针，如浮萍之飘水面，不能一定。如谓以道德主义为教育之方针耶，则人心浮嚣，上下之交征更甚。如谓以军国主义为教育之方针耶，则精神涣散，强迫之教育未行；如谓以实利主义为教育之方针耶，则工业窳陋，毫无成绩之可观；如谓以美感主义为教育之方针耶，则国粹鄙弃，只为皮毛之是袭。质言之，吾国只有形式之教育，而无精神之教育；有模仿之教育，而无实际之教育;有徜徉迷离之教育方针,而无坚定不移之教育方针。吾国教育之不能与先进诸国并驾齐驱,此其一因也。夫吾国数十年兴学,已无坚定不移之教育方针,进观侨胞托足之南洋,其教育亦有方针否耶?吾侨先民,离祖国,犯风涛,经蛮烟瘴雨,与猛兽斗,开山斩草,受千辛万苦,于炎荒之区,方得衣于是,食于是,长子孙于是。近十数年来,感于生存竞争,无学无智,淘汰是惧,乃急于兴教育,开民智,上无政府之辅助,中无中坚社会之后盾,而能挽已倒之狂澜,作中流之砥柱,於嚱南洋至如此之锦簇璀璨者,吾侨血与汗之所胎孕也。南洋教育事业方兴而未艾者,吾侨血与汗所涵结之美果也。虽然教育兴矣,尚未普及也。学校设矣,而教育尚无一定之方针也。推原其故,第一,华侨无统一之教育行政机关、教育方针,自无明了之表示。一国必有一国之教育方针,而教育方针之表示,在于全国执行教育之总枢机。今华侨居留于他人殖民地之宇下,非本国殖民地之可言,自无行政机关指定教育一定之方针;若谓师祖国之成规,而南洋之气候、民俗、习惯、境地,各有不同之点,且处于国外各个势力之交冲区域,其所值之运会有异,而教育方针,自不能不与祖国异也。今虽于居留地,无教育行政之机关,然教育方针不可不商榷而坚定,俾之默运而潜移,此其一也。第二,华侨教育事业尚属幼稚,教育方针,从前所以无一定之表示。幼稚之童,生活机能未独立,思想未坚定,才技未纯熟,断不能以一己之独断,而决定其所执行之事业。华侨之教育,尚属于幼稚时代也,此后以华侨之热心提倡教育,必进而至于成人时代。至于成人时代,则其教育不可不决定进行方针,此其二也。夫教育无一定之方针,则不能收至巨之成效。如航行于万里波涛溟蒙不知东西之际,苟无罗盘以指定方向,将不知诞登彼岸之何期也。又如行路者,东行焉,西行焉,未有一定之标的,则不知税驾之何所由。教育如不执定方针,则各学校有各学校之倾向,各区域有各区域之进行,各个人有各个人之主张。筑室道旁,议论多则难成;盈庭聚讼,私见多则反对。顾教育为铸造纯全统一之国民性也,教育何以能铸造纯全统一之国民性?以有一定之方针故。德意志之学风,在造成坚固武伟之民族;英吉利之学风,在造成温文尔雅之绅士;法兰西之学风,在造成活泼有为之国民。凡此皆教育有一定之方针,而能造就纯全统一之国民性。所以国家当有事时,全国民之志向,皆趋一致,而无左右冲突之患也。虽然祖国之教育方针与南洋之教育方针或有异,而造就有为爱顾国家之国民则同。如抵祖国之首都然。其在山西方面者不能不由陆,而在南洋方面者不得不由海,其至目的地则一也。今问南洋之教育当以何者为方针乎?不佞往复深思,南洋教育方针,当以实利之职业教育为主,而以道德教育、美感教育为从。何以言之?第一,吾国人之徙于南洋者,商界约居百分之二十,而工界则约居百分之八十。农之子恒为农,工商之子恒为工商,大多数之子弟中皆欲求为工业之技能,而为他日营独立之生活者,此事所必然也。二十世纪之世界,工商业竞争之世界也,就中尤以工业为竞争之根本利器。无工业则虽有商业,亦不足以为竞进之资。吾国贸易额出口货少而入口货多,每年溢出之金钱,无虑亿万,国民坐而就于贫困,经济社会日陷于偏枯之状,究其根因,皆工业缺乏之故。而工业缺乏,皆实利教育未有雷厉风行之故。南洋为世界交通之咽喉,又为国际贸易之集中地,吾侨之商于是地者,无虑数十万人也,吾侨之工于是地者,无虑百数万人也。商业之中心势力,在于华侨;而工界之根本基础,亦在于华侨。近者某国之商业,日益腾达,将来必压倒华侨。吾华侨欲与竞争而不落于人后,惟有注意商业上之知识及工业上之技能而已。欲造就华侨商业上之知识及工业上之技能,其消极的方法,在华侨联集商界之有力者而为大商业大企业之经营,集合资本家之有力者,而为大制造厂大工艺之组织而已;其根本的方法,则于教育采实利主义之方针,而造就其商业之知识及工业上之技能而已。(甲)工业上之技能。华侨之托足南洋,多趋工界,而工界中多属于下等劳动业,欲改良其生活程度,为学识技能所限,非易易也。无已则于其子弟之入学校者,注意教授以工业上之技能,俾他日出于学校,得有练习之机会,而获谋生之术。欲如是,则南洋英荷二属各学校当注重手工科,增加其钟点之数。手工一科,又当注重实用的学艺,于经济方面有生产之价值者。当脱离教科书之范围,而观察社会所需用之日用小物，凡教科书之排色板、折纸、剪纸、结纽等零细手工概减少之，而免碍其实习之时间。当利用本地教材以教授手织各物。其手织各物，为社会所嗜好而能销流者。如本地无相当之教材，可采购于祖国，或仿制外国品，或将本国品改良而变更之，以博社会之好评。既已注重手工科矣，尚有一要点所宜注意者，凡各学校内须组设一手工标本室，将南洋与祖国之标本实物，搜罗而陈列其间，俾学生暇时之参考观览仿制也；又须组设一学生手工成绩室，将学生所模仿所手制之各具陈列于其中，为各学生之比较竞争，取长弃短。手工成绩室中当另设学生所创成绩部，即学生以其特别新奇之心思，工课余时所手制之各物，为市上所无，或未经教授而新制者，陈列于其中，加以奖励。如此学生必能竭其心思才力，以应用此科实习的学艺也。凡此皆方针已定，而为今日切要之图也。夫已以实利教育为方针，则当注重职业教育。南洋数百校，俱属高初二级学校，诚能多立职业学校。彼毕业于高小学校者，即当升入职业学校，以造就其性习之职业。南洋多设中学校，不如多设职业学校之为愈。何也？盖中学校只获得较深之普通学科而已，一出于学校，不能有所实用也。（南洋之情势与祖国之情势不同，故中学校之需要，不如职业学校需要之切也。）德意志鉴于英国工商业之发达进步，其工业家大起恐慌，乃研究改良，奖励辅习教育；其教育家大声疾呼，提倡职业的教育。上则建设工商大学，下则改革中小学校，增设中等实业学校，实行强迫补习教育，而职业教育遂成一大系统。德国今日富强之由来，此其最要之一因也。德国现今各联邦二十六都市中，俱无不采用强迫补习教育制，近则由都市而推及于农村。据一千九百十一年之调查，全国之工业补习学校共有三千三百所，生徒数五十五万；商业补习学校七百所，生徒数十万三千；农业补习学校五千二百所，生徒数八万四千；普通补习学校共一万六千所，生徒数男三十五万、女二十五万；合计之，学校数共二万五千二百所，生徒数共一百三十三万七千人，可谓盛矣。南洋约三百万华侨，如百人中有一人在职业学校肄业计，则合南洋英荷等属计当有三万之职业学生。如一职业学校容纳二百之学生，亦当有一百五十所之职业学校。今尚非其时也，然吾侨能执定此教育方针，富者有力者先觉者实力以提倡之，十年以往，虽不能望有一百五十所之职业学校，三分一计，亦当有五十所。循序渐进，达于上数，亦何难之有？今举南洋须建设职业学校之种类以为侨胞知所采择焉：（一）对于制造纸业者；（二）对于制造鞋业者；（三）对于制造车业者；（四）对于制造玻璃业者；（五）对于写招牌雕刻业者；（六）对于制造马具者；（七）对于制造树胶业者；（八）对于制造铺设物者；（九）对于木工泥匠业者；（十）对于制造标本物者；（十一）对于制造马口铁细工者（南洋交通极便，多马车）；（十二）对于写真者；（十三）对于制蹄铁业者；（十四）对于陶器业者；（十五）对于儿童玩物各种器具者（日人之商于南洋者多数之商店俱丛售儿童玩具及纸花、木制小箱等物，即此小物以观，其一年输入金钱之统计，为数必巨）；（十六）对于制造罐头者；（十七）对于制造桶业者；（十八）对于制造木箱业者（分工细，其制造必精）；（十九）对于制造点心业者（德国亦有此种之职业学校，吾侨之在南洋者工界多，诚能改良其点心制法，获售必易）；（二十）对于印刷业者；（二十一）对于屠业者；（二十二）对于洗衣业者；（二十三）对于制造糖业者。以上不过略举其梗概，诚能合力以并举之，十数年以往，华侨之子弟，必多有职业，不致飘零于穷途矣。尤有进者，彼华侨子弟之毕业于高等初等学校者，已有专习之职业学校，以为练习之地，然尚有多数青年失学之子弟，或置身于工场，或游手而好闲，则将何以补救乎？曰：是有补习之学校在。(1)各工厂之少年子弟为工者必多，当设一半日学校或半夜学校，以熟练其所习之业，一星期以六点钟为限。彼失学之青年子弟，其知识已卑下，其手艺必粗陋，苟工厂而注意于补习，必能对于所业有增益，而于该工厂亦有利焉。吾侨子弟之就佣于工厂者，多不识字之青年，岂知工艺虽小道，而利用心思才力，不让之于其他之学科，非补习无以为工艺之改良。（上是附设之补习学校。）(2)专设之补习学校。或慈善机关，或公共会所，或热心教育者，组设一补习学校，为教授失学失业之青年子弟，而补习一种之工艺。如少数生徒不能设有差别独立一科之时，当设联合工业科以混合而教授之；如技术未熟，所业未精，则设特别科以专授之。各课教授之时间，大概以午后六时至八时，或日曜日自十时至十二时为宜，免碍其谋生之时间也。或曰：南洋已重职业教育，及职业补助教育，然他日安得有如此相当之教员？为今之计，当于繁盛地点组设师范学校，师范学校中附设职业教员养成科，一也。选择工场中之有志青年子弟加以津贴，使之入祖国或外国专门职业学校以受所必需之教育，二也。组设中国学校，于中学校附设职业科，三也。第二，南洋华侨中多经商之家，其子弟之来学者，他日皆为商业中人，故于实利教育方针中，当注重组设商业学校。（1）商业专习学校。凡在高等小学毕业者，即入该校肄业，修业年限以三年为期。学科如下：本国之应酬文字，如信札、日记、广告、帖式等类是；其他如习字及商贾法、商业算术及簿记、速记法、商法及商业地理等科是。苟能注意于是，毕业后，即可从事于商场之协助也。（2）商业补习学校。凡商店中之青年子弟未有商业之知识者，皆在补习学校而练习，其在商店佣工子弟，亦须于暇时入校补习，大概以午后六点至七点为宜。盖今日商业竞争之世界也，而南洋尤为商业竞争之中心点也。吾华侨之贸易额，亦高出于其他各国之上，及今不图，则以他国经营商业之资财、能力、知识，他日必压倒吾华侨而上之者。吾侨中多有擅商界之天才者，使能稍加以教育上之补助，安见不能突飞猛进乎！

（《中国与南洋》第1卷第6、7期，1919）

暨南学校开办女子部宣言

一、理由

男女对于人类之文明,有史以来,无日不在互助协作之地位。其努力之方向虽有不同,其所举之成绩实无轩轾。而谓教育之德惠,可偏重于男子一方面,是固不待近世女权之说昌,始见其为妄也。本校规复四年于兹,对于男女两方面,未尝挟一偏重之成见。只以校舍关系,于女子教育,尚未筹划及之。此实本校一大憾事。今者世界大势所趋,南侨需要所迫,我人义务心所诏示,觉女子部之必须开办,已无踌躇瞻顾之余暇。因于本年春,开始筹备,于秋实行开办。凡前兹所发表之师范商业中学各科教育方针,将依次移用于女子,以示男女教育平等之实。惟女子既别为独立之一部,则教育方针上亦自有其注重点。兹特提出以质诸海内外教育家。

二、教育方针

(一)保存优美之国民性　立国大地,其历史愈久远者,其特有之国民性愈深厚,其国民性愈深厚者,其国家之基础亦愈强固,故国民性者立国之精髓也。昔波兰亡国百余年,俄德奥三国惧其复国也,在学校内外禁用波兰言文,竭力以消灭其国民性。然而波兰妇女本坚强之爱国心,以拥护国民性自任,儿童在家庭襁褓之中,仍有使用波兰言文之机会。卒之波兰国民性,得之保存弗坠,而波兰复活,国民性之关系于国运有如此也。我国立国四千余年,优美之国民性不一而足,只就语言文字论,包含历史文明,根深蒂固。凡我国民,所为宜保存拥护者也。然而海外侨民，去国久远，不特文字已多隔阂，语言亦多同化于土著。游荷属东印度群岛，遇林林总总之华侨，不能以语言达意。甚至彼于“中国”两字意义，茫然不解者，比比然也。此种现象，由来已久，根本补救之责任，实只在家庭教育，不能尽恃夫学校。我中国女子数十年来，固以良妻贤母著称。今后使华侨女子，人人惯用本国之言文，人人了解本国之历史，卓然特立于欧化土风之外，在家庭襁褓时期，即植立儿童之国语基础，则不待受学校教育，而儿童爱国之观念，自可积渐养成。此其效用大于学校教育者，何啻十万倍。然此非女子本身富有爱国思想、酷嗜本国之语言文字成为习惯自然不可，故本校教育方针第一注重之点厥在发达女子爱国精神。对于国语国文，其有优秀充实之能力，以冀确立家庭教育，而挽回南侨行将丧失之国民性。至于其他本国之艺文美术，有足以发扬我国光者，若书画绣工等项，亦概从人所好与人以特别学习之机会焉。

（二）*养成多数女教育者* 教育事业在女子本有特长，而于初等教育尤著。其在美国，全国小学教员，殆为女子所独占。举一二例以言，例如纽约一市女教员占百分之八十九。如费城一市占百分之九十一有零。南加罗利那州之加士敦一市，达百分之九十九有零。其余小都会中，全无男教员之地共有四十余处之多。其在英国则小学校之女教员，殆达全数四分之三。此其故，一由女子教育之普及，一由于社会上各种事业需才甚多。男子多奔赴实业方面，而不乐就小学教员。今我南侨社会，固经济竞争之社会也。少年有为之人才，甚乐于从事实业，正与英美社会同。而女学校之需要女教员，尤为切迫而可贵。今后假使多数南侨女子，饶有教育上之修养与兴味，挺身从事于教育事业。则南侨小学教育权，将不论男女，悉归女子掌握。而教育上之收效与进步，有可操券以待者。举其大端言之，学校教育与家庭教育易于联络一致一也。教育人才就地可得，延聘教员可减种种耗费二也。教授管理上能体贴儿童心理，适合周围情势，尊重责任与名誉，富忍耐心与感化心三也。因是种种优点，本校女子部教育方针之第二注意点，即在养成其担当小学教育之能力。俾毕业后从事于男女初中等教育，以促南侨学校教育之进步。

（三）养成服务社会之能力　为一国经济计，女子当然协同男子，平分国内之生产事业。为一家经济计，女子更应协助男子，平分家内之经济责任。为女子自身计，欲图一切权利之平均，势不得不先图经济之独立。故自欧战以后，女子职业之范围，已扩充及于凡百事业，而实行所谓职业之解放。今后我国女子不求解放则已，否则不当仅以家庭义务自限，不当仅以学校教育，为尽服务社会之能事，必也各费所能，奔赴于社会工商各方面以求自立立人而后可。南洋社会，一经济社会也。前兹工商职业生产责任，殆全属诸男子者，今后当然有女子参与之机会。故本校女子教育之第三注意点，即在养成工商方面某种职业技能与夫自助独立精神、勤苦耐劳特质，以为男女职业平等共同生产之准备，而增进我侨民之经济势力焉。

（四）涵养人类之同情心　人类以互助而生成，互助以同情心为起点。我华侨散处白人土人之间，内无祖国国权保护，外有种族上政治上宗教上之异视。而漫藏诲盗，尤启人觊觎嫉妒之心，此诚临深履危之境也。欲图地位安全，其一，自相亲爱而团结。其二，惟有对四围之贫弱者，发挥同情之热忱，克尽互助之义务，则爱人者人恒爱之，敬人者人恒敬之，彼土人对我未必不感恩怀德，是所谓行善得福也。假使不然，或我族自相离贰涣散，或我持偏狭的爱国主义，不复计及他国他族，则彼此民族间不幸而轧铄，于我实有百害无一利。然世界各国之民，本同情以力行互助者，女子实为先锋。观夫世界上慈善事业，大多数归女子主倡指导，益可信也。故本校女子教育方针之第四注意点，即在涵养人类之同情心。以与爱国精神相并行，而发挥慈祥优美之品性。其社交上重要智能，足以贯通情意，增进善感者。若外国语文、乐歌舞蹈之类，亦均与其他学科并重焉。上述四端，然本校女子教育方针之主要者。兹更述今后五年间进行计划如左。

三、进行计划

第一年　招集中等学校毕业生，开办一年毕业之师范第二部，以应南侨教育界之急需，并同时开办补习科，以备南侨程度不一之女生，有随时回国随时入校之便利。

第二年 继续第二部，以补充南侨教育界之需要，并于补习科外，设置正式之中学科，以树研求高等教育之基础。

第三年 继续第二部如前，并扩充中学科补习科级数。

第四年 添办正式之师范科商业科，其学程系统与男子部同。

第五年后 扩充第四年所有各科级数，并设置其他专修科。

以上五年间之校舍，在上海新校舍未完全落成以前，即以南京本校校舍充之。已完全落成后，即与男子部合置一校，而仍保持独立分办之精神。至男女同学制，则俟之大学部实行焉。

附 国立暨南学校女子部简章

名称 本部由国立暨南学校所分设，故名暨南学校女子部。

宗旨 本部招收华侨女子及国内女子之有志海外教育事业者，授以适应于南洋社会家庭需要之智识技能，以冀普及教育，改进社会与家庭为目的。

分科 本部分科，按照本校男子部。但就目下华侨社会之急需并回国求学者之便利，先设二部师范与补习科两科。补习科专为南洋归国女生补习某科预备升学而设。

入学程度 补习科学生满若干人时，随时斟酌情形添设中学科。师范二部，须曾在中等学校毕业或有同等程度者，补习班、高等小学毕业或有相当程度志在回国研究高深学问者。

学额 本部学额无定数，但二部师范生暂设二十名（补习科生无定数）。

科目 二部师范所授科目为：公民须知、教育、国文、英文、算学、家事、手工、图画、音乐、体操、马来语。补习科科目，临时酌定。

年龄 本部二部师范生，须年在二十岁以上三十岁以下者。补习科学生，须年在十二岁以上者。

入学试验 检查体格。试验科目为国文、算学、英文、常识、志愿五种。

毕业年期 二部师范一年毕业。补习科无定期,视其学力为升级之标准。

纳费 二部师范生,学膳费均免,制服书籍费均归自理。补习科学生,学费宿费免纳,膳费杂费每年收国币六十元,入校时一次交足。此外入校新生,不论何科,到校时均须交保证金十元,至毕业时发还。

校址 本部筹备处,设南京国立暨南学校本校内。

开办时期 中华民国十一年七月。

本部章程未载事项,均遵照本校各种规程参酌办理。

(《北京大学日刊》第 1044 期,1922)

今后暨南教务应取之方针

姜 琦 讲 陈翔永 笔记

兄弟今天与诸君相聚一堂,是件非常荣幸的事,但自觉学识浅陋,能否发展暨南学校还是一个问题,所以不禁有怅惘之情!幸赖前校长和诸教员的努力,以及同学们的爱护,本校已开美好之局面,无庸我多所费心。不然,单靠兄弟个人力量,于暨南前途无补,那是必然的。所以很希望诸教员和同学以后都能继续本此精神干去。那末,暨南前途之光明是可指日而待的!

现在我且把以后办事的方针,分做三层来说明,使大家分外明了我的意见。虽说一切的谋划多半是随时间而变易而改进,是今日这短促集会所不能明白宣示,且为今日所不能预定的,可是提纲挈领,未始不于将来进行另所标明。

第一是学程适应社会的需要。

这一层即是达尔文之所谓"适者生存,不适者自然淘汰"之意。人类之所以永获胜利而为万物灵长者,其最大原因就在能适应社会这一点,但是负改造人类使完全适应社会的责任,却是教育。因为人类的生活方式常逐时间而起变易,所以教育便是改造人类生活的工具。办教育者对于这一层自然不容有所忽略。现在我们且看暨南学校所以设立的目的,便可知道我们应该如何教育,使之适合华侨社会,而为未来华侨打更稳固的基础。

苟不此之图,又何异于普通学,又何贵于有暨南学校的设立!于我，这一层很是重要，因为办一事必须认清一事的目的，才不致功亏一篑。那末，教材的改订，我认为是件不可免的事。想来这并非我的特点，而为大家所感觉得到的。所以改订学程的话更刻不容缓。苟欲详言之，则教材统一的话，并非行之全国而皆合的，如拘泥此说，必致弄到违背教育原理，那我们又何可顾利害而行之呢。

第二是训育适应个性。

因一地有一地的土风，一国有一国的国风。即约而至于家庭个人，亦莫不有其家风和个性在焉。教育者惟一的任务，在于因国之风与夫个性的分别，而利导之，使臻于完善的境域。所以教育不能埋灭个性是不可讳言的事实。何况华侨学生，万里海外，其个性之殊异于国内学生有不可以道里计者，自然不能不特别注意而图有以利导之，启发之，使克于成。所以此后我对于训育，依据上言，决采取个性的训育。

第三是事务采取渐进主义。

大凡三千界内无事不是渐进的，虽说有时看来好似突变，其实它内部的变迁已在先，不过我们的眼光不能窥探其中情实，遂致误认为突变。我对今后的校务和各科组织都要本此原则做去。因为突加更易，有时增纠纷，即于暨南前途的贻害是可猜想得到的。并且当我离暨南任事浙江第一师范时，也曾讲这样经验，后来不幸竟因此而得到很不良结果。这算是我办浙一师范的失败。现在我很希望能够避免这种失败的再生，也就是为暨南进步之设想。

总之，我的教育目的是认定适合社会为原则的，训育是个性的，事务是渐进的。这三点便是我今后办暨南学校的重要观念，深愿诸教员和同学们本往日合作的精神共同进行，来改造暨南学校，将来如有相当之成功，也就暨南全体的成功，也就华侨教育的成功。

（《民国日报·觉悟》第7卷第2期，1925）

南洋文化教育事业部组织条例

第一条 本部依照本校组织大纲第一章第六条之规定负研究并指导南洋文化教育事业之责。

第二条 本部分设五股,其职务如左:

一、教育股 办理关于辅助南洋华侨教育事宜。

二、调查股 调查南洋文化教育一切事宜。

三、指导股 指导南洋华侨一切改进事宜及南洋各种问题之研究。

四、宣传股 办理本国与南洋之各种宣传事宜。

五、编译股 办理本部出版事业。

第三条 各股设主任一人、助理一人、股员若干人,分任各股事务,其办事细则另定之。

第四条 本部设主任秘书一人,承校长之命综理各股文书。

第五条 本部设委员会规划本部一切进行事宜,以下列委员组织之。

一、常务委员 以各股主任助理及主任秘书充任之。

二、特别委员 凡本校教职员及国内外对于南洋有关系有研究之人士,得由委员长聘任之。

校长为当然委员长,负对内对外一切责任。

委员长因事缺席时得指定前项委员代理之。

第六条 委员会议由常务委员、特别委员共同组织之,每学期开常会一次。如有特别事故,得开临时会,均由委员长召集。

第七条 部务会议由各股主任助理及主任秘书组织之,议决关于本部一切事宜,校长为当然主席,每周开常会一次。如有特别故,得开临时会,均由主席召集之;主席因事缺席时,得由出席者临时公推之。

第八条 股务会议由各股主任自行召集之。

第九条 南洋学术教育会议由本校及南洋华侨学校学术机关与其他有关系之团体组织之,议决关于南洋一切文化教育事宜,校长为当然主席。每年开常会一次,由主席召集之,其会地点亦由主席指定之。

第十条 本部各种会议出席人数须过三分之二以上始得开会,经出席人数半数以上之表决即可通过。

第十一条 本部得设南洋馆,搜罗各种资料以供研究南洋业者之参考。馆内得分设左列各种研究室:

一、南洋科学室

二、南洋图书室

三、南洋生活室

四、南洋商品室

五、南洋史地室

六、南洋经济室

七、南洋政治室

八、南洋博物室

九、南洋卫生室

十、马来文化室

关于南洋馆之章程另定之。

第十二条 本部设出版委员会审查关于南洋方面之著作。章程另定之。

第十三条 本部认为必要时得设南洋侨务训练班以造就办理侨务之特殊人才,供政府及海外华侨团体之需用。

第十四条 本条例如有未尽事宜,得由部务会议议决修改之。

第十五条 本条例自公布之日施行。

(《暨南周刊》1927 年第 3 期)

教育研究会成立概况

一、日期

十月十九日(上星期三)

二、地点

本校膳厅

三、开会程序

1 开会
2 向国旗、党旗、总理遗像行三鞠躬礼
3 恭读遗嘱
4 主席报告
5 师长演说
6 会员演说
7 茶点
8 选举第一届执行委员
9 散会

四、到会人员

教务长黄建中、教育系主任汪奠基、教授林思温、南洋文化教育事业部代表邬翰芳,暨会员等三十余人。

五、主席李邦栋报告

略谓本会筹备期间甚促，诸多疏陋，惟同人重在研究精神，一方面须了解国内教育情形，一方面须研究海外教育状况，与一般的教育研究机关不同，故所负之使命甚为重大，希望师长赐以良箴并详细指导，诸会员各抒卓见，借资交换云。

六、师长演说

黄教务长历述近代教育之趋势，并各种目的主义与方法，源源本本，希望会员悉心研究，并以忠实态度实验云。

汪主任演说我国教育之缺陷，泰半由于盲从，对于本系抱定用科学方法，根据理智与意志，独立实验，以发现新教育，希望同学多作系统之研究，以备将来供献国人云。

邬代表演说怎样解决南洋教育的方法：一、保存民族的精神；二、适于商业的竞存；三、联络一致的精神，最后希望与本会会员合作编辑适应南洋环境的新教材。

七、会员演说

有陈希文、吴信长等，语多互励，希望共同负责，会员咸为健全份子云。

八、茶点

同时选举第一届执行委员，计当选者如下：

李邦栋	文书	陈希文	庶务	黄惠馨	出版
吴信长	交际	陈五章	经济	李忠信	注册
朱炜文	编辑	温文耀	调查	洪维楚	常务

国立暨南大学教育研究会缘起

教育为立国大本，国运之隆替系焉。矧夫近代学说纷纭，制度歧异,何者适应世界潮流?何者宜于社会状况?值兹我国厉行党化教育之初期,我校又为南侨最高之学府,巍然海上,为国内外观瞻所系,对于教育所负之使命,既重且大,允宜集众说之长,汇万国之制,精研探讨,融会贯通。同人等忝攻斯道,深惧绵薄有限,爰起教育研究会,以本系同人为基本会员,并征求校内外有志研究教育而愿加入本会之同仁,以期集思广益。兹以成立在即,得暂免介绍手续,即希签名加入,大会之期,另行布告。今日在校有相当之研究,则他时赴南洋或在国内发展文化,促进教育事业,亦有相当之把握。是则本会之影响至巨,同人不敏,愿与诸君子共策励焉。

国立暨南大学教育研究会简章

一、定名 本会定名为国立暨南大学教育研究会。

二、宗旨 本会以研究教育学术、调查当代教育实况、讨论其应兴应革之点,以备将来在南洋与国内发展文化、促进教育事业为宗旨。

三、会员 凡暨南大学教育系同学为基本会员,其他同学及校外有志研究教育而愿加入本会者,由会员二人以上之介绍,经执行委员会通过得为本会会员。

四、会员之权利

1 会员有选举权、被选举权、发言权、表决权及弹劾权等。

2 凡本会所出之刊物、所开之讲演会等,会员均得享受利益。

五、组织

本会设执行委员九人,互推常务委员一人,执行委员分掌文书、交际、编辑、出版、经济、庶务、调查、注册等事务组织,如下图:

执行委员
- 文书委员
- 交际委员
- 编辑委员
- 出版委员
- 经济委员
- 庶务委员
- 调查委员
- 注册委员

六、会务

1　设教育特别讲演(每学期至少公开讲述三次,专论国内外教育科学问题);

2　调查国内外教育实施状况;

3　出版教育刊物;

4　分组研究教育问题。

七、会期

每月开常会一次,每二周开执行委员会一次,均由常委先期通知。遇有国内外教育界发生重要问题时,得临时召集大会研究之。

八、经济

1　请学校当局补助;

2　会员每学期每人壹元,但遇特别开支时得临时募集之。

附则　本简章如有未尽妥善处,得由会员二人以上之提议,经常会通过修改之。

(《暨南周刊》1927 年第 4 期)

南洋文化教育事业部宣传股计划大要

衣　萍　拟

本股现为有系统有组织的进行起见，特制定计划大要如左。

宣传计划，分文字、讲演两项：

A　文字

1　定期刊物　《南洋研究》，按月刊行一次，与编译股共同编辑出版。

2　不定期刊物　关于南洋华侨之重大问题发生，得发刊小册子，以促起海内外人士之注意。

3　通信　国内之政治、经济、教育、实业状况，及本校本部之工作，每周撮要报告南洋报馆及各华侨团体，并随时将与南洋华侨文化教育及本校本部情形，在国内报纸发表。

B　讲演

1　校员讲演　本股与本校学生会联络，组织南洋文化讲演会，每月举行一次或两次，其细则另定之。

2　特别讲演　倘遇南洋各种专家或素著声望之华侨来沪时，本股应请其来校特别讲演。

3　南游讲演　本股与调查股联络，每年得派专员赴南洋各处宣传讲演本国及本校本部情形，并考察华侨状况，其细则另定之。

（上拟计划大要，已于十一月十一日呈请校长批准公布。）

（《暨南周刊》1927年第7期）

南洋文化教育事业部组织条例

第一条 本部依照本校组织大纲第一章第六条之规定组织之,负研究并指导南洋文化教育事业之责。

第二条 本部设委员会总揽部务,规划本部一切进行事宜。委员若干人,由委员长聘任之;校长为委员长,负对内对外一切责任。

第三条 本部设常务委员会常务委员,由委员长在委员中指定五人至七人充任之,会同秘书主任、各股主任执行部内各项事务。

第四条 本部设秘书主任一人、秘书一人,综理本部文书。

第五条 本部分设教育、调查、指导、宣传、编译五股,其职如左:

一、教育股 办理关于辅助南洋华侨教育事宜。

二、调查股 调查南洋文化教育一切事宜。

三、指导股 指导南洋华侨一切改进事宜及南洋各问题之研究。

四、宣传股 办理本国与南洋之各种宣传事宜。

五、编译股 办理本部编译出版事宜。

第六条 各股设主任一人、助理一人、股员若干人,分任各股事务。

第七条 委员会议由本部委员组织之,议定本部一切重要议案,并得否决或修正常务委员会议、股务会议之议决案。委员长为主席,主席因事缺席时,由出席者公推之;每月开常会一次,如有特别事故得开临时会议,由主席召集之。

第八条 常务委员会议由常务委员组织之,议定本部各种议案、建议于委员会议。主席由出席者公推之,周开常会一次,如有特别事故得开临时会议,由上次主席召集之。

第九条 股务会议由各股主任自行召集之。

第十条 南洋学术教育会议由本校各部及南洋华侨学校学术机关与其他有关系团体之代表组织之,讨论关于南洋一切文化教育事业之重要问题,确定其主旨与计划。其章程另订之。

第十一条 本部各种会议出席人数须过三分之二以上始得开会,经出席人数半数以上之表决方可通过。

第十二条 本部办事细则另定之。

第十三条 本部得设南洋馆,搜罗各种资料以供研究南洋事业者之参考,馆内得分设左列各种研究室。

一、南洋科学室

二、南洋图书室

三、南洋博物室

四、南洋商品室

五、南洋生活室

其章程另定之。

第十四条 本部认为必要时得与大学、中学两部联络开设南洋侨务训练班,以造就办理侨务之特殊人才,供政府及海外华侨团体之需用。

第十五条 本条例如有未尽事宜,得由委员会议议决修改之。

第十六条 本条例自公布之日施行。

(《暨南周刊》1927 年第 8 期)

南洋文化教育事业部宣言

国立暨南大学为南洋华侨之最高之学府，实负有解决南洋华侨一切问题之责任。教育华侨子弟，不过为解决华侨问题之一方面；因而本校所负责任之重，决非仅已扩充之大学部、中学部所能独任。其他方面之有待于吾人之研究与指导者，亦至繁夥而迫促。

吾人今日一涉南洋境内，睹兹丰蔚繁盛之乐园，因而悬乐想一千余年以前之南洋，尚为一片荒榛棘莽炎蒸薰灼之区。自华侨接踵南游，本其坚忍之毅力与卓越之才智，筚路蓝缕，以启山林，而后此世界宝库之南洋，始得呈露于吾人之前。吾先民在南洋有如此伟大之贡献，实足以使吾人低徊向往而引起吾人向海外发展之企图。

晚近三百年间，海上交通之途大开，西洋诸国挟其殖民政策以东来。于是南洋华侨以自体无坚强之组织，而顿失其政治上之优越地位。然其在文化经济上之势力，犹日兴而月盛，以与其他民族共同繁衍于此土，初不以政治上之问题，而为之减色。吾先民此类辛苦拓殖事业，更足以使吾人深思耽味而增厚吾人向海外发展之决心。

欧战以后，日人盛倡南进政策，遽欲取华侨之地位而代之。以彼政策之著著成功，于是华侨千余年来文化经济上之势力，遂有根本动摇之患。吾人以观察之所及，而知华侨目前之最大危机厥有四端。

一、经济上之地位渐次低落　南洋处于热带之下，不适于白人生活，以故华侨在此种环境之下，本其优厚之天赋，得以握有南洋之经济全权。自科学发达以后，东西各国一切企业均采新式组织，而南洋华侨则多仍沿用土法。对于竞争，已先处于不利地位。而近来日人之积极南进，各地殖民政府复制定种种法律以限制华侨之经济发展，皆为华侨经济上之最大劲敌。在昔日华侨所处之环境,今或以科学法律之故,而已多所不适。至所仅余之优厚天赋,又与日人共之。于是华侨经济上之地位,遂不得不形成今日低落之势。

二、祖国文化在南洋有渐次低落之势　南洋华侨远离祖国,对于祖国之文化,总不免有隔阂之处。而南洋又适为世界人种之博览苑,土生华侨,平生未履国土,祖国文化既无接近之机会,因而耳濡目染,遂形成其自然之习惯。故南洋华侨非袒胸革履,以拟欧美人士之装束,即跣足踏歌,深被马来民族之土风。于是吾祖国文化在南洋遂视同土苴。吾华侨前途莫大之危险,孰有过于此者。

三、教育上缺乏计划与联络　华侨教育之独立存在,实为华侨一种正当要求。今南洋华侨所设之中小学校无虑千有余所,然而各自为政,互不相涉。既无一种具体规划以为久远之谋,亦无一种最高机关为之联络。因是南洋华侨学校,在教学上之效率亦不免为之减色。

四、国家与社会不为之援助　拓殖事业,必赖国家与社会共同合作,而后始可克奏肤功。日人之在南洋,本无若何基础。其政府每年支出巨款以为考察之用,复有各种报章杂志,以报告于社会上一般人士。于是政治家、实业家,遂根据此项报告,以定种种计划。故二十年来,成效卓著如此。是皆国家与社会,两重援助之功。我国政府对于海外移民,向不过问,年来处于军阀割据势力之下,更不暇注意于此。社会人士对于南洋华侨,亦漠不相关。故南洋华侨在今日实处于孤立无助之地位。其开拓之能力,亦为之衰退不少。

基此观察,吾人已知华侨在南洋所处之地位,已远不如吾先民时代,其须吾人自体之挽救,真有迫不及待之势。

就革命意义而言:华侨既为中华民族之一部分,华侨问题即为中华民族之问题。吾人欲使中华民族达到自由平等之地位,吾中华民族之全体,当起而共同解决之;而本校对于南洋华侨,实负有研究与指导之责。今者国民政府成立,有侨务局以确立海外政策。而本校复受政府之委托,成立南洋文化教育事业部。一方面对于南洋华侨一切问题,加以精密之研究,以为教学上之预备。一方面期与南洋华侨各团体、各机关联为有系统之组织，以研究之所得，指导其实施。谨将本部今后所应努力事项，分述如左。

一、灌输祖国文化于南洋，期与其他民族共同荣盛 我国文化，在世界上过去之贡献，较之任何文化，均无愧色，今日国学之研究，已有优良之进步。本校为灌输祖国文化于南洋之故，特在大学部设中国语文学系，并计划在最短期内成立中国画系。其他如商学院有中国经济系，教育学系有中国教育系，中国哲学政治学系有中国政治思想系，法律学系有中国法律系，各种讲席，皆冀于中国文化有所贡献。而中学部对于华侨学生言文问题，尤为注意，课外时有关于中国文化之讲演，并为初回国之学生设国语班，授以注音字母，提倡奖励，不遗余力。而全校国乐会又适于此时成立。本部一方面根据校内外人士研究之结果，用浅显文字介绍于南洋。一方面对于国学有研究之人士，介绍往南洋服务。以期从文字上教育上灌输祖国文化于南洋，借与其他民族之文化互相调和，互相观摩，以达到共同荣盛之地位。

二、调查南洋实际状况以为研究之标准 吾人一切研究，必须依据实际状况，而后始免臆测悬想之弊。南洋与中国道里悬绝，非有悠久之岁月，切实之调查，不能明其实际状况。本部现正努力调查南洋文化教育上一切情形，并搜集关于南洋之各种图书标本，以为研究之准备。于必要时并得派遣专员，作南洋之各种实际调查，以为研究之标准。

三、从教育上增进华侨开拓之能力 一切企业，须有相当之教育，为之指导。无教育之企业，终难立足于现在之世界。关于南洋之各种开拓事业，需要人才极多。本校扩充大学部、中学部，即顺应此种需要而起。本部期与本校大学部、中学部联络。一方面将南洋中小学校学制划一，俾与本校衔接；一方面对于南洋华侨之实际状况及将来之需要，为切实之调查与研究，以为将来施教之方针。期由此两方面增进华侨之开拓能力。

四、促成国人南移之企图 吾人默察近世民生之艰窘，失业者有增无已，知移民之事，在我国民实为急图。且南洋华侨笃念祖国，国人在过去之前往南洋者,吾华侨公私团体,无不乐意予以援助。有志南移之士,当知吾人一出国门,便有五百万同胞在彼正预备为诚恳而热烈之欢迎。本部今后更以研究之所得随时公布,使国人对于南洋之情况,充分明了,则未始不为促成国人向海外发展之一助。

五、鼓励华侨参加祖国之一切运动 华侨对于祖国之一切运动,向来均乐意赞助,踊跃参加,微华侨,革命成功,不能若斯迅速。本部今后更当以国内情形,随时传达于南洋。使南洋华侨明了祖国情形,今后参加祖国运动,更为普遍,因以助成祖国各种事业之发达。

以上所述不过举其大端而言。本部所应努力事项,有时或须涉及上述范围之外。本部敢郑重宣言:本部今后之责任,总期在可能范围以内用和平而最有效之方法,尽量促南洋华侨之发展,使祖国与南洋华侨,得以并臻荣盛,而同一达到自由平等之地位。现在本部成立伊始,一切限于经费,不能为大规模之设施。但南洋文化教育事业,本为中华民族全体之责任。所望国内外之人士,对于南洋华侨之一切问题,加以深切之注意,或供给本部以研究之资料,或惠予本部以切实之援助,随时匡勷,俾免陨越。本部深信吾人对于南洋华侨尽一分力量,总有一分效果。本部今后立于国民政府指导之下,只须始终不懈做去,未来途上,定有无限光明。南洋文化教育事业部委员会委员长郑洪年,委员叶崇智、谢循初、郑宝照、林思温、章衣萍、王名烈、杨昭悊、刘士木、徐中舒、汤文聪、蔡和钦、余佑人等,谨此宣言。

(《南洋研究》第1卷第2期,1928)

南洋华侨教育与立案条例

徐中舒

当此戎马仓皇的军政时期，国内学校，虽日言革新与整理，但因军事及经费两重关系，实有力不暇给之势。吾教育当局，在此种局面之下，盱衡国是，知非谋教育之进展，则将来终无起衰救弊之望。除对于国内学校颁有各项条例，力加整顿外，对于华侨教育，一方面既特设华侨教育委员会专司其事，一方面又订定华侨学校立案条例，俾侨胞设立学校，得与国内学校同在一个方向之下共同发展。在国民政府之下，吾人始认识华侨教育之重要，虽嫌已迟，但是亡羊补牢，亦属华侨之厚幸。不佞阅读之后联想所及，不禁发生一种感想，谨以就正于吾贤教育当局。

吾人应知吾华侨之足迹，及于南洋群岛，实远在千余年之前。其肩摩踵接见于各繁盛都市者，亦阅二三百年。其历史既如此悠远，踪迹所至，太平洋印度洋间星罗棋布之大小各岛，一百二十万方里之间，莫不有与我语言同文字同血统同之侨胞。吾华侨尝自诩曰："海水到处，皆有华侨。"其疆域既如此广大；分布各处人数，缅甸约二十万，越南约三十二万，暹罗约近三百万，马来半岛约一百六十万，英领婆罗洲约三十四万，荷领南洋群岛约九十余万，菲律宾约八万，此为前数年之统计，而其他之小岛，尚未算入，总之华侨在南洋人数，不下七百万，其人数又如此众多。昔日南洋，仅为天荒地僻，榛莽塞途之区，自我侨胞播迁以后竭精殚神从事拓殖，始有今日辉煌灿烂为世界富源之南洋。

吾侨胞以如许之毅力、如许之悠长历史，所以在今日有如此深厚之根基；虽叠遭摧挫，而其勇往不挠之精神犹如昔，而其繁盛滋荣之状况犹如昔。近来日人大倡其南进之策，吾侨胞在海外又多一重威逼。在此种环境之下，吾华侨乃栗栗危惧，不可终日。将置先人之劳绩与历史而不顾，一任其自生自息于南洋诸岛，以与土人同其命运乎？将奋发志气，本其坚苦卓毅、冒险图艰之精神，以继承先人之功烈，而增进吾人之经济地位，以与东西文明诸邦相颉颃乎？为侨胞历史计，为侨胞生存计，是不能不乞灵于教育。教育低下之民族，在今日之世界，终必为他人奴仆以至灭绝而后已。吾人放眼一观南洋之华侨教育，果何如乎？

华侨兴学，已数十年，虽于小学教育不无补济，但迄今犹未能为长足进步与发展。其阻碍与困难，厥有数因，请分别言之。其最著者，为各国殖民政府对于华人教育完全隔膜，彼乃欲以彼之语言文字，代替吾之语言文字。如英领海峡殖民地及马来联邦，于一九二〇年，有学校注册条例之颁布。此等条例之颁布在稍明世界现势者既不难知其用意之所在。兹将其重要之点，略举如下：（一）殖民政府随时有权封闭学校；（二）教科书须由政府编辑；（三）教员须经政府许可，执有准状，方可充当，否则驱逐出境；（四）查有不合政府意旨之学校，当重责该校负责之人。此种条例，虽经热心教育之华侨极力反对，尚未实行；然其妨碍华人兴学影响至巨，至于荷属各地亦有注册条例之颁布。其要点如下：（一）令汉务司检查各学校教科书及国语课本；（二）禁止学生谈祖国政治；（三）对于教员入口非常注意，如无确实担保，则拒绝登岸。且荷政府近来又极力奖励华侨子弟入荷兰学校。各中国人学校附近，必增设荷属学校一所，其设备多优于华校，使一般儿童弃此就彼。又在巴达维亚设师范学校一所，专收土生华侨子弟以为代办华人教育之预备。前三宝垄有某华校，因经费支绌，势难支持，而荷兰政府，且愿代为接办。以华侨远在海外，虽多热心教育之士，而处此种环境，其能维持固有之现状，已属不易，尚能望其发展乎？至若华侨学校内部情形，以言人材，在南洋华侨方面，其教育子女之责，多假托于国内前往之师资;其所倚重之人,固多优秀分子,此种优秀分子,对于教育确有研究,确为热心南洋教育而前往者,然南洋范围太广,此种凤毛麟角之教师,实供不应求。于是仅羡南洋之繁富,欲从事他种事业,暂无相当机会,权执教鞭,维持生活者,遂亦乘机而入。教法既非所娴习,教学亦非其志愿,视学校为旅舍,等教书为消遣,其于教育事业,不能有所贡献,势所当然。而且优秀分子,或为环境所迫,不安其位;于是滥竽充数之教师,地位益加稳固,而华侨所立之中华学校,遂顿呈人材贫乏之现象,因此日趋于堕窳者亦不可屈数。以言经费,在不知者,以为南洋富庶之区,而华侨又多拥有资财,区区兴学,不患无资。但实际则不然,华人在南洋所立之学校,我政府既未加以辅助,而亦未受其他任何政府之津贴。其开创之始,或因侨胞中热心教育者,奔走劝募,锱铢累积;或因富商之激于一时义愤,慷慨输将。然大都无固定基金,所赖维持者,为月捐货捐等等,时时受商务影响。一遇商场凋零与动摇,则学校亦随之呈露危险现象。近年爪哇各处学校,经费拮据,无法维持,因以停办者,时有所闻。其或不得已,开设夜市,举行游艺,所获无几,而牺牲已大。或增加学费,以维持学校生命,然学生因学费增加,不堪负担,转入外人所办之学校者,实繁有徒。如爪哇之中华学校最低学费,每月每生约荷币一盾,最高每月每生多至荷币十盾;以视土人小学所收学费,每月每生不过一角半钱,相差之远,令人骇异。加以殖民政府近来又有半华侨式之学校产生,其设备均较华校佳而收费轻,安能望华侨之子弟,不舍此就彼?且中华学校经费来源,多出自捐助,于是捐主不能不与学校发生关系,因而有学校董事会之组织。考各校董事之设,其始或因易收募款之效,故多延商界巨子,或因其人对于学校已有劳绩,在学校方面,不能不予以名义,以便联络;并且多数学校,其生命之维持,全赖董事,其用意未始不善,董事之功,亦殊不可没。但一学校之中,董事例有数人,多者至十余人,此十余人中,对于教育明了者,固不乏人,而其中亦难免有一二人对于教育情形则甚隔膜,而对于校务又以为身居董事地位,不肯让人,于是干涉行政,滥荐人员,甚至学校极细微事务,亦必由彼等通过,视校长如雇佣,是以能力稍好之校长，往往因意见参差，舍而他去。凡此种种，或因外力之沮遏，或因内部之不良，皆足以使华侨教育淹淹不振，为吾人所不忍言而又不容讳言者。不佞于华侨教育发展困难，忧心如捣，感叹之余，一方面希望华侨同胞，各自振作，以谋教育之巩固与进步；一方面则不能不希望于我国内教育当局，高瞻远瞩，实事求是，而为华侨教育之后盾。兹更为具体说明于后。

一、宜体察华侨学校创设与维持之困难 南洋华侨所设立之中华学校，其创设之难与维持之不易，既如上述。我教育当局，应原情揣势，予以特殊之待遇与扶助；不能与国内私立学校同科并律，致有扞格之虞。考华侨学校立案条例第二条，"凡华侨学校，须具有左列各项资格，方得呈请立案：甲、经费，(一)有确定资产或资金，其租息足以维持其学校常年经费者；(二)或于确定资产资金，而另有其他确实收入，足以维持其学校常年经费者。乙、设备，有相当之校地、校舍、运动场、教具各项者。丙、教职员，教职员能合格胜任，有专任教员一人以上者，校长由中国人充任者"。细观此条，除"校长由中国人充任"无庸疑义，与设备等项，尚可免强施行外；其经费一层，华侨学校开办之始，多仰给于捐款，若言确定资产或资金，实为难能。设资产与资金而未确定，或确定而生息不足以维持其学校长年经费，即将不准立案乎？则华侨学校之不能开办者多矣。政府既无专款普及小学教育于华侨，而施行如此严刻限制，似非善策。又第五条，"凡已立案之华侨学校，如经大学院认为措施失当，成绩不良时，得撤消其立案"。以华侨教育之环境如此，除著名之成绩优良，根基稳固之少数学校外，其措施自难尽如人意。设此条不等于具文，则华侨华校可以停闭者，似不仅三数学校。又将何以救济之乎？不佞希望当局诸公，对于华侨教育，宜时时念其兴办之难，居于指导与辅助地位。其措施失当者，指导之使渐入正轨；成绩不良者，辅助之使渐臻优良。不必遽以峻法随其后。若经费未确定则不准其立案，成绩不良则撤消其立案，对于国内私立学校固可如斯，但未可以施于华侨学校。非故为华侨教育求委曲成全，特因伺于华侨之傍，欲为代谋教育任务者，大有人在。若我当局，复以条例增加华侨学校之困难,在当局或欲以此促进华侨学校之改善,恐"为渊驱鱼,为鹯驱雀",而效果适与相反。愿吾贤教育当局思之,重思之。

二、多方奖进华侨创立学校之热心 在民国未成立前,海外华侨痛心清廷之腐败,一方面协助革命事业,期望祖国建设新兴之国家,对于国内志士,募饷劝捐,竭力输将;一方面欲其子弟吸收世界文明,保存祖国文化,对于创设学校,经营擘划,惟力是视。故当时学校成立,实如春笋怒发,盛极一时。迨民五民六以后,国内政治,日趋腐窳,华侨对此,既多失望,又以开办学校多年,成效未著,如课程不适用,毕业生无出路,在在使华侨对于自立学校信仰之摇动。是以现时华侨学校,筹费困难,因此倒闭者,时有所闻。去年泗水某君,至提议改革华校课程以荷文为正,汉文为副。其用意如何虽不可知,然华侨学校之现状,可自言外知之。故华侨教育"危机!危机!"之声,遍于英属荷属各地。我教育当局,似宜趁此国民革命将告成功之日,庶政维新之时,对于华侨教育,急筹奖进之方,使华侨对我政府,既不失望,而又知政府对于华侨教育,殷殷眷注,因此激励奋发,以图改进,庶有挽救之望。此固非几行干枯条文,作某某之限制者所可奏效。此又不能不请吾贤教育当局,略费筹躇,而为吾华侨教育作积极之奖进。

三、宜设法补助华侨教育经费 以我国现时状况,军事尚未结束,需费浩繁,财政当局,竭力搜罗,尤恐不给,一切政费,时告竭蹶;国内教育,只因经费关系,亦多徒托空谈,无力实行发展。在此种状况之下,欲为华侨学校谋补助经费,诚为不情之请。但以华侨教育之现状论,因困于经费,应设立者未能设立,已设立者又多濒于危境,遑云改良?遑云发展?我政府势不能听其如此而不加以救济。就华侨对于祖国之关系言,协助革命,发展实业,投资义振,创立学校,其功亦甚丰伟。吾人今且不论华侨为吾中华民族之人民,即按之互助合作之义,国人对于华侨,须补助之处,亦不能不稍尽其力以为酬答。纵国库匮竭,亦应樽节其他用款,为补助华侨教育,筹一笔经费。其数不必在巨,设能稍给若干于南洋各校,使华侨得知政府度支如此困难,尚以华侨教育为忧。或能因此激发华侨好义之心,对于学校经费,热心解囊。

是政府所施虽微，而收效殊巨。以华侨在南洋地位，设因缺乏教育，不能立足，吾国内经济，同时亦必受其影响。是解决南洋华侨教育问题，亦即解决民生政策之一部。分此又不能不请吾教育当局略费筹躇，而为吾华侨教育作积极之辅助。

其他如华侨教育人材之缺乏与不安于其位，宜速为培养之，保障之。又南洋华侨教育，各为风气，无统一机关以联络与指导；本部成立未久，虽欲组织为有统系的教育机关，而力小愿宏，将来效果如何未能逆睹。瞻望南天，遥念我侨胞教育界奋斗挣扎之情状，不禁耿耿于怀。因读华侨学校立案条例拉杂书此，冀为刍荛之献，惟吾贤教育当局有以教之。

（《南洋研究》第1卷第2期，1928）

南洋文化教育事业部组织条例

第一条 本部依照本校组织大纲第一章第六条之规定组织之,负研究并指导南洋文化教育事业之责。

第二条 本部设委员会,规划本部一切进行事宜。委员若干人,由委员长聘任之;校长为委员长,负对内对外一切责任。

第三条 本部设常务委员会,总揽部务。常务委员由委员长在委员中指定五人至七人充任之。

第四条 本部设秘书长一人,会同各股主任办理部务并执行常务委员交下之各项议决案。

第五条 本部分设文化、教育两股。

第六条 文化股办理关于促进南洋华侨文化事宜,其范围列举如左:

一、调查南洋文化事业之实际状况,尤注意于华侨文化事业。

二、调查国内与南洋有关系之各种文化事业以供华侨之参考。

三、制就一、二两项调查之图表及统计。

四、用文字及讲演促进南洋华侨之各种文化事业。

五、用文字及讲演灌输本国文化于南洋。

六、南洋各殖民政府对华侨待遇上应改善者,得提出意见,供各方面之采择。

七、各方面对于南洋问题如有咨询时,应负解答或介绍参考资料之责。

八、关于南洋文化上各种问题,应联合校内外各公私团体或专家作公同研究。

九、与南洋各文化团体为切实联络。

十、遇必要时应与本校各学系各科合作。

第七条 教育股办理关于辅助南洋华侨教育事宜，其范围列举如左：

一、调查南洋华侨学校及教育团体之实际状况。

二、制就上项调查之图表及统计。

三、关于南洋教育上之各种设计。

四、审查南洋各种教材。

五、指导南洋华侨子弟归国就学。

六、接受国内外各公私团体之委托办理关于南洋之各种教育事项。

七、关于南洋各种教育问题之研究。

八、各方面对于南洋华侨教育问题如有咨询时，应负解答或介绍参考资料之责。

九、与南洋华侨各教育团体为切实联络。

十、遇必要时应与本校教育学系及师范科合作。

第八条 各股设主任一人、助理四人，分任各股事务。

第九条 委员会议由本部委员组织之，议定本部一切重要议案，并得否决或修正常务委员会议、股务会议之议决案。委员长为主席，主席因事缺席时由出席者公推之；每月开常会一次，如有特别事故得开临时会议，由委员长召集之。

第十条 常务委员会议由常务委员组织之，议定本部各种议案、建议于委员会议。主席由出席者公推之，每两周开常会一次，如有特别事故得开临时会议，由秘书长召集之。

第十一条 股务会议由各股主任自行召集之。

第十二条 本部各种会议出席人数须过二分之一以上始得开会，经出席人数三分之二以上之表决方可通过。

第十三条 本部办事细则另定之。

第十四条 南洋学术教育会议由本校各部及南洋华侨学校学术

机关与其他有关系团体之代表组织之，讨论关于南洋文化教育事业一切重要问题，确定其主旨与计划。其章程另定之。

第十五条 本部得设南洋馆，搜罗各种资料以供研究南洋事业者之参考，馆内得分设左列各种研究室：

一、南洋科学室

二、南洋图书室

三、南洋博物室

四、南洋商品室

五、南洋生活室

其章程另定之。

第十六条 本部设编译委员会办理本部编译出版事宜，其章程另定之。

第十七条 本部认为必要时得与大学、中学两部联络，设南洋侨务训练班以造就办理侨务之特殊人才，供政府及海外华侨团体之需用。

第十八条 本条例如有未尽事宜，得由委员会议议决修改之。

第十九条 本条例自公布之日施行。

（《南洋研究》第1卷第4期，1928）

确定华侨教育方针

——在全国教育会议中提出

郑洪年

南洋地处热带，吾华侨与其他各民族共同生息于其间，其环境与本国夐然不同。为华侨前途计，自应确定其教育方针而维持其独立，俾得与他民族共存共荣。至关于南洋华侨教育方针，应按下列四个方面定之：

（一）华侨在南洋者达七百万左右，在农工商各方面均占重要地位，自应培养其各种专门知识及技能以适应其生活上之需要。

（二）凡属中华民族均应有充分运用中华民族语言文字之能力。华侨既为中华民族之一部分，自应灌输以本国文化，俾得发展吾中华民族之精神。

（三）学术本无国界之可言，除上述两方面特为南洋华侨而定者外，更须注意社会科学、自然科学、哲学、艺术诸科，俾其得以学术化达到自由平等之地位。

（四）大学院及国立暨南大学应与南洋华侨教育团体为切实联络，使南洋华侨有多与本国接近之机会；一以促成国人向海外发展之企图；一以奖励华侨参加本国一切运动以共同完成国民革命。

谨据上列华侨教育方针四项，拟具办法六条如左：

（一）暨大为国立南洋华侨学府，已有二十余年之历史。自民国十六年秋季改组后，扩充大学部，增中国语文学系、外国文学系、心理教育学系、政治经济学系、法律学系、数理学系，商学院之银行、会计、工商管理、国际贸易、普通商业、水陆运输六科。十七年度，经校务评议会议决，增设中国艺术学、历史学、生物学三系。并期在六年以内，逐渐扩充，完成国立暨南大学为南洋华侨之最高学府。

（二）由国立暨南大学设立南洋文化教育事业部（已开办，系奉前中央教育行政委员会核准有案），对于南洋各种教育团体为切实之调查与联络，并将南洋中小学校学制划一，俾与国立暨南大学衔接。以后侨务委员会、侨务局，凡关于此类事项，均应与该部联络，以收指臂之效。

（三）为便利南洋华侨子弟归国就学计，大学院或国立暨南大学须特派专员为之指导。其在南洋动身时，或委托南洋各领事或侨务局之侨务专员、南洋各报馆、阅书报馆及南洋各大公司负招待之责。此外并须发行定期刊物，将华侨子弟在国内学校之实际状况以及华侨在国内经营之各项业务详细载入。（现在国立暨南大学有《周刊》及《南洋研究月刊》多载此项消息。）俾华侨子弟归国就学，不感受任何困难。

（四）南洋华侨子弟远涉重洋，负笈归来，其志良可嘉尚。在我政府自应予以优待。当其在校时，应减轻其各项费用，并设免费学额以示鼓励。并应规定旅行调查办法，给以补助费，俾得多与本国人士及各名胜之区相接触，使其心中常怀亲爱本国之观念。毕业以后，我政府更应多予以在本国服务之机会。其在欧美大学卒业者，如关于商农医工及河海工程等人才，均不可多得。现在本国种种建设事业，正须筹备进行。如关于治水、开公路、敷铁道等项，如聘请外国工程师，曷若延用侨胞人材？将来侨胞在本国服务既多，亦可为促成南洋华侨参加本国一切运动之一助。

（五）华侨在南洋所立之学校，不受任何政府之津贴。其开创之始，或因侨胞奔走劝募，或由富商慷慨输助，大都无固定基金。在南洋华侨固多热心教育之人士，大学院应订立奖励兴学条例，俾南洋华侨学校经费易于募集。

（六）集合南洋各学校、各学术团体、各教育机关、其他与学术教育有关系者，联合组织南洋华侨教育学术会议。其宗旨完全为提倡学术及国内外教育组织行政之统一及其联贯。每年由国立暨南大学领导会议。会前经中央教育行政委员核准有案。凡将来关于南洋学术及教育事业之一切计划，即根据此种会议之议决案实施之。

（《南洋研究》第1卷第6期，1928）

南洋文化教育事业部概况

郑校长自去年六月受命中央，重长本校，即草具改组计划大纲。通过中央教育行政会议，除设立六学院二十三系既便益来学，附设高初中以宏作育外，特设本部，负研究指导南洋文化教育事业之专责。兹将一年来之工作，撮要报告于后。

一、创设意义 本部创设意义极为远大，据郑校长十六年改革计划大纲云：设立南洋文化教育事业部，期与南洋华侨各种教育机关，联为有系统的组织，以统一南洋所有文化教育事业，并调查南洋各属华侨的生活，为将来文化运动上设备扩充的根据。

又据本部宣言所举今后应行努力事项："一、灌输祖国文化于南洋。二、调查南洋实际状况，以为研究及启发之标准。三、从教育上增进华侨开拓之能力。四、促成国人向南洋发展之企图。五、鼓励华侨参加祖国之一切运动。"由此可知，本部创设之主旨极为深远，在将来所收之效果，与学校教育当可等量齐观也。

二、组织系统 本部组织，依照本校组织大纲第一章第六条之规定，设委员会，规划本部一切进行事宜。校长为委员长，并指定常务若干人，执行内部各项事务，此在本部组织条例中所明定也。初分教育、调查、指导、宣传、编辑五股，各负专责。继以分股办事，于实际应用不甚适宜，乃修正组织条例，分设文化、教育两股及编译委员会。文化股办理关于促进南洋华侨文化事宜，教育股办理关于辅助南洋华侨教育事宜，编译委员会办理本部编辑出版事宜。其职掌范围，各列专项，条例具在，兹不赘述。

三、编译刊物 本部刊物，在规划中者甚多，今先后发行月刊及丛书。月刊曰《南洋研究》,自十七年一月出第一期,今已赓续出至第六期。丛书已编成历史四种,地理二种,农业四种,法律、教育、风俗各二种,原稿皆在审查修改中。又《南洋略图》《马来半岛地图》《荷属东印度地图》三种,亦在绘画印刷中,下学期均可付印出版也。其他如本部宣言、各项调查表,南洋美术明信片等,已早散布于国内外矣。

四、通讯宣传 本部志在沟通中南文化,引起内外注意,所以通讯宣传实为重要工作。本部自十七年四月十八日,开始印发国外通讯与国内通讯两种,每周发稿两次,自第一号起,今已达二十九号。国内通讯系将南洋各种状况,如侨民疾苦、商业盛衰、教育状况等,撰稿分发国内各报馆、各通讯社。国外通讯系将国内各方面最近现状,如北伐胜利、党政现状、侨务行政、反日运动等,详细叙述,寄发南洋各报馆各公团。借以相互交通,俾在外侨民,与国内人士,知所儆惕而图奋发也。

五、搜集资料 凡学问事业之研究,最需要者为参考资料,南洋问题为世界各国所注目,是以调查研究,著成专书者,不胜枚举。本部关于此等材料竭力搜罗,本部主任刘士木先生对于南洋文化事业之策进,引为终身唯一之任务。外人之侵掠南洋,莫不以文化侵掠为导火线。吾人欲指引华侨出险,改善华侨地位,当然以我大中华之文化运动为冲锋破坚之利器,为御侮捍患之金汤,而尤须尽量搜罗他国文化侵掠之种种参考品,为防御工程摧坚计划之发射的。十余年来,本此主旨,尽量搜集,收藏宏富。今者就其行箧,择要检出若干种,寄存本部,以资参考。日文如《东邦近世史》、《南洋华侨》、《南洋协会杂志》全份、日本参谋部南洋详细地图、台湾银行调查之南洋华侨经济状况、台湾总督府侵略南华及南洋各属之秘密计划。英文如伦敦东印度协会出版之《南洋丛书》全份及 *Inter Ocean* 杂志全份、英巫字典文法及读本诸书,均属不易多得之著作。本部购置者,日文有《兰领东印度》《暹罗之事情》《南洋丛谈》《爪哇史》《南洋群岛物产交通大地图》等。英文有暹罗、缅甸、英属马来亚、荷属东印度及菲律宾各种概况,历史、地理及游记,暨各属详细地图、各种月刊周报等。中文方面关于南洋者，如专书、年报、杂志等，无不应有尽有。合计本部藏书，有五百余册，其他如地图、影片、风景片、南洋各地报纸，亦尽量搜集。以后尚须陆续购置，预备在最短期间，拟成一南洋图书馆也。

六、研究事项 本部要旨，重在研究，现虽资料无多，不敢不努力进行。粗有成绩者，为南洋教育、地理、历史、自然、法律、经济、特产、风俗等，其结果已有《南洋研究》发表泰半。今在规划中者，为南洋地名、人名、物名之统一与中西对照，南洋中小学之教科书与补充教材，以及南洋植物之类属，热带人民之心理，英荷法美及暹罗之土人生活，等等。从下学期起，均拟着手研究，或成专书，或著论文，以与世相见，而求指正也。

七、调查事项 本部实际工作，首推调查，诚以研究资料之来源，皆赖于斯也。今已着手调查，陆续在《南洋研究》发表者，为南洋华侨学校之调查，计收到调查表五六十份。尚有南洋各报馆、南洋物产、华侨人口、华侨经济、华侨会馆、阅书报社、公共俱乐部，以及最近华侨捐汇北伐军饷、国民政府侨务设施等，皆在设法调查中。惟本部所感困难者，往往寄出调查表后，能寄回收到者，仅得百分之一二，是以调查结果，终鲜圆满。一俟本部事业发达，当特派专员以司其事。

八、咨询事项 本部以研究南洋事业为专职，故华侨状况，比较明悉。因是官署、机关、私人、团体，有来问询者，当举所知以对。如大学院社会教育处孔充来函，询问各地华侨分配的区域和数量，及各种有关系的书籍表册；招商局询问南洋航业；上海银行公会询问南洋金融状况；侨务局委托调查南洋英荷法各属华侨人口统计，以便分配领事及侨务专员；中央执行委员会民众训练委员来函，索取关于南洋各属华侨被人残杀资料；福建侨务委员会函请寄送各种章程，及侨界文化事业计划，以资参考，并索各种出版物；上海《新生命月刊》社，函询南洋各埠书坊名字，以便推销杂志；上海兵工厂张衡君函询滑头广告载南洋华达厂招考有无其事；上海沈碧涵君函询南洋各埠推销国货麦扇行情。尚有其他到部面询事项，恕不尽举。

九、介绍事项 本部对于南洋各项事业之介绍，无不尽力为之。

如苏州赵启震君，赴南洋吧城任教职，托介绍同学同行。

此外介绍国内各书局出版关于南洋事情之书籍，如中华书局之《华侨》《南洋旅行漫记》《南游回想记》，及日本井上清著之《日本与南洋》等。举凡对于南洋文化事业上有关系之事项，正在尽量采集，尽力介绍中。对于助进文化之人才方面，凡本部心力所及处，在介绍物色上，广作方便。如代荷属安汶中华培德学校聘请主任教员，及为外交部侨务局介绍南洋西里伯岛望加锡中华学校男女专科教员以谋双方之便益。又如本校毕业同学之介绍位置，详表载特刊中，兹从略。

十、委托事项　本部受国内外人士之委托，如介绍职业、调查物产市况、搜集资料诸事，无不尽量行之，以宏贡献。例如上海《商业杂志》社发行南洋特刊号，函请代为搜集关于南洋之商业物产及华侨经营种种稿件。《商业月刊》社委托搜罗商业经济等资料。本校台湾同学王蕴玉君来函，要求可否将编成之《台湾》一书由本校发行作为本部丛书。凡文化事业之与南洋华侨有良好关系者，各方面有所委托，本部悉当尽其心力之所及以行之也。

（《南洋研究》第2卷第1期，1928）

教育部华侨教育设计委员会组织条例

（十八年十二月二十一日国民政府公布）

第一条 华侨教育设计委员会依教育部组织法第十四条之规定组织之。

第二条 委员会之职务如左：

一 拟订改进华侨教育方案；

二 调查华侨教育情形；

三 计划华侨教育经费；

四 计划其他关于华侨之教育及文化事宜。

第三条 委员会由左列各项委员组织之。

一 当然委员。

甲 中央执行委员会侨务委员会委员二人，由侨务委员会指定之；

乙 与华侨教育有关系之国立大学校长；

丙 教育部部员三人至五人，由教育部部长指定之。

二 聘任委员七人至九人，由教育部部长就左列人员延聘之。

甲 明悉侨务之教育专家；

乙 经理华侨教育行政或办理华侨教育著有成绩者。

三 名誉委员无定额，由教育部部长延聘侨界热心教育人士充任之。

第四条 委员会由教育部部长就第三条所列一、二两项委员中聘请常务委员三人处理会中常务。

第五条 委员会每两个月开全体会议一次，每半个月开常务会议一次，开会时由常务委员互推一人为主席。

第六条 委员会全体会议须有当然委员及聘任委员之过半数出席。

第七条 委员会于必要时得设秘书一人、事务员二人，商承常务委员办理会中一切事项。秘书事务员由教育部部长指定教育部职员兼任之。

第八条 委员会因处理事务之便利得分组办事，其细则由教育部定之。

第九条 委员会委员均为无给职，惟因公来往得酌支旅费。

第十条 委员会当然委员任期依其本职聘任，委员任期二年，但得续聘。

第十一条 委员会所拟关于华侨教育计划，由教育部部长核定施行。

第十二条 本条例自公布日施行。

（《暨南校刊》1930 年第 57 期）

南洋研究委员会组织条例

第一条 本会依照本校组织大纲第一章第六条之规定组织之,负研究并指导南洋文化教育事业之责。

第二条 本会设委员会规划一切进行事宜,委员若干人,由校长提出校务会议议决聘任之。

第三条 本会设常务委员会总揽会务,常务委员由校长在委员中指定三人充任之。

第四条 本会设秘书一人,由委员兼任之,会同各股主任办理会务,并执行常务委员交下之各项议决案。

第五条 本会设调查、编辑两股。

第六条 调查股办理关于调查南洋华侨文化事宜,其范围列举如左:

一、调查南洋各属史地、政治、经济、法律、教育、宗教、社会及其他事项;

二、调查国内与南洋有关系之各种事业以供华侨之参考;

三、调查南洋华侨学校及文化机关之实际状况。

第七条 编辑股办理关于南洋各种编辑事宜,其范围列举如左:

一、编制关于南洋各种统计;

二、编发国内外定期通讯;

三、编辑《南洋研究》及关于南洋之各种丛书。

第八条 各股设主任一人,由委员兼任之;干事二人,分任各股事务。

第九条 本会开会主席由常务委员推举一人任之。

第十条 本会会议出席人数须过二分之一以上始得开会，经出席人数三分之二以上之表决方可通过。

第十一条 本会办事细则另定之。

第十二条 本会得设南洋馆搜罗各种资料以供研究南洋事业者之参考，馆内得分设左列各种研究室。

一、南洋图书室

二、南洋博物室

三、南洋商品室

其章程另定之。

第十三条 本条例如有未尽事宜，得由委员会议议决修改之。

第十四条 本条例自公布之日施行。

（《暨南校刊》1932 年第 10 期）

南洋美洲文化事业部规程

（二十二年九月四日第二次校务会议修正通过）

第一条 本部依据本大学组织大纲第十八条规定组织，负研究指导南洋及美洲等处侨胞文化事业之责。

第二条 本部设正副主任各一人，由校长聘任之。正主任综理一切部务，副主任协理一切部务。

第三条 本部设秘书一人，商承正副主任处理事务。

第四条 本部分设调查、编辑两股，其职务如下：

甲 调查股

（一）调查南洋美洲各属史地、政治、经济、法度、宗教、教育、社会及其他事项，以供国人之参考研究。

（二）调查国内与南洋美洲有关系之各种事业以供侨胞之参考。

（三）调查南洋美洲华侨教育及经济状况。

乙 编辑股

（一）编制南洋美洲各种统计图表。

（二）刊发国内外定期通讯。

（三）编辑《南洋研究》《南洋情报》及南洋美洲各种丛书。

第五条 调查股设研究员、干事、书记若干人，编辑股设研究员、编辑、干事、书记若干人。

第六条 本部每月举行部务会议一次，由主任召集之，讨论本部一切进行事宜。

第七条 本部得举办左列各种事业。

（一）设研究室陈列关于南洋美洲之书报杂志及其他资料以供本校员生之研究。

（二）设立南洋美洲馆，内分图书、博物、商品各室，搜集各种资料以供研究南洋美洲情况者之参考。

（三）联络南洋美洲等处华侨学术机关及其他有关系之团体，召集南洋华侨教育会议，讨论南洋美洲教育兴革事宜。

（四）开办侨务训练班，造就办理侨务特殊人才以供政府及华侨团体之需。

第八条 本部办事细则另定之。

第九条 本规程经校务会议议决公布施行。

第十条 本规程如有未尽事宜，提出校务会议修改之。

（《暨南校刊》1933 年第 72 期）

教育部添设华侨教育设计委员会

国立暨南大学自本年六月间,召集南洋华侨教育会议后,由该校根据议决各案,呈请国民政府各部院,依照执行,计先后呈请各案,已达二十余起,最重要者,为请呈教育部设立华侨教育行政委员会。经教育部第五次部务会议决,该会无设立之必要,但本部得设立一华侨教育设计委员会,以求集思广益,其组织法,由各司长会同参事于一星期内拟定云云。按华侨教育行政委员会,有主管与执行之权,今改设计委员会,隶属建议机关,因是该校颇不满意,将复呈请设立。坚持原议也。兹将教部所颁华侨教育设计委员会组织大纲,鉴示于下:

教育部华侨教育设计委员会组织大纲

教育部十八年八月十六日公布

第一条 教育部为改进并发展华侨教育特设华侨教育设计委员会,专司计划华侨教育事宜。

第二条 本委员会之职务如左:

一 调查华侨教育情形;

二 计划华侨教育经费;

三 拟订改进华侨教育各种方案;

四 计议其他关于华侨之教育及文化事宜。

第三条 本委员会由下列各项委员组织之:

一 当然委员

甲 教育部主管华侨教育人员;

乙 中央执行委员会侨务委员会代表；

丙 与华侨有关系之各大学校长。

二 聘任委员

甲 熟悉华侨教育之教育专家；

乙 侨界热心教育人士；

丙 曾任驻外领事，经理华侨教育行政著有成绩者。

第四条 本委员会聘任委员额数九人至十一人，由教育部长就前条第二项所列各款人员延聘之。

第五条 本委员会由教育部长指定常务委员五人处理本会一切常务，常务委员互推主任委员一人为常务委员会议之主席。

第六条 本委员会于必要时得设秘书一人、事务员若干人，商承常务委员办理本会一切事项。

秘书事务员由教育部长指定教育部职员兼任之。

第七条 本委员会因处理事务之便利得分组办事，其细则另定之。

第八条 本委员会常务委员每半月开常务会议一次，由主任委员召集之。

第九条 本委员会全体会议于必要时由常务会议议决召集之。

第十条 本委员会委员均为名誉职，但因公来往得酌支川旅费。

第十一条 本委员会聘任委员任期定为二年，但得续被聘任。

第十二条 本委员会所拟关于华侨教育之计画由教育部长核准施行。

第十三条 本组织大纲经教育部长核准施行。

第十四条 本组织大纲得由本委员会之决议、教育部长之同意修改之。

（《暨南校刊》1929 年第 6 期）

南洋华侨教育计划大纲

（提出于中央训练部侨务会议）

国立暨南大学南洋文化事业部

本部以发展南洋文化，促进华侨教育为职志。本年六月中，曾召集南洋华侨教育会议，列席代表有七十八人，议决案有四十五件。今根据议决案中之重要各点，与本部研究调查所得，拟具整个的南洋华侨教育计划大纲，敬请公决。

一、确定南洋华侨教育实施方针

我国教育宗旨，业已确定，华侨教育，虽不必另立宗旨，但实施方针，不可不另行规定。诚以国内外之环境不同，实施方法当有因地制宜之异也，况华侨教育，凌乱无序，学制既未从同，训教复无标准，宜就华侨生活之环境，与居留政府可能范围以内，根据祖国教育宗旨，规定华侨教育实施方针若干条，一以求适合，二以期统一，则华侨教育，庶乎其可。所有实施方针之条文，宜由中央党部制定，由教育部通令施行，最为相宜。

二、设立华侨教育主管机关

海外华侨千余万，南洋居其半，各属侨校，以英荷两属言有七百余所，总计约在千校以上。以祖国无主管机关，以致自生自灭，进步甚鲜；而帝国主义者，又从事压抑，长此以往，侨校消亡，可立而待。以蒙藏学校，尚未萌芽，尚为设司以管理；华侨学校，早遍炎荒，竟置不问，岂非大惑！本部于六月中召集华侨教育会议，会议决谓教育部，设立华侨教育行政委员会，竟遭批驳。别有华侨教育设计委员会之设，今组织规程，业已公布，窃考其实，仅属建议性质，而无执行权能，即能成立，亦属徒然。故请中央党部，令知教育部，速设华侨教育主管机关，执行华侨教育一切行政事务，则职有专司，侨校定能蒸蒸日上矣。

三、请与各国交涉保障华侨教育

南洋各属殖民政府，如荷英美法及暹罗诸国，对于华侨教育，取缔甚力。英有一九二〇年学校注册条例，压迫华侨学校，无微不至；荷属则更有甚于英属者，对于华侨文化机关，如学校，如报馆，封闭驱逐，视为常事，且学校不准教授三民主义与现行教科书；暹罗则强迫华校教员学生，学习暹文，类此情形，不胜枚举。此皆有关侨校生死问题，不得不请政府，向各该国提出严重交涉，以保障我华侨教育也。交涉要点：第一为取消各属学校注册条例；第二为各国不得干涉教授三民主义；三则各属殖民政府，不得干涉侨校一切校务；最后则请嗣后与各国订约时，特别注意保护华侨教育是也。

四、华侨学校应加授三民主义并以国语教授

窃按南洋英荷暹法各属殖民地政府，对于华侨学校，取缔教授三民主义甚力，时有视学员到校调查，见有国民党与三民主义字样，无不严行禁止，是以侨校相率不教，良非得已。今者国民政府统一全国，三民主义已定为教育宗旨，国内已一律遵行，而南洋华侨有五百余万，岂可一任帝国主义之压迫，而长居于化外乎？至于国语教授，国内已尽量推行，南洋侨校亦有采用之者，惟据调查所得，尚居少数，以闽粤两省方言或巫语教授者，比比皆是。此于侨教前途，大有妨碍，小则语言无由统一，大则国性于焉斫丧，其关系至为重大，应请政府一方由外交部提出交涉，一方由教育部通令施行，则事必能行矣。

五、委派视学员指导华侨学校

视学员负监督指导学校之责任，国内已行有成效。南洋华侨学校不下千余所，以监督指导之乏人以致凌乱无序、良莠不分，此以侨校校董不明教育者居多，校长、教员又非尽合资格与程度者，是以华侨教育，进步甚鲜。近年且有衰亡之象，故由政府每年委派专员，视察指导，实为急不容缓之事。惟所派之人，须具有教育上之学识经验与熟悉侨情者，最为合格，倘所委非人，则等于虚设矣。

六、订定华侨教育总会与分会组织规程

教育会为联络与研究机关，对而教育上有重大之贡献，本国已有教育会规程公布，各省县业已先后成立，海外华侨与国内情形不同，犹之党部组织，国内与国外相异，其理一也。今南洋华侨，非无教育会之组织，如荷属有学务总会，暹罗有教育总会，他如棉兰缅甸等，亦有类此之组织，然多名存实亡，且主旨权限，亦有错误之处。故宜由教育部订定华侨教育总会与分会之规程，分区组织，通令实行，则华侨教育，秩然有序矣。

七、规定华侨学校校董部与教务部之职权

南洋各属华侨学校，通例分教务与校董两部，教务部设校长或教务长，校董部则由中华会馆之董事兼任，两部权限，向不划清，校董部时有侵夺教务部之职权，而引起绝大风潮，故欲消弭此等不良现象，非明文订定华侨学校组织规程，以划分两部权限不可。前大学院公布华侨小学暂行条例，内缺校董一章，理宜修改加入，规定校董部之职权与责任，则办华侨教育者，有所依据矣。（未完）

（《暨南校刊》1929 年第 16 期）

国内华侨教育之近讯

（南洋文化事业部　国外通讯第八八号）

（民国十九年四月二日）

教部整顿华侨教育

年来国内关怀侨务者，对于华侨教育，力图改进。客岁六月，先有暨南大学南洋文化事业部华侨教育会议之召集；十一月间中央训练部复有同样会议之举行，议决案件类皆交由教育、外交两部采择施行。教部经此敦促，对于华侨教育力图整顿，现为明了华侨教育真相及督促华侨学校立案起见，特制就各种表式，令由各驻外领事馆转发各校，分别填写。此为华侨教育进展之佳音，想各校必乐于从事也，兹采录原表如左。

1. 华侨学校调查简表

校名（中文外国文并注）校别，校址（中文、外国文），创办者创办经过，校产估计，经费来源，收支额，债款总额，校董姓名（主席、其他），校长姓名、简历，教职员人数，（男女）学生人数，毕业生人数，学级编制，每级学生数（最多者、最少者），校舍设备，科目，教授用语，教职员曾否在当地政府注册，曾在何处立案，曾否接受殖民地政府之津贴，办理上最困难之问题（备注等二十四项）。

2. 华侨学校立案用表式样

（一）校董一览（内分十三项）；（二）学校概况（内分八项）；（三）

年度预算(内分十四项);(四)甲种课程(内分必修或选修科);(五)乙种课程;(六)教科书目录;(七)参考书目录;(八)全部图书目录;(九)仪器目录;(十)标本目录;(十一)校具分类统计;(十二)体育卫生等设备目录;(十三)教员履历,职员履历;(十四)学生一览;(十五)历年毕业生一览。(以上各表每表均有若干项目不细载。)

全国教育会议注意华侨教育

教育部为确定全国教育行政方针,与三民主义教育之彻底实施,特召集全国教育会议,定于四月十五日在首都举行。关于华侨教育,历来全国教育会议,向不重视,惟此次会议特设华侨教育一组,聘请钟荣光、刘士木等为华侨教育专家代表;所有议案,早经教育方案编制委员会,根据暨大与中央训练部召集之华侨教育会议决议案编制而成,内容颇详尽可观,届时开会,必能得圆满之结果也。

暨大南洋文化部工作近况

国立暨南大学南洋文化事业部,为国内研究南洋事业之唯一机关,其所出版之《南洋研究》早为识者所称许。今又扩大范围,更名南洋美洲文化事业部,闻将筹备编行《美洲研究》,将本国文化灌输于美洲华侨,并与侨界尽量沟通,至该部出版丛书已数十种。最近出版者,有《华侨教育论文集》及《南洋华侨教育会议报告》,该两书内容丰富,取材切实,展阅一过,华侨教育之现状了如指掌。其在印刷中行将与吾人相见者,尚有《荷属东印度教育制度》《华南及南洋园艺视察谈》《南洋华侨概况》《南洋通史》《南洋概要》《南洋华侨革命史略》《南洋英荷法暹各属教育条例》等,惜为经济所限,原计划未能及早实现,不然其所得成绩,当不仅此而已也。

(《暨南校刊》1930 年第 54 期)

四年来之华侨教育

郑洪年

一

华侨教育之厄运，初见朕兆于一九二七年顷，峻坂泥丸，愈趋愈急，至今日而极矣！吾人若作悲观愤激之论，谓四年间华侨教育已入破产毁灭之途，亦非过论。愚以一九二七年之夏，来长暨大，窃欲继先总理未竟之硕愿，为海外侨胞奠百年之基础，而乃值此厄运，回天无力，每一念及，不觉感慨系之也！

厄运之来，造端于华侨商业之隳败，华侨经济之破产。即以英属殖民地而言，马来半岛之产物，以锡与树胶为大宗，侨胞利赖之以为生者数十万人。今者产额逾量，市场停顿，价格暴落，如江河日下，无可挽救。方欧战时，树胶市价每担值四百余元，今则担值二十余元，尚无销售之市场；锡于民国十年间，每吨值四百二十余金镑，今亦跌至一百三十余金镑；价格之不平衡若此，首蒙其害者即我南洋之侨胞。上年夏间，各锡矿主公议减缩产额，澳洲雪梨埠大锡矿主亦主减缩产额。锡业如此，树胶事业亦然，乃遂破产者相继，失业者遍地，昔之自国内往南洋谋生者，今则相率回国，以南洋为畏途矣！

华侨教育之本干，胥赖华侨商人出资扶助；今侨商既已自顾不暇，则侨胞所设立之学校，皆有岌岌不可终日之势。其征象可见者，昔年江浙从事教育之青年，南航者甚众；近年回国者甚多，且相顾叹惜，以为长夜漫漫，难期黎旦，此其一。吾校以培埴侨胞子弟为唯一目标，最近三年间，新生率递减；且常有英俊子弟，未及毕业，突然中辍，此其二。侨商设立之学校，如厦大，如集美，以经济充裕称，今亦曲襟见肘，此其三。此犹就国内可昭见之事实推之也。试取南洋各埠新闻纸读之，南洋各属学校，何地何校之新生率，不与吾校同一递减！何地何校之教员俸给，不日渐紧缩，以至教者不安于职！亦何地何校之经济现状，不如厦大、集美之曲襟见肘！长此以往，华侨经济一日不恢复，华学教育即一日无复苏之望；甚言之，华侨教育或竟先华侨经济而破灭，且将万劫不复，亦未可知！噫！

二

与华侨经济危机俱来者为白色人种之殖民地教育政策，此亦四年来华侨教育之致命伤也。欧战以还，有色人种民族意识之发皇，随地可见；而国际间在太平洋上之钩心斗角，相互排抵，亦昭然若揭。故白色人种之于吾侨胞，利其愚塞，凡侨胞所经营之教育，适与殖民政府相牾，自在处心积虑求所以破坏之之列。今侨胞以经济困窘而自顾不暇，殖民政府乃得遂所欲为。其始定取缔侨民入境之律，凡从事教育不得以经商名义入境；换言之，南洋各地皆将拒绝从事教育之人士矣。继乃乘侨地学校经济困难之际，殖民政府有扶助学校经济之议，其教育政策即与所扶助之经济偕来，或谓更十年者，南洋将无侨胞设立之学校，非虚语也！

其更可危者，属地政府既欲以其教育政策施之侨胞，侨胞乃竟有力赞此政策，甘为鬼伥者。如某属华侨某氏，倡改组华校全授荷文之议，且为之辞曰："一、华侨生活日艰，而华侨教育经二十余年之试验，不见有益于生计；二、华侨子弟所受教育不同，思想因异，团体有分离之忧；三、土人程度日高，如华侨子弟不受荷式教育，将失去社会地位。"其说之荒谬背理，固不待辩斥；侨胞中乃有此思想分化之倾向，其涣散民族团结之精神，动摇华侨教育之基础，较之经济巨浪之冲击，尤为危殆，此诚四年来最足引人忧虑之大事，不容漠视者也！

三

虽然，晦盲否塞之中，固未常无一线之曙光也。曙光维何？曰国民革命之成功，曰华侨教育方针之确定。一九二七年为侨胞经济厄运发端之年，亦为国民革命军北伐胜利定都南京之年。昔在军阀混战期中，中华民族前途之希望甚微，侨胞于失望之余，离心力因之以起。北伐既已告成，国民政府既已稳固，侨胞爱国之念油然而生，彼欲以狡巧之辞诱我侨胞者至此乃不得逞。故侨胞虽颠连于经济洪涛之中，而眷怀祖国，慕此新生，华侨教育之旧有精神，尚可相继承于不绝也。

民国十八年夏六月，吾校召集第一次华侨教育会议，代表之自英、荷、法、美、暹罗诸属至者，凡七十八人。同年冬十一月，中央训练部召集华侨教育会议，代表凡四十余人。前会议决华侨教育方针："本三民主义以养成海外中华国民之智能及品格，以求中国民族之健全，并中外民族间之平等。"且宣言曰："此次大会之开，就华侨教育之本身言，则以谋教育行政之统一，教材之适宜，经费之确定，师资之养成，升学之指导，办学人员之奖励，华侨美德之保存，爱国观念之加深，与夫一切环境上之适应。就各友邦相互间之关系言，则根据三民主义之教育方法，训练我侨民，凡以谋侨民之福利者，亦所以增进侨居地社会上之福利也。"后会议决扶助华侨教育之方略："一、华侨同力合作以自动精神推行三民主义教育；二、确定华侨教育之方针，积极注意于师资培养，造成海外事业之干部人员；三、增加驻外使领馆对于华侨教育之职责；四、筹集华侨教育基金。"此皆于华侨教育作有意识之推进，足以慰侨胞之渴想者也。

四

岁月推行，荏苒四载，丁此世变剧骤之会，荷此千钧之重任，伫望南云，血如潮涌。呜呼！此匪一人一时一隅之细事，凡吾侨胞，凡吾国人,谋民族之竞争,皆不可不引华侨教育为己任也!洪年无似,敬执鞭以从之!

一九三一年五月二十八日

[《教育季刊(上海)》第1卷第4期,1931]

南洋美洲文化事业部三年来总报告

陈福璿 编

（甲）本部组织概要

1. 本部之使命

旷观古代殖民史册，详稽近世殖民状况，则知其兴替存亡之道，消长盈虚之数。前者如埃及、腓尼基、迦太基、希腊、罗马等，莫不煊耀于一时，今已势移事迁，仅传文献；后者如荷兰、英吉利、法兰西、美利坚、俄罗斯等，亦莫不鸿飞海外，锐意殖民事业，其中尤以英荷为最甚，俱以蕞尔小邦，领有百数十倍幅圆于其本国之殖民领土，历数百年而发荣光大，则其所以兴，所以存，所以发荣光大之故，必非偶然者矣。考英荷之殖民，起于商人之航海营业，继于政府之后援保障，终于达其统治政策之目的。其来有渐，其成有因。后起如日本，于海外殖民，亦有具体之计划，在国内，有南洋协会之组织，有殖民学校之训练，在国外，有刻苦耐劳之侨民，有政府威信之保障；于派别，有南进北进之分；于政策，有海岛大陆之别。且审时观变，深知避重就轻之三昧，于北进之满蒙，则力谋政治之侵略；于南进之南洋，则企图经济之活动。其眼光锐敏，计划周详，足令人望之生畏，不然！若西班牙，若葡萄牙，其殖民事业，又何尝不煊赫于一时，而终销声于今日者，其又何故？吾侨迁徙海外，起于南洋群岛之移殖，继于欧美大陆之迁徙，终于海水到处，莫不有吾侨之足迹。其历史，或千百年，或百数十年，或十数年；其侨民，或数百万，或数十万，或万数千；其功迹，或建国称王，或辅政域外，或辟道夷险，或尽地取材，其渊源既如此其久远，其勋迹又如此其伟大，其人数又如此其众多。乃时至今日，于法律则受不平等之待遇，于政治则受桎梏之羁縻，于情势则日就于恶劣，其又何故？盖内乏国力之保障，无以敌统治者之摧残；外无系统之进展，难以避淘汰之公例。果长此散漫无纪，人各为政，则其日趋颓唐以至绝灭若西班牙、葡萄牙者，又岂待蓍决。本校为华侨最高学府，华侨之荣辱，本校之荣辱也；华侨之兴衰，本校之兴衰也。既鉴往事之失，思收桑榆之晚，作英荷昔日东印度公司之组织，仿日人南进政策之宣传。故于改组大学之始，即有南洋美洲文化事业部之创立，盖欲借华侨固有之地住，日求进展；冀有以提高华侨地位，以求自存，以有系统之计划，作优胜之角逐，则江河日下之势，或可挽救于万一也。是以本部成立之宣言，其要旨在：

(1)灌输祖国文化于南洋；

(2)调查南洋实际状况以为研究及启发之标准；

(3)从教育上增进华侨开拓之能力；

(4)促成向南洋启发之企图；

(5)鼓励华侨参加祖国之一切运动为目的。

观乎此，则本部之使命可知矣。

2. 创立之经过

本部之与暨校，其关系既如此其大；于华侨之前途，其相需又如此其殷，则其亟亟于设立也，无可置疑。故郑校长于民国十六年本校改组之始，即以暨校分大学部、中学部、南洋文化教育事业部鼎足而立。中学部将原有之中学改组，变革甚少；大学部则将旧有之商科大学，扩充为文、哲、教育、理、法各学院，七月成立，八月招生，九月授课；本部则因筹备之关系，费时颇久，延至十月，始告成立。当郑校长重长暨校之时，殷殷以华侨文化教育事业之濡滞为虑，知非设专部无以言进展，秘书谢作舟、教务黄建中、教授夏丏尊等，俱力助其事。细厘简章，审订内容，诸君子分任其责，郑校长总揽其成。本校十六年度改组计划大纲中，即宪章其文曰："本校设立南洋文化教育事业部，期与南洋华侨各种教育机关，联为有系统的组织，以统一南洋所有文化教育事业；并调查南洋各属华侨的生活，为将来文化运动上设备扩充的根据。”

顾事之难，难于创始。当时社会人士，对于华侨事业，每多忽视；而于华侨文化教育事业之研究，尤不关心。而吾校又届改组之始，头绪纷繁，短识之徒，以改组大学且不易，更以添设南洋文化教育事业部为多事；甚焉者，有以“疲于奔命而将白痡”为讽。

幸郑校长以暨校为华侨最高学府，地位既居特殊，措施自当各异，既任巨艰，不应以阻力而自馁，乃于经费困绌之中，力自撙节，善为分配，一往直前毫无顾虑。论者以暨校改组大学为不必，而郑校长独任之；以创设南洋文化事业部为多事，而郑校长独非之。卒于惊潮骇浪之余，以三十余万元之校款，支持初高两级中学，及大学文、哲、法、理、教育五院；复以余力经营本部，而本部终以此卒底于成。洪年图书馆开幕之日，而本部亦崭然露头角矣。国内同学、国外侨生代表及全校教职员，翩然戾止，济济一堂，举觞称庆。当时虽草创伊始，简陋未全；逮至今日国内外人士，俱知本校之南洋美洲文化事业部，为国内研究华侨文化教育事业唯一之机关，饮水思源，吾不得不赞叹郑校长勇往直前之精神也。

语曰：“创业固难，守成亦不易。”本部缔造经营之时期已过，吾人身当守成之任，诚宜以临渊之戒，履见之念，勤其行，慎其职，则禾黍之感，方可免于吾人之仔肩。此岂惟本校之幸，华侨福利，实深凭借。故吾述本部成立之经过，而竟不免兴怀致感者以此也。

3. 组织之系统

本部成立至今，已届考绩之年。组织之系统，历年来略有因革。其因革之迹象，详述下章。至现在之组织，则依照本校《组织大纲》第一章第六条之规定，以恢复中国民族固有之精神，并研究与指导南洋美洲文化事业为职责，其地位与大学部、中学部鼎足而立。部设主任一人，由校长聘任，总揽部务并规划及执行本部一切进行事宜。下设编译、总务二处：编译处分丛书、杂志、通讯三股；总务处内分庶务、宣传、教育、调查、文书五股。设办事员若干人，复于股处之上，主任之下，设秘书一人，秉承主任之命，协同各股办理部务，并辅助主任执行议决案及文件往来等事宜。其组织之系统如左表：

- 国立暨南大学——南洋美洲文化事业部——主任（秘书）
  - 编译处
    - 丛书股
    - 杂志股
    - 通讯股
  - 总务处
    - 文书股
    - 教育股
    - 宣传股
    - 调查股
    - 庶务股

因学校经费关系，本部计划，未能按章进行。编译事务，名虽划分，而部内职员，除主任与秘书外，仅分编辑、译述、佐理、书记四项。人少事繁，每多兼劳，故各股事务，多由部内职员互相办理，一以节省糜费，借渡艰危；一以共同合作，俾除隔阂。此不能不归功于刘主任士木之苦心经营，各部员之努力工作也。部务内容，略叙于次：

（1）本部设部务会议，由本部全体部员组织之。规拟部内一切预算，决定部务进行方针，交由本部主任执行。开会时，本部主任为部务会议当然主席。主任缺席时，得由秘书代理之。月开常会一次，遇有特别事故，得开临时会议，由本部主任召集之。

（2）本部办公规程与会议细则，依本校《组织条例》，制定简章，呈请校长核准施行。

（3）本部得设南洋美洲馆，搜罗关于南洋及美洲各种资料，以供研究南洋美洲事业者之参考。馆内得分设左列各种研究室。

A. 南洋美洲图书室

B. 南洋美洲博物馆

C. 南洋美洲商品室

（4）本部认为必要时，得与大学、中学两部，联络设侨务训练班，以造就办理侨务专门人才，供政府及海外华侨团体之需用。

4. 制度之沿革

本部创设伊始，一切设施，务求简便。当时仅设委员会，总揽部务。本校校长,兼任本部委员会委员长,负对内对外之责任。委员若干人,则由委员长聘任,共襄部务,并规划部内一切进行事宜。委员会设常务委员五人至七人,会同秘书主任、各股主任,执行部内各项事务。委员会下设教育、调查、指导、宣传、编译五股;股设主任一人、助理一人、股员若干人,分任各股事务,如左表:

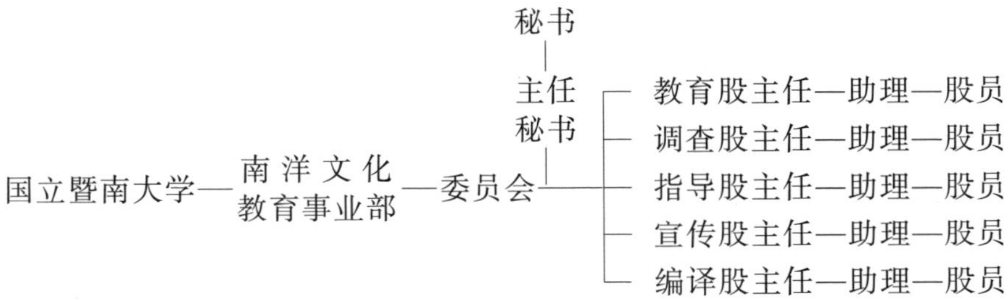

后以分股办事,于实际上颇不适宜,乃于民国十七年二月,修改组织条例,分设文化、教育两股,与编译委员会。文化股办理关于促进南洋华侨文化事宜,教育股办理关于辅助南洋华侨教育事宜,编译委员会则办理本部编译出版事宜,如左表:

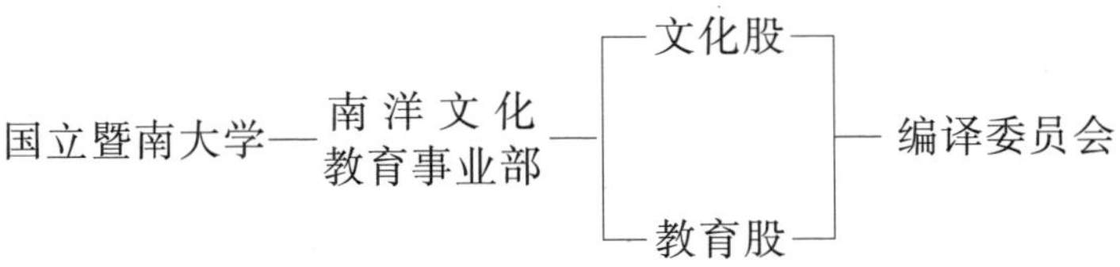

十七年九月,部内同人,以本部创立,当在缔造之时期,一切设施,当循序渐进。乃裁教育于文化,更名为国立暨南大学南洋文化事业部。时当变革,部务组织,正待商酌,其计划如左表:

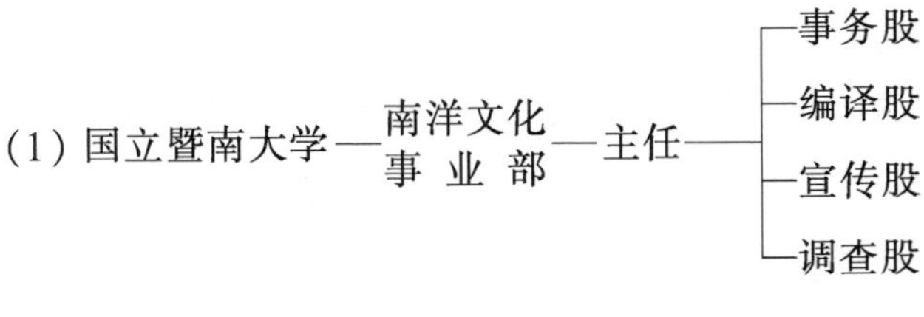

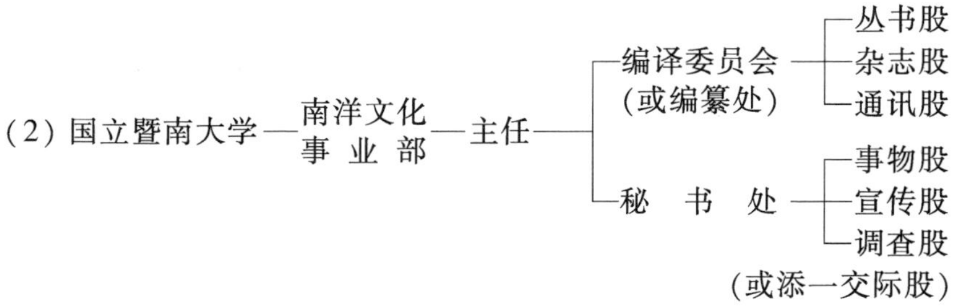

十七年十月，经部务会议，参酌损益，其组织有如左表，略同现制。

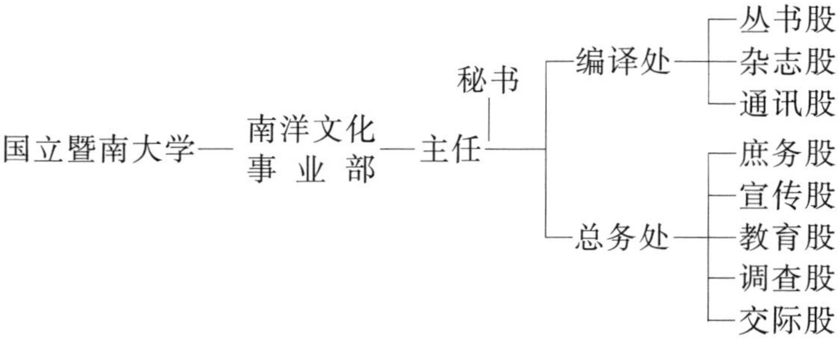

十八年一月，按章施行。十九年九月，校长以本部二年来之努力，成绩斐然，乃扩大本部之范围，兼及美洲之研究，旋更名为国立暨南大学南洋美洲文化事业部，组织系统，变革甚微。现行制度，已详第三章之“组织系统”中，兹不复赘。考本部成立以来，将届四载，历年进行，困利乘便，兴革颇多，亦足见缔造经营之不易也。鉴往知来，宜加奋勉。

5. 职员之更替

民国十六年十月，本部创设之始，采行委员制。郑校长兼任委员长，聘本校大学部教务主任黄建中、中国文学系主任夏丏尊、教育学系主任汪奠基、教授郑宝照，及本校教职员徐中舒、刘南风、章铁民、章衣萍、王名烈、林思温、汤文聪、蔡和钦、邬翰芳、余佑人、龚业光、杨昭化十六人为委员，分任教育、调查、指导、宣传、编译五股事宜。各委员虽多兼职任事，然深知南洋文化教育事业之重要，与本校特殊之使命，颇能克勤职守，共襄部务。

十七年二月，部制既改，部中职员，亦有变更。刘士木先生任文化部主任，徐中舒先生任教育部主任，前任委员，悉皆去职，另聘李长传、王旦华、季达、钱鹤等诸先生为专任编译员；顾因明、陈宗山、林奄方、尤惜阴等为特约编译员，职员人数虽减，而兼职者绝少，故能专诚任事，日趋光大。

十七年七月，部制复改，并教育于文化，改"南洋文化教育事业部"为"南洋文化事业部"。聘刘士木先生为主任，统摄部务。钱鹤先生任秘书，费哲民先生任《南洋研究》编辑；其余部员，则分任部内编译、通讯、事务、宣传、调查各种任务。部务组织条例，复经是年九月提议修改，十月修正通过；于是系统不紊，条理厘然，本部之基础始日见稳固；而部务之进行，乃能日上轨程矣。

十八年一月，费哲民先生辞职，李长传先生继任编辑，陈其英先生担任通讯。其余部员，比前减少。十八年九月，李长传先生辞职赴日，张明慈先生来任编辑。一年之内，事多守成。其余部员，亦变革无多。十九年六月，张明慈先生壮志南游，改聘陈希文先生继任编辑。是年九月，本部主任承校长之命，及教部之批准，扩充部务范围，更名为"国立暨南大学南洋美洲文化事业部"，除仍聘刘士木先生为主任，钱鹤先生任秘书外，复添聘陈福璿、李耀商二先生为常任编辑。陈希文先生主编《南洋研究》，陈福璿先生主编丛书典籍，李耀商、姚楠二先生专司翻译，于是工作日趋紧张，部务益见发皇。

二十年二月，学校经费支绌，实施紧缩政策，本部秘书钱鹤，部员刘弘济、姚福生诸先生，相继去职。改聘本部常任编辑陈福璿先生兼任秘书，余缺暂裁。

考本部成立至今，历年四载。部务行政，日见扩大；而部内职员，反日见减少，办事方面，不无棘手。尚幸刘士木主任秉承校长之命，严加督察；而部内留职各人，均能深知郑校长与刘主任期望之殷，益加奋勉，按时到部，朝辛夕勤，未尝稍有倦容。郑校长每于察视之余，深加奖励。凡上所述，皆为本部职员之兴替，而可资后来者之观感者也。

6. 目前之状况

本部随暨南大学之改组，即告成立。首经郑校长之策划，继得刘主任之主持，终经同人之努力。其制度，由委员之互兼，更为主任之专司。其范围，由南洋之一隅，兼及于美洲之研究。凡斯变革，无不以求速效为旨归。至于本部变革之经过，与组织之内容，已详述于前，兹特将本部目前之状况，补述于次：

本部现分编译、事务二处。编译处可分丛书、杂志、通讯三股。丛书股之校阅，主其事者，刘士木、陈福璿二先生。计本部三年来出版之丛书，已逾四十种。年内出版者，则有《南洋华侨史》《南洋概况》《荷属东印度地理》《华侨运动之意义及其计划》等，近尤注意于侨校教材之编纂。杂志股之编纂，主其事为刘士木、陈希文二先生，现已出至三卷五期。三卷六期，亦在印刷中。除搜集关于南洋之资料，以供国人参考外；尤注意于侨务之指导，待遇之改良。通讯股昔则季达、陈其英、钱鹤先生专其责，今则陈福璿先生兼其任，每周发国内外通讯各一次。今已发至百余期。国内外报章，无不欣然采用。事务处则分文书、庶务、宣传、调查、教育五股，办理一切编译以外之事务，举凡文书函件之往来，介绍委托之受理，调查宣传之任务，咨询访问之效劳，无不一一归其办理。分任其责者为刘士木、陈福璿、陈希文、姚楠、朱培根诸先生。复以人少事繁，未能妥为兼顾。本校大学部成立四周年纪念之期将届，本部为筹备展览，以资观摩起见，拟辟室展览，各项资料，诸待整理。乃商请工读生二人协同佐理缮校及整理之工作，始能措置裕如。

本部因年来之努力，国内外人士，无不以本部为国内研究华侨文化教育事业之唯一机关，愿以典籍、杂志、报章交换者，日凡数起。国内如政府之公报，国外如星洲、槟城、吉隆坡、泗水、爪哇、仰光、暹罗、堤岸、菲律滨、美国、古巴各地之华侨日报等无不一一赠阅。

本部因编译上之关系，需要各项典籍之稽考甚殷。历年以来，叠有购置。益以各机关、各团体及各著作者之惠赠，计本部现在所藏图书：中文典籍凡一百五十册余，英文书籍凡五十余册，日文书籍凡七十余册,荷、巫文书籍凡十余册;杂志一百五十余种,书凡千数百册;国内外报章庋藏者凡三十余种,数凡万份;地图十数种,则多关于南洋之范围者。

典籍报章而外,国内外人士,以纪念物品及各物产珍品图型标本等相赠者,为数亦不少,容待详述。

至于本部所藏之文献资料,皆有专员整理,举凡各报之纪载,凡可供参考研究之资料者,无不分类圈剪,汇订成册,妥为保存。

凡上所述,仅其荦荦大者,惜部内经费有限,月仅千元许。时怀扩充之念,终以力疲而止;每念及此,不无遗憾,此则本部目前之状况也。至于本部工作之报告,及将来之计划,则于工作报告及今后计划二项内详细论列,今兹所述,特其纲领而已。

(乙)工作报告

1. 编行定期刊物

丛书之编纂,与刊物之印行,为本部重要工作之一。丛书之编纂,容待下章详述。至于定期刊物,原定计划,本有多种。惟事在创始,经费拮据,一时亦未能妥为分配。故先编行《南洋研究》,为国内专门研究南洋文化事业之先导。内容分插图、论丛、资料、调查、杂记、特载、海外消息、通讯,及本部消息等多门。举凡关于研究南洋之文化、教育、实业、经济、党政、法律、历史、地理、风俗、民情等等,无不兼收并蓄。即关于国内之文献、异邦之见闻,其可以为南洋研究之资助者,亦必多方搜罗,而尤注意于华侨生活之改进、地位之提高、待遇之改良、现状之调查,上以供政府之参考,下以供国人之观摩。故出版以来,其销路与华侨之足迹而遍及于宇内。十七年一月,创刊号出版。现在出至第三卷第五期,第六期已在付印中。卷凡六期,内有专号四。一为《移民问题专号》,一为《暹罗问题专号》,而《荷属东印度专号》则分上下二期,材料特别丰富,尤可为专门研究南洋问题者之臂助。《移民问题专号》为二卷五期,《暹罗问题专号》为二卷六期,《荷属东印度专号》上为三卷三期,《荷属东印度专号》下为三卷四期。并拟于四卷一期，出版《法属越南专号》。

各期印数，约由一千五百册至三千册；材料常在二百页左右。除赠送国内外之学校、商会、工会、会馆、领事馆，及各公共团体与政府机关外，国内外订阅者尤见踊跃。只以经费关系，常未能尽量增印，致使读者常有向隅之憾，足证年来国内外人士对于南洋问题之注意，诚一可喜之现象也。

现本部已扩充为南洋美洲文化事业部，定期刊物，亦拟添辑《美洲研究》，俾与《南洋研究》并驾齐驱。盖华侨在外，其与祖国最有历史经济之关系者，莫如南洋与美洲；而侨民问题之繁复，在在必需注意改良者，亦莫如南洋与美洲。是南洋与华侨，固当重视；而美洲之移民，亦不可忽略也。复拟广编《侨务研究》《边务研究》，一为专门研究侨务之方针、计划、设施、改良等问题，以解决目前种种之纠纷；一以广搜边疆之史迹、资料、目前现状、中外关系等，以为移殖之稽考，垦辟之参证。终以经费关系，未能一一施行。此为同人等陧阢不安，日夜萦繁之心愿；然无论如何，本部既以南洋、美洲之研究为其终始之事业，必不至以目前一时之阻抑而灰心；并拟于最短时间促其实现。

2. 编纂丛书表册

本部既以研究南洋、美洲文化事业为职志，故除编辑《南洋研究》之定期刊物，以广宣传外；并多方纂辑丛书，以为研究华侨问题之资助。先编南洋丛书，次编美洲丛书。目前本部南洋丛书之编辑，约分三类：一普通类，二专著类，三教科书类。普通类则为南洋普通概况、现势、游记、纲要等之纂辑，以供一般侨胞及注意南洋问题者之阅览。专著类则为经济、法律、政法、实业、教育、史地等专门之著作，以供专门研究南洋问题者之参考。教科书类则为侨校教材之编辑，盖侨校中小学目前所用之课本，非国内固有之读物，即当地政府之御制。前者失之隔阂，不切实用；后者失之利用，恐易麻醉。故侨校教材之纂编，不特华侨教育问题之生死关头，即南洋华侨之兴发存亡，其有赖于此者，亦正不少也。是以迩来本部关于丛书之编纂，尤注意于南洋侨校教材之搜罗。即教部二十年度施政之大纲，亦宪章其文，殷殷以侨校特别教材之纂辑为务也。

计本部已经出版之丛书，有《南洋华侨殖民伟人传》《马来半岛土人之生活》《南洋概况》《南洋华侨概况》《南洋华侨史》《华侨运动之意义及其计划》《中华民族之国外发展》《中国文化复兴之基本问题》《南洋华侨教育会议报告》《南洋荷属东印度之教育制度》《荷属东印度之实业教育》《南洋各属学校注册条例》《南洋华侨学校之调查与统计》《南洋华侨教育论文集》《南洋荷属东印度之经济》《中华南部及南洋园艺视察谈》《荷属东印度地理》等四十种。正待付印者有：《日本海外之侵略与华侨》《暹罗王国之经济》《南洋荷属东印度之商法》《南洋通史》等十数种。计划付印者有：《南洋槟榔屿开辟史》、《南洋地理志略》、《暹罗民商法》、《南洋各属之法制》、《南洋有用植物小辞典》、《马来民族史》、《莱佛士传》、《汉巫辞典》、沈编《荷属东印度地理》等十数种。将来经费有着，益当广为搜罗印行，以供国人之参考。

3. 绘制南洋各种图表

本部编纂之计划，于定期刊物与丛书而外，复注意于簿册图表之绘制。盖丛书刊物，可为宣传与研究之工具；而图表簿册，则为统计与审核之资料。前者为部外人士之阅读，后者为部内同事之稽查。故本部对于关于调查南洋、美洲之种种表册，及国内公共机关、学校团体，国外之华字报馆、侨校、商会、会馆等等地址之调查，创立之年月，过去与目前之状况，均有详细之记载。制成簿册，以供稽考。

图表之绘制，已成者有：《南洋各属分区表》、《南洋华侨人口比较表》、《南洋各属面积比较图》、《南洋群岛与中华民国比较图》（两张）、《南洋华侨今昔之变迁图》。拟制者有：《南洋各属物产比较图》、《南洋各属输出与输入比较图》、《南洋各主要农产品物价今昔比较图》、《南洋十大植物在经济上之地位图》、《南洋与中国交通图》、《本部收到之南洋各报表》（三幅）、《本校侨生分布表》、《南洋各属侨生比较表》、《南洋各属华侨人数比较表》、《南洋各属华校比较表》、《本校各属侨生比较表》、《南洋华侨在各属地之投资额表》、《南洋华侨之经济基础表》、《南洋社会之形形色色表》（四幅）、《殖民伟人人名表》、《各国在南洋之投资表》、《华侨职业分类表》、《华侨惨案表》、《华侨课税负担表》、《各国对南贸易表》、《三年来各主要农产物比较表》（一九二八—一九三〇）等等。

簿册之汇制已成者则有：《南洋美洲各地报馆学校通讯录》《领馆调查表》《南洋华侨商会调查表》，及国内侨务机关、学校、团体、教育会、名人传录等，均一一详查其地址与内容，妥为备载，以供检阅。此外尚有各国之文化、机关、图书馆之通讯地址，亦在调查汇制之中。

图表簿籍而外，本部对于南洋各属地图之绘制，致力尤勤。诚以国人夙昔对于南洋之问题，素少研究，囿于积习，不通外情，此为国人移殖南洋千百年来之现象；亦为不能与帝国主义者统治势力相角逐之一大原因。忧时之士，乃愤然兴起，思欲一改从前蒙昧失察之观念。奈何文献无多，稽考甚艰，南洋各属详细之地图，求之于吾国之册籍中，有如凤毛麟角。故欲予国人以南洋之普通地理概念，势有未能。本部有鉴乎此，乃多方网罗图案人才，绘制南洋各属普通地图，及商业用图等以供国人参考，为研究南洋问题之入门。

计本部拟制南洋之地图，有：《南洋全图》《菲律宾略图》《法属安南略图》《英属马来亚略图》《暹罗略图》《英属缅甸略图》《荷属东印度略图》《英属北婆罗洲略图》等。以上各图，均在制作中，不久即可完成。其已成者，则有《暹罗全图》二幅。其已出版者，则有《中西地名对照南洋商用全图》等，此为本部制作南洋地图之最低计划。一俟部务扩充有望，即作大规模之绘制，以慰国人倚望待用之殷。

4. *召开南侨教育会议*

本部根据本校组织大纲之"至南洋学术会议与南洋文化教育事业部，本是相辅而行；此种会议，拟由本校集合南洋各学校、各学术团体，及其他与学术教育有关系者联合组织之。其宗旨完全为提倡学术及国内外教育组织行政之统一及其联贯。每年由本校领导会议；地点或在南洋各埠学校所在地，或在本校轮流召集之……"之计划，于民国十八年六月六日，由本部筹备，商准学校当局，呈请教部核准，拨款若干，开南洋华侨教育会议于本校。到英属马来亚、荷属马来西亚、美属菲律宾、法属安南、暹罗、缅甸各地代表,及国内教育专家、本校各院代表等七十八人,提案二百六十一件。内:(一)关于教育行政者四十七件;(二)关于课程教材者五十件;(三)关于指导员与教育会者二十五件;(四)关于教育经费者十八件;(五)关于三民主义与国语者一十二件;(六)关于造就师资者十七件;(七)关于奖励兴学者五件;(八)关于优待华侨学生者十三件;(九)关于图书馆与出版物者八件;(十)关于其他杂项者六十六件。开议六日,六日为预备会,十二日为闭幕期。前后议决案有:(一)统一华侨教育行政案;(二)请政府保障华侨教育案;(三)统一华侨学制案;(四)订正办理华侨学校之标准案;(五)本会会议第二次开会时期与地点案;(六)请国立暨南大学添设侨务训练班案;(七)编著适于南洋环境教科书案;(八)请暨南大学于琼崖或西沙群岛设立农林渔捞科案;(九)专就南洋环境先编侨校补充教材案;(十)请教部颁布华侨学校课程标准案;(十一)确定华侨教育方针案;(十二)请设立南洋各属华侨教育总会及各地教育会案;(十三)请教部每年派员视察南洋各地华侨教育案;(十四)华侨教育委员会组织大纲案;(十五)请教部修改华侨小学暂行条例及华侨学校立案条例案;(十六)请国府及南洋当地妥筹教育基金及经费案;(十七)创办华侨教育银行案;(十八)规定华侨学校教务部与董事部之职权案;(十九)造就华侨子弟航海人才案;(二十)请取消阻碍华侨教育发展之英属南洋华侨学校注册条例等二十余案。于华侨教育之方针、行政、教育、设施等,均有重大之贡献。

此外尚有提案二十八项,因范围与实施上之关系,未能决议可否,暂为保留,俟征询各方之意见后,交下届会议覆决。

此次会议,国内教育专家如钟荣光、李登辉、孙贵定;政府方面,如周启刚、邹秉文、赵乃传等,均与其列。典礼隆重,允为本校历史上最堪纪念之一页。

5. 创设国内外通讯

本部最大之目的,在国内国外文化之沟通,冀引起国内人士向外发展,海外侨胞安心内向。故有国内通讯与国外通讯之宣传。以侨民之居留地,若南洋、美洲等之国情、政治、经济、学术、法规、律令,及临时发生之事件,与吾国侨民之直接间接有关系者,如近年来南洋、美洲移民条例之修改,荷印入口税之增加,英属华工入口之禁止,南洋革命思潮之澎湃,树胶、锡米价格之暴落,失业者与破产者之众多;与夫侨胞风俗习惯之情况,经济地位之雄厚,教育提倡之努力,体育运动之热烈等消息,撰稿分发国内各报馆,及公共团体、政府机关,俾国人借知海外侨情,是为国内通讯。以国内之情况、政治趋向、经济近况、教育现势及临时发生之重要事件等消息,撰稿分发侨地之华字报馆、商会、会馆、学校机关等,俾侨民借知国内近状,是为国外通讯。每周发稿一次或两次,遇有特别事件发生时,则因其需要而加增。总期以最正确之消息,最迅速之办法,广为传播。计自民国十七年四月起,开始发稿,至今仅三年间,国内外通讯已发至百次。国内如上海、广州、北平、南京、汕头、天津、厦门、汉口、香港各地报馆,国外如南洋英、荷、菲、越、暹、缅各属之华字日报,无不以得先刊为快。其宣传力之远布,可以概见。

至历年来通讯稿件之重要者,国外方面如:《济南惨案之真相》《国产火柴之提倡与调查》《废除不平等之大运动》《最近侨务两大设施》《国立暨南大学近况》《郑洪年愿献身于华侨教育》《国货展览会之盛况》《暨大筹备南洋华侨教育会议近讯》《驻外使领馆员考试之详情》《参加远东商品展览会之筹备》《郑洪年典产兴学》《编遣会议与东省王常被杀纪闻》《暨大南洋文化事业部之新献》《全国反日大会之结果》《如火如荼之保存中医中药运动》《上海商人之保存商会运动》《琳琅灿烂之全国美术展览会》《满洲之价值》《国立暨南大学扩充之计划》《暨大体育成绩之卓著》《暨大添设师资科之计划》《教育部添设华侨教育设计委员会》《言论谎谬之美记者》《祖国民食前途之福音》《暨大反俄运动之热烈》《航务之停顿及其设施》《国内灾情汇志》《国府内政会议详情》《暨校校务近讯》《英美银借款之趋势》《国民会议之筹备》《川局之改组与桂局之解决》等。

国内方面,则有:《日本政党之丑态与对华政策》、《南洋各地之排日运动》、《南洋英属马六甲助赈山东兵灾游艺大会之盛况》、《南洋华侨提倡体育》、《星加坡排日之经过》、《苏门答腊在企业上之价值》、《菲岛华侨之将来》、《南洋树胶销路之增进》(十七年度)、《日人口中之华侨排日运动》、《新加坡之将来》、《暹罗歉收之影响(八个月内)》(十八年度)、《华侨去来之统计》、《菲岛政府取缔华侨之严厉》、《国联禁烟代表抵星详情》、《骇人听闻之荷印鸦片营业统计》、《中越华人力谋复国》、《荷印严厉禁止侨校实施三民主义教育》、《荷印政府平等待遇华侨问题成泡影》、《日本力图南洋之投资》、《南洋胶业贸易之近状》、《南洋华侨惨受烟毒之实况》、《马来亚中国国民党总支部解散以后》、《马来半岛华侨之近状》、《南洋树胶之停割运动》、《帝国主义铁蹄下之华侨》、《南洋苏岛资本家不愿解契约劳工——马来亚华侨运动会之提倡》、《英属马来亚三禁华工进口》、《暹罗修改外人入口条例》、《荷印增加入口码头税》、《暹罗将公布摧残华侨教育条例》、《荷印华字日报叠兴文字狱》、《英属马来亚立法会议将改组》等。

此外尚有关于日人南进政策之通讯,或撰著,或译述,其重要者亦有数十稿。惜限于篇幅,未能一一缕举。

6. 侨校调查与统计

南洋教育为近年来紧张之论调,诚以五百万余华侨之子弟,三十年兴学之历史,成绩如何?早为国内人士所欲知。况夫当兹二十世纪之社会,科学应用之迹象甚明,优劣存亡之途程甚显。南洋群岛,既为英、荷、法、美、日、葡等帝国主义者逐鹿之广场。彼则权衡在握,指颐使气。我则保障乏力,鱼肉由人。非借教育之功,提高其地位,以求平等之待遇,课训之效,增加其识力,以求事业之进展,曷足以渡此破舟于惊潮骇浪之中乎?虽然,忧心华侨事业者,无不以华侨教育为先务矣。然华侨教育之背景如何?现状如何?趋势如何?其优点何在?其劣点何在?非详细调查,无以知其内幕。臆测之言,无补实际。

本部因经费关系,一时未能派员赴南洋及美洲各属实地调查,故舍重就轻,于民国十七、十八两年之间,发出南洋各地侨校调查表千余份。先就侨校组织之系统着手,俟有相当成绩,然后及其现状、趋势、背景,与夫各属优劣之比较等。故此次调查之内容,仅分(一)校址;(二)创立经过;(三)最近校况;(四)立案年月;(五)创办人及校董;(六)教职员人数及姓名;(七)学级编制;(八)学生人数;(九)教授科目;(十)教授用语;(十一)经济状况;(十二)设备情形;(十三)其他等十数项。十九年间,先后收到填报者百余份。虽缺额尚多,已略见端倪。于是广稽典籍,益以中央侨务委员会之《南洋华侨学校概况》(三十校)、外交部侨务局之《华侨学校调查表》(五三校)、新加坡星洲日报之《新加坡华侨学校调查》(一一九校)、槟城钟灵中学之《槟城华侨学校调查》(二九校)、荷印华侨学务总会之《十五年度荷印华侨学校概况表》(三一三)、《南洋英属华侨教育之危机》之《马来半岛华侨学校简明表》(一六一校)、苏岛东方商鉴编印社之《苏岛华侨学校调查录》(三六校)、棉兰教育总会之《棉兰华侨学校之调查》(七校)、菲律宾华侨教育会之《菲律宾华侨学校之调查》(三五校)、华侨努力周报社《缅甸华侨学校调查录》(一四校)、《缅甸觉民日报》之《缅甸华侨学校概览》(一〇二校)、中央侨务委员会之《暹京华侨学校》(三八校)、《中华民族之国外发展》之《暹罗之华侨学校》、小吕宋《中西学校纪念刊》之《安南华侨学校》(三五校),及《荷印华侨学校之统计》《荷印土人教育状况之统计》《邦加华侨学校之统计》《荷属东印度学校及学生之统计》《荷属中华会馆学校统计表》《受荷校教育之华侨人数表》《荷印中华学校荷华学校学生及教员表》《荷属东印度之教育统计》《马来半岛各地中华学校学生教育人数表》《马来半岛各地英语学校学生国别表》《马来半岛各地英语学校教员国别表》《一九二九年度海峡殖民地之教育统计》《暨南大学高中师范科毕业生统计及调查表》《暨南大学华侨学生人数统计表》《南洋华侨学校教职员出境及被捕表》《南洋为报聘请校长教员广告的统计》等。分为调查与统计二部,辑成《南洋华侨学校之调查与统计》一书,于十九年十二月脱版,阅者无不称便。至侨校之现状、背景、趋势等问题及续编,则现正着手整理。零星材料,将在《南洋研究》发表。系统材料,则汇订专书行世。上面所述,仅调查工作之第一步耳。

7. 筹备侨务训练班

侨务人才之训练,已为目前迫切之需要。政府当局,际兹改革伊始,头绪纷繁,一时未能远瞩。暨校既负侨教之使命而创设,本部又为政府之委托而成立。则策励图功,自有专责。

本部乃根据民国十八年六月南洋华侨教育会议之议决案,于民国十九年冬,建议学校当局,转呈教部,筹办侨务训练班。并举出刘主任士木、钱秘书铁琴、陈编辑希文、陈编辑福璿四先生为筹备员,拟协同本校各院院长、中学部主任、校长等代表,组织侨务训练班筹备委员会。其计划约分三步:第一步,拟就各院及高中师范科现有之设施,在可能范围内,添设关于南洋之课程,如文学院之南洋通史、南洋华侨殖民史、南洋概况、南洋诗歌、南洋方言、南洋地理等学程,商院之南洋商史、南洋商法、南洋条例、南洋贸易等学程,理学院之南洋植物研究、南洋动物研究、南洋水族研究、南洋矿产研究、南洋气候研究、南洋方位研究之学程,法学院之南洋法规、南洋风俗史等学程,教育学院之侨校行政、侨校设施等学程,以南洋研究为侨务训练之第一步。第二步则添设南洋问题自由讲座。第三步则创设侨务训练班。举凡关于侨务之问题,如改良侨民之生活、地位、法律、待遇、卫生、习惯,及经营、移殖、开辟、投资、考察等,皆分课讲授,专力训练,训练期限为二年,招收高中毕业生。半注意教室之讲授,半注意侨地之考察,年费及开办费约五万元,果能依计完成,则内既可供政府之需用,外可辅侨民之进展。法至良,意至善也。惜乎当时以校费支绌,未能一一实现。今本部虽无时不在准备之中,而筹备之费,仍未有着;揭幕之期,更遥遥莫测也。

8. 介绍侨校教职员

本部对于南洋侨校教员之介绍,视为重大任务。盖华侨教育,不能尽量发展之结症,不在经费之筹措,而在设施之失当、校董之弄权、人才之缺乏、设施之失当。校董之弄权,权在当地人士。改革之方,按规就范,始无愆尤。本部远处国内,虽有意见与方案之贡献,鞭长莫及,尚属空言。独侨校之师资,多来自国内,代聘之责,介绍之任,本部不能不自告奋勇；且本部自成立以来，始终以华侨教育文化事业相榜示。日夕辛劳，未尝稍懈。侨胞亦深知本部创始之意义与苦心，推诚相托，踵接于途。故各地侨校之委托本部聘请教师，多数至多。而国内青年学子，慕南地物产之丰富，痛侨校教育之不振，发愤为雄，自愿往南地服务，函请或面商本部代为介绍者，亦大有人在。故本部对于此项工作之进行，殊为紧张，且能谨慎从事，不负所期。关于海外侨校委托本校之代聘教师者，昔有棉兰教育总会、新加坡福建会馆、槟榔屿钟灵中学、荷属安汶培德学校、望加锡中华学校，近有菲岛宿务中山学校等数十校。

本校各院关于南洋方面之学程教师人选，亦多由本部负责介绍。如林有壬先生之担任南洋概况，张相时先生之担任南洋商史，温雄飞先生之担任南洋法规，稽翥青、谭超一两先生先后担任中学部南洋史地、南洋研究等专才，皆由本部负责罗致而来。

此外关于本校大学、中学两部毕业同学之职业介绍，力所能及者，亦无不一一代为效劳。尚有书报之介绍，亦为本部注意之工作。盖国内外人士之研究南洋问题，对于参考资料，每苦无从搜觅，常以奋勇始，竟以蹶疲终。本部有鉴于此，举凡海外之作品，其有关于侨务或南洋之问题者，无论其为中文、英文、法文、日文、荷文等，曾寓于目而深悉其内容者，即介绍于国内，以供关心华侨问题者之参考；国内作品，其有关于南洋问题或侨务者，无论其为专著、译述、游记、随笔，可资兴感，借便稽考者，亦无不一一介绍于国外，以供侨胞之快览。

且间有埋头伏案之学者，平日不慕名利，每有述作，秘不示人；即或示人，又苦于世态炎凉。纵有佳作，每多伏枥不闻。本部则为之刊行，或介绍于世，俾彰杰构而广流传，此本部之介绍工作、推荐侨校教师而外之苦心也。

9. *扩充海内外咨询机关*

咨询机关，为研究各种事业之门径。如官署之传达，营业之问讯，其重要可知。国内人士，常有欲知海外情形；国外侨胞，亦常有欲知国内现状者。果无仲介者以为之沟通，则彼此隔阂，无以自释。本部既以南洋、美洲之文化教育事业为职志，对于华侨状况，自较明悉。故特设咨询机关，以待咨询。举凡国内人士之询问海外华侨之生活现状、人口分布、经济地位、教育趋向、移民律例、风尚习惯、待遇情形、工商垦辟，或国外人士之询问国内政治现状、各地情形、学校近况、工商隆替、文化变革、交通路政等，种种事项，力所能及者，无不一一详为解答。前者如大学院社会教育处孔充之来函询问各地华侨分配之区域数量及各种有关系之书籍表册等；招商局之询问南洋航业；上海银行公会之询问南洋金融状况；侨务局之委托调查南洋英荷法各属华侨人口统计，以便分配领事及侨务专员；中央执行委员会民众训练委员会之来函索取关于南洋各属华侨被人惨杀资料；及宣传部之来函索取华侨刊物及本部参考书；福建侨务委员会之函请寄送各种章程及侨界文化事业计划，以资参考，并索各种出版物；上海《新生命月刊》社之函询南洋各埠书坊名字，以便推销杂志；上海兵工厂张衡君之函询南洋华达厂招考有无其事；上海沈碧涵君之函询南洋各埠之推销国货麦扇行情；上海熊辉庭之来函询问赴南手续，等等。关于后者则有英属婆罗洲沙朥越政府之来函询问中国宋元以前关于中国人记载北婆罗洲之典籍，及《诸番志》《岛夷志略》《佛国记》等书之罗致等。或函商，或面询，不胜枚举。以上所述，特举其一隅耳。

近更扩充咨询之内容，由事务之咨询，展至文献之解答，编译之顾问。凡关于南洋或美洲册籍上之查询，文献上之疑义，来函相询，同人必举所知以答；其他如编译人名地名之质疑，材料典籍之访问，编辑材料之取舍，事实真伪之辨别等，力所能及，亦无不一一代为效劳。如北平罗香林君询问编纂客族概况史料，南京赵镜元君等询问编纂华侨移殖史资料等，皆斑斑可考，此本部咨询机关扩充之现状也。

10. 接受各界人士之委托

本部关于委托之事件，无不乐予接受，其内容约分两部：一为部外人士之委托本部者；一为本部事务之委托他人者。前者如侨地教育会、商会、会馆之托聘教师、办事人员，及调查事项、搜集资料等；后者如本部通讯委托回南同学之调查当地侨情，报告当地现状等。两者兼筹并顾，量力而行。部外人士委托本部者，历年以来，除侨校之托聘教师已详咨询之事项者外，其重要者有中央侨务委员周启刚先生委托本部代拟华侨通讯社章程和规划经费；上海《商业杂志》社发行南洋特刊号，函请代为征求关于南洋之商业物产、华侨经营种种之稿件；《商业月刊》社委托搜罗商业经济等资料；爪哇陈问樵编辑小学自然教材，函托本部代为印行；安南杨自修著《沙朥越国志略》，函请本部代为印行；本校台湾同学王蕴玉君函请将彼之《台湾》一书由本校发行，作为本部丛书；本校商学院委托征聘关于南洋商史、南洋条例之讲师，及代拟南洋商史、南洋条例说明书；本校高中师范科委托本部代拟二十年度一年级学生侨地分配表，及印发通讯宣传；南京党史编纂处陈肇琪先生将其友人所著之《越南概况》函商本部印作丛书；及英属北婆罗洲沙朥越华民政务司函请调查关于孙总理学说之已译成英文者有几种，等等。

关于本部通讯之委托回南同学调查当地侨情，报告当地近况者，昔则委托陈雪江（今已身故）调查菲律宾侨务情形，及商业状况；陈翔冰调查缅甸侨务情形及风俗习惯；魏腾与柏汉襄二君调查南洋各地侨务情形和教育状况等。此外尚有棉兰钱雄飞、暹罗丁运丙、望加锡孙莲汀、菲律宾颜文初、日本陈希文君等，皆能义务相效，不负所期，协助本部之进行者不少。同气之求，感激无既。今则委爪哇黄素封、望加锡潘华典、暹罗佃潮痕等为特约通讯，亦均能勤劬相助。或以当地之新闻材料相示，或以兴感论著相投。不失其守，道义之交，有如是者，是亦友声之绵丽者欤！此则本部委托事项之概略。因亦知夫国内人士、政府机关之注意侨地情形、海外事业者，日益加多；而海外侨胞之锐意内向、景慕国情者，亦日益加切。今而后，或将由此星星之火、微弱之呼，而为燎原之势、夏雷之鸣乎？本部同人，不胜引领望之矣！

11. 指导侨生回国升学

本部原有指导股之设。指导范围，本甚广阔，不仅限于侨生之回国升学，如指导国内人士之研究华侨问题，国外侨胞之回国经营考察游历等，无不视力而行。特近年以来，南地华侨小学，蓬勃滋长，极一时之盛。中等学校,亦有相当之努力与建设。统计英、荷、菲、暹、缅、越各属之华校学生,不下十万。有案可查者,英属四万三千九百六十一人,荷属三万四千五百一十人,菲属四千四百二十七人,暹罗一万五千人,缅甸、安南,数虽未详,合计当亦逾万,且上述数目,除荷属一地外,多为民国十七年度之调查。近年以来,当有增益。故每年华校小学毕业之学生,以二十分之一计之,当有五千。其升学者以十分之三计之,当有一千五百;其中回国升学者以十分之一计之,当有一百五十人。此一百五十名侨生之中,多属生长侨地,未谙国情,一旦回国求学,离家万里,无论其赴粤赴沪,亟需待人指导,其理甚明。故本部特设专员,以司其事。每年接到海外侨生之询问国内地方之安危、生活之程程、学校之情形、内容之设施等等之函件,不下数百;尤以英荷两属为多,本部无不一一详为指导,示以入学之方、费用之数,于本校内容之介绍、设施之宣传,尤加致意。诚以本校为华侨最高学府,负训育华侨子弟之专责;且有特殊之设施,不能不倍加详述,此本部指导侨生回国升学之近情也。

12. 资料之搜集整理及其他

本部既为文化教育之研究机关,故对于资料之搜集与整理,不遗余力,以资稽考。其进行之方法,约分两途:一为金石标本之搜集,一为报纸杂志之整理。金石标本之搜集,有望加锡华侨王觉赠送"巴剌头宝刀"一柄,"武敦王轿"一乘,"俄陇草箱"一只,法国古银币、土耳其古银币各一枚,古环玉器一扣,白臼花玳瑁一头,烘龟皮一头,及最近所赠之大黄鸟二只,长毛鸟二只,小红鸟三只,黄袍褂鸟二只,四翅鸟一只,挂星大花头三只,黑袍褂鸟一只,银头鸟三只,小黄鸟一只,大花头鸟二只,皆极名贵之珍品;又俄陇埠土妇手制之加顿务箱若干只,内织长叶,外缀珠贝,极为美丽,及南洋土人之画案等。此外尚有槟榔屿华侨纪德隆先生赠送之狸猫、飞鹰,望加锡孙莲汀先生所赠之极乐鸟,东婆罗洲三林马达侨商曾清达赠送之土产,及本部向日本购来"南洋特产物标本"之椰子、果实、槟榔树、橡皮、藤、咖啡、燕窝、沉香、胡椒、龙眼、烟叶、麻,及风景照片等三十二种,极有研究之价值。

报纸之整理,则分国内国外两种。将每日收到之报纸,摘其重要者剪为参考资料,因其性质之所属,分类汇存,举纲分目,装成册籍。其特别重要资料复独自标目,分张保存,务使查阅者一索即得。此种工作,于文化上至有关系。现本部报纸资料之分类,约如下述。国内新闻资料,共分侨务、政治、经济、教育、国际、调查与统计、专载、社会八项。国外新闻资料,共分经济、教育、社会、侨务、殖民政策、调查与统计、民族运动、史地资料、日人南进消息、国际问题、专论、游记、文艺、小品、杂录、侨界舆论、风俗、农业、科学、苛遇、本校及本部消息等二十余项。杂志则分类编目,以供稽考。

以上所述,皆本部工作经过之大概也。

(丙)工作计划

本部工作之报告,已毕述于上篇;实则本部所负使命之重大,当局期望之深切,非苦心经营,详细策划,无以发皇其事。上面所述,特计划中之一小部分而已,故本部经费虽支绌万分,而接厉进行,仍有具体之方案。除开办侨务训练班,已于工作报告中提先备述外,兹特将本部拟定工作之计划,纲列于下,以供学校当局之参考,本部职员之勖勉焉。

1. 添辟南洋美洲研究室

南洋与美洲之问题,与吾侨之关系至切,辟室研究,容待考虑。果本校侨务人员训练班,能于年内成立,则研究室可为辅助之机关。指臂相扶,收效必大,否则按步就班,仪型先立,亦可为训练班之先导。本部对于南洋美洲研究室之添辟,夙具方案,特以校费困绌,未能锐进。今岁英庚退款有四千余万元之巨,其用途指定为实业路政文化教育之基金。故本部添设研究室、侨务训练班、博物馆、南洋美洲文库、华侨招待所等之计划,拟请庚款津贴,促其实现,成功与否,未敢自知。既具方案,当披众览。

本部为实事求是起见,所拟各种进行之计划,以最低限度为条件。南洋美洲研究室之添辟,亦未能例外。预计建筑费五万元,设备费三万元，常年经费二万元；内设指导一、办事员二、研究员若干，合计开办之始，共需洋十万元。

2. 派员赴南洋美洲考察

近世学者，多谓有事实，始有理论。是社会之一事一物，果无可靠之经验与实地之考察，则迂阔之讥，自不可免。吾侨居南或美，前者有千年之历史，五百万之人口，特殊之习俗，卓著之勋劳；后者则有垦辟之关系，彰明之功绩。非有详细之调查与考察，不特无以知其历史之递衍，亦且无以知其社会之实情。十九年夏，本校曾于教务会议中决议派员赴南洋考察，本校五院中各派一人，本部一人，协同进行，每名津贴旅费洋二千元，后以经费无着，中途停顿。本部于此，深致遗憾。盖本校既为华侨最高学府，本部复以南洋、美洲之文化教育事业为职志，当注全力以赴。故本部拟每年派员分赴南洋、美洲实地考察侨民之疾苦，华土之实情；并调查侨胞之生活状况，各国待遇之实情，侨教现状之趋势等，以为本部研究之资料。如经费浩大，一时未能双方并进，则拟先从南洋一隅着手。考察人数，约由一人至二人，不仅限于本部职员，于必要时，本部得委托熟悉侨情，敏于访问者充任之。一切费用约由三千至五千元许。此举所费无多，而关系于侨胞之兴革者实大，甚愿其计划之早日实现也。

3. 编辑华侨学校教本

国内小学教本，不适用于侨地之学童，固尽人皆知；然教本之编辑，非草率可能。教部当局自顾不暇，遑有余情；侨校当局，因施教之扞格，尝欲自告奋勉，自为编辑，惜人才缺乏，始于有心，终于力弱。本部知侨校教材需要之不能缓稍，拟延请国内外教育专家，酌以国内情形，参以侨地常识，文字务求浅显，体裁务求新颖，编辑侨地小学之教本。在可能范围内，先编国语、历史、地理、商业、常识、自然、算术等科。上述各书，为慎重其事起见，一时未能一一实现，则先编各科之补充教材，聊备应用。计该项教科书之编纂，除专门人才，仓卒罗致，未能周遍外；印装各费，所需不多。且侨校教材，待用甚殷，虽未必借以谋利，销路当甚可观。本部拟于下学期即着手编纂，一二年内，国语、地理、历史、常识四种教本，每级至少编就二册，以备讲授之需。

查侨校教本编辑之人才，散处于国外国内者，为数不少，李长傅、沈厥成诸君，或平日专注南洋问题之研究，或身处域外服务教界者有年，俱皆生活漂泊，未展所长。果能广为罗聘，则蔚然之聚，皆为侨界努力之英才也；特在当局经营之臧否耳。

4. 罗致南洋物产标本

南洋物产标本之罗致，本部虽曾注意，然终以经费关系，除海外华侨慨然赠捐者外，尚未有余力购置或采集。而国内之机关，致力于此者则殊少。查南洋物产，至为丰富，且特殊产品如树胶、椰子、锡米、黄梨、咖啡、黄金鸟、水族等，多为各地所无者。荷人于此，特加注意，境内之科学教育，如农事试验场、森林研究所、水族馆、动物园、植物园等，设备至为周密；经费所需，年达数百万盾以上。故其域内产品之佳良，收获之丰盛，亦为南洋各地之冠。本部有鉴于此，不忍他人捷足于先，思欲挽救亡羊于后。拟请英庚退款委员会，拨款五万元，为罗致南洋各地物产标本，设馆陈列。一以资观感，企引起国内人士向外发展之雄心；一以资研究，借供专门学者之稽考。法至良，意之善也。

5. 搜集南洋美洲研究资料

凡欲研究事物，而欲明其真确之本相，不外二途：一借文献之稽考，一借物品之参证也。本部对于南洋、美洲典籍之庋藏，固属无多；而于南洋物品之搜罗，则付阙如。一旦执笔为文，稽一事物，茫然失措。文献不足，至足令人束手无策也。本部职员，编纂工作，致力颇殷，常以此而扼腕浩叹。欲弥此憾，不能不力事搜罗。故拟请英庚退款委员会，拨款五万元，购买关于南洋、美洲之历史、地理、掌故、移殖、政治、交通、商业、工情、物产、文献等类典籍，设立南洋美洲文库，供本部职员编纂之参考，并公开为国人之阅览。复广征关于研究南洋、美洲问题之资料，以资观摩。

6. 征集华侨革命纪念物品

民国成立，效财效力，华侨之功居多。试稽革命史迹，则赫赫者，非华侨莫属。今岁五月五日开幕之国民会议，首电慰问海外华侨革命之勋劳,可以知其一二矣。如此显耀之前型,岂可无特殊之表彰,以垂其盛?昔日清社未屋,帝孽犹盛之时,革命进行,不能公开于国内;营谋策划,仅可活动于域外。故革命之史迹,文献纪念物品如兴中会、同盟会革命党时之总理墨宝、先烈遗言、来往手札、文牍政令,以及旗帜、证章、聚会照片、纪念赠品等可供文献之稽考,散藏于海外者至多。一片一羽,当足珍贵,举凡上述之文献、物品,凡可供华侨革命史迹研究之资料者,本部拟广为搜罗,借以兴观感,资揣摩,且可补国史之未备。实亦后死吾人于华侨革命先烈之勋迹所应有之认识也。

7. 筹建南洋博物馆

南洋物产,如此丰富,当宜广采标本,设馆陈列,上已言及;其效用之大,亦不言可喻,既可供国人之观摩,又可供专家之稽考。故本部拟于最短时间内,请英退庚款会拨款十五万元为建筑南洋博物馆之用,并附以南洋水族研究室。十五万元之中,内十万元为建筑博物馆之用,五万元为仪器设备之用。至于标本物产,已详上章,不复重赘。常年经费,则由本校支给。其组织,则设馆长一人,佐理员二人,职员若干人。

8. 建筑华侨招待所

本校与海外华侨,既有悠久之历史,而本部又为南洋、美洲之文化教育而设立,则其辅导之责,提携之任,当不后人。近年来华侨学生之回国求学,海外父老之回国经营,每多阻于言语习俗之隔阂,大有进退失据之彷徨。本部有鉴于此,拟请英退庚款委员会,拨款五万,建筑华侨招待所,内附南洋美洲文库贮藏室。凡华侨之回国求学、经营、游历、考察等,一一妥为招待。俾侨胞深沐祖国文化之熏陶,景物之妍丽,大有客至如归之感,不啻为政府宣劳,诚一举而两得也。

上述种种,皆为本部之计划,连训练班之开办费计之,约须款五十万元。当局果能划拨英退庚款,经营其事,当甚易易;即不然,学校当局能苦心筹划,分期进行,亦不至徒劳无补也。能臻乎此,则所谓南洋、美洲文化事业者,方就规模,始可示范于国内,告慰于侨胞。懿欤!有志者事竟成,同人等筹谋策划,既有此愿,当局果能视力相助,则计划告成之日，即侨胞欢慰之时。故述本部工作之报告竟，而以此计划殿其末。

（丁）附 本部职员一览表（十九年度）

主　任	刘士木	翻　译	姚　楠
秘　书	陈福璿	佐　理	沈景乾
编　辑	陈希文	佐　理	朱培根（已故）
编　辑	李耀商（在假）	书　记	杨宇卿

（《南洋研究》第 4 卷第 1 期，1931）

暨大南洋美洲文化事业部一年来概况

暨南大学为国立华侨最高学府，负有提高华侨地位之使命，故除养成特殊人才，以适应特殊环境外，并须研究华侨之文化事业，以促其发展。当郑校长于民国十六年改组本校为完全大学后，即创设南洋美洲文化事业部，期以海外华侨各种教育机关，联为有系统之组织，以统一海外所有文化教育事业；并调查海外华侨之生活，以为文化运动上设备与研究之根据，及指导同学研究海外华侨问题。故本部所负使命，至重且大，其应努力之事项，举要于后：

一、灌输祖国文化于海外；

二、调查南洋实际状况，以为研究及启发之标准；

三、从事教育上增进华侨开拓之能力；

四、促成国人向外发展之企图；

五、鼓励华侨参加祖国一切运动。

惟本部自经沪战后，损失甚巨，多年苦心搜集之资料，及整理之文稿，悉遭焚去，殊为痛惜。然本校为华侨唯一之学府，对于华侨问题之研究，不容稍懈，故当本校恢复之日，郑校长即将本部与南洋商业调查部暂行撤消，另行改组为南洋研究委员会，仍继续以前之工作。并聘陈钟凡、于基泰、孙寒冰、谢循初、叶渊、樊守执、杨裕芬、刘士木、蔡正雅、褚凤仪、刘世芳、林有壬、陈希文、陈其英、魏振华等先生为委员；推刘士木、陈希文、魏振华为常委，主持会务。时仅设编辑、调查两股，由委员刘士木兼调查股主任，委员陈希文兼编辑股主任，委员陈其英兼编辑，委员魏振华兼秘书。

及日军撤退，本校遂于九月初迁回原址。南洋研究委员会亦奉校长命撤消，恢复本部之名称，组织仍沿用委员制，聘刘士木、陈希文、魏振华、蔡正雅、褚凤仪、林有壬、汤文聪、陈其英、王维驷等先生为委员。刘士木为主席委员兼调查股主任，陈希文为副主席委员兼编辑股主任，魏振华为常务委员兼秘书，陈其英、王维驷兼编辑。本部前编辑陈刚父先生，亦由粤回部，仍任编辑。

翌年二月，法规委员会修正本部之组织大纲，取消委员制，回复昔日之组织。主席、委员、党委之名义撤消，改为主任，主持人员仍旧；并先后聘请叶绍纯、苏鸿宾、符滋李、曾毅夫等为编辑。本部人员既已增加，工作亦日加烦剧，其规模较前尤为扩大矣。

至本部工作，一年以来，举要可述者，如次：

一、当本部与南洋商业调查部合并改组为南洋研究委员会时，初在新闸路第二院设办公处，后改迁至赫德路第一院。因多年所积之资料全部损失，海外报纸又多停寄，致本部之参考资料异常缺乏，一切如同草创。且战后经费支绌，又未能多量购置参考书报，故当时仅先从事整理报纸资料。一面则继续出版《南洋研究》，四卷三期于七月一日出版，此为战后最可纪念之一刊物；同时，恢复海外通信，按期寄发，借以宣传本校及本部状况，及沟通中南之消息。一面又函告各地报馆，请求继续赠阅报纸。而调查股则寄发调查表格，以调查最近海外华侨学校状况。此为本部初恢复时之工作概要也。

二、及后迁回原校，本部在总办公厅辟室二间，一为办公室，一为研究室。工作人员，亦增至十余人。部务进行颇为紧张，除继续出版《南洋研究》外，并创刊《南洋情报》半月刊，内容着重有时间性之短篇论著与时事，文字则以浅显明白、富有趣味为主，以介绍南洋最近之种种消息，及讨论南洋当前之种种问题，使国内外人士了解南洋之真实状况，并以促进吾侨青年之注意南洋问题，使其产生兴趣，进而负起救侨之责任为主旨。创刊号，于十一月十五日出版，近已出至第二卷第三期。发行以来，为期不过半年，颇得海内外各界人士之注意，前来定阅及请求交换者，日必数起，实为预期以上之收获。

此时为引起同学对于南洋问题之兴趣,及便于指导同学研究起见,特辟研究室一,将战后残余之书报,重加整理,以为参考。同时加紧整理报纸资料,分类汇辑,公开陈列,一年以来,稍具规模。此外并陆续添置中、英、日文书籍,而海外报纸、交换刊物,亦源源增加,研究室之内容,日见充实,旧观渐复。

研究海外问题,为本部主要工作之一。回原校后,设备渐具规模,人员又复增加,乃就各人之兴趣与心得,认定若干部门,分工研究。将来即以研究所得,编为丛书。现在正着手从事一般问题之初步研究,如历史、地理、经济、政治、社会、教育、法律、风俗、民族、金融、贸易、农业、交通、矿业、渔业等以地方为单位,作系统之研究、明确之介绍。使一般状况明了之后,然后进而作深入之探讨。

调查工作,亦为本部重要工作之一。现除仍继续调查各地华侨学校之现状外,并调查目前华侨之生活状况,特别注意其经济之现状。调查结果,先行分别在《南洋研究》或《南洋情报》发表,然后再行分类编纂,作为丛书,以供一般参考。

近年因海外华侨之经济状况,日加衰落,因以影响侨胞子弟之回国升学。一年以来,回国侨生虽不多,其中大半经由本部指导或介绍入学,回国新生,咸称便利。至侨校师资,亦受不景气打击,委托代聘教员之事,已不多遇。仅泗水侨商萧碧川委托代聘家庭女教师一人,及林世恩先生委托代聘英文教师等,中法国立学院周闻诏先生,则委托介绍热带园艺专家。此外,如实业部之实业年鉴,中华书局之初中教材,申报馆之年鉴等,均委托本部代为搜集资料或参与编纂。上海和丰公司及上海国货商场等,先后函询国货销流南洋情形,及苏岛棉兰张润泉先生函询国内实业状况,亦先后一一竭诚答覆。

此外,为扩大宣传,将所出丛书,分赠各文化机关。至《南洋情报》,销数日增,为普及起见,亦扩大推销范围,近正进行与各地书局接洽之中。以上所举,即为恢复后之工作概要也。

本部今后之计划，近正谋促其即日实现者，约有下列各端：

一、设立南洋美洲博物馆；

二、设立侨务训练班；

三、设立函授学部；

四、派员赴南洋美洲各地考察；

五、召集第二次华侨教育会议；

六、召集华侨经济会议；

七、编纂侨校教材；

八、制作各类图表。

附录　本部现任职员一览（二十一年废止）

刘士木　主任兼调查股主任

陈希文　副主任兼编辑股主任

魏振华　秘书

陈其英　编辑（兼印务课课长）

陈刚父　编辑

叶绍纯　编辑（兼指导课干事）

苏鸿宾　编辑

王维驷　编辑

曾毅夫　编辑

杨树春　编辑

李祝三　编辑

符滋李　编辑（兼干事）

江应樑　干事（兼中学部教员）

梁秉衡　干事（兼体育委员会干事）

梅洪宝　干事（兼体育委员会名誉干事）

周少雄　书记

杨宇卿　书记

王守元　特约编辑

萧介农　驻日通讯员

李众荣　驻日通讯员

方家铭　驻比通讯员

古铣祥　特约通讯员

(《南洋情报》第2卷第3期,1933)

暨大的新使命

刘士木

一

“暨南是华侨最高的学府”,这句话,非特外界人士要拿来比拟我们,就是我们暨大的同人,好像也默认这个称号了。姑无论实际上我们暨大是否“名符其实”地给华侨担任了些什么“促兴华侨文化”与“教育华侨子弟”等教育上的使命了没有;但是暨南与华侨——尤其是南洋华侨关系之重要,则已往是公认的事实,而我们也不必谦虚的来讳言。

然而,时代的巨轮,方飞速地向着历史的前途推进,于是这时代之范畴的华侨问题,也就不得不以具有“新形态”与“新内容”的课题,被列入于议事日程了。即是说,具有错杂的内容和新的形式底华侨问题,已经决不是什么“促兴华侨文化”“提倡华侨教育”等单独的口号和行动所能解决的了。相反,倒要从经济与政治之实践的斗争中,把华侨问题——在这里可以说是华侨解放运动——作为是中国民族解放运动之一有机的部分来处理,那末才可以把握着这个问题之结节解开的端绪。

实际上说来,暨大近年来之一切的措设,因为受了经费的支绌和战乱及其他等客观的环境所影响,对于这个华侨问题之新展开还没有满足我人欲望的要求。所以,也难免使一般“摸不着头脑”的人们对于暨大的意义感着怀疑;而甚至于有些激烈的人们居然还要“因噎废食”,希望暨大“寿归正寝”哩!

在这个华侨问题严重而不能够得到正当的解决,但又不能不去想法来解决的紧急关头,我来提出“暨大的新使命”这个口号,或者不会有人要笑我是“神经过敏”吧。

二

暨大之新使命的认识,是建筑在华侨危机的认识之上的;而华侨的危机,却要从海外的经济恐慌来说明。因为经济恐慌是资本主义的产儿,而华侨危机则是这个资本主义产儿所贯祸于华侨的创痕。现在应该劈头来说一说华侨居留地之经济恐慌的现象,自然首要的是要说到南洋啦。

这里不是作经济论文,所以不必列出统计来作为详细的证明。不过一提起大家都知道的,就是南洋主要的生产品如树胶、锡、糖,都是价格骤跌,消费量减少。企业中几乎有一大半是宣告破产了。殖民地的农业恐慌是其经济危机惟一的说明。

南洋经济恐慌的出路是什么呢?是禁止华侨人口新势力的增进,和排斥华侨原有的经济地位。所以大批的华侨,是被迫回国了。华侨在南洋所经营的各种事业,可以说没有一样不是遭受着破灭的命运,而华侨在南洋之经商、教育、言论、出版、结社的自由,也更受进一层的禁阻。至于由经济恐慌所引起的政治危机——土夫反抗当地统治势力的斗争,也被帝国主义者挑拨离间,转而嫁祸于华侨之身,甚至更加受居留地土人之扰害。加以后起的日本帝国主义者又在南洋广张其贩卖及收买土产之中小贸易网,简直是等于断绝吾华侨之仲介人的生路了。这就是华侨在南洋势力之日渐衰落的原因。这也就是华侨危机的内容。世界各处华侨的景况,也和这并没有什么的区别。不过本文之注重点,则在南洋。

三

要更为有条理地把华侨危机——华侨问题——华侨解放运动之

解决的方策明了的写出来,那末就篇幅及本文的性质只能很抽象而概括的举几点如下:

A. 加强"反帝"运动,以期废除华侨在海外所受之不平等待遇,获得华侨在海外之经商、言论、出版、结社、教育、居住之政治上的自由。

B. 除海外华侨之封建的残余势力、汉奸,以期加强华侨之本身的组织力量。打破由地方观念所形成之华侨的零碎组织,以防止华侨集团之离心的倾向。并须特别注意华侨一般的组织力量,及与国内组织之联系等。

C. 改善华侨之企业经营和组织,集中并加厚华侨之金融机关的财力。(但须以不妨碍广大华侨群众之经济的利益为限。)

D. 改良在海外行销之国货的出产;改良其制法、原料、质地、装璜,以期维持华货在海外行销之原有的贸易地位,而更进以谋发展。并须改善其陈列、广告、运输、储藏、贩卖、联络等等贸易方向之活动。

E. 改善华侨在海外之贸易的投资。并注意今后华侨在国内及国外之投资的新领域。

F. 振兴华侨之商业、工业、农业及移民诸教育,务须改善以前之书本及文□的教育,以求达到华侨之适用的科学的教育目的,而为与人竞争之张本。

以上所举六端,难免没有遗漏的地方,但华侨问题之解决的一般的方策,可以说是已经可以包含在这几条之内了。

四

暨大既然是被一般人称为是华侨的最高学府,那末暨大至少是要担负起"教育华侨"的任务来了。其实暨大新使命的范围,还要比这来得广。即是说,在如今,暨大的任务不单是要担负起"教育华侨"的责任,而且要更进一步地担负起"组织华侨""发动华侨"这两个新的使命来,这是过去谈"华侨教育"的人们所忽略的地方。

"教育华侨",是意味着促醒华侨对于海外帝国主义者对于华侨所加之压迫的认识,如华侨在海外所受之不平等条约、地位,以及土人之革命情势等。并使“华侨教育”还意味着增强华侨在海外活动之能力，如关于商业、工业、贸易、农村、组织、研究等种种经济上、政治上以及学术上诸种活动的能力。“组织华侨”则意味着消除华侨之地方的观念，集中华侨组织力量，指导华侨的诸种活动并与土人融协等活动。至于“发动华侨”的意思，就是说暨大的同人，决不是华侨活动之旁观的指导人，而是与华侨之种种活动打成一片的实际参加者，自然是具着担任其本身发动之意义。

如果上面提出的三大使命和任务没有多大毛病的话，那末今后暨大在实际的琐碎的工作方面，就不得不加紧并扩充下述的诸种工作：

A. 添设南洋问题之科目，加设南洋问题之讲座。

B. 扩大华侨文化之出版、通讯、调查等工作。

C. 设立南洋文化馆，主办南洋之各种的展览会。

D. 增设“侨务专科”以及南洋之渔捞、农业、职业等专班。

E. 经常遣派海外考察团及驻外的考察专员。（并负有慰劳华侨任务。）

F. 组织侨务之团体，以备直接指导华侨之活动，或间接备政府之咨询。

至于具体的办法，也不是在这里所可细说的，而也不是只作口头上之细说或什么计划之类的理论所可以了事的。这里也不过是尽提出华侨的责任罢了。我们能不能担负起这个使命来，固不必去管他，可是这个责任是我们必须担负的是毫无疑义。因此今后我们就不能不朝着这个方向去前进了。

（《南洋情报》第 2 卷第 3 期，1933）

暨大与华侨

魏振华

处此各民族已入混战状态之世,列强咸致力向外发展,不惜以种种威力掠夺殖民地,而实行其榨取剥削之政策。同时,各弱小民族为图谋自身生存计,亦不得不作最后之奋斗与挣扎。于是世界各国显然分为两大营垒,各整旗鼓,相与周旋,来日之变化若何,及最后之胜利谁属,且待事实证明,姑不深加推测。惟时至今日造成全球经济之空前大恐慌,而国防冲突日益尖锐,社会危机日益严重,则事实已显示目前矣。然则吾国民族果居何方营垒?此可于吾国所处之地位定之。溯自前清末叶以来,因政治之紊乱,外交之失败,列强进迫,势若汹涛,蚕食鲸吞,日蹙我国土;经济侵略,日困我民生。我国固有堂堂大国之尊严,已扫地净尽,伟大民族,竟陷于弱小地位,言之至足痛心!今后吾人如不及时振作精神,整饬精锐,冲入国际经济战争场中与帝国主义者作最后之抗争,以图谋生存,而恢复地位,则民族前途,岂堪设想!此向外发展之事业不容忽视者明矣。且吾民族之向外发展,正所以谋吾民族之解放,非帝国主义者以统治阶级之威权摧残弱小民族者可比。吾国分布于世界各地之千余万侨胞,即冲向前锋之民族健儿也,具有悠久之历史,冒险之精神,及坚忍之毅力,故日光所到之处,必有我侨在焉。就过去事实言之,吾侨对于祖国有伟大之功绩;就今后情势言之,吾侨关系我整个民族命运至为深切。故吾侨受一分摧残,即祖国受一分损失;吾侨高一分地位,即祖国增一分繁荣。然则吾侨地位之重要为何如耶?!而国人又当如何为侨胞作后方之准备,以充实向外发展之力量,而与外族相争存,此实国难当中之一重大问题也。暨南大学为国立华侨最高学府,所以培植侨胞子弟,而增益其智力,以适应环境,御防侵略,其所负之责任至为重大,其与华侨之关系最为密切也。

现我侨当此经济恐慌之际,处于层层压迫之下,欲谋挣扎竞存,实非易事。一方面固由于国势衰颓,不克以政府之实力,作切实之保障;而一方面亦由于我侨自身缺乏健全之组织,不能集中力量,联成巩固防线;故一受外力压迫,及经济恐慌之侵袭,即有□□之虞,及今不图,后将何及!吾意侨胞除希望祖国政府保障之外,更须力谋自身之健全,惟欲图健全,问题复杂,必须兼顾并进,始克之效,此暨大所应努力之处,即在于此,爰举数端,分述如下:

一、发展文化事业以健全基本组织

我侨与其他各国侨民根本不同之点,即各国侨民,当未出国之前,曾受过相当教育,而有充分之智识技能,以适应侨地之特殊环境,例如日本有拓务省与拓殖大学之设,故某地之富源若何,某地之工商业形势若何,某地之土著心理若何……莫不洞悉其情,然后出国侨居,其向外发展之组织,至为健全。至我侨则不然,大多数未受过相当教育,且出国动机,又多因在国内谋生困难,迫不得已而外出者,其无适应侨地需要之技能,实为势所必然者,华侨基本不健全,最少有下列两种危机:

(1)智识技能之浅薄。华侨在国内既无充分之准备,一出国门便为生活问题所支配,作坚忍劳苦之挣扎,然为技能所限,欲获得相当地位,进而谋稳健之势力,而操持重要之事业,诚非易事。且以程度不齐之分子,组织华侨社会,显然有低级社会之倾向,虽有较为高等之华侨努力领导于其间,亦不能以少数人之力量,提高华侨社会之地位,因而现示外人以弱点,而被外人所蔑视;且外人因此而放胆对我侨施其种种排压之手段,而无所顾忌,华侨之地位遂视亡国民族而不如矣!

(2)民族精神之消失。凡一民族之组成,必须有其特殊之民族精神维系其间，然后能依自然之趋向，而组合凝固之势力；反之，苟民族精神消失，则民族集团势力必至于解体，而渐受异族之同化。文化事业之落后，即为民族精神消失之最大原因。试观华侨之情形，就南洋方面言之：侨胞以久离祖国，或生长外邦，对于祖国之文化，已无若何之了解，祖国观念亦随之淡薄，于是易受异族同化，故最近竟有亲欧或亲土份子，站在轻视祖国之立场，自行分化，实令人痛惜不置！

观上两点，足见华侨基本不健全，有如是之危机。但华侨基本不健全之原因何在？实由于文化事业之落后。欲图文化事业之发展，须振兴华侨教育，故华侨教育既须施于侨地，亦当施于国内，盖欲使祖国与华侨沟通一气，必将祖国与侨居外地之华侨教育机关联为一线，打成一片。使未出国者，可作先事之准备；已出国者亦可随时研究适应环境需要之智识技能；而海外返国侨生，更有再求深造之机会，此为暨南大学设立之意义也，故暨大于科学方面，除普通大学所必具之学科外，尤注重于适应华侨环境需要之学科。如文学院教育系，最注意适应侨地生活之教育，以养成特种人材，往侨地负侨民教育之责任；商学院与理学院则尤注意训练适应侨地生活之技能，以养成特种人才，往侨地负发展工商业之责任；至南洋美洲文化事业部则以冀研究华侨问题，沟通中南文化为职志，与华侨文化相关作切实之联络，积极进行调查华侨状况，及出版期刊丛书，印发国内外通讯等，以冀从教育上增进华侨开拓之能力，并以唤起国人注意华侨问题，促成向外发展之宏愿，期收救侨救国之效果。

二、挽救经济危机以维持工商地位

世界经济慌恐，有如惊涛骇浪之汹涌，日益紧迫，即就南洋一方面言之，生产过剩，物价惨落，昔日繁荣之乐土，今变为黑暗之地狱。我侨多数为劳工份子，少数为仲介商人；昔日向外发展之工具，已不能适用于今日；而殖民地统治者高压之政策，又远甚于往时。华侨本身原不健全，无巩固的集团及缜密之组织，对此大恐慌之袭击，虽极力挣扎，亦终于无法抵御，来日之厄运，令人不忍想像，此正千钧一发之际，万分危急之秋，及早匡扶，责无旁贷。此暨大所以应注意下列各点也：

（1）养成有专门技能之工商人才，切实加入前线，对各种事业，作更深切具体之研究，以经济之眼光，考虑去取，力求开拓适于现在情势之新事业！

（2）训练侨务领袖人才，向外谋华侨自身之团结；唤起互助合作之精神，举凡工商业可通力合作者，力避利益之冲突，集中雄厚之力量，联成坚固之阵线，一致向经济战场进攻！

（3）鼓吹国人向外发展，以充分之准备，举办侨地尚可有为之新事业，加入侨胞战线，作精锐之生力军！

（4）唤起国人一致注意华侨问题，作华侨之后援，使祖国与华侨间之关系，日臻密切，而免置华侨于自生自灭之境！

发扬民族精神，即所以促进华侨之团结；教育专门人才，即所以适应华侨事业之需要。竭力研究华侨问题，对华侨宣扬祖国文化，尽量介绍华侨情况于国人，及鼓吹华侨参加祖国一切运动等，即所以促进祖国与华侨的密切关系也。

暨南创校以来，已有二十七年之历史，即大学完成，亦既六载于兹。经郑校长惨淡经营，日形进展，以华侨最高学府之立场，致力于华侨事业之发展，而以健全我侨基本之组织为最大之目的，国人对于此点，固早有相当之认识矣。观过去之事实，华侨子弟返国就学暨大者年有增加，而国内学子毕业暨大后即赴侨地工作者，亦为数不少，此固为暨大成绩之表现，亦即为侨胞爱护暨大之确征也。国人应如何以爱护侨胞之热诚，以爱护暨大?！不料竟有人在海外发表破坏我校之言论，谓不应另设暨大一校，以与祖国教育区分，使成一特殊阶级云。此种见解，如非别有作用，即对于华侨问题未有深切之认识，故对于暨大之使命，亦不明了。盖暨大一方面与普通大学具相同之性质，另一方面则专重侨胞问题之特质，不独与祖国教育无所区分，且与祖国教育宗旨根本相符，因华侨教育原为祖国教育之一部分也。凡稍明教育者，无不知之。若将祖国教育坚壁高垒，而摒弃华侨教育于异域，此又可谓未识华侨教育之本质也。再就国内各大学情形言之：有特重军事者，有特重政治法律者，有特重医学者，有特重农工者……因各有其特殊之点，盖所学虽各有专门而为国育才则一也。如以特殊之点仅暨大有之，是又可谓未识国内一般大学教育也。吾国大学教育，不患其有特殊之点，而正患其缺乏特殊之点耳！日本之著名之拓殖大学，非专为侨民及向外发展人民而设乎？其性质与任务非一若暨大乎？某君思之，亦当废然自返矣。当此侨胞地位日趋低落，侨胞经济日形困顿之际，正待国人共图根本之救济，暨大尤当奋起精神，力求效率之增进，而收救侨之实效。此暨大当局之所以兢兢自励，而不敢稍存忽视之心；亦望海内外之关怀侨胞事业者，对此负有特殊使命之教育机关，加以深切注意也。

（《南洋情报》第 2 卷第 3 期，1933）

暨大学生的双重使命

江应樑

暨大学生虽有着华侨生与国内生的不同，但他们却都负着同样的使命，这因为，暨南大学自身有着两个任务：

一、集中华侨青年，作特殊的训练；

二、使祖国文化，传布于海外华侨。

所以，暨南大学自不同于一般的普通大学，他有着这种特殊的任务；到这里读书的青年，也自不是为着求得一般的大学知识而来。一个暨大学生，其自身除应具备着一般大学生所应具备的知能外，尚须担负着这样的两重使命：

一、沟通中南文化；

二、发展海外事业。

要明白自身为什么得担负起这样的两重使命，那应把整个华侨的过去及现在的情况观察一个明白。

为着生活的□□，我们侨胞的祖先向荒茫的南洋去寻求生路，这在千年以前便开始了。当时，南洋各埠尚都是未开辟的草莽地带，住着那文化很低的野蛮民族，华侨自身具备着坚强果敢的精神，挟着很高的文化，把一个个的荒岛开辟了，自身便做了荒炎地带的主人。在祖国里，自从晋室东迁，中原大批人民向南移殖之后，南方逐日地感到人口过剩和耕地不敷的恐慌；更加之外族的侵压，国内的纷扰，使这炎荒的南岛，便成为了中国人求生路的唯一乐园。

殖民是一个国家向外发展的最好方法。试看今日之帝国主义者，不惜以举国力量和最大牺牲助其人民之向外移殖，中国的政府却自来没有这样的事。华侨的向外移殖，不惟自来没曾受到丝毫国家力量的援助，反而尽量地被祖国政府所摧残。只看清廷一个海禁的明令是多么地残酷：

> 一切官员及军民人等，如有私自出海经商或移往外洋海岛者，应当交通反叛律处斩立决；府县官员通同舞弊或知情不举者，皆斩立决；仅属失察者免死，革职永不叙用；道品或同品官员失察者，降三级调用；督府人员失察者，降二级留用；如能于事后拿获正犯明正典刑者，得免议。

荷兰人屠杀巴城华侨万余人，自觉难为情，遣使向中国告罪，清政府却反说道："海外侨民，皆系乱党，非大清子民，朝廷概不过问。"华侨处在这种毫无国家后援的情况下，却能在海外有着惊人的发展。在十五世纪初年，华侨在海外占有特殊势力者已很多，甚至有聚众数十万，称王一地者，在白人未侵入南洋时，华侨俨然是南洋的主人翁。

华侨用血和汗辟开的这炎荒的土地，终于被白人抢去了！作南洋主人翁的华人，也变做了他人的附庸，这种遭遇固然是由于祖国没有政治力量作后盾，然而更重要的原因却是由于华侨自身文化的不如人。当着侨胞们离开祖国移殖到海外去时，他固然带着了祖国的文化而去，这种文化确实是高过了当地的土人文化，因此他便能征服了土人而代有其主人的地位；只是往后和祖国的隔绝一天天地长久了，人类的文化在一天天地猛进，华侨固有的文化却在一天天地消蚀，结果，必然地要屈服于白人势力之下了！二十年前，海外华侨无所谓教育，自己也没有学校，要读书的那便只有去受殖民地的愚民教育；现在海外的华侨教育似乎很是发达了，然而为着环境，为着力量，要使祖国文化能尽量地传递在殖民地上却还不可能。灭其国者必先灭其文，荷印政府在肆意地禁止华文书籍入口，海峡殖民地在不绝地限制中国教科书，驱逐华文教员；暹政府在强迫每周授二十四小时暹文；这种种，其用心何在，我们不难见到。要使海外华侨不被人所亡，那必使尽量地遍布祖国文化于海外,这种沟通中南文化的使命谁来负担?那唯有暨南大学的学生。

说到海外华侨的现状,那更其使我们不能不担负起一个救侨的使命。散居世界的华侨,其总数在千万以上,其分布的情形如下:

A. 居于南洋各地者约五六百万;

B. 居于亚洲其他各国者约三百八十余万;

C. 居于南北美洲者约二十二万;

D. 居于欧西诸部者约二万。

这千万的华侨,其职业不外两种:一为工人,一为仲介商人。他们在各居留地尤其是南洋各埠,均握住了经济的无上威权。中华民国的成立,华侨以实力援助的最大,国人才稍稍知道华侨对于国家的重要,中山先生甚至说华侨是中华民国之母。只是民国二十二年来,华侨虽然对祖国的贡献不少,然而祖国却不能给以他些微实力的保护,使这无国家后盾,无外交实力的千万华侨,孤处海外去和那抱有绝大野心的帝国主义者周旋,必然的无往而不碰壁了!因为华侨握住了各地经济的大权,自然要引起侵略者的忌妒,各当地政府便首先给以华侨一种高压。其高压的手段,真是无所不用其极,既订许多苛例,禁止华人入境,同时又大批地驱逐当地华人;其未被驱出的,事业上给与种种的限制;更惨毒的是用强硬的手段使海外华侨与祖国文化隔绝,用阴柔的方法使华侨自身与土人同化。华侨受到这层层的高压,在海外固有的地位,将被完全推翻了。几年前,世界经济尚在一种繁荣的境地里,华侨虽然外受摧残,自身事业尚很稳固;及至不景气之狂浪冲破了世界的繁荣,生产的过剩,使世界经济陷到了尖度的暴落。华侨大本营的南洋,其主要土产胶、锡、糖、米,惨跌情状更令人□舌。二百余元一担的树胶,现在竟跌到二十余元;锡的价格亦由二百余元跌到五六十元。南洋的华侨,在他自身经济不能独立时,便是在工厂作工,过一种依人的生活,及至存得几文钱,便想着自己置点产业。在过去,南洋事业之最好者莫如种树胶,因此大家都争着把血汗钱来置树胶园;及至树胶惨跌,一切都濒于破产地位,工厂亦由着这种影响而相率停闭,依人生活的华工，亦大批陷入失业境地中了，这是有产者和工人的当前危难。至于仲介商人，也因为市场的衰颓而不能维持；更兼之日本人南侵抱着莫大的野心，想把华侨这种仲介商人的地位取而自代，用国家的力量帮助着侨民去经营，致使华侨无一条可通的生路，于是失业之声，打成一片。美洲华侨的失业和墨西哥华侨的被逐已日趋严重。在南洋，则据一般统计，失业华工数总在五十万到八十万之间。

华侨目前的危险已至于此，眼看着千余年祖宗经营的海外乐园将变化饿鬼地狱，数近千万的华侨，要想打破这局面，把自身救转过来，仰望国家？国家有如一个破落户，整日里被人打杀和自己打杀。依靠自己？自身处在这四面楚歌的危难中万不能自救。救援海外侨胞，打破其危困境地，带他们到一条新生的道路上，这种责任谁来担负？只有暨南大学的学生。

暨大学生的使命已经清楚地呈现在我们眼前了。至此，我们知道我们不仅是来受一种普通的大学教育，不仅是来求得一种一般的大学知识，除此外，更须负着这两重使命——沟通中南文化，发展海外事业。怎样来担负这种重大的责任？郑校长在完成暨南大学的时候便订了五种训练的方针：

一、道德训练；

二、科学训练；

三、政治训练；

四、军事训练；

五、职业训练。

这便是，使暨大学生除必须具有一般大学生应具有之智能道德外，更须要受一种特殊的训导，具备一种特殊的能力。“把中国文化带到海外去，用学带化，使侨胞达到自由平等的地位。”（郑校长语）所谓“任重致远”者，我们正应当为海外千万待援的侨胞努力。

（《南洋情报》第 2 卷第 3 期，1933）

暨大今后之训育

叶绍纯

灌输智识、增进技能与陶镕品性,为教育过程在社会生活中之重要的任务。教育若只做到求知方面的工作而于求知以上的活动不加注意,则教育的目的未达,教育的使命未尽。在学校里——一个教育的重要的组织——训育所占的地位,实与教学同样重要,或更为重要。"行有余力,则以学文"。在我国自古以来,便是进德先于修业。就是不从纵的方面去线装书里搬取古时的圣哲名言来作证,而从横的方面来看现在各国的教育,对于受教者的品德的修养,人格的培植也莫不加倍的注意。意大利的青年所以成为一切法西斯计划进行的基础,俄国的青年所以能为苏维埃政府的热烈的拥护者,德国的青年所以能为复兴德意志的中坚分子,虽是由于他们的事实和环境所使然,但也是平时积极的训练所得来的结果。一个人有了高深的学问或优越的技能,如果没有道德上的修养,则智识技能不独不能为社会谋福利,反而可做作奸犯科、加增罪恶的工具,予人类社会以莫大的危险。拿破仑把十九世纪初期的欧洲闹得天翻地覆,忽必烈将亚欧各国的人民搅得寝食不宁,这是因为他们虽有盖世的英才,惊人的本领,但同时怀着为大喜功的野心妄想,所以才会走上那扰害世界和平的歧途。华盛顿如果没有伟大的人格,不能为多重压迫下的美利坚人谋独立;林肯如果不是站在人道的立场上,不会把有利于美国农民的黑奴解放;近代的革命领袖,像孙中山、列宁、凯末尔、甘地、莫索里尼,不论其思想怎样,主张怎样，民主主义也好，共产主义也好，独裁主义也好，但他们都有一种牺牲个人权利为群众谋福利的高超的人格。就是那些科学家、思想家，也要有这种精神，才能穷年兀兀的在试验室里、图书馆里，孜孜研究，毕生不辍。不独个人如此，就是团体也是如此。试看土耳其的少年党，意大利的棒喝团，德国的挺进队，苏联的CP与CY，他们都有一贯的精神，一定的意志，一致的思想与行动，所以才能生意蓬勃，为国家救亡，为社会建设。固然天下一切事情，都有其背景与条件，我们不能空之洞之随便掮出虚浮缥渺的"道德""人格"的招牌来，便可范固人心，叫人家做个优秀的份子良好的国民。但我们相信在有相当条件的一个场合之下，人类毕竟是有灵魂的动物，富于伸缩移转性，"染于苍则苍，染于黄则黄"，他们的气质是可以变化的，品性是可以陶冶的，人格是可以栽培的。不过这些工夫是比教人求智更觉艰难罢了。在家庭，在学校，在社会，我们随时都可看见叫孩子们或青年们去读书求智是比较的容易；去进德敦品，就比较的艰难。怎样放枪，怎样驾驶飞车，怎样行军作战，我国的军人都很内行或日熟练；但要他们能够不为地盘权利的争夺而去兄弟院墙的窝里翻，要他们把枪口向外，把飞机驶到东北和敌人拼命，那就千难万难。如何组织政党，如何修订法律条文，我国政治人员也是呫呫叫，做得尽善尽美，但是要叫他们奉公守法，廉洁自持，那也是十二分为难的事。学校里的学生，不论学自然科学的或社会科学的，"三虎总有一豹"，许多人之中，总有几个学有成就的；其余即令学不专精，未能升堂入室，但于各科内容总能知道一二。至说到优良的品性，高尚的人格在百人中千人中，恐怕找不到一个二个。"知识即是道德"，照理一个人的学识充足，则判断力强，是非之心明白，思想也自然高超，行动也自然不致越轨。然而"知必行，行必果"，非有长期的严密的训练，是不容易做到的事。在修养品德上论，实是知之匪艰，行之维艰。明知烟酒有毒，但人们总不免吸烟饮酒；明知运动有益，但普通人总懒于实行。放纵浪荡，走肉行尸，颇有人知其是无意识的生活，但大家还是明知故犯。善而能即知即行，恶而能即知即改，几人能够？所以学校里训育的工作实比教学的工作要难上几倍，何况我国现在的学校，又多偏重于求知的一面呢。教员以灌输智识为尽了教育的责任，学生以贩得智识为已达求学的目的，于求知以上的活动，毫不注意，毫无训练，这样又何能免学校的风气日益腐坏，学校的风潮层见叠出呢？

今日青年学了所患的通病，大概有如下的几种：

（一）偏激的思想。感情热烈，感觉敏锐的青年，不满于现实的一切，无时无地不感到乌烟瘴气，无人无事不觉得一塌糊涂。愤懑悲慨之余，思想不免流于偏激，不顾一切与否定一切。他们的勇气，他们的精神，虽然值得钦佩，但惜头脑未能冷静，进行失了步骤，不免轻举盲动。

（二）堕落的行为。“打打麻将，国事管他娘”，这实在可为现在一般的青年写照。灯红酒绿，曼舞高歌，纸醉金迷，蜂狂蝶浪，有几个青年不是向着这条引人入魔窟的路上跑？恣意寻欢，尽情作乐，“今朝有酒今朝醉”，有几个青年能够毅然决然地跳出这个消沉壮志的圈子？什么国难当头，什么国亡无日，这不是他们高兴过问的事。“人生行乐当及时”，谁家姑娘——或少爷——漂亮，哪间剧院与舞场好耍，红中白板的如何有趣，这才是他们起劲注意的事情。“商女不知亡国恨，隔江犹唱后庭花。”民气消沉，民心将死，这是引乱召亡的一个大大的病根。

（三）苦闷的精神。虽然当局的要人有“处处需才，无才可用”的事浮于人之感，但一般青年总觉得社会上人人寻事，无事可寻，天地虽大，直无一容身之所。目前的生活呀，将来的出路呀，这些问题都一步紧似一步的逼着而来，不住的在脑子中、心坎上萦回环绕，排除不开，因而日夜焦愁，时刻烦恼，精神上自感着无限的痛苦。

（四）在这时代思潮汹涌澎湃的时候，还有不少的青年，尚恋恋不舍的流连于陈腐的固陋的封建思想的雾围中。他们求学的目的，还是在飞黄腾达，还是在做官发财，以学校为渡到统治者地位的津梁，以文凭为猎取高官厚禄的幌子。他们鄙薄劳动，厌事生产，一心一意只在如何实现其优越的寄生生活，故虽然身在黉宫，却已心驰官海，甚或四出活动，奔走要人的门前，甘愿做人的走狗。

(五)不全健的体格。斯文脉脉,弱不禁风,这是我国知识分子特有的病态。创办新学,提倡体育,从清末到如今已有好几十年,但是在学校里受过新教育训练的人,大半还是萎黄瘦弱,背曲腰驼,脱不尽东方病夫的雅号。运动的空气,在学校里虽也颇为紧张,但运动的目的,似乎只在比赛,在夺得锦标,在为学校争面子光门楣。运动全为少数人专有的功课,特种的技能,于一般非运动员的学生,将似极少关系。故少数的运动家,虽然雄纠纠、气昂昂的威武英挺,但大部分人,还是身体不健全,精神萎靡不振。

"在山泉水清,出山泉水浊。"从前在校时的青年尚有些朝气,尚能洁身自好。一切文化运动、政治运动和其他社会运动,都是由学生做领导,以青年为骨干,生气蓬蓬勃勃;迨致身社会后,才渐渐地为恶劣势力所熏染,终于不免合污同流。但今日青年,则更一代不如一代,未出校门,思想先已腐化,学生时代即已舞弊营私,泉源且浊,流何能清?社会哪得不日见混乱,政治哪得不日见纷扰呢?但是这些现象,必有它的构成条件,断不能完全以"不知自爱"几字,将一切责任,来推在青年身上;也不能说中国的青年,是老天生就的劣种,根本没有用。我们知道善恶良莠,完全由于环境造成。像现在的政治失轨,社会纷纭,黑白混淆,是非颠倒,共信早已无存,互信久亦澌灭,青年学生哪得不受影响,思想哪得不糊里糊涂?农村经济破产,生计日趋艰窘,"衣食足,然后知荣辱",物质是决定社会上层建筑的惟一的条件,在此民穷财尽的当儿,学生也难免当受经济的压迫,哪得不营营逐逐,驰心于利害得失的打算呢?盗匪遍地,搅得闾阎不安;强敌侵凌,国家疆土日蹙,满腔悲愤,满腹牢愁,无处发泄的青年学子,又哪得不愤慨急激或反而消极悲观呢?资本主义者以其过剩的商品如排山倒海般的向着我国推销,使得我国人民,不论贫富上下,都染着欧化的消费生活。喜新好奇是人的常情,在学青年,尤爱时髦,服饰游玩,声色狗马,风气所趋,自难幸免。在这种不良的环境之下,不论中学生、大学生,便都于不知不觉之间,染上了这些习气。

然而教育与社会、政治,是互相影响互为因果的。教育设施之不能得当,固可说由于社会政治的不良,然而社会、政治之所以不良,也可说是由于教育措施之不尽善。今日我国教育的失败不能单诿过于社会的一方面,学校自身,至少也得应负一部分的责任。我国教育怎样失败,已有很多人说过,也不是本文所要讨论的问题,这里所说的只是限于训育的一部分。现在各级学校都有训育处或训育委员会一类的组织,专门处理学生求知以上的活动,换句话说,即是专做训导学生的思想与行动的工作。它的规模颇大,里头职员也多,目标呀,方针呀,说得冠冕堂皇,大纲呀,原则呀,更订得严严密密,正与教学工作同一重视,但实际上何以学生对于修养的工夫,总比求知的更要差些呢?这可说,是由于训育实施方法的错误。试看各校的训育工作,只由几个训育员负责的,而于学生接触最密、关系最切的教员先生们,反而钟声响后,即溜得无影无踪,于学生的思想言动,全不过问。而训导的工作,又只限于口头告诫,书面劝导。说教式的训话,广告式的标语,都是空言白话,纸上文章。在施教者方面,不过以此敷衍塞责;在学生方面,更是左耳进右耳出,眼里看肚里笑,几曾把它当做一回事?当革命高潮风靡一世的时候,学生团体的活动,常常且有政治做背景,当局的利用学生作政治活动的工具,学生也借此出风头,谋出路。其号称能整顿学校风气的,亦只用惩戒、开除的高压的手段,奖赏、免费等浅薄的方法,于学生的思想行动,少积极的训导,多消极的制裁,把训育处当作学校的巡捕房裁判所,失却了训育的原义。

暨南是华侨的学府,学生多来自南洋,生长异邦的华侨子弟,其秉性习尚,都不免和国内青年有多少的不同。他们的优点,在于英勇果敢,豪迈爽直;但他们的缺点也就在于此种性质的过度发达而流于粗莽暴戾。同时来自国内各省的学生,便又不免有些"软棉棉的"□□怯懦,夸诞浮华。合这些千差万别的学生于一校,要使到各人都能培养其所长,舍弃其所短,成为一个人格健全的人,实在是不容易的事。幸而本校校长与全校教职员和同学,都能努力合作,数年来的苦心孤诣,数年来的惨淡经营,居然将这玩皮好胜的风气,渐渐移转过来,使之变而为刚毅果敢、不屈不挠的正气。近因感于消极方面的制裁工作有意识，已有相当成绩，此后应当专从积极方面训练；同时并鉴于民气之日益消沉，民德之日见堕落，应当速从在学校的青年着手改造，以培国脉，故特新颁训育大纲。又鉴于过去的经验，知训育的重任，断非几个训育员所能单独负责，须由全校员生，共同努力，故又取消训育委员会，改为指导课，属于教务委员会，而将训导学生的责任，放在全体教员先生肩上，俾得随时随地指导学生的行动，纠正学生的错失，陶融学生的思想与精神，把学生的生活、人格、智识打成一片，实行教训合一。教训合一的原理，在修学与进德同施，思想与行动一致。优良的品性，在日常的行动上养成；高尚的人格，在实际生活中培植。"言之声小，行之声大。"立己然后才能立人，凡处于指导地位者，果能以身作则，则一言一动都足予学生以深刻的印象和影响。互相策励，精诚团结，良将的风气，不久自成，训练学生，自然比较的容易了。此后成效如何，全看全校职员先生的努力怎样。至本校的训育目标，则仍本着数年来一贯的方针，这里再把它的原则，标列如下：

（一）养成学生纪律化、集体化、理智化之精神；

（二）陶冶学生性行实践、自我批判之精神；

（三）养成刻苦耐劳之精神；

（四）养成学生各种正当的社会的活动；

（五）激发学生向上之欲望；

（六）养成学生协作之精神；

（七）养成学生积极的创造能力。

（《南洋情报》第2卷第3期，1933）

华侨学府之双重使命

郑洪年

所谓华侨学府,是与一般普通大学大有区别。华侨学府之特点,不仅其学生系多来自海外者,而其学程、训练、设施,亦与一般大学迥异。盖本校受华侨父老之重托,培养华侨子弟,不仅使其能适应海外的环境,并使其能在祖国参加一切之活动。所以华侨学府之教育方针,一方面固须使华侨子弟认识祖国之一切,并习得应付环境之工具与能力;同时对于各国殖民地之法令、经济、政治、社会、风俗等更当有深切之了解,俾其将来尤能适应当地之环境。所以华侨学府,实负有救侨与救国之双重使命!

有人以为办华侨教育,是向华侨要钱,或劝其回国与办实业,此种侨务政策,根本是错误。兄弟不主张华侨都回国投资,因华侨在海外发展,对中国之经济有伟大之贡献。中国一向为入超国,每年华侨汇回之现金最多者有一亿五千万元至二亿元,此足以抵消吾国入超三分之一。故吾人当帮助华侨在海外之发展,不应提倡华侨放弃海外,而重回故国。现在华侨散居全球各地,不下一千余万人,颇占相当之经济地位,我国如欲发展海外市场,正宜利用此既成之地位,而张国势。故吾人对于海外侨民事情,当看得远。如研究海外侨民问题,急求功效,或以为无出路,此皆是错误。年来吾校孜孜不倦,即正向此路走。

——录自《暨南校刊》七十二期

(《南洋情报》第2卷第5期,1933)

暨南大学之使命

魏振华

前清末叶，两江总督端方考察各国政治归来，感于华侨教育之不可缓，创设本校于南京，取《禹贡》“朔南暨声教及于四海”之义，命校名为“暨南”，以今校长郑先生为堂长。郑先生曾制校歌曰：“爪哇殖民本我先，溯自有明前；胡为父老竟酣眠，让人着先鞭！既与欧人辟土田，还受苛税捐！哀我同胞坠九渊，何日睹青天？丈夫绝不受人怜，内渡赋联翩。优胜劣败原天演，好将科学研。誓为祖国张海权，大任吾党肩。唤起侨魂风云变，锦绣好山川。”当时本校以有特殊性质，颇引起社会人士之注意。迨辛亥军兴，学堂宣告中断，直至民六教部始派赵正平先生规复，并增设师范科、商科、初级中学，与女子部。民八中学正式成立，三年以上增设文理科，及商业特科。民九柯成懋先生继任。民十赵氏复职，是年商科迁上海，与东南大学合设商科大学，并另建校舍于真如。民十一乃离商大而独立。逾年，男子部尽数迁入真如校舍。民十四姜琦先生继任校长。民十六革命军底定苏浙，教部委郑洪年先生重长校，以次扩充文、理、商、教、法五院，成为华侨最高学府，学生由五百余人增至千余人。数年来郑校长苦心孤诣，惨淡经营，成绩斐然，基础巩固，前程远大，自可预期。惟值此世界经济恐慌，帝国主义重重压迫，南洋问题与华侨问题日趋严重，华侨地位几濒崩溃之时，凡我国人，自当发愤为强，各图振作。而暨南大学为国立唯一华侨最高学府，培养华侨子弟及国内青年，更应以特殊之课程，训练特殊之人才，以适应救国救侨之需要。故其使命之重大，有过于普通大学者，非一言所能罄也。兹谨将郑校长平日之所昭示，举事实上之需求，陈其所负使命于下，以就正于国人及侨胞焉。

一、改进华侨教育

欲救华侨，须先从改进华侨教育起。我侨教创设至今，已有三十余年之历史，千余所之学校，各方努力，颇具规模，只以华侨经济之低落，及当地政府之压迫，紧缩者紧缩，倒闭者倒闭，合并者合并，无统辖之机关，无国库之补助；人自为政，各不相谋，良教师被驱逐，教科书被检查，无适用之教材，无一贯之宗旨，故所养成人才，不合当地需要，侨教前途，不堪设想！欲图补救，亟须调查研究侨教现状及危机，兼筹并顾，思有以改进之，此本校之使命一也。

二、宣扬祖国文化

我国固有文化，足以维系民族精绅，只以侨胞或远离故国，或生长他乡，对于祖国文化学术，未有若何了解，五方杂处，"近墨者黑"，故非醉心欧化，袒胸革履，即同俗土著，跣足"沙笼"。既失自主之精神，无所谓融合外国文化，更无文化创造之能力，茫茫海国，未见中华文化之发扬，瞻望南天，不胜悲惜！文化既低，何能自立？今欲维系侨胞眷顾祖国之精神，与提高其在海外之地位，亟须宣扬祖国文化，广被炎荒，此本校之使命二也。

三、唤起华侨民族思想

华侨之在海外，对于祖国实情，无正确之认识，尤其是土生华侨，受异族之熏染，误认祖国为无政府无组织之国家，内乱频仍，社会黑暗；以至甘愿归化异族，羞作华人；"同室操戈"，"各自为战"，闻最近荷印华侨分化有亲荷派、亲土派之组织，彼此对垒，互相倾轧。长此以往，必将自取灭亡，欲图补救，亟须以民族思想，唤醒侨胞，恢复我民族固有之精神，养成大国民之风度，不依靠！不妥协！不畏缩！自尊！自重！自信！勇往直前，以与外族争生存而立于不败之地。此本校之使命三也。

四、救济华侨经济恐慌

自一九二九年后，世界经济恐慌潮，波及南洋诸岛，四年于兹，不特不见和缓，且益形尖锐。而素握有南洋经济大权之华侨，因受日人积极南进政策之侵袭，与当地政府种种苛法，以限制我侨经济之发展，已不免势穷力绌，不能复有作为；且人用科学方法，我仍旧制；以致经济地位，日见低落。溯厥原因，虽因时势不佳，但不善应付环境，亦为重大原因之一。欲图补救，亟须调查与研究华侨经济情形，以指导解决彼辈之经济恐慌，改善生活状况，此本校之使命四也。

五、提高华侨固有之地位

南洋在千余年前，本为荒榛丛棘之地，炎日熏蒸之区；土著愚蠢，禽兽猖獗；幸赖我无数华侨祖先，坚苦卓绝，筚路蓝缕，以启山林，以开宝藏，商埠于是乎辟，繁荣于是乎现。当时，我侨比土著优秀，故或被尊为国王，或被推为土酋，统治当地者大不乏人。乃近三数百年，欧美人以产业革命，生产过剩，挟其雄厚之资本与军力，汹涌而来，以掠夺商品市场，及原料之供给地。而我侨为农村破落户，远适异国，既无抵抗之力，又无援助之人，锦绣河山，不得不拱手让与异族，而降为伈伈伣伣之被统治者。虽现在政府亦经注意华侨，惟以国难当前，无暇顾及，国力薄弱，外交失利，所派使领，罕称厥职，故华侨在外仍为“丧家之犬”，失所凭依，到处受人轻视！欺凌！驱逐！排斥！剥削！压迫！……诚恐一转瞬间，即被统治者之地位，亦将不能维持矣！欲图补救，亟须将整千百万华侨组织起来，以合法手续，解除华侨之倒悬，恢复固有之地位，及应得之利益，而发扬光大之！此本校之使命五也。

六、领导华侨回国运动

华侨以居留海外，备受侵略，爱国之心，较国人尤切，故数十年来，对于祖国之一切革命运动，莫不努力参加，无论性命之牺牲，金钱之捐助，见义勇为，无丝毫之顾惜，“华侨为革命之母”，诚不诬也。惟以领导乏人，成功殊鲜，即如近年来百数万万之捐款，其实际归公者究有几何？牺牲汗血，无济国事，殊为可惜！吾人有鉴于此，亟须训练侨务人才，领导侨胞回国参加一切运动，利用侨力，切实救国，无论军事上、政治上、实业上，均不假手于人，庶于实际有补。祖国之于华侨，如树根之于枝叶，树根深而后枝叶茂，祖国兴而后华侨盛，救侨非先救国，其道末由。此本校之使命六也。

七、鼓吹国人向外发展

南洋华侨，值此万方多难之秋，四面楚歌之际，大多数不察事势者，遽以为南国蛮荒，无足轻重，鼓吹华侨回国经营。从表面上观之，中国地土广阔，富源滋多，利用侨资，从事开发，未尝不为得计。而一加研究，则此实为失策之尤。大好南邦，为我无数华侨祖先血肉之结晶，经千百年之惨淡经营，获有今日，念先人创造维艰，而今人如守成不善，将我侨固有之地位与势力，付诸东流，可惜可恨，莫此为甚！现在华侨尚有相当经济势力，自应刻苦忍耐，维持地位，鼓吹国人向外发展，作侨胞之生力军，于艰难困苦中与外人奋斗到底，而保守此天国南洋。此本校之使命七也。

以上所举，乃荦荦大端，非故为铺张夸大，乃为最低限度目标。故本校员生念国难侨难之方殷，及所负使命之重大，战战兢兢，从事于科学之探讨，道德之修养，体育之提倡，与夫军事、职业等之训练，以冀精求世界高深之学问，及我国固有之文明，从而融会之！创作之！以建设新中国！新南洋！此本校所以有文、理、商等院，南洋美洲文化事业部及中学部之设，亦即所以养成干部人才，负起此重大使命，以实行救国救侨之本旨也。

（《南洋研究》第 4 卷第 5、6 合期，1933）

暨南大学的使命

罗鸿诏

本校完成国立大学，蔚为华侨最高学府，已有十年了。一个大学要崭然露其头角，这十年的短短光阴，当然是不可能的。西洋各国的著名大学，多有几百年的历史的，其一脉相承，人才辈出，实因其植根之厚，灌溉之勤，固不能相提并论；即国内的著名大学，也已有数十年之历史，才得有今日之成绩。本校成立较晚，经费不丰，故设备殊欠周全，人才未免逊色，从时间上观之，实无足怪。而且过去饱经风雨，浩劫频临，至今日还有如此的基础，总算可以差足自慰的了。

可是过去的时间虽短，将来的希望正长，当此十周年纪念的时候，把我们所希望于暨南大学的前途，与国内的识者谈谈，望大家同心协力，以实现本校之使命！深信中华民族的复兴，与此实有莫大的关系。

本校为华侨最高学府，故教育部特别规定：中学全部收容华侨子弟，大学则华侨子弟至少须录取三分之一。以此本校的使命和其他国立大学大有不同，现在分开三点以论之：

第一，华侨远离祖国，于中邦文化未免疏远，故凡来就学的华侨子弟，均须养成一个健全的中国公民，不论道德与智识都应如此。有人说，在文化上，世界之中不见有中国了。这只是说，中国现在的文化不及其他文明各国罢了，并不是说，中国完全没有文化。窃以为中国不仅有文化，而且有独特的文化，故现在西方的文化，固应尽量吸收，而中国的文化，亦应发扬光大，推诸四海。这种推广的工作，当然有赖于华侨子弟，各以其所学而感化他人，则声教所被必迄于四海了。

第二，文化之播扬，尤在乎实力之充足，现在是经济支配一切的世界，生活的技能最为重要。华侨的地位每受他人凌虐，比常人的谋生更为困难。故华侨教育的方针，必使其所学都能有所用，一方使他个人生活不成问题，他方更能帮助他人，使整个华侨的业务日益发达，地位日臻稳固。以此之故，各地的华侨需要何种人才，必当有精确的调查统计，然后本校毕业生的出路，才不会发生问题。现刻各地华侨所经营的业务，商业为多，农业次之，工业最少。故我的理想中的暨南大学，应设三个学院：商学院、农学院、师范学院（如有必要，可添设工学院）。所谓师范学院，可将现在的文、理二学院合并起来，以造就中等学校之师资为目标，以供各地的华侨学校之用。至各院招生的多寡，宜就调查所得，随时加减，以期适合于实际的情形。

第三，然而本校之任务，并不止于教育华侨子弟而已，观教育部的规定，大学部可收内地学生三分之二，现在的事实上，还要多于三分之二吧。一个学校之教育方针只能有一个，则对于这大部分的学生如何办理，恐怕有人读了上文以后，要发生疑问吧！可是我还是坚持一贯的主张，以为这部分学生，也应该送到海外去，才不违背国家设立本校的旨意，才能够解决国内的人口问题，才能够发扬中华民族之伟大的使命！

但是这一层并不是轻易实现的事情，尤不是暨南一校所能办到的方案。一方，固须赖政府（侨委会及行政院各部）有切实的调查，精密的方案，实行的决心；他方还要靠国内与华侨的工商各界，群策群力，组织几个规模宏大的公司，专以扩张海外事业为职志；而本校方面则培育各种专才以供其用，同时致力于海外特殊事情之调查研究，建立种种完备的方案，以供政府及各界之采择施行。如此各方合作，着着进行，倘能全部实现，则不但本校毕业生无失业之虞，本校的使命得以完成，永垂不朽，而且中华民国之政治、经济、社会诸问题，也怕可因此而解决其大半了。

现在的中国，刚刚达到统一的初步，全国民众的注意点，多集中于整军、经济、教育的内部问题，还不能移其目光于海外，这一层事实是无可否认的。但是本年国货展览会既先后在南洋各地开过好几次，可见远识之士，已经注意及于海外之发展了。倘能再进一步，成为有计划，有组织之殖民政策，则我的这个提案，或不致被视为空泛不着实际。当本大学十周纪念的时候，披沥素怀，以就正于国内高明之士；至二十周纪念时，我愿这个方案将被视为太简单，太不具体了吧！

（《暨南校刊》1937 年第 213 期）

大时代中暨大同学们的使命

汪竹一

自欧洲战事爆发后，倭寇想侵占英美在远东利益的野心日炽，南进的声浪日高，到了最近更白热化了。这当然不仅是宣传，不仅是对英美外交的烟幕而已。从种种事实，以及倭寇贪婪的国民性上观察，敌人的想进攻南洋确是处心积虑的预定计划，不是一时的冲动，更不是现在才要南进，遥援其盟友德国的春季攻势，凡是熟悉国际情形及敌情者，大多是这样的判断。

敌人的南进，已经是箭在弦上，只是等待时机，扣弦发射了。我们在南洋的千万侨胞，他们的生命财产，马上会受到严重的影响，那□我们作何准备呢？我政府当局当然有成竹在胸，早已定了妥善的对策，这且不论，姑从我们暨南大学的同学所负的使命上着眼，有几点意见想贡献给当局，以及国内外的许多同学，希望及时准备，加紧努力，以谋侨胞的安全，发挥侨胞的力量，不辱我暨大同学的使命。

（一）以暨大同学为基干，组织南洋各地侨胞。因为在过去侨胞对于祖国的国民革命贡献颇多，自从推翻清朝，建立民国以后，我政府对此有功于革命的侨胞，特加注意，专设机关办理侨务，专设学校办理侨教，华侨教育最高学府暨南大学，就是为此而设立的。并且政府交托给暨大一个特殊使命，一般大学的使命是“作育英才”而已，而暨大的使命，除了“作育英才”而外，还负起培养一批能在海外侨胞之中起核心作用的人材的重大使命。我暨大前后毕业的同学，共计一万二千余人，回到南洋去有八九千人。假使把这许多曾经受过祖国特殊教育，散处在南洋各地的青年为主干，从各人的亲戚朋友的关系上组织起来，成为一个强有力的劲旅，不但可以对敌人在经济上战斗，并且可以对敌人在文化上、外交上作竞争。有这样一个强有力的、英勇奋斗的劲旅潜伏在南洋，即使南洋一旦被敌侵占，将来敌人的在南洋，一定像在我国沦陷区内被游击队处处掣肘，同样的遭受到莫大的困难。那末，如何才能达到这目的呢？这就需要我们的政府对于在南洋的许多暨大同学，善为领导。我暨大同学在政府领导之下，迅速地把南洋侨胞组织起来，使我南洋侨胞，甚至当地土人，对倭寇咸抱“有敌无我，有我无敌”的决心，那末，行将崩溃的敌人，一只泥脚陷在中国，另一只泥脚又将陷在南洋，必将不战自毙。再加以英美的助力，敌人必将加速其灭亡。所以组织侨胞发动土著，奋起与倭寇周旋，是目前我政府当局以及我南洋的暨大同学所不可忽视的重大任务。

但是，在往时，我们散处在南洋的暨大同学与政府无密切的联系，政府对我南洋同学工作方针亦少积极的指示，虽有这么一支潜在的生力军，终致被埋没而未用。时至今日，敌人南进的野心日露，南太平洋的风云日紧的时候，若再不及时而动，则不但南洋的侨胞将受敌人的荼毒，就是这许多曾受国家培养的暨大同学，亦将遭受到不幸的劫运，所以急切希望中央海外部与侨务委会注意到这一支潜在的生力军，善加领导。将来对于祖国一定有莫大的贡献。在南洋各地如能以暨大的同学为基干，组织侨胞，当可不必另起炉灶，设立其他机关。既可以节省公帑，又可以事半功倍，有利于抗建前途，实不在小。

（二）利用经济的力量来制敌人死命。南洋的许多商业，侨胞经营的不在少数，所以南洋的经济力量，侨胞把握了不少。此次敌人的南进，主要的原因，是因为英美对日经济封锁，一个资源贫乏、先天不足的国家，怎能受得了这种严重的压迫呢？所以急于想侵占资源丰富的南洋。倘使我南洋华侨均取不合作的态度，则敌人虽然夺取了南洋，亦无用处。这是说倘若南洋被敌侵占后的消极办法，也可以使敌人无法可施。在敌人南进声浪中，我们还有许多积极的有效的工作，亟待开展：

第一是发动侨胞投资国内。这个办法,我政府已经注意到而且正在发动。可是这种工作,不是空空的一句口号,也不是仅仅倡导一次就能完成的,要切切实实的去做,才有成效,时至今日,更是一件急不容缓、立待办理的重要工作。不然,海盗一样的倭寇,必将南洋的一切囊括而去,我们在南洋的千万侨胞,世世代代,忍辱负重所积蓄的财产,所经营的事业,也将装进敌人贪婪的荷包。

我以为关于发动侨胞投资国内的具体办法,第一要由政府制定保护侨胞投资国内的法令,使海外华侨知道我政府对于侨胞的关怀与优越的待遇,对我政府发生坚定的信仰。其次使国内工商界与南洋的工商界取得密切的联系,沟通国内外的工商界为一气,使华侨明了国内的工商情形,自然乐于投资。其三则有赖我南洋的暨大同学的鼓吹劝说。因为有许多暨大同学的父兄是南洋工商界的巨子,倘能以子劝其父,以弟劝其兄,其成效一定比政府的皇皇功令还要大得多。因为有许多侨胞生长在国外,从未回到祖国来过,对于祖国的情形很隔膜,由曾经回到祖国,受过高等教育的子弟或亲戚朋友的暨大同学,把祖国的情形告诉他们,他们自然是确信不疑的。

对于侨胞的投资国内,除投资国营事业外,关于投资私人企业,应由政府加以指导,以免其亏累,而影响后来的投资国内者视为畏途。这是应该特别注意的。此外,关于侨胞的投资国内,希望经济部或财政部有一个详尽缜密的计划与办法,使投资国内的侨胞知所遵循,还可作在南洋的暨大同学宣传的方针。

第二是要统制贸易。我们华侨的在南洋,在经济上虽有相当势力,可是在政治上是毫无地位的。政治的权力操在他人手里,用政治的力量来统制,似乎是不容易的事。这倒不必过虑,我以为可以用原有的行会组织来统制,并且这行会统制比政法统制的力量还要来得大。因为行会统制是自动的,秘密的制裁,和当地政府法令也不相抵触,实行统制贸易时,不会遭遇到什么困难。举个例来说罢,譬如近来新加坡的禁运大麻赴倭,这是由于当地政府的命令,倘若经营大麻的商人,在政府防范不密时可以偷运走私,那么倭寇依然可以得到大麻。

在我国国内也有这样不少的例子,例如粤省产钨,因为钨砂是制造军需的重要原料,政府早经统制,不准矿商私自卖买,更不许资敌。可是统制以后,因为有许多没有国家民族观念、唯利是图的少数奸商依然有方法偷运走私,由粤省运往香港,卖给敌人制造枪炮来屠杀自己的同胞。由此可知贸易的统制,虽有政府的森严法令,有时仍不能防备奸枭的偷运走私。所以要南洋各地统制贸易,并不是完全依赖当地政府的政治力量来执行,当地政府能够协助固然是好,即使不协助我们,我们可以用行会的组织,或工商界的秘密同盟,对于有利敌人、损害祖国的贸易,绝对不做,互相严格的制裁,其效果实大于政治的权力,在过去有几百码头工友拒绝搬运废铁输日,更是显而易见的例子。

在这倭寇南进声中,统制贸易工作的重要,当然是不可否认的。那么谁去担任这种工作呢?只有潜伏在南洋的许多暨大同学。

这不过是关于经济上随便举两个例来说明而已。

(三)加紧政治的活动,击破敌人的阴谋。上面已经说过,我侨胞在海外各地,在政治上没有地位,所以在政治上也没有活动,甚至任人宰割,度着还不如当地土人的生活,试看各地侨胞所受到的苛刻待遇,就可知道。侨胞之在南洋各地,只是经营工商业,不问政治,更谈不上政治的活动。这是由于我们中华民族驯良和平的特性,以及在南洋的侨胞缺乏政治的训练所致。现在敌人亟图南进,万一南洋被敌人侵占,则侨胞所遭遇到的厄运,将更不堪设想。所以在敌人南进声中,亟须加紧南洋侨胞的政治活动。

加紧南洋侨胞的政治活动,除了海外的国民党各级党部以及全体党员总动员之外,我们在海外的暨大同学,也要全体的动员起来,深入到各阶层,宣扬我三民主义的伟大,以及我国此次神圣抗战的任务,不但是救中国,而且救世界的意义。在"击溃日本帝国主义,以求世界和平"的口号之下,使南洋的侨胞以及土人团结为一体 ,以粉碎敌人的阴谋。

上面所说的,不过是一个原则,和第一项以暨大同学为基干,组织侨胞之意义相仿佛,可以举一反三,推想而知。不过还有几点要补充的：

第一，请海外部优先派我们在海外的暨大同学担任海外各地的党务工作，似不必另派人地生疏的人员前往，以便驾轻就熟，收事半功倍之效。海外部曾经招考能操闽粤方言及外国语的大学毕业生，加以训练后，派往海外担任党务工作。可证明海外部近来对于南洋问题之重视了。我们暨大同学对于风俗人情十分熟谂，各方关系，又很密切。只以远在南洋，归国应试不易，不能参与这种重要工作，实是一件令人遗憾的事。所以我希望海外部要尽先录用我们在南洋的暨大同学，不要把潜伏在南洋的一支生力军——暨大学生——遗忘了。还要附带声明一句，这是为了增高海外政治活动的效率，对于海外党工人员应该加以调整的管见，并不是为我暨大同学争地位。

第二，希望我们在南洋的暨大同学埋头苦干，只顾耕耘，不问收获。因为祖国正在艰难困苦中，救国的艰巨工作正在迈进中，拯救祖国打倒日寇的责任，每个中国人都应该担负起来的，我们是受过国家培育的人，更不能放弃这种责任。在这个时候，只有不计地位，不计待遇，奋起为祖国服务，协助中央派在海外各级党部的工作同志努力工作，以争取祖国抗战的最后胜利，争取在海外的地位。到了抗战胜利的那一天，中华民族大放异彩的时候，也就是我们侨胞解脱列强束缚，我们本身成功的时候了。

第三，吸收海外党员，以充实海外政治活动的力量，是我们目前急待办理的工作。我以为凡是海外侨胞的优秀分子，都应该吸收为国民党的党员，这是毫无疑义的，此外，就是南洋各地的土生，以及信仰我三民主义的外国人，愿为国民党党员的，都应该吸收，因为三民主义之最终目的是世界大同，所以三民主义是属于世界的，不仅是属于一国的。这样，不但充实了海外的政治活动力量，并且还充实了我们国民党的力量。

第四，用党来推动政治，目标是正确的，力量是雄厚的，效果是宏大的，在南洋的政治活动，是需要以党为基础，以党来发动，并不是完全依赖政治的力量来发号施令的活动，这一点是我们在南洋的暨大同学应该承国民党过去的革命精神来工作的。

或者有人以为这种政治活动的工作，在抗战军兴以后，就应该着手办理，到了现在才提出来，似乎已失时机，过于迂缓而不能济急了。可是倘能及时而动，亦未为晚，即使我们的政治活动尚无相当成就而敌人已占领了南洋，那么，我们在今年播下了革命种子，等明年萌芽，也是一件好事，不应以迂缓而勿为。

（四）速筹关于华侨的救济辅导计划，以免侨胞之遭遇困难。我们除了加紧办理上述的三项积极工作之外，还要预为妥筹关于华侨之救济辅导等计划。因为敌人南进后，在交战期间，南洋的工商业必大受打击，工厂商店之因而倒闭是意料中事，侨胞之生活必大受影响；更不幸而南洋各地被敌占领，华侨之将被剥削压迫，更是不言而喻。所以敌人不南进则已，敌人一南进，侨胞必立刻受到恶劣的影响，若不预为之谋，侨胞所遭受到的痛苦，必不堪设想。那么救济与辅导的办法如何，这可分为两方面来说。

有人主张在敌人南进的时候，同欧美国家一样，一遇有战事，立即撤侨。这件事情形不同，不能与欧美的撤侨同样办理的，周启刚先生曾在大公报为文论述这个问题，我是十分同意这个主张的。所以在敌人南进的时候，我们对于侨胞的措置，倒不是内撤的问题，而是如何救济与辅导的办法。

先从我政府对于华侨的救济辅导而论，政府固然已经预定计划与办法，但是这种计划与办法，不能仅仅有了一纸具文就算了事，而要实实在在的行动起来了。以前，我政府对于侨胞救济辅导的工作，已经实行了许多。不过我以为还不够，还要更具体更行动化起来，因为现在敌人南进的声浪一天一天高涨了。

其次要我们海外侨胞自己从速准备起来，凡事要靠自己，不能专等待人家来救济辅导。这种救济辅导的工作，又是我们在南洋的暨大同学，应该负担起来，义不容辞的。因为我们暨大同学，在南洋侨胞中，都算得优秀份子，也是比较有相当地位的人，应立即会同当地侨胞作有计划的，有组织的准备起来，再和国内的侨务机关取得密切的联系，以免临时周章，遭受到许多的痛苦。

以上所说的四项，不过是仅就管见所及，贡献给我政府当局以及海外暨大同学的采纳而及时准备起来。希望政府当局不要忽视了海外千万侨胞的力量，我海外的暨大同学更应负起这艰巨责任，去和敌人搏斗。我相信不久的将来，一方面是全国人民和海外侨胞同唱凯旋歌，共庆胜利年；一方面就是我暨南大学光芒万丈，给国内外人士一个新的认识的时候。最近中央特派海外部吴部长铁城先生代表总裁亲赴南洋各属，宣慰并传达中央与总裁德意，侨胞感奋，沿途欢呼，倒履以迎的情形，更可证明中央与南洋是日渐互通日加亲密了。这一幅远远地家园，我们是要以全付精神来作坚持的保守。在这大时代的来临之日，我们潜伏南洋的生力军——我亲爱的暨大同学，暨南的兄弟们——应如何的努力来开展我们的工作，来完成我们的使命？翘首南国的兄弟们，不禁神往，我愿暨南，愿暨南的兄弟们，快快地筑成一个长城，一个坚强的堡垒，凶暴的日寇是永远摒拒在这长城之外，是永久的失败者。愿把握着这伟大的时代来完成我们伟大的使命。

（《暨南通讯》1941 年第 1 期）

今后南洋侨务工作人员之培养

——今后暨南大学应有之新使命

杨国宾

一、前言

“南洋”在世界地理上，为我国所特有之名词，日本人尝习用之，其他各国无有使用及之者。按所谓南洋者，如以广义而言，实指东经九五度至一三五度，南纬一〇度至北纬二〇度间之地带而言也；若以地名分别而言之，则所谓南洋当包括下列各地：越南、泰国、马来亚、苏门答腊、爪哇、婆罗洲、西里伯、巴布亚，菲列滨、小巽他群岛以及其他诸群岛。

我国侨胞之在南洋各地者，不下六百万人（根据侨委会统计）。其之往南洋也，既非由政府之移殖，亦非因政府之有鼓励与协助；实本各个人之志趣与能力，各各独自而去也。六百万侨胞中，经营商业者有四百余万人，经营工业者有三十余万人，从事农业者百十余万人，营其他杂业者四万或五万人。其职业之决定，固均本各人兴趣与能力，而对于此等农工商界所经营之中心事业，政府亦毫无指导与支配作用在其间也。侨胞经营事业有失败者，有成功者，其失败者之失败原因，固在其个人因素，其成功者亦全赖个人之能力，并无国家之政治的经济的及技术原因在其间也。彼等决定其所从事之事业后，乃各本其个人能力，在听天由命原则下，自行经营；国家并不因其事业之重要，而在政治上、经济上，或技术上，作种种协助。万一不幸，侨胞经营失败，国家亦未能予以特别救济，故吾人可下断语，曰："过去侨胞在南洋之成就，乃彼等自行奋斗之结束，非侨务工作之优良有以致之也。"倘在过去有精密之侨务工作，我侨胞在南洋之成就，或不限于此也。此就侨胞事业之有无直接的计划支配、指导、协助与救济而言也，其他如与当地政府及人民无密切之合作、联络；不能取得各该地政府人民对我侨胞之好感；我国固有文化及国民党之党义、政策，未能向侨胞所在地之人民作普遍之宣扬，以引起其对我国之敬仰，其人民既不崇敬我国，当亦藐视我侨胞，甚或发生排斥及欺凌侨胞等运动，此均可增大侨胞们在外经营事业之阻力也。又如对侨胞之教育，如初等教育、中等教育、社会教育等均无详尽之计划与督导。以上所指侨胞事业之计划、指导、协助与救济，当地政府人民之联络，我国国内文化之宣扬，对侨胞本身教育之实施等，均为侨务工作中之急应做，而未尝做者。吾人为侨胞在南洋之前途计，对此等侨务工作，岂可再容忽视哉？战后南洋侨务工作之展开，实为势所不容再缓者。

二、今后南洋侨务工作设计

今后南洋侨务工作既为当务之急，则当有所以计划之。兹拟具战后南洋侨务工作之计划如下，俾便根据此项计划，从事侨务工作人员之培养，望关心侨务问题者，有以指正之！

甲、关于侨胞事业之计划、指导、协助与救济者

（一）侨胞职业固应凭各个人能力与兴趣而决定，但政府应根据国内及南洋经济情形，拟其整个计划，俾便决定南洋方面侨胞应经营之重大事业。

（二）根据计划经济，订定南洋侨胞应特别经营之农工业，使南洋经济能与国内经济相协调，以收发达国民经济之实效。

（三）根据国内及南洋生产与消费情形，决定侨胞应特别经营之商业，借以调节供求关系。

（四）凡应特别兴办之农工商业，政府应指定殷实侨胞兴办之，并

随时予以鼓励、指导与协助。

（五）凡侨胞兴办事业，因资金不足，或因受外国同业经济竞争之影响而动摇者，政府应以经济实力协助之。如缺乏技术人员者，应随时予以技术方面之协助。

（六）各地政府如制定特别法规，有不利于我侨民之事业者，或各地人民有不利于我侨胞事业之举动者，我政府应以外交方式谋妥善之解决，借以保障侨胞利益。

（七）如侨胞间有同业竞争者，应消弭其竞争。

（八）如侨胞经营失败者，应斟酌情形予以特别救济。

乙、关于侨胞教育之实施者

过去对于华侨教育无具体计划，在同一处之华侨，又往往因为原籍籍贯不同，而不能合作。学校分布亦不合理，或华侨众多之处，竟无一校；或同在一地，竟设立多数学校，校内课程亦多不合理；教材更然，教四书者有之，教四言杂字者亦有之；至于教学时所用之语言，多为方言，以国家立场言教育，诚有未合者。故吾人对于侨胞教育之实施，宜特别加意也，兹列具管见如下，以为战后办理侨务工作者告。

（一）每一政治区域为一单位（如马来亚或新嘉坡为一单位，泰国一单位，缅甸一单位等），各单位内均应有教育会之组织，俾各单位内教育得以统一。

（二）在每一单位内至少应设有中学一所，并在侨胞汇集之处，设立中心小学一所，各中学内应有教育专门人才；各中心小学受中学之辅导，其他小学受中心小学之辅导。

（三）各级学校之课程标准，应根据实际情形，由教育部订定之。

（四）各级学校授课应一律采用国语。

（五）各地应普设图书馆，及民众教育馆，借以宣扬国内情形而收社会教育之功。

（六）每届节日，均应由民众教育馆发动过节。

（七）应由各地教育当局，设法保持我国侨胞固有生活方式。

（八）应由各地教育当局设法使侨胞能保存固有习俗。

丙、关于我国文化之宣扬者

过去我国在外侨民对于祖国文化无宣扬机关,亦少有借以宣扬的报纸与杂志,故外人罕有认识我国实际情形者,其奇者外人对我国之缺点有全部得悉者,而对我国之优点竟莫之知也。探究其原因不外宣扬之一端耳。昔日人在印度为宣扬其国内情形,遍送大日本 DAINIPPON 英文刊物,凡日本人有一优点,均揭载其上,甚至将一个美丽的女人,一株开着两百朵花之菊花,亦印照相于其上,大事宣传;在他方面,则尽量宣传我国之弱点。国家民族在国际间地位之高低,依赖于宣传者,实非浅鲜也。吾人今后为发展南洋侨务,对我国文化之宣扬,何不加之意乎?兹拟具宣扬文化工作计划如下,邦人君子幸垂教焉!

(一)印行英文或侨胞所在地之土语报纸或刊物,或利用当地人民政府主办之报纸或刊物,宣扬我国固有文化,民族主义与政策,生产界情形,以及其他应予宣扬者。

(二)各地侨胞设立之学校,酌量免费招收当地土人之子弟。

(三)挑选南洋各地土著青年来国内各大学留学,俾便授之中文及中国之种种文化。

(四)将我国之风俗习惯传播给当地土著。

(五)将各种生活方式传授给当地土著,如用筷子吃饭等。

(六)其他。

丁、关于与当地土著之联络者

过去我国侨胞与所在地之政府及人民无密切联系,故双方情感不能甚洽 ,往往发生排华风潮。如过去泰国之排华运动,为其最著者,对侨胞利益之打击,实不小也。今后吾人为发展侨务计,应想出种种可能方法,与土著作联络活动,兹就管见所及,略草计划如下。

(一)参加活动。当地土人如有何种活动,吾人应设法去参加,以表好感。

(二)庆贺。当地政府或人民若有喜庆之事,应去庆贺,以示同情。

(三)外宾招待。在我国各种节日,如新年等,或其他集会足以招待外宾者,均应招待之。

（四）介绍青年来国内求学。在各侨胞所在地如有优秀土著青年，应尽量介绍来国内著名大学肄业。

（五）招收土著学生。我侨胞所办之中小学，在可能范围内，应招收当地土著学生。

（六）通婚。在不妨碍习俗及合法原则下，奖励通婚。

（七）相互派人讲学。可遴选各地学者来暨大充教授，并可派教授出外讲学。

根据上述工作计划拟具工作机构如下：

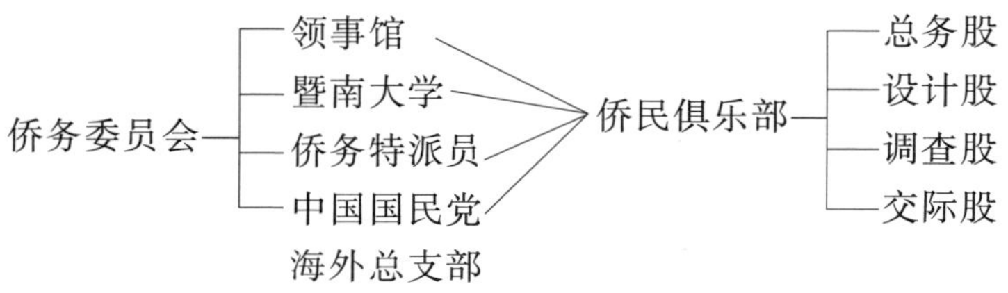

说明：各地教育界人士合组教育会，商界侨胞合组商会，各厂厂主合组同业公会。由上述三种社会，及各界侨胞代表，组织侨民俱乐部。以各会主席及各界代表为俱乐部理事。俱乐部为发展侨民工作机关，上受侨务特派员、暨南大学、领事馆及党部之指导，下设如图所示之四股。

三、侨务工作人员之需要培养及今后暨南大学应有之新使命

上述南洋侨务工作展开计划，如欲完全实现，则大批工作人员不可或缺，此种工作人员须依其工作性质，施以特殊训练。兹特依据上述计划，列举所需之工作人员及应受之特殊训练如下：

（一）中小学教员　除依其等级施以师资训练外，尤须注意下列各项训练：

1. 国语，使每人能彻底运用国音符号并能说流利国语。

2. 外国语，依其服务地区选习下列语言之一：马来语、缅甸语、越

南语、泰国语。

3. 南洋地理，包括越南、泰国、缅甸、马来亚等地之自然地理、人文地理及经济地理。

4. 南洋侨务，包括华侨经营南洋史、南洋华侨之散布状况，及其所经营之事业、侨务工作纲要。

（二）社教工作人员　招收具有下列技术之人才，予以特别训练：

1. 能放映幻灯及放映电影者。

2. 能摄取照像及摄制影片者。

3. 美术人才。

4. 音乐人才。

招得上述人才施以下列训练：

1. 社会教育：社会教育之理论与实际。

2. 外国语：同前。

3. 南洋地理：同前。

4. 南洋侨务：同前。

（三）侨务工作干部　除授以一般课程外更授以下列课程：

1. 国际公法、国际条约、国际贸易、商法等。

2. 外国语：同前。

3. 南洋地理：同前。

4. 南洋侨务：同前。

（四）报人　除施以普通之新闻事业训练外，尤须培养英文及各地土语之写作能力，使之能写作自如。

所需之工作人员既如上述，而此项工作人员应由何人且如何而培养之，乃为一问题。据余管见，培养此项工作人员之责任，应由本校（暨南大学）负之，盖"本校本为南洋华侨而设，对于侨胞教育负有特殊使命，故有华侨学府之称，此一观本校校名，及略知本校校史之人士无不知之。……今南洋群岛陷入敌手，近千万侨胞方在水深火热之中……将来战胜以后近千万侨胞事业复兴问题，将必成为太平洋上最复杂而最难解决之问题。本校既以华侨学府为名，自应负起一部分之责任”。若分析而言之，所谓侨胞事业复兴问题，不外下列四个问题，即侨胞事业之计划、支配、指导与协助问题。以上四问题，可总其名曰南洋侨务工作问题。侨务工作有待吾人发动，侨务工作人员亦待吾人培养，故吾人除发动侨务工作而外，侨务工作人员之培养亦义不容辞也。

四、一个培养侨务工作人员的机构

今后暨南大学应有双重使命，一为一般大学所应有之使命，一为暨南大学应特具之使命。所谓一般大学所应具之使命，即遵循过去既定方针，办理一般性质之大学。所谓特殊使命，即专为发展南洋侨务工作而施教；既专为发展侨务工作而施教，则应有特殊机构，此特殊机构亦即所以培养侨务工作人员也。

（一）此特殊机构尚无定名，可暂名为南洋侨务科。

（二）南洋侨务科隶属于文学院，设主任一人，侨务指导员一人，其他教授或聘专任，或由其他院系教授兼任，视实际情形及课程而定。

（三）本科（南洋侨务科以下简称本科）之课程如下：

甲、一般的　一般的课程与一般的学校相同，如中学师资训练班之课程与师范专修科同；社会教育人员训练班之课程与一般之社教人员训练班同，其他类推，兹不详举。

乙、特殊的　特殊的课程为本科特有之课程，兹拟开如下：

1. 外国语：马来亚语、缅甸语、越南语、泰国语及其他。

2. 南洋地理，包括南洋之人文地理、经济地理、自然地理。

3. 南洋侨务，包括华侨经营南洋历史，华侨在南洋之分布状况，华侨所经营事业的研究，侨务工作之检讨与改进等。

4. 国音。

5. 其他视实际需要而定。

（四）本科教授：凡其他院系教授可兼任之课程勿另请教授；马来亚语、泰国语、缅甸语、越南语等课程，则请各该地政府推荐或自行前往各地物色精通英文及其土语（如马来亚语等）之外宾任之；倘泰国缅甸等地人，来充教授，且可收联络友谊之效，我国与泰国等地文化亦可借此相互介绍。

（五）本科学生：以目前情形而论可分下列各种，将来如另有需得变更之。

1. 关于中小学师资者：中学师资招得高中毕业生，除授以普通师范专修科之课程外，更授以英语及其他外国语之一种、南洋地理、南洋侨务等；至于小学教师，可由国立华侨师范培养，其办法另定之。

2. 关于社教工作人员者：摄影人才、放映电影人才及放映幻灯人才等，而授以外国语、南洋地理、南洋侨务等课程。

3. 关于侨务工作干部者：招高中毕业生，除授以一般课程外，加授国际公法、国际贸易、商法等课程，对于各地土语尤当特别注意。

4. 报人：招得高中毕业生，除照第三项人才训练外，加授新闻课程。

五、所望于政府者

做文章拟计划是一件事，文章计划之实施又为一件事。文章计划人人得而草拟，其实施则有赖于政府也。吾人为扩张侨务，今后南洋侨务工作之必须展开，侨务工作人员之亟待培养，则为天经地义，不容磨灭之至理。惟若徒托空言，不将此等文章见诸实施，则徒然也。再者，文章计划写时易，行时难，每一计划之实现，途中必须经过多重困难，万勿一挫即折。谨望政府为南洋前途计，下最巨大之决心，从事策划；本最坚强之毅力，向前推进；则吾暨大同仁，当亦本百折不挠之精神秉承政府之意旨，负起吾人应负之责任，以期有成，则将来南洋前途，庶无限量矣！

三十二年六月于暨大教员宿舍

（《南洋研究》第11卷第1期，1943）

文书公告

请拨华侨学堂经费片

端 方

再据爪哇全岛华侨学董梁颀、潘炳勋禀称,侨董等虽流寓海隅,犹是大清赤子,遵兴学之明诏,尽爱国之微忱。近年以来互相劝告,各埠学堂陆续成立,本年计数已有五十余所,学生约有四千余名。其间新设者固多,而开办在数年前者亦复不少,即如巴达维亚一校则开办已经八年,经费皆由捐助。其全岛学堂概无的款,现经劝学所总董兼视学员汪凤翔将各埠学生详加甄别,分为高、初两等小学,每等复就其程度浅深厘定学年。查高等小学将届毕业者实繁有徒,亟应设一中学堂以为升学之地,屡经提议,及时兴办。计开办经费尚可竭力筹画,惟常年经费殊无着落。前岁荷人窥我经费支绌,屡欲佽助以揽教育之权,同人婉辞却之。如蒙酌拨常年经费若干以资补助,不惟海隅侨庶沾溉无穷,而我圣朝文教覃敷远暨赤道之外,抑亦旷代之盛事等语,具禀前来。查该董等倡办中华中学堂,豫备高等小学毕业升进肄习较高之学业,自系正办,而外人愿出资相助则辞而不受,其一意内向之忱尤堪嘉尚,自当量为设法。拟请特恩准由江海、粤海、闽海各关每年各筹银二千两,拨给该中学堂具领以资补助,出自逾格鸿慈。谨附片具陈,伏乞圣鉴训示。谨奏。

(《端忠敏公奏稿》卷十二)

暨南收录华侨学生之限制

调任直隶总督端午帅，近咨粤督，以江宁暨南学堂学生额数日渐增加，断不能无所限制，致于教授管理，诸多未便。现在婆罗洲坤甸埠，本年开办两等小学，四年之后，毕业升学，拟送江南暨南学堂肄业，自应准予升送。惟学生须实合中学资格，届时且须由粤省先期知会。由宁酌定额数，能容学生若干名，再由该堂照额择送，以免拥挤而便教课云。

（《教育杂志》第1卷第7期，1909）

劝南洋侨生回国就学书

赵正平

南洋各埠，中华学校林立，足征华侨兴学之热忱，与侨生求学之踊跃，良可喜也。惟除初等或高等小学校外，求一完全中学及中学以上之专科学校，竟不可得。好学青年，每滋憾焉。今国内暨南学校之复兴，即所以补此缺点者也。从此以后，侨生回国求学者，便利良多，略举如左：

一、华侨学生初回国者，于语言尚多隔膜，入暨南学校，则可得特别恳切之教育。

二、华侨学生之回国求学者，或长于英文而短于国文，或英文国文俱佳而短于算学。故入学之时，常有降低班次之患。今入暨南学校，则可补习其所短，以升入他校相当之班次。

三、华侨学生之回国求学者，不能适当各学校开课之时，中途既不能入校，则有废时失学之患。合有暨南学校，则可随时入学（指补习科言）。

四、国内学校虽多，而切于华侨学生之实用者，实属不多。今暨南学校特设商科，于英语、算术、簿记、商品、银行等学科均特加详。学生毕业后，尽足以自立于南洋商战之场。

五、南洋中华学校，虽各埠林立，而教育之事，无人自任，于华侨教育事业之进步上，尤不无影响。今暨南学校特设师范科，凡侨生中之天资聪俊、无力久学者，均可就学本校，造成完全之华侨教育家。

六、华侨学生之回国者，向无确实招待之机关，故于衣食住三者每多不便。今有暨南学校，则千万里外，可得如归之乐。

暨南学校之关系华侨青年，如此其大，故教育部经营而规画之者甚至，先托黄君炎培担任筹办之职。黄君于教育界之声誉，已为海内外所同信，今方热心于创办职业教育社之事，本无暇及此，惟以斯校之关系于华侨青年，非常闳大，故亦不惜牺牲半载余之光阴，以兼营焉。仆则以曾游英荷各属，且长巴达维亚中华学校之故，于南侨教育略有研究，遂亦受教育部之委托，会同筹办。凡我旧时同学及愿受高等教育之有志少年，其可以归国矣。尤有说者，南京为六朝及明初故都，山水雄秀，气候温良，交通便利，宜于卫生，居此求学，尤有事半功倍之益。此则天然之嘉惠我暨南学校者也。

（《中国与南洋》第 1 卷第 1 期，1918）

黄炎培李煜瀛等致法属华侨劝其遣派子弟留学法国及暨南学校书

敬启者,此次同人道出海防西贡,时日忽遽,未能一一相见,见后亦未尽欲言。然诸君子情意殷勤,固已心心相印。所有侨务联合会之必要,前经面陈意见,已蒙全体赞成。想能将此举必要之理由,转告同胞,从速组织成立,以期增进同胞幸福。兹再将关于教育之意见两则为诸君子陈之。

一派学生至法国留学 世界学术之精进,首推欧西,而法国素称为世界文明之中心,各种科学,法人发明最多。是留学法国,本为研究学术极好之门径。而况侨居法属,尤有种种利益。各校本课法文法语,利用其习熟之言文,无须另习一也。农、工、商、矿各项专科,留法学成,归而用之,于法属一切情形不忧扞格,二也。而尤重要者,法属侨商子弟多毕业于法国大学,则法政府之待遇侨商,其地位必立见增高,其感情更非常联络。假如我同胞俯采鄙言,立派子弟十人或二十人,同时赴法,五年以后得此一二十专门家,在属地协助经营事业,斯时侨商犹困于种种不平之待遇,而无所陈诉,吾不信也。兹将关于留学事项,列举如左。

资格:毕业于中学或高等小学。如法文法语未能直接听讲,可先补习若干时期,或径往欧洲补习。

分科:可就子强性习之所近,或父兄职业之所在认定之。

年期:留法约以四五年为度。

经费:如欲节省费用,则依俭学会所计算,每年只须六百元。如资斧充裕，可以不拘此数。

照料：所有赴法指导，及入校介绍等事，概可由华法教育会担任照料。通讯处如下：8 Rue Begeaug，Paris，Franoe。

一派生至暨南学校就学 各埠小学毕业生，年多一年，为发挥祖国文化，增进华侨事业计，莫要于回国升学。暨南学校系中央教育部应南洋各属之要求而设，专收华侨子弟，教以南洋所须要之知识技能，并发达其爱国思想。校址设在南京，为长江流域文化之中心。成立未及一年，学生已达一百六十人。新加坡、槟榔屿、马来半岛、爪哇、苏门答腊、非列滨、暹罗各地均有学生。此次爪哇泗水荷属学务总会，约定以公费送选师范生三十人，特开一班，为毕业后推广教育之预备。良以暨南所聘教员，多系东西洋大学毕业生，学科较为完美。惟安南各埠，尚无学生。如有愿往者，可特开洋文班，毕业后可升入本国大学，或留学法国。兹列其现有分科如下。

中学科：高等小学毕业者入之，四年修毕，可升入中外各专门学校或大学校。

师范科：高等小学毕业者入之，三年修毕，可为南洋各地适当之校长教员。

商业科：高等小学毕业者入之，三年修毕，可在南洋各地任事于高等商业机关，或自经营商业。

补习科：如欲入以上各科，而程度有不足者，入此补习。

附设高等小学及国民学校，小学未毕业者，分别插入。

以上师范科，学费膳费一律免纳。其他各科，每年学费膳费约上海币百元左右，但如华侨商会，或其他公益机关声请减免，亦得减免。

愿就学者，可于起程前用函或电通知上海。通函住址为上海西区方斜路中华职业教育社。通电住址：Huang Yen Pei Shanghai。说明何日何船，以便派人至上海照料。转往南京，甚为方便。校址在南京鼓楼薛家巷。

右列两事，皆为青年求学极好机会。如有未明，尽可函问。尤望于派送子弟赴法时，有父兄伴往，既观法国文明之真相，且可联络增进其所营之实业。于派送子弟回国时，有父兄或师长伴往，既观祖国教育之进步，且可考察暨南组织之精神。我热心爱国、企慕文明之诸君子，盍兴乎来。

中华民国八年二月十六日寄于星洲

（《中国与南洋》第1卷第6、7期，1919）

暨南学校陈明整理补习科办法请核准由

呈及章程均悉,该校补习科原为齐一侨生程度,便利求学而设,委系特别办法。兹据称该科年限标准未能确定,教授训练感受种种困难,拟改办中学科以资整理,尚属可行,所拟章程亦颇妥洽,应即照准合行。令知,遵照此令。(指令第二十一号,八年一月八日)

附原呈

呈为陈明整理补习科办法,请赐核准事。窃本校自本年三月开课以来,鉴于海外侨生返国求学之困难,不论到校时期及志愿程度若何,一律准令入校。计至今日,先后到校之侨生百余人中,除已入本校师范、商业两科,并附属小学及转送他校不计外,在补习科者尚有三十七人。斯项学生志愿各殊,或欲升入本校师、商两科,或欲升入其他文、实各专门学校。与大学者程度亦参差不一,除一二人特别补习外,或相当中学一年,或相当中学二年,亦有英、算程度相当中学三年级者。因此复杂情形,教授上感受种种困难。炎培等一方须为撙节经费计,分班不能过散;一方又须为便益侨生计,教授殊难划一。斟酌两者之间,遂准现有学生程度,除特别补习外,英文分为四组,国文、算学等课各分为三组。如此配置,宜若无碍。然因不定年级之故,学生方面又发生种种缺点。谨举大端,为我总长陈之。现在留校补习之学生多愿修毕中学课程,再升其他专门或大学,然期限、功课补习至如何程度始称完毕,标准不明,致起前路茫茫之感,而力学之心以弛,一也。补习科课程借使假定一格为标准,然补习者或以为修了后不能得一正式凭证为升学之助,而对于补习之热心锐减,心志动辄游移,二也。综此两端,补习科学生常阙乏坚实之意志、静定之精神，甚或视校舍为传舍，于遵守规则、听从教训之心力均较薄弱，即如学期试验亦视为无关年级之升降，而多不愿受试。学校既无从强制执行，教员遂不能督促进步，影响所及，妨碍全校之风纪，牵动他生之意志，颇非浅鲜。炎培等屡与校中各教员再四筹商，均谓矫正之法，只有将年限不定、标准未明之补习科改为年限确定、标准分明之中学科，庶上述困难均可解除。且目前可就原有补习各组为中学第一、二、三年之基础，将来更可借中学四年各级开多数来学侨生方便之门。其程度不足者，则仍令入附属小学；其志愿入师、商两科者，亦得酌量程度，或径入师、商科，或先入中学科，俟修了二年课程再行升转，以期与现在师、商两科升级时之程度相当，并使同级各生有齐一之程度。至新生各科程度过于参差者，仍照现法，令其特别补习，以中学科之名行补习科之实。目前又无须另增经费，似为一举数得之法。为特拟具中学科章程六条，以补原章所不备。其现办之补习科暂行停止，所有补习科种种困难，不得不改办中学科，情形是否可行，理合具文，呈请鉴核批示，只遵。至为公便，谨呈。

附章程

第一条　本校于师范科、商业科外，增设中学科。

第二条　中学科修业年期定为四年。但二年修了时，得依志愿转入本校师范科或商业科。

第三条　中学科科目如左：

修身、国文、英文、算术、代数、几何、三角、地理、历史、博物、物理、化学、图画、唱歌、体操、法制、经济。

第四条　中学科学费每年三十元，膳费每年至多六十元（盈余发还），并纳操服费、课业用品费。但经南洋教育及商业机关函送学生声请减免学费者，得照商业科、补习科办理。

第五条　本章程所未备事项，均依照总章程办理。

第六条　本章程呈奉教育部批准施行。

（《教育公报》第6卷第3期，1919）

我人扩充华侨教育之计划

（民国十年十一月）

赵正平

暨南学校修改总章之要点

我人今谨以扩充华侨教育之计划，报告于国内外关心侨民教育问题之同志。

何谓扩充？意义有二。扩者扩张也，推广施教育之范围，增进受教育之人数，且增加教育科学之种类，是之谓扩张。充者充实也，完全内容之设备，推进学科之程度，力图受教育者之实益，是之谓充实。扩充之意义既定，我人试言扩充之计划。

南洋华侨教育之前途如何，以我人之所见，其兴废之大关键，视夫华侨社会之经济力与热忱；其良否之大关键，则视夫师范人才之品质，而外界之阻力不与焉。申言之，华侨经济力而发展。

对教育而能具热忱，师范人材而优秀者，外界之阻力虽来，适足以促我教育之发展与进步。否则纵无外界阻力，而亦将自然归于委靡。然经济与人才两者之中，以我人教育上立论，人才尤较经济为重要。何以故？学校多而内容不良，则学校等于虚设。即虚设之学校，终必归于无由存在。反是师范人才充实，社会热衷教育，而经济困难者，在困苦艰难之下，仍足以进行其精神教育于万一。日本维新时之教育，其先例也。故我人欲扩充南洋华侨教育，只有尽我人能力所及，以培养从事南侨教育及与南侨教育有关系之人材。此项责任,凡在国内外收容华侨子弟之学校,均当负之。而尤以我暨南学校所负独重。何以故?则以暨南学校专为教育华侨子弟而设立,其教育之责任,直接在教育校内之华侨子弟,间接即在教育国外之华侨子弟。故我人之所谓扩充华侨教育计划,不能不自扩充暨南学校之教育入手。

我人今后扩充暨南学校之计划,就目前所已经实施,及已经决议而可以宣布者,有如左列。

(一)开设女子部。男女同是国民,对于国家,对于社会,同负义务,而受教育之机会不能均等,实为不当。自欧战后,世界各国中等以上学校,殆均有同趋于男女共学之趋势。我国一二年来,自北京大学开放女禁,设立女学生名额后,南京东南大学高等师范学校继之而起,北京各专门学校又继之而起。此诚我国近时教育界之新气象,堪为女界庆者。我暨南学校对于南洋华侨教育前途负有重大之责任,而为家庭教育主人、社会教育基础之女子,尚以校舍关系,未能规划及之,殊为阙憾。且南侨男子,有及早谋职业任生活之义务,女子则除早婚外,对于家庭并无生计上之责任,其从容求学机会,实较男子为多。诚欲闳布教育,保存国粹,非女子莫属。而女子受教育之机会,反较男子为少,尤为阙憾之至。然欲采行男女同校制于暨南学校,我人亦认为时机尚早,不敢冒昧试行者。今后拟特设女子部,所有教职员完全由女子担任,学科与男子部均等,宿舍与男子部分立,使华侨女子得与男子受均等教育于国内。又使国内有志华侨教育之女子,得与国内男子受均等之教育,一方谋供给南侨女学界之师资,一方谋南侨女学界回国求学之利便。此为普及南侨女子教育计,为确立改良南侨家庭与社会之骨干计,均事不容已,本校已决计开办者也。

(二)扩充学额。暨南学校教育范围之非常广大,实为各校所无。论地则及于台湾以南,澳洲以北,檀香山以西,锡兰岛以东;论人则有南洋各岛四五百万华侨之子女。以教育范围如此广大之学校,且当兹华侨教育界纷纷多事、险象环生,英属大多数学生咸思回国之时会,至少应有足容数千人之学额。然实际南京方面之原有校舍,充其量只能容二百四五十人。而上海方面之商科,所借临时宿舍,只能容百人左右。因此之故,学校不敢向各方面大招新生,殊令多数南侨子弟失望。今后拟以南京校舍改为女子部或其他之用,而别于上海附近清静之乡,购广大之校址,营能容一二千人之广大校舍。举现有之中学、师范、商业各科,并置一校,以图经济与精神之集中。何以营新校舍于上海?则上海不独为世界商业名区,且为中国文化中心,著名之中等以上学校不下数十所。营新校舍于此,其利甚溥:便于新生入校,一也;便于商科延聘教员,二也;便于与回国之学生父兄接洽,三也;便于学校之出版通讯各事,四也。何以欲营新校舍于乡间?则一可以避市场尘嚣,利于静修学问;一可以隔绝繁华,减少费用;一可以得廉价地亩,易于扩张;一可以使教职员专心一校,兼教授训练各事。因此种种便利,本校已决将集合同志,从事于新校舍之经营,以应现在南侨教育上切迫之需要。

(三)扩充免费生。聪明子弟往往出于清寒,而清寒子弟又苦无力求学。学校为救济聪明而清寒之子弟计,不能不设免费生制度。又南洋华侨,远隔宗邦,子女回国,往返舟车需费,添置服装需费,较之就学当地,其难倍蓰。即非十分清寒之家,亦不免负担太重。为救济此种困难计,暨南学校尤不能不设免费生制度。又有进者,南洋英荷各属,一年以来,树胶跌价,砂糖跌价,咖啡跌价,华侨经济上受空前未有之恐慌。破产之声,所在多有。不独未回国之子女大受影响,即已回国之子女,亦多不能继续求学者。而加以英属学校条例事件,学校之停课者不一而足,回国就学实为唯一自救之途。是为适应时势之所求,暨南学校之免费生制度,更不能不特别增加。虽然就华侨情形论,学校应增免费生制度;而就国内财政与苏省地方灾情论,断无此时能增学校经费之理。然则救济之道,势不能不望诸社会。故我人今将推广免费生例于中学、商业科,向国内外热心侨学之官绅商学各界,共筹扩张免费名额之方,使志愿回国之聪明清寒子弟有自奋上进之途,又使已在校之成绩良善之学生,不因南洋现在经济状况之变动而中途辍学,以举学校嘉惠华侨子弟之实效。是亦我人负华侨教育之重任者,目前所万不能不取之处置,而必需与国内外同志协力通筹者也。

(四)进规高等教育。暨南学校为豫备收容南洋各属三四百处小学之毕业生而设,其教育程度原定中等。然回国来学者既不限于小学毕业生,而已入校者之期望又不以中等教育满足,于是暨南教育不得不由中等而进规高等。进规高等教育之道如何?第一步则在提高现办之师范科、商科毕业程度。即商科、师范科原定收高小毕业生三年毕业者,商科已改为须学毕中学科一、二两年始得升入商科。三年毕业制度,实际已改为五年。毕业时之程度,已超入大学初期之程度。师范科今亦决自下学年起实行此制。第二步则在上海设立商科大学。查暨校商科大学计划已发生于一年以前,适本年东南大学亦有在上海分设商科大学之意,于是图经营与人才之集中,由两校合办。其理由已见本志陈教育部文,兹可不赘。第三步则于暨南高等教育设备未完全时,先与国内各大学商订优待华侨学生办法。现如东南大学,已允暨校每年选送三人;交通大学亦已由叶校长允为暨校毕业之华侨学生特设优待学额。此皆暨校推广高等教育于华侨子弟之现在事实也。

(《中国与南洋》第2卷第4、5期,1921)

本校呈教育部国务院侨务局文为请宽筹侨民教育经费事

为呈请预筹经费补助侨民教育事。窃自欧战以还，各国政治家，已认普及教育为国家之责任。近世我国贤达，鉴于非教育无以救国，亦力图教育费之扩充。于是京师八校与中华职业教育社，均有以法国退还赔款之半数充作教育基金之请。而中华教育改进社，有筹画全国教育费委员会之组织，然其目光均注国内，未及海外之国民。本校为侨民教育特设机关，对于华侨教育，夙抱统筹之职志，深维侨民情势，有不能不仰赖祖国倾注全力，以振兴其教育事业者。谨陈其理由如下：我国侨民七百万，大抵皆勇于殖产，其于文化事业，当然不遑重视。然文化卑下，非特贻国体民族之羞，亦为侨民品位之累。我国试欲发扬光辉，培植侨民品位，则大兴教育，责无旁贷，此其一。侨民远离祖国，远者数百年，近亦数十载，所拥资产未尝不雄，然使国民性沦丧，则人财悉属外人，祖国复何所有？故保持国民性，不独侨民荣辱所系，实国家切身利害问题。而保持国民性之道，舍教育奚属？此其二。今世国际间经济竞争甚烈，此竞争成败，关系于国计民生至切。我海外数百万侨民，占领数千百市场，销我国产，补我金融，斯诚国之宝也。今后若更助以教育，增长智能，则国外经济之发展，奚可限量？倘使坐视侨居地土人之程度日进，而我仍故步自封，则一经淘汰，无异丧失数千百市场。与夫固有未来之无穷财富，得失之间，实视教育，此其三。国内遍地富源，随在需资开发，而侨民富有资产，绝少回国经营。此固半由政潮迭兴，国是未定，然内外情势隔膜，经济组织力薄弱，亦一大因。

补救之道,不在虚荣招徕,而全在灌输教育,启发其爱国之念,与促进其企业之能,此其四。民国肇造,侨民助力良多;历年公债,海外亦多购买。然祖国之援助彼者安在? 揆之国与民互助之理,与夫报施之谊,则只有在教育上尽力扶持,以代政治上保护不周之失,此其五。今更就教育本身立论。南洋群岛华侨四五百万,虽自营小学四五百处,而中学不过二三处,专门学校无一焉。即以小学论,在我则教材不良,师资缺乏,而成绩难著;在外人则广设学校,与我竞争,更订苛例,以施限制。我小学教育,遂有退无进。加以近两年来,商业凋敝,教育经费所在支绌,假使不早与以大力之援助,以振奋其兴学精神,则侨民教育前途诚有不堪问者,此其六。因上各端,本校尝深思熟计,窃谓我政府与社会,对于侨民教育宜有闳谟远虑,协力匡扶,决不容稍存漠视,听自生灭。前年本校亦尝本此闳愿,联合国内外巨商硕学百余人,发起中南协会。虽造端闳大,尚在筹备期间,然就侨民教育问题,亦曾详加研究,草拟计划,以为我国内至少须年助百万元,庶几有济。约略分之,则一南洋各属以及其他地方宜设海外师范部国学院若干处,以养成师资;一侨民地方宜有硕学鸿儒,任巡回演讲员一二十人;一宜置图书编辑局,编印侨民切用之小学教科及侨史等参考图书;一国内各校宜多设侨生免费额,至少须以五百人计。以上各项,每项年须十万元,计需四十万元。一宜每年资送侨生赴欧美留学,每年应以三十人计;一从事侨民教育之教员,宜给予劳绩奖励金。以上两项,年需十万元。一宜大扩充侨民教育策源地之暨南学校,至少当能容男女学生三千人,年需经费五十万元。以上各项,年需百万元。就我国财政上支出论之,尚不足一师军费;而用之于侨民教育,则全世界侨民将见立呈生气大放光辉,势力之直接间接膨胀发挥,以福利我国家社会者,将不可以数计。今者关税增收有期,各国赔款亦有退还之协议,正我国大兴教育之天与时机。因恳当部、当院、当局垂念海外侨民现状之可危,前途之有望,特赐英断,毅力主持,酌采本校所拟,提出国务会议,于上项内,年拨若干万元,或一次拨若干万元之基金,充作补助侨民教育经费。除本校扩充经费外,所拨经费即由当部、当院、当局指定机关,适宜支配，以示国家爱护远侨之诚。至其详细计划，并恳于将来组织委员会，讨论教育经费时，准予本校参加陈述，以尽一得之愚。事关国民全体之荣誉，与国家全局之经济，本校不敢缄默。为特呈请察核，训示施行，不胜屏营待命之至。谨呈。（下略）

（《中国与南洋》第3卷第5期，1922）

本校致中华教育文化基金董事会书

姜　琦

敬启者，数岁以还，吾国教育文化事业，日有改善增进之功。举凡爱国社会诸运动，所以唤发民志者至衷，影响所及，渐为世界各国所注意，以故退还庚子赔款，为进展中国教育文化事业之用，已为列强所共认。国际地位，因而无形增高。此种良好趋势，完全由于自发的改进，致能促进邻邦善意之觉悟。耆硕诱掖训导于先，而青年学生奋勉孟晋于既，因以相与有成也。美国拨还庚款兴学，为事殊早，去岁复决以余款全数退还中国，而大会于以成立。大会董事诸先生，皆中美两国硕学名宿，所以谋中国教育文化之发展改善者备至。一年以来，如建筑国立图书馆，实地调查各学校团体状况，以为补助改良之备。复规定分配款项原则六条，期以有限之资力，求最大最良之效果，意良法美，推行尽利，凡在国人莫不景仰！国立暨南学校，国家所以优视华侨子弟，为之特设专校，学之使成，冀能闳其造就，增其德智，因以洋溢国光于海外。开创于清末，鼎革以还，款绌停辍，同胞失望，咨嗟丛来，国内名达有忧之，迨民七始仍复其初。梯航来学，踵为之接，南京上海，分科授学。民十一之交，复于上海真茹，广购基地，建筑校舍。及今学成而往，服务南洋、美洲华侨社会者，以三数千计。而现肄业于上海本校者，自商科大学高中文理科师范科以次，计五百余人。而在南京分校之女生，亦近百人。惟本校虽由国立，以开办夙早，原定款额甚微，加之连岁国内纷乱，经常之费，每不能领得三分之一，前岁仅得万有余元。所有校中经费，大部出于任事人之维致，得以维持，而积负已多，为力有限。彼南洋、美洲各地华人之侨居者，数逾千万，求学青年何只数万数十万，而国内仅此专校，设非扩张完美，则足以灰其向往之忱，而无以掖之使进。以近日来学者之众，国内学子亦复相携以至，现有校舍，殊苦不足兼容。而前岁江浙战争发生，真茹适当冲要。庠胶之地，顿成营厩！所有校中图书仪器，荡然无存。今虽竭力添置，一去万远，无补事实。凡所教施，至感困难。而为造就华侨青年及发扬国光计，又不得不积极从事于增进而改善之。并拟次第增设文理科等大学，添筑校舍，建立图书馆，购置图书仪器。非有巨款，难期实施。大会管理教育文化基金，凡有特殊之情形，而又收功至速，为效至闳者，皆在提携倡导之列，此本校之所敢以为请者也。伏读大会分配款项原则第一条之规定："本会分配款项，概言之，与其用以补助专凭未来计画请款之新设机关，毋宁用以补助办理已有成绩及实效已著之现有机关。"本校开办，业近念年，造就人才，已逾数千，又皆华侨子弟。今日华侨教育增进，思想发达，外人顿起敬畏之心，增其注意之度，要多由于本校学生，归而鼓吹运用所致。本校非敢以已著成效自炫，惟事实具在，未可隐秘，此本校之所请求大会予以拨款者，实与大会所定之原则第一条适合也。大会分配款项原则第二条之规定："有因本会补助可以格外努力前进，或可得他方之援助者，是种事业，本会应注重视之。"本校既为华侨教育专设机关，被其子弟来学，关情尤切。华侨多雄于资，非必于此独吝，日前建筑校舍，侨胞与有力焉。若得国内管理教育文化机关为之注意，为之倡掖，则其热忱，必且因而倍增。本校亦得援引标示，使其踊跃将输，则集事倍易，而收功益宏。本校同人以教育为生命，又安敢偷惰因循耶！此又大会所乐观厥成，而愿为之助者也。大会分配款项原则第四条之规定："本会分配款项，对于地域观念，应行顾及。其道，在注重影响普及之机关，如收录学生遍及全国，或学术贡献有益全民者，皆在注意之列。"华侨对于祖国及国际关系，皆居特种地位。其德行学术，在在于发展国力，表扬国光，有莫大之关系。本校即负此指导与教育之责，以千数百万华侨教育文化责任之所属，其义不为不广。而本校且兼收国内各地学生，普及之程，要可想见。是又大会所预期画分于应行注意之中者也。凡此诸端，皆为本校之特质，而为大会所已然规定之列者矣。用敢缕陈其概，请赐察核，准照特别情形，提交会议，即予拨给现款十万元，俾得进行尽利，成为完满美备这华侨教育机关。岂惟本校之幸，华侨文化、国家前途，实拜大会之赐于无穷也！如何之处，谨候酌夺，公决施行，不胜待命之至！此致中华教育文化基金董事会。

国立暨南学校校长　姜琦

（《暨南周刊》1926年第18期）

大学院公布华侨教育各项规定

关于海外华侨教育，除由大学院公布华侨学校立案各项规程外，近又制定《华侨小学暂行条例》《华侨补习学校暂行条例》《华侨子弟回国就学办法》，曾于十七年二月以院令公布。兹分别列后：

华侨小学暂行条例

第一章 总纲

第一条 华侨小学教育应根据三民主义，按照儿童心身发展之程序，培养国民之基本知识技能，以适应社会生活。

第二条 华侨小学修业年限六年，前四年为初级小学，后二年为高级小学。在不能设立完全小学地方，得单设初级小学。

第三条 华侨小学得附设幼稚园及其他初等教育机关。

第四条 凡华侨小学应依照华侨学校立案条例，呈请中华民国大学院立案。

第五条 凡华侨小学应受华侨视学员及华侨劝学员之指导。

第二章 教科及编制

第六条 华侨小学之教授科目如左：

三民主义、公民、国语、外国语、算术、历史、地理、卫生、自然、乐歌、体育、党童子军、图画、手工。

高级小学得酌量地方情形，加设职业或其他科目。华侨小学如有特别情形，得呈经大学院之许可，酌量变更其教授科目。

第七条 华侨小学之教学实施及课程分配，须依照大学院所定小学各科要旨及课程标准。

第八条 华侨小学教科书须采用大学院所审定者。

第九条 华侨小学应按照年级分为六班,但如限于财力或教室不敷用时,在初级小学得合班教授。

第三章 组织

第十条 华侨小学校长负学校组织及行政之全责。华侨小学校长以专任为原则,但得以本校专任教员兼任之。

第十一条 华侨小学教员分级任教员及专科教员,均以专任为原则。

第十二条 华侨小学校长及教员之资格如左:

(一)曾在国内外师范学校或其他中学等学校毕业者。

(二)曾充小学教员二年以上或现充小学教员而有成绩者,但师资缺乏时得呈经大学院之许可,酌量变通办理。

第四章 设备

第十三条 华侨小学地址,应选择无碍卫生道德及便利教学之处。

第十四条 华侨小学之校舍、体育场及一切设备,均须适合于教学管理卫生之原则。

第十五条 华侨小学依经费状况及地方情形,得设教职员之宿舍。

第五章 入学修业及毕业

第十六条 年满六岁之侨童,得就华侨小学肄业。

第十七条 学生修业期满,成绩及格。由学校给予毕业证书,得呈报大学院转饬华侨教育委员会加盖印信。

第六章 上课及休假

第十八条 华侨小学以每年八月一日为学年之始,翌年七月三十一日为学年之终。

第十九条 一学年分为二学期,以八月一日至一月三十一日为第一学期,二月一日至七月三十一日为第二学期。

第二十条 华侨小学每年假期如左:

暑假四十五日，寒假十四日，春假三日，国庆纪念日、南京政府成立纪念日、总理诞生纪念日、总理逝世纪念日及星期日均休假一日；其他各纪念日及四时令节，得酌量休假。暑假寒假之起止及日数，得依地方气候酌量规定并变通之。但两者合计日数，不能出前项规定总日数之外。

第七章　附则

第二十一条　本条例自公布日施行。

华侨补习学校暂行条例

第一条　华侨补习学校应就华侨中不谙国文或国文程度太浅者，施以相当之补习教育，使能应用本国文字，借知文字文化。

第二条　华侨补习学校分半日补习、夜间补习二种，得借会馆、商馆或其他公共机关设立之，并得在华侨学校内附设补习班。

第三条　华侨补习学校或补习班之修业年度，由一年至二年。

第四条　华侨补习学校或补习班之教授科目，应以国文为主要科，所有三民主义、历史、地理各科教材皆应纳入国文之内。

第五条　华侨补习学校或补习班所收学生，无论为成人或儿童，均须于入学时加以考验，编入相当班次。

第六条　华侨补习学校或补习班学生补习期满、成绩合格，由学校给予毕业证书；其补未满，中途退学者，亦得给予修业证书。

第七条　本条例自公布日施行。

华侨子弟回国就学办法

第一条　华侨子弟无论曾否入校肄业，均得呈请该管华侨劝学员介绍，于每年一月或八月以前回国就学。

第二条　华侨劝学员于介绍华侨子弟回国就学时，应查明开具左列各项：

（一）姓名；（二）性别；（三）年岁；（四）籍贯；（五）学历；（六）体格评语；（七）品行评语。

第三条 国内各学校对于华侨子弟入学,应特别予以优待。但因该生之学历、体格或品行上有不适宜时,得函商大学院华侨教育委员会,另定办法。

第四条 华侨子弟在未回国就学前,得呈由该管华侨劝学员按照第二条所列各项查明开具函请大学院华侨教育委员会调查某地某校与该生适宜,函复转知。

第五条 华侨子弟学成毕业,应由该校函请大学院华侨教育委员会酌予奖励;其中途转学,或因事退学各生,大学院华侨教育委员会得据该校报告加以指导,或函由该管华侨劝学员转知该生家属。

第六条 本办法经大学院院长核准施行。

(《南洋研究》第1卷第4期,1928)

暨南大学教务规程

第一章　总纲

第一条　本大学遵照中华民国大学院大学规章及适应南洋特殊需要,招收华侨子弟及国内有志于南洋事业者,施以大学教育。其宗旨如左:

(一)研究世界高深学术;

(二)阐扬本国优美文化;

(三)培养华侨学生参加祖国一切运动之知能;

(四)培养国内学生发展南洋各种事业之知能。

第二条　本大学除法律学系现定以五年为毕业期限外,其余各系(商学院科与系同下仿此)毕业期限均以四年为标准。

第三条　本大学毕业生经毕业考试委员会审查合格,呈请校长授与学士学位。

第二章　入学转学及转系

第四条　凡高级中学毕业或大学预科毕业,及有相当学历者,经考试及格,得入本大学一年级。

第五条　入学考试科目另定之。

第六条　入学考试于每学年终或学年开始前举行之。

第七条　投考手续按照本校规定招生章程办理。

第八条　凡考取之学生,须于本校开学以前一星期按照招生章程手续来本校教务处报到。迟到者须先期向教务处请假,无故迟到须缴罚款,以一日一元,至七日为限,逾期不到,即由备取生递补。

第九条 凡肄业大学本科一年以上,经本校各系主任审查合格者,得转入本校各系之相当年级。

第十条 转学生须在每学期开始前向本校教务处索取履历书志愿书等(须附邮票五分),照式详细填就,连原校成绩品行及转学各证明书及最近四寸半身照片二张(一张黏于履历志愿书上)一并挂号寄交本校教务处以凭审查。

第十一条 转学生原校成绩证明书须将肄业年限、修习学程、考试成绩、已得学分数目等项详细开列。

第十二条 转学生在原校最后一年所习学分之总数至少须有四分之三及格。

第十三条 转学生在原校所习学程,其性质程度与本校各系所有学程相当者,经该系主任审查及格,得给与相当学分。

第十四条 审查转学生之成绩有困难或疑义时,各系主任得分别科目酌予考试,及格后始给与该项学分。

第十五条 转学生如欲选修全年学程之下半期者,须先得该系主任及该学程教授之特别许可,遇必要时得酌予考试再定允否。

第十六条 转学生欲在本校毕业受学位者,至少须在本校肄业二年。

第十七条 关于转学办法,如系有特别情形时,得由各系主任分别另定之。

第十八条 转学生入学手续与考取之新生同。

第十九条 凡本大学各系学生欲转入他系者,须先得教务长及该两系主任之许可,但在两学年后概不得转系。

第二十条 凡转系学生在原系所得学分,经转入该系之主任认可后方得作为该系学分。

第二十一条 其他转系办法由各系主任分别规定之。

第三章 学程及学分

第二十二条 大学部学程分必修课目、选修课目两种,由各系主任分别拟定。惟下列学程皆定为共同必修课目：

（一）三民主义，一学年二学分；

（二）中国各体文，一学年六学分；

（三）一年级英文，一学年六学分；

（四）中国近百年史，一学期三学分；

（五）西洋文化史，一学期三学分；

（六）生物学，一学期三学分；

（七）军事训练及军事学，二学年不给学分。

第二十三条　各系均采用学分制，每周上课一小时或实习一小时至二小时，历半年者为一学分。

第二十四条　本科学生年级高下以所得学分为标准，修满四分之一者升入二年级，修满四分之二者升入三年级，修满四分之三者升入四年级。

第二十五条　学生选习全年学程者不得半途改选，否则免给该项学程上半期应有之学分。

第四章　学业成绩及考试

第二十六条　各学程考试成绩在六十分以上者为及格，六十分以下者为不及格。

第二十七条　凡不及格学程在五十分以上者，于开学后四星期内准予补考一次；其在五十分以下者不得补考，必修科目应即重习。但不及格学程一学期内在所习学程三分之二以上者，应即令其退学。

第二十八条　学生如无故缺课，每期每学程逾上课时间十分之一者，不得与学期考试，并不得补考。

第二十九条　学生因通常事故（即自己重病或一、二等亲属重病死亡以外各事）请假缺课，每学期每学程逾上课时间三分之一者，不得与学期考试，并不得补考（无故缺课一小时作请假缺课三小时计算）。

第三十条　学生因特别事故（即自己重病或一、二等亲属重病死亡）请假缺课，每学期每学程已逾上课时间三分之一但未逾五分之二者,经确实证明后得许应学期考试及补考。

第三十一条 凡补考者每一学程须纳补考费两元。

第三十二条 学期考试时不得因通常事故告假,否则未曾应试各学程概作为不及格并不准补考。

第三十三条 大学考试分临时、学期、毕业三种。临时考试可以读书札记或实验报告代替之,学期考试于每学期终举行之。毕业考试分为两种:

(一)论文、译书或制作;

(二)口试。

第三十四条 各系学生应在第四学年开始时选定研究题目或翻译原本,经该系教授之许可及指导,于最后之学期考试前提出论文或译稿。

第三十五条 口试即以论文或译稿为范围,由各系毕业考试委员会于收到论文或译稿后定期举行。

第三十六条 凡毕业论文或译稿等经各系毕业考试委员会认为有价值者,得由本校代其刊行编入国立暨南大学丛书,其版权归本校,但得酌给版税。

第三十七条 各系毕业考试委员会除各该系教授为当然委员外,得由校长聘请校内外其他专门教授为特别委员。

第三十八条 各学程平时积分与各种考试分数,其计算方法由各系主任另定之。

第五章 缺课、告假、休学及退学

第三十九条 学生迟到及缺课次数由教员担任记录。

第四十条 学生上课迟到三次当一次缺席计算。

第四十一条 学生除因自己重病或一、二等亲族重病死亡等重要事故告假,概不准逾一星期。

第四十二条 学生告病假逾五日以上者,须呈验医生证明书。

第四十三条 学生因疾病或不得已事故得叙述理由向校长请求

休学。

第四十四条 学生休学期限不得逾一年,凡休学学生不得以休学期内所得他校学分作为转学学分。

第四十五条 学生因品行不良得令其退学。

第四十六条 学生因毕业成绩不良,照前章之规定应行退学者,由教务处陈报校长令其退学。

第四十七条 学生如于考试时发现作弊行为者,应罚令退学或休学,由教务会议酌量决定。

第四十八条 学生中途因事不能继续肄业本校,准其退学者,给与修业证明书。

第六章 旁听生

第四十九条 旁听生得依其志愿于各系中选修其愿习之科目,但不给学分。

第五十条 旁听生须中学毕业或有相当程度者。

第五十一条 旁听生入学手续及缴费均照正式生办理。

第五十二条 旁听生听讲一学期后得与入学考试,及格者取为正式生。

第五十三条 旁听生对内对外均应称"国立暨南大学旁听生"。

(《暨南周刊》第3卷第4期,1928)

中央执行委员会秘书处
函大学院商同暨南大学
筹备华侨回国求学预备事宜由

（附复函）

（大学院来文第二五二六号　十七年六月二十八日到）

为函本院商同暨南大学筹备华侨回国求学预备事宜由

径启者：准陈委员果夫转送爪哇马吉朗第七分部常委林治安函“请由海外保送热心同志先入中央党务学校预备班学习，以资造就”等情一案，业经中央第一四九次常会决议“党务学校向无预备班，华侨预备事可函大学院与暨南大学商办”等语在案。相应函达，即希查照，商同暨南大学筹办，见覆为荷。此致

大学院

函复中央执行委员会秘书处

（大学院公函第一九三号　十七年七月七日）

为已令暨南大学妥筹华侨回国求学预备事宜并具复核夺由

径复者：案准大函，以中央第一四九次常会决议，属本院商同暨南大学筹办华侨回国求学预备事宜，函达查照，并希见复等由，自应遵办。除令行暨南大学妥筹办法具复核夺外，相应先行函复查照。此致

中国国民党中央执行委员会秘书处

（《大学院公报》1928 年第 8 期）

审查侨生资格标准

一、凡来报考本校之侨生，须具有左列证明书之一：

甲　居留地领事证明书

乙　居留地商会或中华会馆或其他合法社团之证明书

丙　居留地学校毕业证书或介绍书

丁　居留地个人之介绍书

戊　家属证明书

二、凡来报考本校之侨生，须呈验最近回国之护照及出口字。

三、凡来报考本校之侨生，由国内合法机关或个人及本校学生团体介绍者一概无效。

（附白）已经审查合格之侨生，如迫不得已须借住本校者，须先缴暑期宿费贰元，保证金贰十元。

审查侨生资格委员轮值表

轮值次序	日期	审查者	审查地点
一	七月一日—七月十二日	范慷源	校长办公处
二	七月十三日—七月廿四日	陈希文	南洋文化部
三	七月廿五日—八月五日	温济民	训育委员会办公处
四	八月六日—八月十七日	刘士木	南洋文化部
五	八月十八日—八月廿九日	曾绳点	训育委员会办公处
六	八月三十日—九月十日	潘华典	同上

（《暨南校刊》1930 年第 76 期）

国立暨南大学免费章程

（1931 年）

第一条 本章程为奖励曾在南洋服务教育事业，后入大学肄业暨大中两部学生之家境贫苦及成绩优良者而设。

第二条 免费办法分下列三种：

甲、免收学费、膳费及宿费；

乙、免收学费及膳费；

丙、免费收学。

第三条 凡具下列各款资格之一者，得照两种办法免费。

一、本校毕业华侨学生曾在南洋服务教育事业二年以上，自具工作报告书及所服务机关之证明书，查系确实者。

二、家境贫苦无力继续求学者，侨生须有居留地之中华商会为证明，查系确实者。

三、学年成绩总分数平均在八十五分以上者。

四、服务满一年以上之现任教职员子女。

第四条 学生免费以一年为限，但次年仍具该款资格者，学校得继续奖励之。

由初中升高中、高中升入大学时，以前三年毕业平均分数为准，新自外来考入之学生无免费。

第五条 凡具第三条一、二、三、四款中任何二款资格者，得照乙种办法免费。

第六条 凡具第三条一、二、三、四款任何三款资格者，得照甲种办法免费，高中师范科之免费考查规程另订之。

第七条　免费额数大学部不得过甲项五名，乙项五名，两项十名，总共不得过二十名；中学部不得过甲项十五名，乙项十五名，两项三十名，总共不得超过六十名。

第八条　凡免费生品行有不端时，得随时撤销其一部或全部之权利。

第九条　学生请求免费须于暑假开学前，提出各项函件于服务处，由该部教务会议通过，呈请校长批准方得有效，过期及其他时间不得请求。

第十条　本章程遇有应行修改之处，得由联席教务会议议决修改之，并呈报教育部核准施行。

（国民党中央民众训练部档案）

（《中华民国史档案资料汇编》第5辑，江苏古籍出版社，1994）

国立暨南大学招收免费暨公费生条例

第一条 本大学设免费生暨公费生,其名额遵照教育部所定标准规定之。(廿六年度全校设免费生名额为四十名,公费生名额为十六名。)

第二条 免费学额规定每年级占全数百分之二十五,但每院至多不得满百分之五十。

公费学额规定新生占百分之三十三,旧生占百分之六十七。

第三条 免费生免缴:学费、宿费、图书费、体育费、讲义费、实验费、体育馆建筑费及杂费。

公费生每名每年津贴国币壹百捌拾元;其应缴学校各费,除制服费、宿费仍应照缴外,其余一律免缴。

第四条 声请免费或公费待遇者,应填具声请书,并呈缴原籍县市,或居在三年以上之县市主管教育行政机关之清寒证明书。侨生须呈缴居留地、中国领事馆、高级党部或已在本国侨务委员会,或教育部立案之商会,或教育会之同样证明书。

上项声明书,新生应于报名时呈送;旧生应于年终了时呈送;其证明书,新旧生均应于九月一日前呈缴。

第五条 新生请求免费者,以入学考试成绩在全体录取学生百分之前十五名以内为合格;请求公费者,以入学考试成绩在全体录取学生百分之前十名以内为合格。如声请免费或公费合格学生超过限定额数时,则给予成绩较优者。

第六条 声请免费或公费之新生,入学考试成绩不及免费或公费标准,而合录取标准者,仍予录取。

第七条 旧生请求免费,以上学年成绩在七十五分以上,操行列乙等以上,并体格检查及格,体育学程成绩列乙等以上者为标准。请求公费,以上学年成绩在八十五分以上,操行列甲等,并体格检查及格,体育学程成绩列乙等以上者为标准。

第八条 免费生及公费生,受记过以上之处分者,取消其下一学期免费暨公费之待遇。

第九条 本大学为审查免费生暨公费生之资格,设免费暨公费学额委员会。免费暨公费学额委员会,以大学秘书、教务长、各学院院长、训育委员会主任委员及注册主任七人组织之,以教务长为主席。

第十条 本条例自公布日施行。

附录一

(一)小火车:上海北站至南翔路线(三等票价国币一角,十五分钟即到)。

北站开 、

上午:五点廿分 六点四十五分 八点十五分 九点四十分 十点〇五分

下午:十二点三十分 二点 三点四十分 五点四十五分 七点十分

真如开

上午:六点十八分 七点四十八分 九点十三分 十点三十八分

下午:十二点〇三分 一点三十三分 三点〇三分 四点四十三分 六点四十三分 八点〇八分 九点三十分 十一点

上表系根据路局最近公布时间;如有更改,应向路局询问。

(二)公共汽车:闸北“三路”,在宝山路口上车,每九分钟一班,二十五分钟即到,票价铜元四十一枚。

(三)由北站或新闸桥乘人力车直达校门约需国币三角。

学生家境清贫证明书式样

学生家境清贫证明书

兹经审查学生　　　　确系家境清贫，合给证明书，如有徇情蒙混情事，愿受惩处。此证。

计开

学生姓名		年龄	性别
籍贯	省市	县市	城乡村　门牌号数
毕业或肄业学校		拟投考学校	
家长姓名		职业	家庭经济状况
保证人姓名		职业	住址

粘贴二寸半身相片处

县市　免费及公费学额审查委员会委员　印　印　印

中华民国　年　月　日

县市政府印

（《暨南校刊》1937年第209期）

国立暨南大学回国升学华侨学生奖学金办法

第一条　教育部与侨务委员会(以下简称本部会)为奖励成绩优异之回国升学华侨学生(以下简称侨生),借使精研学业起见,特设置侨生奖学金。

第二条　关于侨生奖学金之保管、支配、核发等事项,由本部会组织回国升学华侨学生奖学金委员会办理(以下简称奖委会),其组织规程另订之。

第三条　侨生奖学金,每学期核给一次。其名额及金额,由本部会核定之。

第四条　凡在国内公立或已立案之私立中等以上学校肄业之华侨学生,其学期成绩,各科均及格,体育及操行成绩在乙等以上,并具下列条件者,得请求给奖。

甲、中学生国文、历史、地理、物理、化学、公民、数学、外国语等主要科之成绩,有半数以上列入甲等(八十分以上),其余为乙等(七十分以上者)。

乙、师范生国文、历史、地理、数学、公民、自然科学、教育学等科之成绩,有半数以上列入甲等,其余为乙等者。

丙、专科以上学校学生,对于专习科目,成绩优异,或有价值之著作,或有特别贡献,能提出证明者。

第五条　适合受奖条件之侨生,应由所在学校,于每学期结束后,造具申请给奖名册,并检附各该生学期成绩单,及华侨身份证件,汇送奖委会核办。申请名册,应先注明本校侨生总数,并填明下列各项。

1. 请奖侨生姓名;2. 性别;3. 年龄;4. 籍贯;5. 原侨居地;6. 肄业科系及年级;7. 家庭经济状况;8. 缴验证件等项。凡曾经侨委会登记华侨身份或核发华侨生特种救济金有案,或曾得本项奖金者,免缴华侨身份证件。此项请奖学生,每校之名额,规定如下:

甲、专科以上学校侨生,每十人选送一人;不满十人者,以十人论。

乙、中等学校侨生,每二十人,选送一人;不满二十人者,以二十人论。

第六条 侨生每学期申请给奖人数过多,奖学金不敷分配时,应择家境清寒,成绩优良者,尽先核奖。其余保留下学期,再予审核。

第七条 侨生奖学金,定于每年三月及十月,各核给一次。申请过迟者,不予受理。

第八条 侨生奖学金,经审核决定后,即分别径寄各该受奖人所在学校转发。各转发学校,应取具领奖学生领据,函送奖委会备查。

第九条 侨生连续受奖四次者,得由奖委会核给奖状。

第十条 受奖人之成绩及证件,如有冒报假造情弊,一经查确,除追还奖金外,并予以相当处分。

第十一条 本办法由教育部会同侨务委员会核定后施行。

(《暨南校刊》1938 年第 11 期)

华侨学生优待办法

第一条 教育部为便利华侨学生升入国内专科以上学校起见，特订定本办法。

第二条 凡籍隶本国、侨居国外、在国外中等学校毕业之侨生，经侨务委员会、国内外重要华侨团体，或我国驻外使领馆保送者，得由教育部分发专科以上学校肄业。

第三条 保送华侨学生，须于每学期开始前，开具姓名、性别、年龄、籍贯、学历等项，连同毕业证书、肄业成绩单，及二寸半身相片二张，送出教育部核办。保送名额，每年由保送机关与教育部商定之。

第四条 各校对于教育部分发之华侨学生，应从宽甄试，成绩及格者作为正式生，不及格者作为特别生。其国文国语程度较差者，由校设法另予补习。

第五条 各校对于华侨学生，应指定人员，负责协助指导。注意其生活状况及学业情形，于学期终了时，分别列表呈报教育部备查。

第六条 本办法自公布日起施行。

（《国立暨南大学校刊》1948 年复刊第 19 期）

外国留学生优待办法

第一条 教育部为便利外国留学生入我国专科以上学校肄业，特订定本办法。

第二条 外国留学生，经我国驻外使领馆，及其他国外国际文化合作机关保送者，得由教育部分发专科以上学校肄业。

第三条 保送外国留学生，须于每学年开始前，开具姓名、性别、年龄、籍贯、学历等项，连同毕业证书、学业成绩单，及二寸半身相片两张，送由教育部核办。保送名额，由保送机关与教育部商定之。

第四条 各校对于教育部分发之外国留学生，应从宽甄试，成绩及格者作为正式生，不及格者作为特别生。其中国文国语程度较差者，由校设法另予补习。

第五条 各校对于外国留学生，应指定人员，负责协助指导，注意其生活状况，及学业情形，于学期终了时，分别列表呈报教育部备查。

第六条 本办法自公布日起施行。

（《国立暨南大学校刊》1948 年复刊第 19 期）

国立暨南大学优秀学生奖学金给予办法

（三十七年十月十六日第十三次校务会议通过）

第一条　本大学为奖励优秀学生，特设优秀学生奖学金。

第二条　本奖学金设名额十名，其分配标准如左：

一、学生成绩最优者，每院一名，计四名。

二、基本国文及基本英文学生会考成绩最优者，各三名。

第三条　本奖学金给予之数额，暂行规定如左：

一、学生成绩最优者，每名六十圆。

二、基本国文及基本英文学生会考成绩最优者，第一名五十圆，第二名四十圆，第三名三十圆。

第四条　本奖学金之给予，由本大学组织委员会办理之。

第五条　获得本奖学金之学生，仍可领受其他公费或奖学金。

第六条　凡学生学期操行成绩不达优等者，不给予本奖学金。

第七条　本办法经校务会议通过后施行。

（《国立暨南大学校刊》1948 年复刊第 19 期）

国立暨南大学清寒学生补助金核给办法

（三十七年十月十六日第十三次校务会议通过）

第一条 本大学为救助清寒学生，特设清寒学生补助金。

第二条 本补助金设名额四十名，分甲乙两种，每种各为二十名。

第三条 甲种补助金，比照全公费数额发给；乙种补助金，比照半公费数额发给。

第四条 本补助金授予有左列申请资格之学生：

甲、家境清寒，经学校调查属实者。

乙、操行成绩，均能及格者。

第五条 本补助金之核给，由本大学组织清寒补助金委员会办理之。

第六条 已享有教育部全公费或其他奖学金，其数额相当于教育部全公费者，不得申请本补助金。

第七条 凡申请本补助金者，应于每学期开学后一个月内填具申请书，送呈本补助金委员会。

第八条 本办法经校务会议通过后施行。

（《国立暨南大学校刊》1948年复刊第19期）

华侨教育

南洋华侨教育商榷书

黄炎培

黄炎培谨留上南洋父老兄弟钧鉴：炎培此次受教育部委托，偕林君鼎华调查英荷两属华侨教育状况，由新加坡而马来半岛，经柔佛、麻六甲、麻坡、吉隆坡及其附近各埠，乃至怡保、槟榔屿，渡海至苏门答腊之棉兰及其附近各埠，遂至爪哇。由巴达维亚、茂物、士甲巫眉、万隆、牙律、日惹、梭罗而至三宝垄、泗水，参与荷属学务总会所组织之教育研究会，获与六十二埠六十六学校七十八教员上下议论者四日夜。既毕，游玛垄，返新加坡，复游芙蓉及其邻埠。所至备承学会、学校、阅书报社、商会、会馆、青年会及其他公益各机关殷殷招待，感何可言。所惜行程匆遽，不克遍至大小各埠。至又未能久留，实为抱歉。今将回国，谨荟萃其所欲商榷者，直陈诸父老兄弟之前。窃思教育部之委托炎培，与吾父老兄弟之厚待炎培，皆将责望其有所贡献，以为采择改良之助。不言固不可，言之过高而不切于事情，又岂有当？今兹所陈，大抵根据所见英荷两属共通之现象，惟其事实间为他埠所有而此埠所无者，不妨阅而存之。苟其言而万一有合也，尚望加以研究，付诸施行，幸甚幸甚。若夫筹画教员之来源，学生之出路，荦荦大问题，容俟回国陈请教育部迅定办法。此之所陈，或为学董言，或为教员言，亦愿彼此互相观览也。

第一，兴学精神须坚持到底。

华侨寄人宇下，兴办学校及各项公益事业，从未受政府经济上之助力，而得有今日之盛，何一非诸父老兄弟爱国热心所致？我政府深佩之，我全国国民共深佩之。今者时局纠纷，商业大损，国力未加，种种障碍，缘之而起。在此存亡绝续之秋，愿吾父老兄弟奋其毅力，坚持到底。南洋教育已有十余年根柢，万一中途摧折，诸君十余年苦心付之流水，岂不可惜？今后世界，兵战乎？商战乎？皆学战耳。欧战之结局，将使科学价值益高，而视教育益重。子弟多受一分教育，即国民加高一分人格，国家增进一分地位。无论如何困难，当合内外国共谋解决。炎培所敢言者，时势所趋，舆论所迫。今后政府定必重视华侨教育，但祝国难少纾，则一切设施可以下手。即炎培不敏，亦愿尽社会一分子之力，奋其笔与舌为诸君后盾也。

第二，学校权责宜明定。

南洋学校或附设于固有团体，或系私人共立性质，不能不于校长教员以外，特设管理机关。然而习惯相沿，名称互异，事权未一，责任未明，有因此而意见横生，致妨校务之发展者。炎培以为第一宜改良者此也。查所见各校学董名称，如总理、名誉总理、大总理、正总理、副理、协理、总协理、监督、监理、监学、监察、巡学、稽察、检察、财政、掌库、查账、查库、查数、干事、司理、管事、董事、庶务、书记、招待、司信、评议、顾问等等，几难枚举。其故在每一学董必奉以一专名，而不暇问其人能任与否。尝见一校协理多至八十人，意在使人人多生关系，具见当局苦心。惟鄙见以为名称即不必深究，责任要不可不明，名实要不可不副，权限要不可不清。简单言之，各校宜组织一学董会，首领一人，称总理可也；副之者一二人，称协理可也；有代总协理常川办事者一人，称书记可，称干事亦可；管理校产校款者一人，或正副各一人，姑称财政员亦可；此外可一律称学董。凡大事如聘辞校长，核定一年度之预算决算等，皆由学董会公议行之。公议既定，即由书记（或干事）财政员辅佐总协理分别施行。此关于学董之权责宜明定者一也。

校员方面，间有不设校长者。鄙见以为学校苟有教员二人以上，即不可无校长。否则内部之管理教授事宜，何从取决，无专责之人，似人人负责，实人人不负责。此关于校员之权责宜明定者二也。

学校又间有两校长者，一为华文校长，一为英文校长。盖全材难得，其中具有苦心。但既为中华学校，当以华文为主体。虽英文亦当注重，或尚有他种原因，然只宜设英文主任，或称英文教务长，而统受一校长之管辖。试观本国高等小学以上，大都有外国文，而未闻设外国文校长。即外国人在中国所立学校，以外国文为主体，而兼教华文者，亦未闻设华文校长也。盖一校不能有两长，犹一人不能有两首，其理易明。就余所见，因两校长各自为政，致功课有重复者，时间有加至逾限者（每日七时以上），其弊显然。此关于校长之权责宜明定者三也。

进退教员之权责，属之校长者少数，其大多数皆完全属之学董，或学董与校长商量决定。炎培历观各埠，所有学董，大都实业界重要人材。窃以为学董诸君，既担负筹画经济之重任，不宜复以进退教员之事，重劳心力；且选择教员，大是难事，必须深知其平日学力如何，教授管理之能力如何，苟非同在教育界，无从深知。盖实业家之不易知教育内容，犹教育家之无从得实业经验也。故鄙见以为苟学董中确有深明教育者，不妨即任校长之职，否则另聘校长。为学董者，但须以公共意思，慎选一可靠之校长，而进退教员与平日稽查教员成绩，即责令校长担负。如果任用非人，不妨公议更举校长。吾知为校长者，必爱惜名誉，尊重职务，不负学董诸君之委托；而为教员者，受校长一人之指挥，与受学董人人之指挥，为较所甘心而易于尽职也。此本吾国教育部学校令所规定，为本国各省区通行之办法，愿诸君子斟酌行之。此关于学董与校长之权责宜明定者四也。

第三，学校基本财产宜筹集。

处内国者，艳南洋实业之发达，方将觅地经营，以为教育事业之基础。乃炎培此行，观南洋各校，反未有基本产业。会馆有巨额之积贮金，寺庙有伟大之橡树园，而学校无有，有之亦绝微。诚亦知筹款万难，当局或有志未逮，然学校一日无基金，即一日可以闭歇。诸君子苦心经营，如筑大厦于沙土之上，岂不可惜！马来半岛芙蓉埠中华、文华两校，已各有橡树园若干英亩，邻近各埠渐见仿行。他日实业发达，教育伴之而发达之数校者，寿命之长，可以预卜。此外亦间有设店铺或置店屋取息充用者，皆比逐年题募为可靠，愿各埠闻风兴起也。

第四，教员宜慎选宜优待。

各地学董，往往语我以延师之难；各地教员，又往往语我以为师之不易；皆实情也。究其所以困难之故，固由于彼此情形不熟，亦由于彼此权责未明。倘将第二条所陈研究改良，则困难当减却一半。今南洋教员，大都来自内地。为教员者，苟不明所在地情形或不谙所在地语言，则教材安能适切？学生家庭又安能联络？故培养适当之教员，自是南洋教育上一大问题。归国容言于教育部，早为设法。在荷属学务总会，有自设师范学校之议，诚为救急要务，炎培深愿早日观成。而在此时未有特设之师范学校以前，关于延聘教员问题，将如何处置乎，则请略陈所见。

甲、愿注重师范毕业生也。虽天才与经验亦或过于其修学所得，师范生未必尽优，而优者未必尽出师范，然师范学校所以专教人为师者，则其毕业生在理宜较为适当。如非师范毕业生，须问其经验如何，以前担任学校之成绩如何，而特别加以注意。

乙、愿注意负责任之介绍机关也。鄙意最好请师范校长介绍其现在或从前毕业之师范生，则为顾全学校名誉计，定必慎重推荐。其次由可靠之学会，或于本校有感情、有关系之人，物色介绍。方今良教员不易得，而求事者比比皆是。吾观各地有为减少薪水省给川资计，即延用南来谋事者为教员。伍胥吹箫，毛遂脱颖，穷途落魄中，岂乏奇才？然愿当局慎重访察。教育为专门职业，苟非性之所近，与积有学力经验者，未必尽人胜任也。

丙、愿破除省界但以能国语为限也。省界之害，人人知之。欲使学生不分省界，当先于聘教员时破除省界。提倡国语，为根本破除之要着。苟其人能国语者，闽产亦可，粤产亦可，非闽非粤产亦可。

虽然，不筹所以优待之法，则好教员未必肯来，即在职者亦未必安心久任。此行辄遇教员摇首叹息，以现职为无聊者之所为，苟有善于此者，将褰裳径去而不恤，此意炎培不甚直之。但为学校计，苟无术使教员安心职务，实于教育精神大有关系。各国对于优待教员，皆有种种条例之规定，盖一方以大义责教员，一方亦当谋所以安其心而去其所苦也。请言优待之法。

甲、宜定相当之薪额。就所至各埠观之，英属小学教员，月薪大多数四五十圆，由校供膳；荷属则七八十盾，膳须自备。以现在各该地银价折合国币，而与本国通都大邑小学教员薪额比，非惟无过，或且不及，而欲其抛弃室家，远游万里，苟非十分热心南洋教育与别有希望者，殆或不免望望然去。炎培非不知筹款万难，然终愿学校以适当之薪额，聘合格之教员，使之专心任事，无忧内顾。学校之设亦为学生耳，教员多一分精神，学生多一分利益。至于降格相求，而用非其人，譬如一玉之价十金，而以五金得碔砆，吾为此五金惜矣。

乙、宜定年劳加薪之法。年劳加俸为各国优待教员奖励久任之通例。以教员困苦之生涯，处南洋活动之社会，设无法以羁縻之，欲其久任将不可得。闻从前王君广圻来游，曾为规定年劳加薪之法，去今八九年矣，实行者鲜。不揣冒昧，鉴于现今生活程度，参照本国教员薪额，与林君悉心商酌，为拟一南洋英荷两属小学教员初任与递加薪金额标准。意在不丰不啬，丰或无此财力，啬将不易得人。然此不过个人意见，聊备当局参考，幸勿彼此执以相责难也。

英属校长初任每月七十圆至一百圆，教员初任每月五十圆至七十五圆；如任职后确有成绩，则每阅一年或二年递加之，最后校长得加至一百四十圆，教员得加至一百圆。荷属校长初任每月一百盾至一百五十盾，教员初任每月八十盾至一百二十盾；如任职后确有成绩，则每阅一年或二年递加之，最后校长得加至二百盾，教员得加至百六十盾。

说明：

一、初任最少之数基于现额之大多数。

二、初任薪额之多少得视学生数学级数之多少、事务之繁简，分别定之。其递加数亦视此定之。

三、此项标准为毕业师范学校与虽非毕业师范而具有相当之学识经验者而设，使延聘校长、教员时得所参考，非欲使现任人员遽援此以求增减也。

四、由校供膳与教师自备膳，从其习惯可也。

马来半岛某埠有教员多人，拟以每月积薪买山种橡，惧舆论非议，不敢下手。鄙意此绝好机会，提倡教员储蓄，一善也。使教员借此考知社会状况，改良其教授，二善也。使教员于前途有希望，不至感其生涯之枯寂，三善也。人苟稍有知识，莫不欲解决其未来之生活问题。分职务之余闲，助其生事之发展，其心安，其对于职务当愈奋。此等事不惟无可非议，且宜赞助之，明达之学董必见及此。但因兼营实业而妨害其职务，与实业稍稍有得便变更其委身教育之初心，则殊对不起赞助者，非余之所敢知耳。

第五，侨学宗旨宜确定。

吾华侨子弟不欲其肄业外国学校，而必自设学校以教之。所争在何点乎？离社会，无教育；处何种社会，施何种教育。始吾父老子弟之来南洋，试问舍农工商职业，尚有其他目的存焉乎？今请基于第一问题而为认定侨学宗旨第一项曰国民教育；基于第二问题而为认定侨学宗旨第二项曰职业教育。侨民子弟年龄稍长，大都为谋生计，中途退学，毕业者寥寥，遑论升学。游踪所及，几于各地一致。此尤为需要职业教育之明证。宗旨既定，进而言设施方法。

第六，关于国民教育之设施方法宜研究。

一曰励行国语。有国土而未能统一其境内之语言，则不得谓有完全之国家资格。有国籍而未能操其国通用之语言，则不得谓有完全之国民资格。今南洋国语不可谓无进步矣，炎培所首欲言者，荷属渐发达，而英属尚未能一致也。荷英属各埠各校教员于教授时特注意，各校学董于聘校长时，校长于聘教员时特注意，则一二年内虽与荷属齐亦可。吾观荷属中华学校有校内禁操土语，违者至罚钱以儆者。虽不必效其法，而其意可师也。其次则学校高级生渐注意，而未尽注意于初级生也。语言之为学，教之愈早，收效愈速。吾观菲列宾公立学校美国人所设以教土人者，自初等小学第一年起，在校即不许操非英语，不及数月，英语纯熟。然其社会其家庭，皆未尝通行英语，可知亦视学校提倡何如耳。或虑初授时因语言之障碍，功课将不免减色，不知利害须权轻重，国语无效，即国民教育失其基础，而设学之本旨荒矣。且如励行之，则所谓障碍者，亦只数月，行之愈早，障碍之时间愈短。将何去而何从乎？

二曰破除省界。即认国民教育为第一要旨，则同国以内即不宜有其他界限之见存。然吾观各校招生，间有限于某省某县籍者，叩其原因，曰为学校创自某会馆，经费集自某属故也。自吾言之，甲属立校，兼收乙丙之子弟，甲不愈荣乎？如因语言不一致，则学校固当教国语也。且因语言不一而招本属子弟，因所招皆本属子弟而土语愈盛，国语愈荒，而语言愈不能统一。因果相生，永永无了，教育之本旨安在？知明达者必能见及也。

国文、历史、地理为国民教育之主要学科，此外如唱国歌、敬国旗，利用适当之机会激发爱国之精神，全在教员于教授训练时多方诱导。而炎培对于侨学国民教育上犹欲提出一要义，曰提倡国民外交。政体遽变，民与国日益密切，一切国政皆以其民为后盾，外交亦然。日本近年大注意此点，今春东游，政府倡中日亲善之说，而其民和之，举国一致，为之骇然。吾国势弱，国民外交益当研究，况侨民寄人宇下，一言动之得失，国之荣辱因之。怵于外人势力，而专事服从，固为不可；激于爱国热诚，而贸焉排抵，又岂所宜？即非排抵，而言动意气，失其和平，已乖交际之道。交际与交涉不同，敬人者人恒敬之，自尊者人不得而贱之。惟有于教育上注意此点，使华侨子弟人人对于所在国，以不亢不卑不难不悚相当之待遇，表示我中华大国民之风度，人格日高，国家地位亦以增进矣。

第七，关于职业教育之设施方法宜研究。

一曰职业教育当以实用主义为基础也。实用主义之发达，学校毕业，立可谋生；学生制作，可为商品；在校修学，兼可营利。吾于美国于菲列宾男女学校皆尝亲见之。南洋学校大都倾向于实用主义，亦间有未能一致者，试分述之。

一、国文。新加坡养正学校教员石君维森教授国文方法与其命题评改，大惬鄙意。三宝垄中华学校校长石君鸣球课作文，精细简当，一望知为老手。此外各校堪令人钦佩者不少（如槟榔中华学校国民一年级教员杜君教法亦灵动有兴味），惟间有读论说文范、作论说题，专用注入教授，其命题或轶出小学生思想范围者，不无微憾。倘能一致注重实用，体裁则寻常应用，材料则本地风光，不使二石专美于前，则幸甚矣。

一、算术。实用算术教法详见《实用主义小学教授法》一书。尝于爪哇万隆埠中华学校，见张君治先教算术诸等，改用荷币，甚是甚是。此外如是用心者当不少，彼此可相参考。

一、习字。所见大多数为映写描红，此宜改良。又授行书者尚鲜，为实用计，似不可少。

一、图画与手工。此行所见图画手工以三宝垄中华学校为最满意。图画则图案画、考察画、广告画、写生画、商标画，手工则石膏工、蜡土工、针金工、木工、纸石盘、干电池、镀银、色墨水、隐现纸、胰皂（以椰油为原料）等等。泗水中华学校有图案画，有各种实用手工。吉隆坡尊孔学校有图案画，有石膏工、蜡土工、铅皮工、制本工等等。巴城中华女学校有写生画。而怡保明德学校教员古君愤生创为手工图画联络之法，以图画与贴纸为底，以剪纸片面人物饰于其面，参差远近，成一幅写景画，令学生自由制作之，虽未精美，要其立意大可采取。外此相类者当亦不少，而沿用组纸贴纸映画临画等旧法，无当于美术，更无裨于实用者，亦间有之，愿彼此相参考也。

一、女子手工。所见新加坡华侨女学、柔佛宽柔学校、芙蓉坤华女学、吉隆坡坤成女学、怡保中华女学、女子勤业学校、巴城中华学校、梭罗中华学校、三宝垄中华学校、泗水中华学校皆甚美。其间有开展览会出售得钱不少者，而售诸商场者尚鲜，大抵欧式合于商品居多。鄙意不论欧式华式，皆宜以普通应用便于出售为标准。又手工务谋与图画联络，宜导使学生自绘图样，而写生图案等法，其应十分注重，不待言矣。

一、体操。体操有实用教授法乎？曰：有。其为普通操，不逐逐于操式之变化、器械之搬演。选定一种,日日课之,每次以二十分或二十五分钟为限,务合于锻炼体格之本旨。其为兵式操,则定期课之,此小学校教育法所未及,故附述焉。

一、修身。石君鸣球编修身教授细目而特揭要义八条:一、不可蹈诠解文义之弊;二、须有深切温和之感情;三、十分注意个性;四、须联络他科;五、须细察在家庭之举动是否一致;六、教授时不可陷于枯寂;七、不论何时何地皆当导使实践;八、振刷精神勿忘本科为国魂所寄。语皆精要,敬介绍于教育界诸君。

以上不过略举大概,此外未及见者实尚不少。有愿以关于实用主义之各科教授法相讨论者,随时惠书见教可也。

二曰商业教育须有种种相当之设施也。此行至苏门答腊之棉兰,见领事张君公善,首提出注重商业教育之意见。承其叔耀轩总理之命,将所创之敦本学校改办甲种实业学校商科。其宣言书云:南洋群岛一实业场也,华人之侨此者,率业贸迁,间事工作,子弟成年,大半以能世父业为贤。在才而赀者固不难遄返本国,肄业专门大学;而无力者势不能不从事个人生计,以图自存。普通中学之程度,以语高深,尚待精进,以云事实,未切日常,有心人至有养成高等游民之诮,岂尽虚哉?本校总理张公耀轩知侨学不能不求深造,尤不能不求实用,特将本校改办甲种实业商科,附设高等小学,经费仍由总理独力担任等语。炎培不惟佩其兴学热心,尤服其见解切实,不愧为一时之杰。此外吉隆尊孔学校改设乙种商业学校,巴城中华学校附设中等程度之商业专修科,以及小学校设有商业功课者,所在多有,实深合社会之需要。今请为商业学校与学校设商业科者,借箸筹之。

商业学校与商业专修科,其宗旨固已明白揭橥,将使毕业生从事商业也。而小学校课商业每周一二小时,其宗旨果何在乎?自余论之,学生父兄之操商业,毕业生之从事商业,以及中途辍学习商业者既若是其多;吾侨因而确认南洋社会需要商业教育实有非常迫切之情势,则必非仅在小学校略授以商业知识,如所谓预备商业教育者,为克满足其要求。故炎培对于小学校,仅课商业每周一二小时,认为犹有研究之余地。谓必须于课业以外予以种种相当之设施，而在商业学校、商业专修科，其不可无此设施，不待言矣。略举如下。

甲、商品陈列室。教科书上之商业知识不足应用也，必实地研究商品。若就地取材，其普通者，商之各商店，每种各出少许，当非难事；其贵重者，量财力而购置之。一以所在地重要之土货外货为标准，而兼及国货。此事需费不多，但须运以精密之心思，使陈列得法；标签说明，简明正确，教科上得益不少。

乙、商事调查。宜量学生之程度，于课余令调查所在地商事之情况，教师为规定种类事项而指导之，使谙练社会事实与习惯等等。

丙、商业实习。约分三种，可量学生程度而次第施之。

子、校内实习。养正学校有学生储蓄银行，新加坡启青学校有商业实习，宽柔学校有五七公司，尊孔学校有益群公司，坤成女学有职业实习部，怡保育才学校有学生贩卖部，三宝垄中华学校有学生营业部，皆以学生为之，使实习商业。此外有未及见与见而未及记者，有正在组织中者。此法于初步练习甚相宜，即非商业科或商业学校，亦宜有此设施，借使学生练习服务。所当注意者，凡学生已达可以实习之年龄，皆宜与以实习之机会，勿使偏于少数学生。盖既以实习为目的，须使全体学生受益平均，与仅使分担一部分学校事务者有间。设因学生数多，当值时间太少，可行假设买卖法，则无虑不能普及矣。

丑、学校商店实习。由学校自设商店，令学生已在校内练习若干时期后，前往实习。此店以杂货为宜。

寅、分遣各商店实习。此为第三步。可先与各商店协商，得其许可；在店实习时，悉听经理人指挥。期满请经理人将其实习情形，加以评语，过劣者不予以毕业。如是则毕业生无不能谋生之虑，而商业无不能改良之虑矣。

三曰商业教育外宜兼重农工业教育也。商战以农工为大本营，有商无农工，如萍无根，可立萎耳。今吾华侨之在南洋，于商业上稍稍占有地位，论农工大都为人驱役而已。二者之中，以工业尤为需要。试观吾华人所设商店，凡较精巧之工艺品大都为日本货，此不惟南洋为然。而以南洋天产之丰富，美人调查菲列宾群岛，凡竹木藤草等植物之堪为手工原料者，上等二百余种，下等千数百种，而机器工尚不与。吾华人苟一方利用彼丰富之天产，一方利用吾天生灵巧之心思、勤敏之手腕，养成其精良之技术，以从事制作，何难于商业外别开一大富源？吾国食指最繁，苟善用此指，则因指可以得食，而最繁者得食将最丰。且调查学生父兄职业（就所至各埠之著名学校凡二十一校）而统计之，商业固占百分之六十三，而工业亦占有二十六分之多。工子恒工，安得不认为需要之一种？鄙意甚赞成三宝垄中华学校极力提倡实用手工以为导线，苟再进而为商品手工，受赐将无穷矣。

四曰提倡职业教育宜注重迅速主义也。迅速主义为美国教育家哈佛大学校长爱烈哇脱氏所提倡，而实从事职业者所不可少之条件。读曰速读，作曰速作，写曰速写，画曰速画，算曰速算。不惟以正确为目的，苟同此正确，尚须比较其经过时间之长短。授课时认此为目的之一种，而以适当方法养成之。有此素养，应用之于职业，大为利便。盖职业界之黄金时间，断不许有从容迂缓之余地。此为吾国向来所未注意，提倡职业教育者慎毋忽此。

五曰提倡职业教育应予以补习应用文言之机会也。国文国语、英文语既规定之于正课矣，然职业所需或不止此。就余所调查，与普通社会交接，则马来文马来语不可不知也。在荷属有以交际之需要而要求习荷文荷语者，苟其地一般社会盛行中国某种方言，而初至者不解，则势又不得不习此。南洋语言文字复杂极矣，一方固不能不确立标准，而规定之于正课；一方又不能不为应用计。盖理论自理论，事实自事实，立标准所以希望将来之统一，谋应用所以供给现在之要求。不言职业教育则已，言职业教育，则职业上凡有所需，宜为之所。为之所奈何？惟有于正课外许其补习。如一校中愿习某种文言满若干人以上，为设某种文言补习科，于晚间或假期行之，既不背教育之本旨，又易博社会之欢迎。所至有以此为问者，故陈鄙见于此。

第八，学校体育与卫生宜特别注意。

南洋终年炎暑，久处其间者，筋力弛缓，腠理疏懈，每至日午，神昏思睡，影响于脑力体力上甚大。同此儿童，马来种不及华产。（据槟榔屿英人所设学校 Free School 之校长语，余华童较马来童十四龄以内无甚差异，以外则华童聪慧胜于马来童。）同此华童，生于内国者优于侨生者。（据泗水中华学校校长许君民一语余。）以上两例确否，极愿教育家以实地试验所得见教，未始非气候特殊有以致之。各地教员往往语余，学生患头痛者甚多，尤为影响于学校儿童之一证。因此体育与卫生，不得不认为南洋教育上一重要问题。炎培于此愧乏专门之研究，姑就所见为之发端，愿教育界诸君子引伸而讨论之，实地试验以解决之。

其一，普通体操宜注重也。普通体操之目的，在锻炼体格，以治弛缓疏懈，实为对病良药。时间非不加多，但须以短时间日日课之（见前第七条第一项）。或疑如此气候，行之是否相宜，则试观美人治菲列宾，十分注重体育，成绩几为东方冠，而未闻有流弊也。

其二，授课时间宜研究也。吾国学校授课时间失之过长，教授材料失之过多，食而不化，几成通病。处于南洋特殊气候之中，不惟影响于其课业，且将影响于其身体，尤非减少不可。各校授课时间大都每日五时，间有每日七时以上者，宜研究一也。每节之长短大都五十分钟，间有六十分者，应否采取欧美不等长制，精神健全时俾较长，疲乏时俾较短，宜研究二也。英属各校大都上下午分课，荷属间有并课于上午，而下午仅一时，或竟无课者。棉兰华商校长杨君季芬语余，最好仿荷校办法，午前七时起十一时止，午后无课。此须斟酌地方气候、社会习惯，择善而从，无可统一，宜研究者三也。

其三，教室坐位宜限制也。所至各地，每有学生逾额，一教室至七八十人，三人并坐之课桌至四五人。来学者多，是好气象，但如是拥挤，平居已不能堪。况在学校课业之际，况在特殊气候之中，浚其心而伤其身，良非所忍。惟有请学董诸君设法相当之校舍，未有相当校舍时，只可如额限止。

其四，课桌制度宜注意也。每见幼年生坐高大之课桌，两足宕空，种种不适，大妨卫生。此理甚浅，当局必非不知。但或忽不加察，或限于经济，要须从速设法，非可一日安也。间有加横木于下以安足者较可。

其五，体罚宜废止也。所见学校有行体罚者。体罚久经教育家公认为非宜，又早为吾国教育令所禁止。菲列宾同在南洋，绝对不许用体罚，而学风至善。尝见聚初等小学生三千人同时体操，不用教师，仅以一级长击鼓司令，而丝毫不乱。可见整饬秩序之道，固别有在，而不系乎体罚也。

第九，宜调查南洋教材。

现行教科书之不适用于南洋，人有同憾。所谓不适用者，材料也。非先将南洋特别之材料详确调查，无论官府私家，举无下手处。荷属教育研究会议决组织南洋教材调查部，分历史、地理、算术（度量衡及货币）、博物、商业、家事六科，每科设主任，由各校教员合力调查，不限于荷属。此举鄙意极赞成，愿各地学校通信泗水学务总会，索取章程表式，协力从事。即不为改编教科书计，为教员者固当调查社会状况，以备教科之参考。且宜令学生分任调查，借资历练，实课外作业之绝好机会也。

第十，宜组织教育研究会与参观团。

教育之进步无穷，一人之精神有限。尺有所短，寸有所长。披沙可以得金，他山可以攻玉。是惟联合研究，彼此参观，我有所得，可公之于人；我有所疑，可决之于众。荷属教育研究会此次用正式会议制度，结果颇好。槟榔屿有教育研究会，霹雳州教育会亦有组织教育研究会之规定，新加坡英属学务总会尤热心提倡研究教育。鄙意以为合各埠组织固可，就一埠组织亦可；会集研究固可，通信研究亦可。江苏省教育会拟有组织教育会研究教育方法，节录以供参考。

一、教育会各组织教育研究部公推主任员二三人，专司发布问题、收集研究意见、编辑刊布等事。

二、先由研究主任员酌定问题（每次以一题为宜），通告各小学校，由该校于此问题有关系者，本其平日之理想与实验分别答复。

问题举例（此不过略举大概，主任员尽可斟酌仿制，或将后开之一题化作数题亦可）：

初等小学习字教授现用如何方法？是否用范本？用范本适宜否？现用何种范本？所用范本善否？

初等小学算术科教授现用如何方法？现用方法善否？善在何点？不善在何点？现用何种课本？所用课本善否？善在何点？不善在何点？课本外尚用他物否？

初等小学修身科应否用课本？应用或不应用其理由如何？

初等小学游息时宜用何种方法使之精神上得适宜之活泼？

小学校之训练依地方情形以用何种为宜？学校与家庭之联络有何良法？

三、各小学校得拟问题送备主任员采择，主任员亦得向各小学征取问题斟酌采用。

四、主任员将问题通告时应定收受答案截止限期。

五、主任员于限期既满，将所收答案或加入自己所拟之答案取其同者或异者，按其条理编辑，务使便于循序研究。

六、由主任员定期通告各小学校于此问题有关系者（不问曾具答案者与否）赴会研究，此外有愿赴会者听之。

七、开会研究时应由主任员维持研究之秩序。

八、主任员或其他研究员如于各校所开送之答案有欲加以贬词者，宜隐其校名或人名。

九、研究时应记录各员之言论。

十、研究之结果不宜用表决，如有两种以上之主张，由主任员并记于报告中。

十一、研究报告应按期由主任员印刷或刊送各小学校。

若夫参观团之举，祖国年来盛行一时。菲列宾职业教育与体育著名世界，祖国同志且不惮万里以来游，诸君子奈何近在肘腋而忽之。即论祖国教育，年来亦不无可观。再退一步言之，同此南洋，亦大有可以互励之资料。今之世界，事事非闭户伏案，抱几本陈腐册子可以有得；况教育为改革社会习俗、扶助国家富强、鞭策人群进化之大业乎！

愿教员诸君提议,愿学董诸君赞成。此等事如以美食养乳母,直接以肥乳母,实间接以肥婴儿,学董诸君应乐为之任费也。

以上所陈,或为有识者所倡义于先,亦或为当局者所志而未逮。然真理所在,苟同不避,积诚所至,靡事不成。区区之忱,非第以报诸君子之殷勤,教育部之垂诿。诚欲吾南洋华侨教育猛进以赴不再之时机,作图强之导线。既谁毁谁誉之自信,将知我罪我之惟人,但幸勿以为循例文章,不加垂察。彼此关系,以此行始,非以此行终。远望南云,永纫高谊。倘因北雁,时惠德音。

(《中华教育界》第7卷第2、3期,1918)

普及华侨教育之关键

高 阳

吾华同胞侨居国外者，遍五大洲各国，而以南洋各地为最多。……南洋各地华侨最多者首推爪哇，共有一百八十二万五千七百数十人；次为暹罗，共有一百五十万人；其次为东印度群岛及新嘉坡，各有一百余万人。华侨在安南者约二十万人，在缅甸者约十三万五千人，在菲列宾约八万四千人，在澳洲者约三万五千人……共有五百八十八万人。以一与五为比例，南洋华侨子弟应有一百万人。此一百万青年华侨，皆吾国从事华侨教育诸君之好材料也。

尝观东西人士之侨居吾华者，无论人之多少，决不听其子弟失学。日本人在福州、上海、南京、汉口、天津等地，皆自设日本小学校。居留上海之日本人，其数不过七千有余，而其小学校舍可容千余人，其子弟每日来学者远自数里及十数里外，爱国精神少时即经历练，欲其国之不强不可得矣。又英人之侨居上海者不过四千数百人，而其自设之小学及高等学校共有五六所。十年前，作者尝见一英国少女每早远自四五十里外乘火车赴上海，进英国小学读书，不禁为之惊叹。及民国八年春，游历奉天，往来旅顺、大连间，又见日本男女幼童沿铁路上下车，赴大连之日本小学读书者络绎不绝，乃悟东西各国之同为富强非偶然也。

吾华侨同胞之爱国热忱不让于东西人士，间或远过之。颇闻民国之成立，若无侨胞援助，必不能实见，此足征侨胞之爱国心切，虽有巨大之牺牲而不惜也。然吾又闻侨胞虽皆爱国，然于教育一端，颇多视为无足重轻者。故在荷属之华侨，虽本地设有中国学校，尚多令其子弟进荷兰人所设之学校读书者；而在缅甸之华侨，虽总数在十三万五千人以上，但设有高等及初等小学而无中等程度以上之学校。凡此皆为漠视教育之实据，而非吾侨胞应有之好现象也。

今欲在南洋华侨中谋国民教育之普及，且谋使有中等学校程度以上之侨胞日多一日，作者以为不但当责之于原有之侨胞，而当责之于从事华侨教育诸君，此不佞所以欲敬告从事华侨教育诸君也。

华侨之数虽多，然在各国非受人轻视即受人虐待，且从无握当地之实权者。虽云由于吾华国势孱弱，然华侨程度之低下而无教育，实亦为一大原因。今使华侨中初等教育已普及，则人民皆有普通知识，何至令人憎厌，使人生轻视之心？又设华侨中颇多有中等学校以上程度之人，则吾之知识能力与东西人士既无差异，则彼决不轻视并不敢虐待。以目前形势而论，吾国万难骤臻富强；既不能骤臻富强，则决无实力保护华侨；故欲为华侨谋增进幸福，舍普及教育或多设中学以上之学校，更无他种妙策也。

窃尝思之，欲普及华侨教育，必须有国内明达之士热心教育者协助侨胞为之，始能有效。盖平时侨胞非不欲令其子弟进校，自浅至深、自下至上学有用之学问，惟以无学可进，致不得不听其子弟失学；又非不欲令其子弟进本国人所办之学校，惟以此种学校或缺乏精神，或不应时需，致不得不负忘本之诮，令其子弟进外人所设之学校。此非尽侨胞之过，而为吾从事华侨教育诸君之过，亦易明矣。

从事华侨教育者最宜有观感之心。观感云者，观四周之现象而生感悟，因感悟而更变吾行动或改良吾方法是也。易言之，观感云者，即孔子言“三人行，必有我师”之意，亦即“乐取于人以为善”，与人为善之意。吾国人最缺乏者，无逾于观感心。试观国内各地外人与吾接触之处，凡外人居留之场所往往清洁整齐，而吾人自居之地常污秽纷乱。故在北京进东交民巷即别有一天；在天津、汉口、上海、广州等地，租界与内地皆有天壤之别；而在一租界中，凡为吾国人群居之所，必别呈一种龌龊黑暗气象。即华侨之在外洋各国,亦何尝不如此?人比吾善,吾虽日见之,绝不生何种感触,亦不思仿效之,此由于缺乏观感心之故也。

民国七年三月,作者途经旧金山,见该地华侨学校尚以旧法教其学童,终日咿唔咕哔,令我思念少时在私塾时情形不止,深叹新大陆上乃有此种旧学校。及今思之,此种怪现象亦不过由于吾国人缺乏观感心而已。

今设从事华侨教育者有观感之心,能多取于人以为善,则虽无何种特长,必能于短时期间内使华侨教育普及。盖使外人注重教育,吾亦注重教育;外人至少必令其子弟受国民教育,吾亦至少必令吾子弟受吾国之国民教育;外人办学不事敷衍而求有精神,吾人办学亦不事敷衍而求有精神;外人于教育求应时需且兼重德育与体育,吾于教育亦求应时需且兼重德育与体育;外人所办初等及中等学校有何种程度,其毕业生有一定能力,吾所办之初等及中等学校亦求有同样程度,所有毕业生亦求有同等能力。凡外人进一步,吾亦进一步,则吾人所办学校之数必不少于外人,而学校精神与程度又无差异,吾知华侨同胞必乐令其子弟进本国人所办之学校,且入学读书者必渐多,欲求教育之普及,不过数年间事耳。否则外人注重教育,而吾不注重教育;外人办学有精神,而吾无精神;外人所办学校之程度高,而吾之程度低;外人之教授法新而良,而吾之教授法旧而不良;外人所教之科目应时需而有实用,吾则不应时需而无实用;外人进而吾人退,此无异于为渊驱鱼、为丛驱雀,欲华侨子弟不进外人所办之学校或欲华侨子弟尽入学校,皆不可得之事也。

总之,欲求华侨不为外人所虐待所轻视,欲保存并增加华侨之爱国热忱,并使在南洋百万华侨子弟皆受教育,非速谋普及华侨教育不可。而普及华侨教育之关键在于观感二字,苟有观感心,无事不可为。此则不佞所欲敬告吾国从事华侨教育诸君者也。

(《中国与南洋》第1卷第9期,1920)

华侨对实业教育之两大贡献

赵正平

(甲)中南银行

三宝垄华侨黄君奕住等发起之中南银行,已于民国十年六月五日,开创立会于上海。此中国南洋间大规模之金融机关也,亦即中国对南洋商业上至有力之援助机关也。本志不能无一言以欢迎其出世,以希望其未来。

中南银行为若何之银行乎?其性质虽未明示,然就创立会所宣布,与夫发起诸人所计划所期望者观之,则一国际汇业银行,而兼有国内外兴业银行之任务,决非普通之商业银行所可比拟者也。今先揭创立会纪事于左,而次有所陈述焉。

中南银行创立会纪事

六月五日下午二时,中南银行在三层楼开创立会,计到股东一百零二人,共四万七千一百三十二权。

(一)推举主席　黄奕住君

(二)主席演说　今日为本银行创立会,承诸公惠临,无任欣喜。所歉者奕住语言不通,不能与诸公直接长谈耳,然亦有不能不作一二表白者。奕住久客炎荒,历时三十余载,亦华侨中艰苦备尝人也。华侨资本家良多,于祖国国家社会各事业抱具热诚者,亦极不少。奕住不才,宜无足齿数,然窃有志焉,以为今后为南洋华侨资本家,与祖国国家社会各事业发生关系起见，不能不于吾国内商业繁盛之区，首创一二比较的资本稍厚之银行为之嚆矢也。于是有与国内外诸同志共同筹画，创办中南银行之举。今幸赖诸公赞助之劳，得告成立，欣慰何可言喻！抑所为欣慰者，正不仅奕住个人之关系已耳，诸公倘幸有以赐教焉。

（三）韩君玉君代表黄奕住君报告筹备经过情形　欧战以还，时局丕变，往时之以武力竞争者，今将一变而为经济竞争。大势所趋，万邦一辙。我国幅员辽阔，未辟之利甚多，苟不急起直追，人将为我借箸。我侨商眷怀祖国，极思联袂来归，举办实业；特实业之举办，必恃资金为转输；而转输之枢纽，要以银行为先务。故奕住等自去秋回国，即集合同志，倡议创设中南银行，着手筹备，资本总额定以银圆二千万元。开办之始，先招四分之一，即银圆五百万元。由创办人认缴三百五十万元，其余一百五十万元留待海外侨商及国内同志。盖区区之意，于海外侨商则使其资金内转，归志将从而益坚；于国内同志则与之事业共同，关系乃因之愈切。所幸邦人君子一致乐与赞同，曾不数月，股额已满，私窃引以为幸。迩者，内部组织均已就绪，俟房屋修缮毕工，便可开始营业。今为本行开创立会之期，亦即本行成立之日，所有本行章程及选举董事监事，皆将于此会观成。谨报告其经过情形如此。以后行务之进行，深冀股东诸君指导扶掖，俾可日进无疆，岂惟银行之幸？实业前途、社会经济、国际贸易，实利赖焉。

（四）韩君玉君演说　略谓：黄君夙在海外，最注意银行事业。数年来于小吕宋、新加坡、棉兰各等处，业已多所提倡，然终以国内各项事业诸待发展，究不能不重赖有比较的资本稍厚之银行，为之枢纽，故决计谋在国内商业中心之上海，创设银行。其意盖谓华侨挟资回国，经营事业，因以增进祖国国家社会凡百事业之进行，实华侨应尽职务，故以身先之，以树风声而资观感耳。然此项重大问题，非得资本与人才两者互相结合，则结果之良否何如，殊难预定。幸而抵沪后得史君量才等之赞助，而本银行之组织因以就绪。又得胡君笔江等之赞助，而本银行筹备各事项之进行益以圆满。此实同人等所欣幸无既者也。

查黄君最初计画，系拟以国币一千万元为独资银行事业，嗣以诸同人等之再四讨论，乃改为公司性质办理。现黄君所占股额，虽已居多数，然犹欲本其初志，厚殖行基；并欲于最短期间内，即行扩充股本，招足预定二千万元之总额，庶几于增进祖国国家社会凡百事业之进行，直接间接得收实在之成效。此实黄君所抱宏愿。史胡诸君等赞襄于前，我各股东群策群力协助于后，则创办人之宏愿以偿，我各股东协助之功为不可没矣。谨拭目俟之。

（五）提议章程　主席宣读条文至第二十二条。史量才君谓：此条本银行设董事七人或九人并未确定，此次究选几人，当由各股东讨论。此次选七人，众赞成，其余全场一致通过。

（六）选举董事监事　到场股东公同投票选举，并推李耆卿、吴蕴斋两君为检票员。结果：史量才君得四万七千六十五权，吴秀生君得四万六千十四权，叶沅坪君得四万六千十一权，韩君玉君得四万六千三百四十一权，黄奕住君得三万七千六百九权，马亦钱君得四万四千九百三十一权，王敬祥君得四万七千一百六十二权，均以最多数当选为董事。徐静仁君得四万六千十二权，陶希泉君得四万五千八百八十一权，均以最多数当选为监事。选举既毕，时已五时，遂摄影散会。

观上所述，中南银行显著之特色有五。

（一）资雄厚本　近年以来，南洋华侨自营银行之风甚盛，然除新嘉坡之华侨银行资本额一千万元外，若爪哇泗水之中华银行，若巴达维亚银行，若苏门答腊之棉兰银行，若新嘉坡原有之四海通银行、华商银行、广益银行，若吉隆坡之新广益银行，若槟榔屿之和丰银行，其资本未有达五百万元者也。今中南银行资本定额二千万元，而一次收足五百万元，是在南洋华侨银行中所创见也。不独华侨银行中所创见，即以之与内国中国各银行比，二千万元资本招足之日，亦无能与比肩也。不独中国各银行，在外国银行中之赫赫有名者，若汇丰，现在资本虽达港币一千五百万元，然当一八六五年，初创于香港也，仅五百万元，实收二百五十万元耳。若正金，现在资本虽达三千六百万元，然当四十年前组织之始，仅三百万元耳。夫汇丰、正金固我国金融界之两霸也，而创立之时，实收资本均不足与中南匹，则中南银行之前途，岂在汇丰、正金下哉。

（二）公司组织　南洋华侨中，以个人资本单独办理放款，形成个人银行者，未尝无之。若三宝垄建源栈所营之黄仲涵银行，其一例也。若此银行，其最大之阙点在阙乏伟大之扩张性。盖个人资本，无论若何雄厚，终不敌集资组织之能无限扩张也。今中南银行创办人认缴三百五十万元，即为独资银行，资本亦不能谓微薄，然创办人黄君能采公司之议，抛弃独资之初意，其态度之光明，尚为末节，而银行之能无限扩张，则其基础已立于斯矣。

（三）不杂外资　近时国内新兴之银行，其规模稍阔、资本稍大者，每借中外合办之名，而实以外资为银行骨干，此我国金融界之大耻也。此种银行，其稍旧者若华俄合办之道胜银行是；其较新者，若中法实业银行，若中日汇业银行等是。此皆在国内者也。……今中南银行第一次所集资本之四分之一，既无一外资，则将来招足总额二千万元之时，或更增资至二千万元以上时，亦必无一外资。有可断言者，此实可为我国内外金融界吐气者也。

（四）营业范围广大　中南银行之营业，不限汇兑；然即就汇兑一端论，中国与南洋间，其范围已非常广阔。其要旨已由日本人发起之华侨银行（即今华南银行）宣言之矣，今录该银行设立要旨如左。（该要旨发布于民国四年十一日。）

由福建、广东两省移住海外之民，总称之曰华侨。始自距今四百年前，以迄于今。现时南洋一带（菲律宾诸岛、法领印度支那、暹罗、马来半岛、缅甸和领印度诸岛、英领印度、法领印度等地方亦在此内）住在之总数，计有三百万至四百万人之多；其经济上之势力，凌驾土著人与欧美人之上；商业及大小事业，莫不借此华侨之势力。南洋经济界，谓为归华侨独占，决非妄言也。在南华侨日用之物资，多仰赖其故国南方为供给；而南方一带之经济，则仗华侨为维持；二者关系极为密接。且日本与南洋之贸易，近年渐见发达，自欧战以来，彼此关系益密，然至贸易上最为重要之金融机关，在南洋除外人经营者两三处以外，殆无一指可屈，诚遗憾也。

华侨所办南洋一带之贸易额，虽难计其实数。然观与华侨势力有关系各地之物资，每年不下十几亿元，凡此等汇兑概借外国银行之力而为之。而该外国银行，因风俗、言语文字俱不相同，全不体贴，惟依自己定章而行。其间意思，每多扞格，于汇兑及金融上，未免多不便之感。

从来华侨之金融机关在新嘉坡、棉兰等处。虽有少数华侨银行，然皆局面甚小，只能为本地之营业，与各处殊欠联络；其资金亦不多，且因无有力银行为后援，营业常陷孤立之势。所以该地方之经济市面，一有变动，辄显破绽，卒至覆灭；以致所有交关者，每受莫大之损害。又如华侨寄银回国，每托各处多数之信局或客头为之办理，其金额每年多至五六千万元；然对是等办理者，并无何等法度，间有乏信用者，亦从事该业，是以往往受骗，有负寄送之目的，岂非因无一适当有力之金融机关所致哉？察此情形，在南洋华侨虽有经济上之实力，然因前述缺陷阻其发展，诚恨事也。

观上所述，中南银行在中国南洋间汇兑地位之重要，可显然矣。今更摘录台湾银行所经济之南洋华侨汇兑情形如左。（见《台湾银行二十年志》）

在南洋四百万之华侨，每借邮汇与客头信局以汇寄其贸易所得之资金，而阙乏互相联络之金融机阙，诚为阙憾。欧战以来，诸外国银行与本国间之交通杜绝，汇兑往来顿减，且有无从往来之势。台湾银行之于南洋，本设分行于新嘉坡，初时汇兑额甚少；其后爪哇之巴达维亚、三宝垄、泗水等处增设分行，汇兑遂渐增。今就新嘉坡、巴达维亚、三宝垄、泗水诸分行所经手之汇兑额而统计之，则如左表。

一九一五年后经手华侨汇兑额 （单位：元）

支付地	香港	广州	上海	厦门	汕头	福州	汉口	九江	合计
一九一五年	三八五五〇〇〇	一五五〇〇〇	九四六〇〇〇	三八五〇〇〇	八八〇〇〇	三〇〇〇			五四三二〇〇〇
一九一六年	一一三二七九七四	一五二四一〇	二六四八八〇一	七二五一九四	一四五七一三	五六六二〇			一五〇五六七一二
一九一七年	一三〇一四一九一	八一六〇〇〇	二三一五九八九	三三〇九一八	一九六六九一	一〇五九二一	二一五〇		一六七八一八五九
一九一八年	一二二三五九八一	八三〇二二四	七四三〇四一	七一八〇六七	二六一一四二	二五五〇八九	三六七	二二〇	一五〇四四一三一

夫南洋各埠，有述新嘉坡、巴达维亚等之地位者，至少有十处以上，而新嘉坡、巴达维亚各埠之华侨汇款亦非尽经由台湾银行也。台湾银行之在以上各处设分行，为时亦非久长也，而所经手之汇兑额已若是，则将来中南银行汇兑地位之重要，可见一班矣。

（五）援助一切实业　黄君奕住之报告筹备情形也，有曰：“实业之举办恃资金为转输，而转输之枢纽，要以银行为先务。”韩君玉君之演说也，有曰：“欲于最短期间内，即行扩充股本，招足预定二千万元之总额，庶几于增进祖国国家社会凡百事业之进行，直接间接得收实在之成效。”观此中南银行之目的，实不仅在图本银行之利益，而在举银行以外实业上之利益。分别言之，若奖励国货出口，若扶植南华事业，若促进本国新式之企业，均为该银行分内之经营。虽将来营业方针，能否按照创办之初志，能否尽量发挥初志，尚未可必。然黄君既悬此鹄，更辅之以诸董事之热忱，其必有积极以赴之庆一日也。

观上述五特色，则中南银行之出世，不仅中南间金融界之福音，亦中南间实业上之福音也。虽然中南银行将何以举此重大之任务乎，我人为祝颂黄君奕住等之成功计，为祝颂中南间金融权之确立计，为祝颂中南银行之利益普及于国内外实业计，不能不有至诚恳之希望。希望何在？举其条次约得十端，而提其纲领，得一事焉，曰一切设施，当追逐台湾银行，而所收效果，益图超过之是已。其故何在？容续述之。

（乙）厦门大学

新嘉坡华侨陈君嘉庚所独力倡办之厦门大学，已于民国十年四月六日举行开校式于厦门对岸之集美学校，此中国教育史上华侨兴学史上可大书而特书之一事也。然不月余而大学校长邓芝园君因与校主陈君发生意见之争执，忽以辞职闻，此于倾家兴学之陈君及委身办学之邓君，发达不快感想为何如也？虽然此适所以免除厦门大学将来之不幸，而决不能谓为现在之不幸者也。敬询当事先生，以为然否。

事无大小，经营之始，必先具两大要素：一曰经费，一曰人才。换言之，一曰物质，一曰精神。两者相辅则事举，否则弛。办教育者亦如是。今厦门大学基本金，陈君独任四百万，经费不可谓无着矣，所阙乏者人才耳。为陈君计，欲贯彻兴学之初志，而收办学之效果，首宜尊重人才。尊重人才之道，首宜自持大体，而赋人才以一定之职权，俾其于职权范围以内自由规划、自由活动，不稍加以从旁之掣肘，即有一二意见不同，亦宽容信任之，勿以他人主张相强，则当事者日能发生一种责任观念，而力图进步。微闻此次邓君之辞职，由于校长之职权不完全者。其然乎？其不然乎？我辈局外不欲妄评断。虽然，果使信然，则后继校长确定而后，我人切望其校主与校长间明确规定职权，得免职权上意见之争执也。

虽然，我人亦有一言，以告办学之教育家。今全国公立学校，多半受经费困难之苦矣，北京国立各专门学校且以经费无着，呈破产之势。当此之时，陈君能自捐资以兴大学，则凡在热心教育之硕学，当其赞助陈君也，自当以平易着实之精神，迎机善导，委曲求全，而自忘其我为学问家之观念，纵教育上之设施、意见尽有不同，而得步进步，终胜于抛弃。此次邓君之辞，固有何不得已之苦衷，我人不欲问；然四顾教育环境如此，则当以个人之毁誉与责任为次，而以教育上真实之成功与进步为上。今飘然引去，为责任计，固无累矣；然为教育计，有何效果？我人切望后继校长之能以迂回之精神，实施其一贯之主张也。

负经费责任之陈君，负教育责任之后继校长，其以此言为然乎？则厦门大学未来进步之基础，即于邓君之一行定之矣。

附　厦门大学开校式记

集美陈嘉庚君倡办厦门大学，原定厦门演武亭建筑校舍，因演武亭尚未着手建筑，先设在集美。昨四月六日，在集美举行厦门大学开校式。先期由陈嘉庚君柬请厦门官绅商学各界前往与会，并备小轮招待。会场设在集美中学，招待所设在集美新建之大学校舍。会场门首悬五色国旗，门柱结绿叶鲜花，场内上方中设演说坛，坛之壁上用鲜花结成“厦门大学开幕纪念”八大字，内悬“自强不息”四字。演说坛前设速记席，左便设外国来宾席、军乐队席、女宾席、大学生席、集美师中学生席、女学生席，右便设男宾席。莅会者：福建省长代表冯守愚、教育厅代表聂文逊、厦门道尹陈培锟、税务司夏立士、大学校长邓芝园、美国杜威博士、福州协和大学校长邓萃英、鼓浪屿英华书院校长洪显理，各界男女来宾，省十三中学童子军及学生等计三千余人。十时半开会，奏军乐。大学校长邓芝园主席报告开办经过，略谓：陈嘉庚先生不辞劳苦，筹备两年，用尽苦心，始有今日大学开校之一日。此大学基本金八百万元，陈嘉庚君负担四百万，其余则由南洋华侨捐助。鄙人不揣冒昧，于年十二月受陈君聘定，担任厦门大学校长，今先招学生三百名，一半是集美中学毕业，一半是由各地方送来者。陈君所负担之基本金，除建筑费、开办费外，按年纳十二万元云云。报告毕，全体向国旗行三鞠躬礼，学生全体唱国歌，大学生唱开校歌。歌毕，校长邓芝园君演说，略谓：大学之要务有三，(一)为研究学术。中国天然物产甚富，何至于贫？皆因工业不兴。工业不兴皆由于无制造之新知识。故大学之要务，以研究学术为首重。(二)培养人才。中国有二万万方里之土地，四万万众之人民，何至于弱？皆由无人材之故。教育所以培养人材，国有人材则无虑其不强。(三)教育与社会，须联为一气。今中国所有学校，多与社会相隔，故教育不能兴盛，社会亦长此闭塞。故学校必与社会互相援助，而后双方均有利益。此三种要务之外，尚有一种要务，就是"自强不息"四字。办此大学之人，均以精神贯注，无论五年十年二十年三十年，毫无懈弛，乃能获效。陈嘉庚君诚自强不息之人，观其已往，即可卜其将来。初办小学，继办中学师范，今办大学，其热心教育，有进无退，故此后办学，必无倦怠之心。余素崇拜陈君，尤望各界念陈君之苦心，互相协助。继由校董陈嘉庚君演说，略谓：民国八年由南洋回祖国，因念我国地广民众，贫弱至于此极，欲尽国民一份子之义务，以救国家。因闻欲救国家及援助社会，当以教育为先。前年在浮屿开会，议办大学，佥议在演武亭建筑为宜。余即向道尹及思明县长请愿，给演武亭地址，以资筑筑。蒙道尹会同臧师长电请李督军，经督军覆电照准，给予护照，拨演武亭四分之一为建筑地址。前年到香港请英国工程师计划建筑，英工程师寄函加拿大请图式，迄未寄来。去年旧历三月到上海，请美国毛工程师来厦测绘图式。美工程师办理大学，经过甚多，至今年新历三月已绘就。建筑校舍，至少须两年，待至两年始行开校，未免太迟，今先在集美开校。但此次开校，甚为草率，各项均不全备。今已请准道尹在炮台边建筑工厂，下月即可兴工，俟明年建筑工竣，即将大学移厦。今聘来大学校长邓君，是鄙人素念其学问高深，又经各筹备员公推。邓君曾任北京高等师范校长、教育部参事。美国杜威博士及其夫人、女公子，与邓君同来，不胜荣幸。下午两点,杜威博士在此讲演;再二三日,即往香港、广东游历。俟厦门演武亭校舍落成,再请杜威博士讲演。鄙人冒昧,已办小学,又办中学,今又办大学。然大学种种经费,非予一人所能独力负担,尚须集腋成裘。惟先筹款而后开办,抑先开办而后筹款,初颇费踌躇,嗣以先筹款而后开办,未免太迟,不如先行开办,此三五年之经费,鄙人可先牺牲,一面募捐补助,谅可支持。以中国与美国比较,美国人口只有中国四分之一,其大学有四五百所;中国只有政府所设之大学,并无公立私立者。我国不乏殷富之家,然以金钱用于教育者甚少。教育普及,固可救国,然国人私心太重,恐五十年后,尚未普及。当此风雨飘摇之际,国势岌岌可危,岂能久待?不如先将一部分之青年培养,亦可救国。但愿人人注重道德二字,自私自利之心亟宜捐除。学生当求实学,不可以得一毕业文凭,遂自诩为莫大光荣,此求学者当切戒也。继筹备员黄琬演说,略谓:鄙人为厦门大学筹备员之一;其余筹备员,或在上海,或在香港,未尝来厦。今日大学虽已开校,然鄙人所负筹备责任犹未告终。以正式校舍未建筑,种种设备未完全,鄙人尚须负筹备之责。今日中外人士咸集一堂,皆陈嘉庚君之热诚,有以感动。鄙人最崇拜陈君,以一己汗血之资,创办大学。去年汪精卫先生在上海推邓芝园先生充大学校长,鄙人极表赞同。以邓君学识渊深,又识世界潮流,最为相宜。美国大学之多,经陈校董说过,不必赘述。即以欧洲之英、法、德、意及东洋之日本而论,日本人口仅六千万,国立大学有四所,全国共有十余所,大学生达数万人;英、法、德、意等国,均有二十余所,小如瑞士国亦有大学四所。中国大学合北京、南京、上海而统计之,不上十所。救国以教育为第一要素,南洋侨胞人人具有极大思想,有此大学,定必赞同云云。继杜威博士演说,略谓:鄙人到此,有三种希望:(一)望在学人数日多,人材辈出,如太阳经天,光照世界,我美国亦不胜欣慕。(二)希望学术发达,为富国之根本,私立与国立,当一同进行。(三)望到会诸君,须景仰陈君。中国人多自私自利之心,惟陈能公尔忘私。中国人人能效陈君之公,则救国何难之有?继福建省长代表冯守愚致祝词,教育厅长代表聂文逊致祝词。继陈道尹演说,略谓:上年中央教育部拟分区设立大学,有谓划闽浙为一区者,有谓划闽粤为一区者。当时我谓划闽浙为一区,其大学必设在浙江;若划闽粤为一区,则大学必设在广东;我福建必无设立大学之可望。今浙江、广东大学,均未设立;有陈嘉庚君,竟以个人之力,设厦门大学,今日已正式开校,鄙人不胜欢忭。陈君诚有自强之志,自奉又极俭约,以金钱补助教育,鄙人尤为钦佩。望诸君目此大学为厦门大学,非陈君一人之大学,但须念陈君创办之苦心,永矢弗谖,此则鄙人所厚望也。继则厦门税务司夏立士演说,谓:我素崇拜创办人陈嘉庚君,热心教育,诚能自强不息。我为陈君换一字,以强字换信字,陈君能自信其不息者也。继福州协和大学校长邓萃英君演说,教育会长李禧演说,集美师中校长叶采真演说,鼓浪屿英华书院校长洪显理演说,均表扬陈君之热心及对厦门大学种种希望。次美国工程师详述受聘测绘之经过,谓下月即可兴工,明年招生时即可落成。最终邓校长致答词,奏军乐,散会。招待员引各来宾至招待所午餐,饭后摄影,各来宾随意到师范中学、女子师范等校参观。下午二时,杜威博士讲演"大学之旨趣",略谓:我今所说为中国大学之问题,即是发达学者之能力。中国天然物产甚丰富,或货弃于地而不知采取,或以天然物品售诸外人,待其制成有用之物转售中国,此为一种大漏卮,皆因无能力之故。譬如中国煤炭甚富,若尽行开采,可供全世界之用;无人开采,即千百年仍蕴藏于地。又如乡间沙漠之地,无人灌溉,无人种植,虽千百年仍无生产。中国人如无人教导,则永不能发达其固有之能力。以厦门观之,中国人非无能力。如菲律滨、新加坡、槟榔屿、泗水、苏门答腊、仰光,以及美洲、欧洲、日本之华侨,以闽粤为最多,亦有经营许多大事业,以援助祖国者。中国之不强,皆因能力不发达。欲发达其能力,必自教育始。学校养成之人材,对于国家之关系有二:一是道德,一是工商业。工商业之发达,即由学问而来。现在中国人之学问,较前清大有进步,如电线、铁路、飞机等项,中国皆有。有智识而后能发达工业,欲发达其知识,必先研究科学。中国人之勤苦为世界所公认,今中国人所少者,惟新科学。欲以新科学发明新事业,即在此大学研究。尚有一层,中国人之通病,在界限太分明。南北已分界限,又有各省各地方之界限,大学当捐除此等畛域。中国人尚有两种病:一病在不用功,一病在用功过勤。不用功之病固不待言,即用功时间太多,对于世界潮流不知应付,仍是不完全之人。外国人有知识,尤知智识之作用处;若专用功以求智识,而不能用于国家社会,何益之有? 现今欲驱逐腐败之人,必先有驱逐之能力。智育体育之外,尚有许多要务,望学生自家研究。就中尤以养成公共之能力为最要,愿学生于功课之余,练习此公共能力以养成完全之人材,是则鄙人所厚望也云云。继杜威夫人演说,题为"女子教育之必要"。杜威夫人演讲毕,大学校长邓芝园谓:今回厦潮时已届,诸君可乘小轮回厦,杜威博士及夫人今晚在厦门青年会演说云云。遂奏乐散会,时已四时半矣。

(《中国与南洋》第2卷第2、3期,1921)

南洋华侨在实业与教育上所受之两大压迫

赵正平

菲律滨簿西条例问题

菲律滨簿记条例之不公道，不特剥夺我华侨商业地位，直无视我国民之存在，国内外各团体各新闻抨击之者众矣，复无庸本志之喋喋。虽然，如此重大问题，本志不能无一专载，特于各团体各新闻欢迎力争簿记问题之菲岛华侨代表薛敏老、吴克诚及反对此次条例声中，抉择一二，以见我一时代之国民运动云尔。

其一　菲律滨华侨抗争西文簿记案之通告书

所谓西文簿记案者，菲政府特创之一种簿记条例也。该条例于本年二月经菲岛参众两议院议决通过，旋经菲总督夏尔逊氏批准，已完全成立为一种现行法律。此案发生之初，华侨总商会、中华驻菲总领事，叠经设法疏通，请愿抗议，而菲议院及菲政府态度坚决，无复转圜余地。吾华侨对于此种违反习惯、剥夺自由之法律，又万难承认，势必动起国际交涉。所望国内外同胞，鉴此苦痛，加以援手，俾外交胜利，原案取销，固菲岛华侨之幸，亦中华民国之福也。兹将该条例之弊害，及华侨抗争之经过，分述如左。

1. 该条例之译文

第一则　凡个人、公司、团体等或工业及一切商业之在菲律滨群岛享有利益者，据规定现行律 H. R. No. 658 条，关于此种出入账目均须用英文、西班牙文及各种菲律滨土语之一种登记，否则以违法论。

第二则 凡违犯此条例，得科以一万元以下之罚金或二年以内之监禁，或罚金与监禁二者同科。

第三则 此条例定于一千九百二十一年十一月一日起实行。

查众院通过原文，本定实行期为七月一日。又附加一条"授财政部长以特权，遇有人实在不能遵行此例者，得变通办理"，及提交参院，则删去附加一条。两院通过时，已逾议院法定闭幕之日期。惟因华侨代表之陈请，将期限展缓至十一月一日实行；而此案之根本要点，则毫无变更云。

2. 该案之经过与华侨之呼吁

此案自五六年来，菲议院屡经提议，均由华侨总商会设法疏通，得以中止。本年二月重行提出，旋经两院通过。华侨总商会得此消息，即举代表将华商对于该案之种种困难情形向两院抗议，陈说竟日，两院议员终不肯容纳华侨意见。商会即召集华侨大会，议定办法。一面由商会代表具理由书，请求菲督勿与签准；一面由驻菲总领事以正式公函向菲督抗议，俾菲督明悉其中情形，或能勉循华侨之请，将原案驳回覆议。不意菲督对于领事之抗议、华侨之陈请，概置不答，越数日更加以签准，而该案遂成为有效力之法律矣。

3. 华侨簿记改用西文之种种弊害

西文簿记非华人所素习，此例实行，各商店必须雇用美人、西班牙人或菲人充任司账。习惯不同，情意隔阂，款待稍有不周则借端要挟，任意罢工，或故使账条错误，贻累东家受罚，其害一。小商店无力雇用此项司账，必致以违例被罚；即勉强联合别家雇用一人，或因言语不通，办事窒碍，仍不免错误被罚，其害二。华侨之来菲岛，非自营生意，则为人伙友，伙友中专业司账者人数至多，骤改西文，则原有司账者必至完全失业，其害三。华侨商店批发大宗货品，交关往来，素以华人为多，账簿单据，使用华文，则一望了然；改用西文，双方必生疑窦，事实上诸多困难，其害四。司账错误罚及店东，无力雇用司账则科以违法之罪,小本营生,受此例拘束必致不堪亏累,而终于歇业,其害五。店东及伙友皆不通晓西文,一切账簿,全靠外国司账人一手掌管,事多则不能帮忙,错误则不知更正,甚至账项来往、生意盈亏,非询诸司账者不能明白,此种情形实堪危虑,其害六。商业竞争各有方法,商情消息,有时不能不暂守私密者,若账簿字据,皆操于外国司账者之手,于商业计划,殊多妨碍,其害七。华侨商店如雇用菲人司账,则政府查账亦系菲人,万一有何差错,于店东大不利,只因自己不识西文,遂致无由解释,其害八。中等商店,向来仅用司账一人,事忙时或患病,则以他伙帮理;改用西文,他伙当然不识,何能相帮?若雇用两人,则需费益繁,难以获利;若仍用一人,则账务丛积,清理无从,必致有遗失或错误之患,其害九。合资生意,簿记全用西文,股东不便稽查,必有因不明了账目之故,致有误会而生龃龉者,其害十。

4. 华侨不能承认此条例之理由

侨民对于居留地,有服从其法律之义务,亦有受法律保护之权利。菲政府此例之设分明保护通晓英文、西班牙文及菲语之商人,而排斥华文、摧残华商。揆诸情理,岂得谓平?且法律之成立基于习惯,本乎民意。国际间之条例或公文,尚不能强甲国以迁就于乙国。华人在南洋用华文为簿记,历数百年之习惯,菲政府乃欲根本推翻之,其规定簿记必用英文、西班牙文及菲文者,即无异于禁止沿用华文也。此例果实行之,浸久必至使华文完全废弃,华侨而不识华文,易代而后,其不同化于菲人者几希。故我华侨对于此种条例,就事实上、法律上、人格上、国体上,皆在所必争。菲律滨议院及其英政府,既拒绝不肯容纳华侨之意见,则此后交涉之进行,已电请北京外交部直接向美政府提出抗议。壹面电托美国著名律师,搜集国际公法,向美国会美政府陈述意见;并即举派得力代表二人,驰赴中国北京、美国华盛顿,恳切陈请,务期达到取销之目的而后止。

况我华侨协助西人开辟菲岛,自信不为无功;中美国交,又素称敦睦;国民间之情意,亦复融洽;而此妨害华侨商业之条例,乃通过于议院闭会之后,签准于夏督临去之前,不知菲议院美总督有何原因,是何用意,甘冒不韪,必强迫华商,间以所难,而挑动其恶感也。我华侨苟不矢志力争,则此后类此性质之苛例,更加严酷之待遇,必将层见叠出而不穷。目菲政府既可以此例施之菲岛华侨,浸假而欧美、日本、南洋群岛之政府,亦皆可以此例施诸各处之华侨矣。……然则此案交涉之胜负,不仅为菲律滨华侨切身之利害,抑亦海外数百万华侨共同之休戚也。吾政府、吾国民、吾海外侨胞,当从远处着眼,幸勿视菲律滨壹隅之损害而淡漠置之,斯我侨居菲律滨群岛之十万同胞所痛哭流涕而求为援助者也。

小吕宋中华总商会筹备簿记临时干事部谨布:按簿记条例之损害我华侨商业,除上所述外,菲律滨华侨代表薛君敏老曾于四月十二晚在上海暨南学校商科主席之欢迎宴上,发表较详细之意见,其言曰:菲岛华商会计一万五千家,如改用簿记,必须每家添设司账员一人,同时须添设翻译员一人,合计须添司账、翻译两项人员三万人。每人月俸依菲岛商业现设计,以二百五十批索则每月华商共须增出七百五十万元之支款云云。

其二 上海教育团体电争菲律滨簿记案

江苏省教育会等三团体昨致北京电云:北京外交部、农商部、教育部钧鉴,顷阅小吕宋中华总商会寄到菲律滨华侨抗令西文簿记案之通告书,内载居留地政府颁行一种簿记条列,规定一切商业簿记,均须用英文、西班牙文及菲律滨土语之一种登记,否则以违法论,得科以一万元以下之罚金,或二年以内之监禁,或罚金与监禁并科,定本年十一月一日起实行等语。商业簿记所用文字,商人自有自由之权,行政机关决无可以干涉之理。该地政之创此条例,隐谋废弃华文,排斥华商;且此举实违反美国宪法府精神,果使实行,不独菲属侨商大受影响。设各属政府,均援例颁行,则我千万海外华商均将无立足之地。用即专电上陈,务请迅向驻京美国公使严重抗议;一面并电驻美中国公使同时进行,力为保护。侨商幸甚。江苏省教育会中华职业教育社,中华新教育共进社元。

其三 江苏议员黄守孚提议案（按黄君兼任暨南学校教员）

请电中央向美政府力争斐列滨新颁簿记文字条例案。吾国人之侨于斐列滨者，以商业雄其岛。近顷斐岛议会议决簿记文条例，规定凡在斐岛营业之薄文记字，以英文、西班牙文、菲律滨文为限，违者处以重罚或禁止营营。是举也，其目的实以窘我华侨。因华侨之在彼营业者，均用华文簿记也。此项条例已经美国驻斐总督定于本年十月实行。各国商人对于此案均有抗议，而华侨尤为恐慌。因侨民若遵用此项条例，计雇用簿记员之费，每日须损失七百二十万元，而被罚被禁者犹不在内。若不力争，不及数年，华侨将无立足。查此项条例之违反美国宪法，为各国人士所公认，闻美国人士亦多以为言。第抗议之结果，须视抗议者力量之如何。吾国外交素称懦貌，若无后盾，效果难期。为特提案请议，由本会电请中央政府，迅速与美政府郑重交涉，务期取消该项条例，以保旅斐十万同胞之生计。不胜大愿，仅请公决。

其四 美报反对菲岛簿记条例

中美新闻社译《密勒评论报》云：斐列滨群岛国会近通过一议案，已经总督哈立森氏核准。案中规定凡在斐岛经营商业之个人商行或公司，其簿记必须用英文、西班牙文或斐列滨文书写。如用他种文字者，即为违法，应处以未逾一万庇索之罚金，或不逾两年之监禁，或罚金与监禁并科。此项新律，实使菲岛华侨之商业利益遭一大打击；订立此律之原因，不得而知。但运动业已多年，吾人一观其表面即可知菲岛之人实嫉忌该岛华侨商业之膨涨，故欲乘机推翻华侨数十年数百年所辛苦造成之基业。然除直接影响于华侨之利益外，于中国与美国之友谊，亦间接有关系，惟此律未经华盛顿政府批准之前，美国自不直接负责耳。此项法律，实为眼光短浅，含有嫉意，欲打倒华商，而使菲人代其地位。向来在自由竞争之中，菲人尽有机会，可入一切贸易之场，惜彼等阘茸不足以有为，致商业利益大半握于外人之手。今此律之不能见诸实行，试一查华商在该岛之利益，即可知之。盖华人之经商者，已遍布于全岛，即偏僻之内地，土人尚在野蛊状态，而白人足迹尚未到者，华人则已无远弗届。目下全岛华人商行已有一万五千家，然其中能遵行新律者，殆不满百分之一。若照新律，则华人商行（大半小本经营）皆须聘用外国人或菲列滨之簿记员，然主人语言不通，又须用译员以为媒介，簿记员与译员之薪给每月每人至少二百庇索。照目下办法，国课局用译员四人，月薪合得一千六百庇索。与华人交接，一切极堪满意，何必无端令华人担负六百万庇索乎？更有一层困难，即岛中亦无许多簿记员与译员足供要求；若以不胜任之人充数，势必记载不合，违犯国税局定章而累华人东家受罚也。充此新律之结果，华侨势必因困难而退出菲岛，如此则菲岛商业必大为紊乱而致衰敝，此乃在今日菲岛情形之下最不相宜之事。华人善于发展农业及其他工业，为菲人所向来不知者，且华人行为公正，办事可靠，又有公共精神，大足为晤人之模范。今此种新律实为破坏性质之律，求诸全世界他国均无先例，在菲岛之多数外国人（非华人）商家亦反对此律，曾决定一议案，谓此律“非常不智，非常不公，于各方面皆大不便，绝不能实行，绝对非必要。为公道与便利起见，应速废止之”。诚哉此言。斯律既准用英文、西班牙文及菲岛各种土文，是其目的乃专为华人而设。此其意味，直不啻没收一种财产。以菲列滨之正在要求独立，而为此举，实大不慧。就自利的目的而论，于美国及其他外国之对菲列滨之商业，亦大有关系。因外货之输入菲岛者，华人为最大之买主故也；又菲岛之出口贸易，亦必跌落，因出口业之受华人赞助者甚大故也。如华人逐渐出境，则日本人必大增其活动，日货将垄断菲岛之市场；而外交上政治上，菲人将大受不便，为彼等今日所料想不到者。吾人深望菲列滨国会幡然觉悟此举之谬，速行取消，否则，望华盛顿负责之当局将此案驳回也。

其五 《字林西报》论菲岛条例之失当

△华侨何负于菲岛

△竟定此不公平条例

△愿福白斯氏注意

《字林报》云:菲律滨议院新近通过条例,自一定日期起,凡在菲律滨群岛经营商业之公司或个人,非用英、菲或西班牙文簿记,即为违法。此项条例对于华商似挟有成见,菲岛美商华商及上海美商均竭力抗议。盖菲律滨商务,大率在华商之手,而华商记账,自然悉用中文。今欲得多数干练之簿记员,能将账目译成中文者,以为之经营商业,殊不可能。若然,则华商以不能遵行条例之故,势必歇业。且除菲律滨外,他国从未闻有此项条例,故大可不必。然其提议颁行,似有所为。历年以来,华商于菲律滨经营商业,菲美贸易之增进,与菲岛经济之发展,华商实大有力焉。华商与他国人交易,恒极切实可靠,故于历年互助经营之后,禁其在菲岛营商,殊不公平。其在美属他处及荷属东印度群岛、南洋群岛、海峡殖民地、法属印度支那等处通例,政府常雇有翻译,以便检查华商簿据,菲岛亦尝行之,其结果完全满意。故此项条例非特全然不必,亦且至不公平也。荷德将军与前菲律滨总督福白斯,日内即抵菲岛,对于此项条例,自必加以调查无疑。福氏熟谙岛中各问题,第一九〇九至一九二三年任总督时,以菲岛历任总督中最建设之人物著称。彼为一健全务实之人,常以直前进行之态度,为美国谋利益,不受政治的牵掣。彼于菲岛创立学校制度,建设一绝佳之民政部,其部员均系训练纯熟之美人,而俸给颇薄。彼又改良许给种植场之制度,使臻完善,而以建设的法制保护外人利益。故在福氏任总督期内,菲岛商务发达,港口改良并采行一种政制,使菲律滨共和国立足稳固,且能大步前进。此次美政府命荷德将军与福氏同赴菲岛,庶可互相提携。一居菲岛,一在国内,共谋进行,于菲岛独立一事,必能更有进步。

其六　陈佑孙君对于菲律滨簿例之感想

△希望美国政府人民之反省

西文簿记条例虽出于菲议院之主张,而承认之且加以批准者则菲总督夏尔逊也。菲总督为美政府任之行政长官,其所批准之条例,即成为美国领土内之一种现行法律。中美国交素称和睦，国民间之感情，亦极融洽，而其领土内之菲律滨方有此妨害华侨之苛例，应请美国政府人民反省者，此其一。

一八八〇年所缔结之北京《中美商务协约》，美政府承认华人在美国领土内之商务自由权，并订以最惠国之待遇。待我华商簿记条例之设，与通商条约之商务自由权，及最惠之待遇，显有抵触，应请美国政府人民反省者，此其二。

自一千九百零八年美政府公布以英语为国语后，他国文字皆非正式。今日西班牙人之居留菲岛者，已属外国人，西班牙文字为外国文字，与中国人中国文处同等地位。簿记条例之规定特承认西班牙文，而限制华人不得用华文。同属侨民，而法律上之待遇显分厚薄，应请美国政府人民反省者，此其三。

美国为民治最发达之国，素以伸张公理、巩固和平闻于世界。其在东亚，中美两国所应互相提携之事正多，若听其属地之菲律滨以苛例待遇华侨，两国交谊或有差异，于东亚之大局不无影响，应请美国政府人民反省者，此其四。

菲律滨之两院，自美国联邦议会视之，固犹是一地方议会也，其所定之法律有碍邦交及其国家之名誉者，当然有权将其取消或变更之。吾人所最希望者，美政府美国民能翻然觉悟，设法将此条例取销，东亚大局实利赖之，岂惟侨民之幸福已也。

其余各团体反对此项条例之文电与夫本国新闻之抨击，不一而足。其大意相同，兹不备录。

(《中国与南洋》第 2 卷第 2、3 期，1921)

对于南侨女子教育之我见

前巴达维亚中华女学校校长、
通州女子师范学校教务主任章绳以女士

南侨之提倡女子教育也，不下十有八年，其成绩迄未卓著者何欤？曰：非经费之不裕也，非学子之冥顽也，实以师资之缺乏故。夫南侨女校之聘请教师也，必远来祖国，然当此推广教育之期，祖国方有乏材之叹，优良教师，供国内之需求尚且不敷，乌能以楚材为晋用？故南洋所聘教师，往往非学识不丰，即经验不富。（鄙人亦南侨女教员之一故云。然优良教师亦不乏人，不过寥若晨星耳。）如是教师，欲其改良南荒牢不可破之习惯，诱掖青年后生，宁非难事？且南洋之去中国也万里，初适其地者，言语不通，饮食异宜，在精神上已受一大打击，久之虽稍能相习，然在无形之中，几被彼方所同化。非意志坚决者，不但不能转移彼方风俗习惯，即求能不为所淘汰，亦云幸矣。（昔年在南时曾见某埠女教员，家居服巫装，外出服荷装。）盖人之性情，改造环境也特难，同化于环境自易也。且少数人之主张，实难打破多数人之习惯。加之南侨女生均系通学，而家庭不注意训育教育之任。完全倚赖学校，亦不免一曝十寒也。南侨之兴女学十有余年，而无成绩可稽者，大原在是。然要知南侨之女，生也天真烂漫，习善则善，习恶则恶，学生良不，枢纽全在教师。故介绍南洋女教员者，必须先三致意于下列数项。数项者何？曰：须择年龄稍长者，宗旨坚定者，学识丰富者，经验充足者，能力健全者，思虑深沉者，性情温和者。能得如此人才往任南侨师表，则一二年间，南侨女子教育之改观可豫操券以待也。但选择优良之教师殊非易事，竟有穷年累月而不得其人者焉。去年冬，巴城中华女校函托代聘教员，遂四方访觅，由冬而春，由春而夏，由夏而秋，终不得相当人才。迄今前途虚悬，待教员孔殷，余实无以报命。推其理由，有数因焉，条列于下：有为南洋与中国相距太远，往返不便，家庭间不允前去者；有为目下金价低廉，南中之俸给不较国内丰，遂不愿远去应聘者；有为担任科目不能兼长（如国文、英文、体操、刺绣是），因此裹足不前者有之。

有上列三端之理由，余遂生二种之希望。一为国内关心侨学者之所贡献者，应速筹备培植南侨女教师，或设立专校，或与其他女校商酌设立特班，授以适用南侨教授之学科，俟毕业之后专任南洋女校教席，如是则南侨方面推广女校不患无师矣。一为对海外办学诸君所贡献者，既热心提倡女学，必冀收良好效果；欲收良好效果，必需得良好教师，然既得良好教师矣，尤当尊之重之、亲之信之、从之顺之、保之护之，如是则教师可本其天良，乐其精神，安心服务，尽力改善，为学校造福，为国家增光，为神明华胄促进隆誉矣。近今海内明达之士，咸注意华侨教育，不知华侨教育中之更急者为女子教育；欲发展女子教育，非广设女学校不可；广设女学，非有良女教师不可；欲良好教师能久任其责也，非校董优厚待遇不可。余归国已久，而心仍悬悬于南侨女子教育者，实以诸校董之厚待有加，令人不易忘却所致也。

（《中国与南洋》第2卷第4、5期，1921）

论南洋美洲各处华侨宜设国文研究科

王淮君

《书·禹贡》:“朔南暨,声教讫于四方。”暨南所自仿也。“美哉,禹功明德远矣。”文德诞敷,比被四方;延及苗裔,丏于式微。其或流居驯至,数典健忘,贻其所自出。弼教者有忧之,因为之设校,匡翼劳徕,使侨胞子弟航海来归,而授之以学。暨南之设,十有余岁矣,南洋各岛华侨之学成而往以致用者且数千百辈,声教南暨,炳焉有昔人之风。民国十有四年秋,姜伯韩先生放游欧美归,来长斯校,亟切于《暨南周刊》之复活,聘任涂九衢先生董编纂事,复课同人为文,余亦在课中。余于侨胞之情不能通晓,虽然有所白,环回绵结,虚渺不实,惧其不翕于事,而又不安于墨,慨然感而有发。

余昔与华侨人士相接,其在美洲之有选举权者,至不知侪辈所称“唐山”(粤人之侨于外者多称中国为唐山)何指,而其长老童稚,即或与吾人接识视交近暂人,弥疏远淡。九衢先生居南洋久,主讲新嘉坡中学且数年,曾就一生叩其籍,生不别汉文,语以英语,具对称伦敦为其祖国。九衢惊愕,朔其家人以询,则固汉裔。使外人闻之,能不掀髯舒眉,讪诮吾族之愚昧,而喜其术已售然!侨胞之不识汉文字,不通中国语言,不知东亚四百余万方里之版舆所孳生四万万之男女悉为其同源并脉之伯叔昆季诸姑姊妹,其人与事,非数而实繁。从知暨南一校,未能于短期之间敷声教于四方,洽比而利溥也,是不足为暨校病。暨南不过国内特设一华侨专校耳,据于民国十三年年鉴调查,侨胞之已设学以课其子弟者,英属南洋各岛如新加坡、锡兰莪、大霹雳、芙蓉、彭亨、金宝、麻六呷、麻坡、纳闽、柔佛、安顺、槟榔屿,共凡五十八校;英属缅甸如仰光、吉桃、敏建、雅赛羌、登籍、望赖沾直呀、良礼篾、勃生、杰柳军、秉礼贡、贾斗彪,共凡十七校;英属澳洲如雪黎、美丽宾,共凡三校;荷属南洋各岛,如爪哇、马都拉、小巽他群岛、万里洞、西里伯、苏门答腊、婆罗洲、网甲、廖岛,共凡一百四十八校;美属南洋各岛如菲律滨、檀香山,共凡十三校;法属安南之海防,一校;英属加拿大如域多利亚、云高华、纽约、士绵士,共凡五校;美属之朱仑、纽约、埃及朵、旧金山、沙加免度、屋仑,共凡六校。生徒虽时有进退,亦一万九千而强,近或有增无减。然散在各处之华侨,除日本、朝鲜等不计外,盖六百余万焉,失教人数之多,要可概见。其或纯受外人教育,遂不复知有所为中国。年湮代远,势异情迁,同化他族,失其所自,事则然也。设思所以救其弊而利于行,道莫先于劝掖各岛侨胞自动组设国文研究所。因于旧有书报社而增设焉,或另具规模而建立焉,各随其便。聘致国内名师通宿,或任专讲,或巡历以次演授。凡在侨地老壮少稚男女,各任其情,各导其志,而皆得来学,专力研究中国语言文字,不十数年则华侨教育必有蔚然可观者矣。

余非狭义国家主义者之伦,而诩然作此论,人或訾其偏缪。然思想与事实每不能同辙而驱、诘行相驰,兹所言者,盖就事实法法也。夫世犹未进于大同也,帝国主义者方日求异肤别族之民,与其所在之地奴隶而兽畜之。武力、经济、宗教侵略之外,厥惟文化,文化之力每使人默易潜移而不自觉。以吾同睛类色共宗之人,而坐令强者无形以隶化之,则又安忍?研究所既设,侨胞祖国之间,盖有三利可得略论也。

情由知生,志因情溢。使无所知,则虽有绵密浓厚之感情、伟大崇高之志愿,莫由蕴藉展纾者势也。盖强固之情,根于印象,虽居异地,每不能忘怀于父母之邦。昔希范致书伯之南乡,故国旗鼓,生平畴日,感受深也;钟仪楚冠,庄舄越吟,情难舍也。若夫习之既久,情志恒不能免于蟺化,胡服椎结,少卿不还,意旋移也。知识感情因于语言、文字之交换而生使言语不通、文字未谙,则虽其情绪密漫、意志邃远,不能表现，而使之互换。今侨胞去国，近虽数年十年或数十年，远则祖若父生长息游，惟居留地是亲。其或所习亦皆旁行斜上之书，彼其肤非白皙，脱体黄胄而同化于苍瞳卷发之族不自知。其所以偶一与中土人士觌面，至不能对语，又不克以笔墨宣揭，情感何由表达，知识何自交换，意志何所发舒？以此情景而责其与祖国同胞表其强烈之趋向与感情，实有未安。情所不许，故必先导之以言语文字，证之以国内物质事实，而后携求取与之义可得而言也。

晚近以来，侨胞因于外力之压迫，对于中国咸有不尽之情，遣送子弟归国入学，或究理工文法，或习教育军事，固已日有增进，然其感受困难，每倍于内国学生。以侨胞子弟对于中国言语文字多未谙练，又不识历史与国情，入学考试即为第一难关。远涉重洋，寻兴负志而归，考而不取，不持来学者，心灰意冷。即其父兄闻之，辜负遣学爱国之意，以为此最小限度，国人亦且不能容接，淡漠之情已露，愤懑不安，善感顿失。其或考试入校，又以语言难通、文字不齐，常不能与内国生同其程度，则必加工补习，与精神身体上以莫大痛苦。余居粤久，于上述情况固屡见而非一见也，是皆由一侨胞子弟未尝专攻国文，其咎不专在国内任事人，以学校各有一定程度，不能因侨胞子弟独歧，其通融亦至有限也。使侨胞所在各地各有本国言语文字研究所之设，或常习焉，或补习焉，量其学以就试，斯无此困。

中国博大，宝藏未兴，货恶弃地，力不出身。富源虽无尽藏，赖有资力为之采掘。蕴秘既久，发泄及时，国人财力困竭；侨胞富于经济，本其平日企业之心，随地皆有启辟之途，虽积岁扰乱不宁，却步兴嗟，然斯固暂时现象，不能以律久远。而侨胞不知中国内容，不悉内地情势，语言风俗扞格难通，生殖懋迁，诚伪未澈，有用之财，不穷之源，尔俱坐废。苟能尽人通晓中国言文，尽力调查，广为传驿，携挈偕来，分工合作，涂殊归同，天府之藏不难于短期间开发，以与物质文明诸国抗争。要皆由研究中国言语文字发端。

右陈诸谊，不过概举其要，已足为祖国侨胞相互至切之关连；若复曲类旁通，则因应咸宜无不尽当，未可以一二语赅之也。愿国人侨胞悉于此加之意，见义勇为，是在实践。

近日欧美各大学为研究东方文化之便，已多渐次设立中国文讲座，吾国文学见重于世界，于此可知。即以南洋论，曩在新嘉坡时，一日至陈嘉庚先生处，瞥见其与某西人合摄一影，悬诸壁端，陈君依桌作签字状，西人立其旁，二人均笑容可掬。余深讶之，近视其跋语，乃知某英校欲在新嘉坡添办大学，乞捐款于陈嘉庚先生，慨然许捐十万元，惟所附条件则须在该校添设中国文一科，此影即彼此同意签字时摄之以作纪念也。吾国文学之见重于侨界领袖，于此益可想见。淮君先生外瞻世界趋向，内准侨胞实情，特提出南洋、美洲各处华侨须设立国文研究科一文，确系搔着痒处。倘能实行，其收效必大。将来如何实行与其具体规划，仍盼各侨酙酌，望在地情形行之，此间不过举其大要；至文中说理朴茂、修辞典雅，犹为余事也。（谅一志）

（《暨南周刊》1925 年第 1 期）

吾人对于华侨女子教育之责任

章绳以

本校之设女子部也，旨在培植侨界女子，使侨界女子联袂归来，授以适应南洋社会之生活智识技能，及祖国礼教文化；学成南去，或从事教育，或经营商业，或治理家政，无论其操何种职业，莫不得心应手。无如近年时局不靖，中原多事，海外侨胞均因此而裹足不前。噫！军阀之好战斗，影响及于华侨女子教育者甚巨，此则深可浩叹者也。我神明华胄之后裔，侨居海外者不下八百万人，而女子居其半数，斯半数之女子，其受教育者有几何？其能独立自谋者有几何？余敢断言之曰，不满万分之一。吾人负华侨女子教育责任者，应如何提倡而鼓励之，应如何设法而普及之，此种责任，吾辈略知侨界消息者，其何敢辞？当此新潮澎湃之际，男女平等、自由、解放之声浪，胜布全球，独我数百万侨居海外之同胞，尚默尔而息，岂甘居人后而自暴自弃欤？试观环球各国女子，莫不由受教育平等，以至一切人权渐趋平等，我海外女同胞，其可不速起乎？唤醒之，警觉而提撕之，岂异人任哉？兹将其重要者，分条述之于左。

一、保存国民性 海外侨民，去国久远，不特祖国文字不能通晓，语言亦多同化于土著，此种现象由来已久，改革非易，欲谋根本补救，其维家庭教育。欲家庭教育之良善，第一步须注重国语国文，而后能了解祖国文化礼教，于是始振起其爱国精神，而行将丧失之国民性，庶几借此挽回。此为吾人研究华侨女子教育者责任之一也。

二、养成独立自谋之能力 海外侨民，寄人篱下，动辄恐受人掣肘，于是便不敢有所作为，因此独立自谋之能力，殆将消失。但既属人类，且远离祖国，与异族杂处，一种坚定不拔之志向、独立自谋之能力、神圣不可侵犯之人格，不可不养成之也。此为吾人研究华侨女子教育者责任之二也。

三、涵养人类之同情心 海外侨民，远适异域，杂居白人土人之间，一旦有事，内无祖国国权之保护，外有种族、政治、宗教上之异视，有时慢藏诲盗，易遭觊觎嫉妒。若不自相亲爱，自相团结，发挥同情之精神，克尽互助之义务，一旦遇有争端，则孤立无援，其危险何堪设想！然欲养成此种同情心，非有教育上之训练不可。此为吾人研究华侨女子教育者责任之三也。

四、组织中南妇女协会 中国与南洋相隔万里，彼此消息不通，感情隔阂，华侨女子教育不能发达，是亦一大原因也，故非设立机关以讲通之不可。譬如侨生之欲回国求学也，无适当之机关，以采听祖国之内情及学校之内容，因而道听途说，语意不一，无所适从，于是踌躇瞻顾，不敢决定，此求学之志，或由此而打消。此外如南洋有志研究祖国之文化或国内有志研究南洋社会风俗者，彼此无机关可以通讯，因此智识不能交换，情感不能联络，同是神明华胄之后裔，其间隔绝情形，宛如异种异族人也。此组织中南妇女协会，为吾人研究华侨女子教育者之责任四也。

以上四端，均为吾人负华侨女子教育之责者，所当竭力鼓吹厉行之事。此外关于此类之问题正多，兹不过述其大且重者，祈同志谅之，并希有以教正之，务使尽我责任以冀华侨女子同化于内国，则吾道其庶几矣。

十四年九月二十日草于妙相庵

（《暨南周刊》1925 年第 2 期）

本校师范科与华侨地位之关系

叶庆章

今日华侨之地位如何？教育不进，商业失败，生活维艰，想人人知之，无庸烦言。然忖思之，华侨之教育何以不进，商业何以失败，生活何以维艰，以致如斯地位？余以为根本原因，为缺乏学校良师。吾辈深信教育能改造人之经验，使与社会生活相适应。如人群之经验无所改造，其教育必难进步，商业必致失败，生活势难改良，而其地位亦必日益危险。故教育实为人生唯一之利器。而欲教育之进步，自然须有学校良师专负发展教育之责。试问华侨学校之教师果何如乎？依余所知，约有三种：一由国内聘去的；一为无业之老儒俗师；一为当地高小毕业生。由国内聘去之教员，大多不明南洋的环境，且尝有学识敷浅之士，混入其中。盖学识优越者，而华侨学校当局又不肯多出薪金，多裹足不愿往。是以由国内聘教员去之名词虽属可听，其实则无多大利益。彼无业之老儒俗师，在教育不发达之社会中，自然人望所归，或与学校当局有片面之交，竟可由任教员而至于为校长，彼之教育学识不问也。如此办学，华侨教育前途，尚可冀乎？至高小毕业生，言之实属可怜！彼等因无良师之指导，而所受之教育又不适用，在社会上不能谋生，自然走教育之路为人师表为妙。然如此知识幼稚之高小毕业生，何以能进此教育之路为人师表耶？其原因：一、当地教员太少；二、学校当局以为中学毕业生可充高小教员，而高小毕业生即可任初小教师之谬见；三、与学校当局小有关系，不妨拔用。如此办学，亦可推知华侨教育之兴衰矣！本校师范科之设施，即感于华侨之教育不进、商业失败、生活维艰、地位日益危险而立也。间尝推论之，其地位危险之根本原因，即华侨之经验无所改造，不能与社会生活相适应。欲改造华侨之经验，使与社会生活相适应，必须有良善之教育。欲有良善之教育，又必须有良善之教员也。为达此目的，故须明定办学宗旨："以招集华侨子弟已在南洋受有初步之教育者，授以适应于南洋需要之知识技能，并发达其爱国思想，俾毕业后从事于华侨教育或实业，冀其事业之改良与发展。"由此观之，可知本校师范科与华侨地位之关系矣，本校师范科发达与否，即可知华侨教育之兴衰及地位之稳固否也。

暨南师范科自创设至今，不为不久，而其效果，华侨之教育仍旧不进，商业仍旧失败，生活仍旧维艰，而地位益发危险，何哉？盖学校对于本科种种办法，或有未得其道欤？何以言之？昔在南京时，师范科虽日形发达，学者日多，然于课程，则颇欠完善。是以师范生毕业后，学识技能超越者固多，而一部亦有不为华侨学校所欢迎者。及迁至真茹之后，较在南京时为优。科目除普通之外，复有教育史、教育原理、教育社会学、生物学、普通心理学、儿童心理学、教育心理学、教学法、小学行政及参观等。吾辈方以为从此之后，师范科必更日形发展，华侨前途必大有希望，讵意学校以经济困难，增收膳费，提早毕业，并停止招收新生，本科大有日见不振之势。各科同学，因觉本科与华侨地位有莫大之关系，本科发达华侨之地位即以巩固，本科销灭华侨之地位即以危险，正思振作之时，而校长问题发生矣。现本科得以继续存在者，皆我暨南全体同学觉悟之功效也。

现旧者已去，新校长方来，吾辈以为本科今后应注意之点：一、经费独立；二、照旧免膳费；三、专收华侨生；四、应单独聘一主任及若干专任教员；五、须注重手工、图画、音乐、体育四科；六、设法增授南洋之史地知识；七、宿舍应与他科划开。上列各项光明正大，多得新校长采纳。惟一、二两项尚有问题：盖第一项与他科多连带关系，实际上不能分开，苟强分之，必致费用浩大，有碍学校之发展；第二项亦以经费有限，且今每年常费尚无一定，为暂时计，旧生照旧全免，新生则收半膳，一俟经费稍裕,即仍旧全免,非以新旧异其待遇也。今本科已聘定之主任及教员,皆博学之士,经验丰富,且能加以热心,则本科前途、华侨前途,正堪庆也。尚希我华侨志士,踊跃归来,研究发展华侨教育之道;而国内外同胞,尤宜注意本科,扶助本科,本科进步,即华侨教育进步,华侨地位巩固,亦即我中华民国进步,中华民国地位巩固也。

(《暨南周刊》1925 年第 4 期)

对于华侨子弟读英文之商榷

雪 江

在二十世纪的世界里,英文自然是一种很普遍而且实用的语言文字。想在社会上有所发展的人们,都以为非具有流利的英语,不足为发展的工具——尤其是留居海外的华侨们。因此,海外虽然有许多中国学校,而他们却喜欢把子弟——并未受过中国教育的——送进外国学校去(自然是英文学校),希望他快得着适合的活动工具。唉!谁知道这点错误,便是将来的华侨和国家的大不幸呀!

诚然的,英文要流利,西方学问更要研究,将来才有立足和奋斗的希望,奋斗的能力。但将来培植出来的人材,就是能在社会上活动,其能否为华侨稳固地位,增加奋斗力,为国家打破外人轻视我民族的观念,这还是一个问题,而且是个最重要的问题,我们不能不预先切实研究的。

一个人最要紧的,是对于本国的思想,不忘自己为本国人。本国无论怎样的陈腐,他对着外人,总是拿好的部分宣传,而把不好的自己研究,希望有所改良。总而言之,就是爱护本国。纵或看见别国怎样好,人民怎样高尚,亦无非羡慕而已,总忘不了自己为本国人的。设或有个人,因为别国比本国好,便鄙视本国,不自认为本国人,而情愿做别国奴隶的,这种人凭他有多大能力,也无非是个卖国贼、败国子——显然是个别国的国民,才力越大,对于本国越没益!

我们已晓得上述的那种人是卖国贼,是败国子,是别国的国民!

那么,亲爱的侨胞们,何苦花了钱,把未受过中国教育的子弟,送到外国学校去造这样的人呢?或者有的要发疑问,送子弟读书去,为的是希望得着得力的奋斗者,俾有所益于社会国家,为何竟说是去造卖国贼败国子呢?诚然不错,教育是与人以有益的。但教育具有一种最大的魔力,便是善于感化人。这是我们不可不知道的。你想,一个无智无识,还不了解"我"是个中国人的小孩子,正如一只没罗盘针的海船,在海洋中飘荡,忽然被他船一引导,岂不就跟人家走了吗?这就是被感化的结果呀!

我们可以举个例:被日本占去的台湾,所有在那边的中国人,不许读中国书,只能进他们的日本学校。他的用意何在呢?这便是利用教育的感化力,想把中国人一变而为日本人呀!现在厦门一带许多的台湾同胞,借着日本的势力,便任意侮辱同根生的中国人,这不是卖国贼、败国子,而甘为外国奴隶的实现了吗?虽未必尽是受了教育的感化而来,可是受教育感化的结果,又何尝不是如此呢?在台湾的同胞,乃被迫于枪炮之下,不得已而既行的(指进日本学校),尚犹可言。而南洋的华侨,竟是自甘如此,未免太不醒悟了。

小孩子本是无智无识的,只凭着他人引导,人家说好就是好,人家说坏就是坏。已进了英文学校,每日眼睛所接触的,无非是外国人;口里说的是外国话;教科书上所讲的,也无非是英国美国怎样好,人民怎样高尚;更因中国的国势弱,有许多教科书上,常常发见讲起中国人许多丑事,并且画上许多不堪注目的下等中国人的丑态。无智无识的小孩子看了,那管自己是中国人,事情是虚是实?他只会想中国人尽是如此,而发出鄙视的心。于是"外国好,中国坏"的观念,便因此深印在他脑海中了。中国的许多好处,许多特点,他由何而得知呢?在这种环境里越久,他的"外国好,中国坏"的观念越深了。经过了几年或几十年之后,他更进一步的要求,便是脱离中国的关系,索性做外国人去了,那里还有祖国的印象在他脑里!这样形式上的中国人,只要父兄一死,便与祖国脱离得干干净净了。可怜的侨胞啊!一生忙着养儿子,培植子弟,梦想着将来得帮自己奋斗,稳固华侨的地位,替祖国增光,到这时不免成为“望梅止渴,画饼充饥”了。而且竟是“抱薪救火”,直为他国白添了许多完全的好国民呢！这样大大的错误念头,亲爱的侨胞,应该醒悟了罢。

我并非劝人不要学英文,不要研究西方学问,而且是个极端的赞成者。我曾有言于先:“英文要流利,西方学问更要研究,将来才有立足和奋斗的希望,奋斗的能力。”因为我深信,要在海外发展的人,英语着实有广大的用途;而且西方的学问,有的实超过于东方;在剧烈的商战场中,着实少不得的。然而进他们的学校去研究,必定要在适当的时期,方可免去上说的危险,而且应我们本来的希望和目的。那么,何为适当的时期呢？以我的意见,最少当在受过本国的高小教育之后——能受更高等的,自然更好了。因为经过了这时期之后,他对于祖国的真像,以及普通的文化、风俗、习惯,已能明白了。而且自己了解自己是个大中华民国的国民,多少时时刻刻总印着祖国的印象。这么一来,教育的感化力便失效了:他看了画着下等中国人的丑态图画,自然会知道中国人不尽是如此的,而且对着无人格的作者表示愤怒。他看了书上说起中国人的坏处,自然会想“就是因为不及你们——西方人,所以要读你们的书,研究你们的学问,希望自己改良的”。他并不会因此而灰心,并且能使他爱护祖国的心更进一步。这样,将来才是侨界一位得力人,一位真能稳固华侨地位的奋斗者,而且是一位能为国家打破外人鄙视我民族的观念的英雄！

一九二五年八月二十日

(《暨南周刊》1925 年第 7、8 期)

我对于侨南女生之怀疑及劝告

章绳以

年来祖国虽内乱频仍,而教育事业未尝一日停顿;时局任何危急,经济任何困难,各学校弦诵未辍,斯可见教育界之精神矣! 此种现象不特男校如此,女校亦莫不皆然。教育界受战争之影响,物质上虽受浩大之打击,而精神上确增无穷之光采,是亦可谓教育界进步之象征也。此外更有一层,年来国内女子教育之发达,女生求学之踊跃,妇女对于社会事业之活动,大有一日千里之势,迥非昔年深居简出,不问世事,不闻时事,任人豢养,牢笼生活时期可比拟。所谓妇女解放、男女平等,国内女同胞几将享及此等幸福矣。由是观之,国内女同胞,已由黑暗狱中渐向光明道上进发矣,已由不幸之生活中将变为自由享乐之生活矣。我国妇女得有今日之现象者,源于受教育之效率也。因此余遥念侨寓海外之女同胞,大半尚沉沉黑暗环境中,过囹圄式之生活,不能与祖国女同胞享同等之幸福;欲与欧美妇女并驾齐驱,更无望矣。余不解侨南女生何以安分若此,不思求高深之知识,为将来立身之计划,岂可任人豢养而毕其身耶? 夫侨南女生不思回国求学之理由,百思莫得其端,因此余有无穷之怀疑焉!

一、女侨生自身之不觉悟欤 华侨提倡女学,较内地为早,何以女学之进步,较内地迟者何欤? 抑女学生自身之不求上进,自暴自弃,甘居人后欤? 抑办学者之不善,不能引起女学生之兴趣,终其所业欤? 余百思莫解。抑侨女生对于求学无决心欤? 抑视求学为无足重轻欤?

此余怀疑者一也。

二、为环境所压迫欤 侨生之环境，据余目光之观察较内地生为佳。就家庭状况言之，则处于小家庭制度之下，不受各面之牵制；就社会状况言之，则时与欧西妇女相接触，一种男女平权之空气，早有吸收，我女界侨胞当亦知所兴起矣，何以至今不思投袂而起，负笈归来求高深之学识欤？此余怀疑者二也。

三、为经济所束缚欤 侨生家长，均已经商为业，经济活动较内地为易，况且侨生回国求学费用并不大，每年至多不过国币二百余元，而南侨不乏热心之资本家，如果有女生家境清贫，确有志求学者，商诸资本家莫不慷慨解囊，乐为资助，侨界女生不思负笈归来者果何故欤？此余怀疑者三也。

四、为无相当之学校欤 南京暨南女子部专为教育华侨女生而设立，每年春秋二季请托各属各中华学校招生，如果有志而清寒者，与以特别优待办法，然而两年以来，未见有应试归来者，斯何故欤？此为余怀疑者四也。

五、以祖国内乱频仍欤 江南虽有阋墙之争两次，军士虽曰横行不法，然而对于学校以及公共之教育机关，均秋毫无犯，况且暨南女子部为侨生而设，对于保护侨生之责任，尤为周到，如前年奉直之争，全校学生由教师率领至沪避难，绝对不致有意外危险。人之求学也为立身维一之目的，决不能因其他问题而阻止，遗误后悔。目前战祸已大致敉平矣，若华侨女生仍不思负笈归来，坐失机会，则侨界女生之见解如何？心理如何？抑竟胆小如此耶！此余怀疑者五也。

余之所以有以上诸点之怀疑者，以余与南侨诸女同胞，相处日久，相知至深，南侨女生心地之光明，志气之高超，思想之远大，识见之卓绝，社会国家观念之深切，有迥非内地诸同胞能望其项背者。故余尝语人曰，南侨女生非凡庸可比，将来必大有发展，大有建设，足为社会谋幸福，为国家增光荣者。孰料近数年来，南侨女学进步迟滞，据南归友人曰，学校不见增加，女生中途辍学者甚多，一种向学之精神，反不若从前之踊跃。所以国立暨南女子部，专为侨界女生而设立，四年以来，女生负笈来归者，寥若晨星，真所谓凤毛麟角也。余闻言之后，不禁感慨系之，故作是篇，略书余怀，述余之所见，奉告南侨诸女同胞焉，所欲言者约有四点。

一、近今世界之潮流 近今世界之潮流，如万马之奔腾，怒涛之澎湃，大有一日千里之势，其最显著者，即知识之竞争，职业之竞争，结果优者生存，劣者淘汰。吾人处今日竞争之世界，不可不速起猛省，打算将来之生活问题也，侨界诸同胞，望极早觉悟，速起而自谋之。

二、各国妇女之趋势 所谓男女平权也，自由解放也，此种高唱入云之声浪，近今各国妇女莫不有一致之倾向，然而要实行达到男女平权、自由解放之目的，妇女界须先有三种之自谋。其一谋丰富之知识。妇女要在社会上有一席之立足地，则非有谋立足地之知识不可；若无实际应付之知识，徒唱空调，无济于事也。各国妇女与人类享同等之权利，舍人之有丰富知识外，其道无由，所以各国妇女莫不有彻底之觉悟，对于求知识，莫不争先而恐后也。其二谋经济之独立。人生感受苦痛，感觉不自由者，其维经济之不能独立也，所以近今各国妇女，莫不从事职业，冀经济之独立；经济一独立，则何事不可谓，何业不可作？一切不自由之苦痛，不平等之待遇，更由何处而产生耶？谋经济之独立，吾人不可不及早自觉者也。所以各国妇女从事于各界，日繁有徒，而英国妇女竟有在商场上执牛耳者焉。总而言之，妇女生活之时期，已由静而入动之时期矣，由依赖时期而到自立时期矣！其三谋法律常识。各国妇女向来受法律上不平等之待遇，从前在静的时期，不了解法律知识，亦无不可；现在既由静的时期到动的时期，则不谙法律常识，难免不有许多困难，所以欧美各先进国之妇女，对于参政之活动，正方兴未艾也。以上三点均为各国妇女界同一之新觉悟新倾向也。

三、我国妇女界之远状 我国自欧化东来后，妇女界大有生气勃发之势。父母之视子女也，莫不一律衡之，遣之入学校也；莫不一律待遇之，毫无男女轩轾之别矣。若不信余言，试观各国大学，自从开放女禁以来，女生数日见其增加；年来各大学毕业之女生数，以及每年赴东西洋留学之女生数，均属有增无减；而在国内社会上服务者，人数亦日见增加，此种现象，均我中国女界前途之好气象也。此外有一般受过中等教育者，即不往东西洋留学，亦无有不在国内社会上服务；此外如治理家政者，其治家之新计划以及抚育子女之新方法，莫不井井有条，迥非昔日可比。所以我妇女之责任，非服务社会即改良家政。近十年妇女之成绩，大有照人耳目者在，斯我侨居海外之女同胞，不可不觉策者也，既同是黄帝神明之华胄，其何能不享同等之幸福而尽同样之责任欤？愿吾侨界同胞，祈速归来，一睹国内女同胞之新生活及新事业！

四、今后妇女界之地位　女子天资聪颖，思想细密，性情柔和，心地慈祥，此皆为妇女优美之特性。因其有此特性，处家庭，处社会，莫不咸宜；今后如能力求知识，发展天赋本能，以期应用自如，则在家庭为中心分子，在社会为中坚栋梁。试观家庭方面，如无妇女主持，则其家政之零乱，子女之蹒跚，家几等于不家矣，此可知妇女在家庭中之地位矣；至于社会方面，男子既无内顾之忧，便可致力于社会，建改良好之社会，为一般人谋福利，此是妇女间接利于社会者。他若妇女在治家余暇，亦可为教育界服务，或者兴办慈善事业，或者服务言论机关，可以改良一切不良之习惯陋风，此是妇女直接为社会谋福利者也。总之，今后妇女之地位确极重要。既属重要，当然至高，愿我妇女界好自为之，务须养其实而培其根，勿甘自暴弃；况我中国为礼教之邦，我国之妇女均循循然有礼，克苦耐劳之美性，孝悌忠信之美德。我国妇女有旧道德之熏陶，倘能吸收新文化以融会而贯通之，行我国女界之识见，之能力，之特长，更发展而光大之，便可向光明灿烂之大道上进展，地位之高，当日进无忧矣。余思世界妇女无有能出其右者也。但我侨界女同胞除同具各种妇女之特性外，更有一种勇敢之气概，倘能于智识方面力求进展，与各国妇女竞相追逐，则他日之地位更高人一筹可断言之矣，愿侨界同胞幸勿自弃！

以上诸点，余于校务余暇，落续拉杂书之，思想之不透澈，文气之不一贯，理由之不充足，词句之不雅深，自知而无可诲言者也。余之所以不愿文之拙陋，毅然书此者，盖我侨南之女同胞，寄人篱下，与祖国远隔重洋，僻处炎岛，不能与世界妇女、中国妇女，有同等之享乐，故书此以作劝告,祈识者谅之! 余自民国元年即参与侨南女子教育,所以侨南妇女之前途如何,余确有一分仔肩,如有所见,不得不尽我一分力量,以塞我责。斯文虽粗劣而平淡,幸侨界女同胞勿轻忽视之。十四年十二月二十七日书竟白下妙相庵。

(《暨南周刊》1926 年第 18 期)

我对于本校师范科修业年限之意见

叶庆章

本校师范科原为旧制,顷则改为新制之高中师范。国中施行师范教育之制度,机关虽有数种,然余以为本校性质不同,宜设六年一贯之师范科,不应单设高中师范科。(六年一贯之师范科,收高小毕业生;高中师范科,则专收初中毕业生。)然吾校为何不设六年一贯之师范而单设高中师范?主校者谓其故有二:(一)学生入学年龄太轻。因学生年龄太轻,无专门职业之兴趣,无选择职业之能力,每至发生升学及改学之弊,不如初中卒业生,性根渐定,易得循率也。(二)经费不敷。设六年师范,是以六年之公费优待一人;若高中师范,则可以同量公款,向之培养一人者,今则可分之以培植其二,实事半而功倍,是以单设高中师范科。

上述二因,是否真切,请依次论之。

夫兴趣之为物,非生而固定不变者。真正之兴趣,强半由涵养得之。如吾辈初习数学,极感困难,且生厌恶之念;待浸润日久,则觉兴趣勃然以兴。又如吾人初习篮球,亦觉乏趣;久而久之,不抛篮球,反觉枯燥不安。由此,可知个人之兴趣,常因环境而变迁。学校倘欲学生对于其职业发生兴趣,则宜设适当之环境(如教法、校风、设备等),使得专一其志尚,培养其兴趣,坚定其对于教育之信心。至选择能力之有无,则关乎指导方法之良否。倘指导不当,真正之能力,非特不可求之于高小毕业生,即高中毕业生,每于出校后,亦旁皇歧路,莫知适从。由是言之,学生之无职业兴趣与选择能力,不在学生入学年龄太轻,而在学校训练不良。

据闻本校每年至少能领到公款六七万圆,向在宁时,且能供给八九十师范生;而今之高中师范生,至多不过四五十人,若以最大支出之膳费一项而言,尚不及总额二十分之一,其余教员薪水亦不甚多,而犹言经费不敷,信乎?若谓校中其他各科扩充,费用滋多,然师范科固有其地位与其价值,而用以挹此注彼,公乎?且本校之设师范科最早,盖师范科之于华侨最切要也,今轻此重彼,宜乎?其尤足令吾人注意者:(一)单设高中师范,只受本校初中毕业生(因华侨中学甚鲜也),入学之人,至多不四五十,焉足以应华侨学校之需;(二)单设高中师范,则华侨高小卒业生之有志于师范者,无插足之机会,甚至以不能回国而辍学。余为本校师范科前途计,为满足华侨需要计,故主张本校师范科修业年限应改为六年,成一六年一贯之师范科。未知主持校政者,亦以余所陈述者果有当于事实否也?

(《暨南周刊》1926 年第 18 期)

教育问题的我见

钦 之

我平日考察的结果，觉得同人，对于教育方面，还能注意。国内和侨居海外的，除公私立学校外，还有很多的私塾。普通人民，都知道使子弟受教育，求得相当智识，这是我国十几年来的进步。教育是国家的命脉；教育有希望，将来政治也会有清明的希望。不过因为国事混乱的结果，教育的进步未免太迟缓了。

教育界的最困难问题，在于教育经费。教育经费的缺乏，是因为军阀在垄断着。换言之，就是政治组织不良。这个问题，一时真不易解决。不过教育经费独立的目的不能达到，怕教育前途不但很难发达，而且险象丛生呢。

就现在教育状况来说，中国的初等教育，我觉得尚太幼稚，必须尽力推广。就我的意想，现在中国各县，都有教育局，应该执行这项职务。教育局的设立，本不是仅仅管理现有学校的机关，当有一种具体计划：预算全县有多少初级小学，教育才能普及；然后把现有的学校数比较起来，尚短若干所，依着经济扩充的限量，岁可增加若干所，若干年而后，可以完全无缺，这才有普及的希望。

至于办理方面，教育事业是日新月异，逐渐改进的，不是一成不变的。担着教育职务，也该有种办法，如研究会、调查、参观等等，悉心规划，自然达到尽善尽美的地步了。

现在视学员一职，原负有改良的任务。这种制度，在菲律宾颇有成效。可怜我们中国,大概都是敷衍了事。当视学员的略晓得一点教育的,已是凤毛麟角;甚而至于茫然无所知的,他们到学校里视察,无非领受学校几餐酒饭罢了。学校里的教员,和他意见相合的,就说他办得好;如若遇他的亲戚,他的至交,就说他成绩优良。所以视学员的资格,要严格审查,道德、学问、经验缺一不可。

至于教员的资格,当然要慎重规定,最低限度,应该由初级师范毕业。不然,就是学校林立,徒费金钱,徒装门面罢了,于实际毫无利益。

还有一种重要的事应该加意研究的,怎样可使小学生所学的,同他的生活发生关系。除职业学校外,其他普通学校,也必须有此趋向。试举一例,美国阿爱瓦州的富力甲于全国,全为农业的发达。他所以发达的原故,就由农业教育的功能切实适用。即如选种一件事,关系于农业很重大的,苟有辨择善恶的知识,种子日就改良,其结果也一定可观的。我有一位朋友,在菲律宾从事畜牧教授,其能力能使一见鸡种,就能辨别他每年所能产生的卵数。这样,就可以使学生和生活发生关系了。我们中国以农立国,无论哪一县,在初级小学中,应该注意这一点。

小学的基本教育办法完善了,中学大学,自然一步一步的进行顺利。现在小学毕业的,往往不能即行考入中学;中学毕业的,考不上大学者尤众;此中关系至为复杂,这一点尤为现今同办教育者所当注意的。

次则职业教育,关系也很重要。关于这个问题,有两原则可以贡献:

(一)学校的教材,必须适合社会的需要。

(二)学生受职业教育毕业后,必须能靠着技艺能生活。以现在情形论,如制革、染织、瓷业、照相等等,都可以为职业的教材。

总之,教育方针,不外适应时势的需求;故常因地制宜,不可拘执成例。但是政治不良,教育总无改进希望。我的意想,中国一般官僚,头脑还是很旧,并不热心教育,现在教育的发展,还靠民众自由行动。

我希望办教育的，一面谋教育的改良，一面为经济的筹备，还有一面，更须从事师资的培养。我们应该全国一致的，去迫促政府的注意，莫要为政府所压制才好。

一九二六年一月二九日于暨南文科

（《暨南周刊》1926 年第 21 期）

南洋女侨生教育论

张九如

(一)吾之为此论,希望有教育女侨生经验者,予以指正,作吾教育女侨生之张本。

(二)希望国内从事于女侨生教育者,采择施行;并觉悟教育女侨生与教育国内女生不同。

(三)希望居留南洋教育女侨生之教师,亦就所论者采择施行,并予以指正。

(四)希望女侨生与国内女生同学者,能得互相淬厉,增美释回之益。

教育应因人因地而异,教育女生与教育男生不同,何以故?因男女生之性情不同,能力不同,将来之职业亦不同故。教育女侨生,与教育国内女生亦不同,何以故?因两方女生之习性与所处之家庭社会皆有所不同故。教育国内女生固不易,教育女侨生更不易。教育女侨生之方针与方法,最好由明白南洋社会情形及侨生性情之教师,详细计划。而教育女侨生之教师,尤非由造就专事华侨教育之特别师范生充任,则必非切实适用者,终难免滥竽或承乏之缺憾,故作女侨生教育论。

一、须使女侨生觉悟者

教育之第一步,总须使被教育者先觉悟受教育之重要与目的,然后方乐受教育，视教育与终身问题有至大关系，决不肯悠游暴弃。鄙意应使女侨生觉悟者有四：

（一）须使女侨生觉悟回国求学为难得而可贵之幸福。不幸而为女子，不能与男子并受教育。更不幸而为侨胞中之女子，不易回国受中华文化之熏陶。五六百万侨胞中之妇女，自初生以至老死未见祖国文物山河之美，未知祖国之文化若何者，不知凡几，独有少数之女侨生，能不远千里而回国享受教育，何其幸也！则凡此得受中华文化熏陶之女侨生，何能若鱼之相忘于江湖，而不猛然觉悟幸福之独大耶？提撕惊觉之，实教育者之责，实女侨生教育中开宗明义第一章也。

（二）须使女侨生觉悟将来生存之不易。自欧洲各国厉行殖民政策后，英国势力日向东展，由亚丁而印度而锡兰而槟榔而麻拉甲而新加坡，直侵及香港、威海卫。最善于经商航海之荷兰国民，亦挟其中世纪之余威，在南洋各处拥有大领土，欺我侨胞。美国自县夏威夷后，更进于西班牙争菲律宾，在南洋群岛中凌践我侨胞而横进直前。日本更大倡其帝国南造之说，大声疾呼，鼓吹其国民南图，以吸收南洋之富源。苟为华侨之子女者，无抵拒外族侵略之能力，必至失去立足地，归国则易生；流落南岛，亦必为人奴隶，此时心力体力较强之男侨胞，尚不易生存，况心力体力皆较弱之女侨胞耶？来日大难，不可不使女侨生惕然觉悟。此实女侨生教育方法中数一数二之最先要也。

（三）须使女侨生觉悟家长之辛苦艰难。外族日用政治力辅助其经济力以侵压我女侨生之父兄，如英属地之强行学校注册条例，美属地之强行英文簿记，荷属地之对于教师加以种种入国苛遇，直接为摧残华侨教育、垄断华侨商业，间接即为驱逐华侨出境。女侨生之父兄既无国力之保护，且乏相当之教育，赤手空拳，劳心焦思，宛转于外族强大势力之下黾勉图存，实甚可怜。父兄如此辛苦艰难，而斥其污血之钱，使子女回国求学，尤甚可敬，女侨生急宜饮水思源，发愤求学，冀得臂助家长，宏济艰难。是又女侨生教育方法中应尽先面命耳提者也。

（四）须使女侨生觉悟自己责任之重大。侨胞责任之重大，远非国内同胞可比，一方面须负挽回并发展在南洋群岛旧有势力之责，一方面须负救护祖国危亡及宣扬祖国文化之责，双肩上皆有千钧重任。女侨生学成回南，至少须为任重责大之男侨胞之贤内助，使男侨胞无内顾之忧，得以安心尽力与外族抗争。甚者出其精密之心思、整理之能力，助男侨胞运筹帷幄之中，决胜商战之场。如从事于教育，则更须委转于英荷政府法令范围中，进行我“内求团结，外求发展”之教育。苟不幸而为外族强权驱逐回国，更宜有助男侨胞回国求存之能力，或教育小侨胞有回国求存之能力。女侨生必有助男侨胞可进可退之能力，责任之大，莫与比伦。使女侨生觉悟己身之任重责大，则又女侨生教育方法中应兼营并进者也。

二、应使女侨生养成之能力

女侨生既觉悟回国求学之幸福、将来生存之不易、家长之辛苦艰难、自身之重大责任，其追求教育之心，必由是甚殷，教育者即宜与以满足，养成其必不可少之适应环境能力，使之在南洋群岛中，进可以助男侨胞创业攻取，退可以助男侨胞守成。鄙意女侨生有必不可缺之能力三。

（一）应养成自卫能力。侨胞冒险之精神，勤劳坚苦之意志，原甚可观，惜学术缺乏，后援无人，遂不能与有组织有学术有后援有指导之外人抗衡于工商界。为今之计，一面宜将外族统治殖民地之毒计，与商战之策略，使女侨生觉悟；一面宜养成女侨生能助男侨胞抵抗外族之自卫力，以保持其原有地盘而徐图发展。

（二）应养成团结能力。南岛侨胞不竞之故自个人方面言，固为学术缺乏；自全体方面言，则为团结力薄弱。福建侨胞与广东侨胞不相联络，甚至永春侨胞与羊城侨胞亦不相接洽，人自为战，力分而弱，宜其受外族之侵压也。女侨生本为富于情感者，习性上实较男侨生易联络。今既集百数十岛侨界之女青年于一校，亟宜利用此不易得之机会，使之组织各种团体，订立公守规约，或研究学术，或讨论侨事，练习组织能力，培养团结精神，庶他日各归侨地，情谊能通，感情不隔，对外则联络一致、互为声援，对内则眷念宗邦、互相扶助。如遇男侨胞无暇及此时，又全仗女侨胞出入奔走于交际场中，为之联络，为之接洽，其委宛细腻、姻婉温和，灿然有文以相接，谨然有情以相爱，实胜于男侨胞；且能默赴密洽，又不如男侨胞之易为外族注意而施以阻压，即回南从事教育者亦得本其所养，传之后人。

（三）应养成爱国能力。爱国之有效者不惟其精神，惟其能力。有爱国精神而无爱国能力，则徒使侨胞常感祖国亡危之忧痛而无补国难，则养成爱国能力尚矣。养之之道，第一步宜使女侨生知祖国文物之伟大，土地物产之丰富以激起其爱护之心。第二步须发展其大中华民族意识，如使女侨生遇他族而立刻有"我为大中华民族"一观念勃生于心头眼底，则民族意识已能确立而发现。此种民族意识，本为大中华民族所最发达者，故中华民族在古代，常将种种顽强之民族，如苗、羌、匈奴、东胡等，先后同化于我。女子多情，女侨生亦多情，惟多情者最能对他人而自觉为我，亦惟多情者最能融化他人，今宜发展女侨生之民族意识而使之不为外族同化，更能内助男侨胞或教育小侨胞不为外族同化，方能搏挠五六百万男女侨胞以成南洋群岛中一大主要民族团体；然后出其委宛细腻、姻婉温和之特性，深入土人社会阃奥，了解其社会之心理，于是孳孳矻矻，胎孕醇化，将大中华民族之个性，渐次侵入或镌入于全社会而易其形与质，使其社会中多数人或为积极的同化，或为消极的盲从，彼南岛土人不难变为我大中华民族之螟蛉也。行之数十年，又何难使之根据民族自决主义，挟南洋归化中华民国欤！闻日俄之战，有用女子为间谍而得胜者，静敏之女侨生，实养成"化育土人秘密团"之好材料也。

（《暨南周刊》1926 年第 26 期）

怎样是适应于民族竞存的南洋华侨教育

邬翰芳

南洋是世界民族的集合场:黄色的中国人、白色的欧美人、黄褐色的马来人,以及黑色的土人,几乎应有尽有。因为人种复杂的关系,文化上亦错综杂糅,顿成奇观。白种人的文化,自然高纵阔步,大有舍我其谁之概。土人生活简单,对他民族较高的文化,勉事学步,本身原没有什么文化可言。我们中国人适处其间,就移民史的久远和地理上的接近,本来中国的文化,应在南洋占到极高的位置,提携土人,一切使成中国化;可惜一般侨胞,当时连翩而去的,不是少数避罪之逋逃者,就是大多数无教育的劳动者;他们本身对祖国较高的文化,既没有相当的领略,而他们去的目的,更不觉得有连带宣传吾华文化的任务。时到今日,除经济上还有较深厚的基础,一时不易颠仆,其他政治等等,都有受人宰制压迫的倾向,这是何等可惜的事。

白色人种,对南洋物质上的侵略,可以说完全成功。而一切文化上的侵略,也有召相当的奏效。他们更觉得统治殖民地长治久安之策,尤须有后者征服土人灵魂为较要。这些种种文化侵略的工具,就此设殖民地的教育了。白人对土人施以殖民地教育,当然可无疑问,对华侨一方施以政治上的压迫,况华侨本身无教育;一方则威胁利诱,为渊驱鱼,使一般华侨受该居留地政府的殖民教育,与土人等类齐观。华人的保守性虽强,经不起环境的压逼,有时数典忘祖,只好做一个貌似神非的中国人了。这是华侨在教育上白化的危机。

马来人和南洋各地的土人，文化本来很是低浅，不过大部分的华侨，因通商种种的关系，与土人很是接近，语言习惯，每每以小数迁就多数，久而久之，都是因夷变夏的倾向。且因彼此通婚的关系，家庭间受母氏的影响居多，这班混血儿，更不易辨识中国文化为何物。他们日常的生活，满口说的是马来话土话，一切习惯亦不脱土人气味，这是华侨在教育上一种马来化的危机。

这两种同化教育的影响，在在都是消失吾华的民族性，在移民的效率上，受一种极大的打击，凡是留心南洋华侨教育者都应当注意的。所以为南洋华侨教育，我们认为第一要保住吾华的民族性，对祖国有澈底的认识与爱护，处处为祖国的努力而奋斗；其次在各居留地殖民政策一切经济政治压迫之下，要养成一班动员，向各方进攻求一个总解决。这种教育，我们认为要从民族竞存上着眼，才有力量，才是需要。

一、提倡保存民族精神的教育　欧美人在南洋各殖民地所办的学校，凭他物质科学程度的提高，毕业后在社会亦有相当的应用，所以一部分侨胞子弟，被他们引诱了去。至于土人办的学校，尤其是华侨中所谓土生子，更愿乐就，这不过因语言习惯接近罢了。实际上这两种同化教育的结果，都足消失吾华的民族性，其弊害已如上述。今后侨校办理务须切实，入世均可致用。对于一般土生子女，下一番劝导工夫，使他们都进中华学校，这个关头，所谓入于夷则夷，入于夏则夏了。校中一切设施与教授，对祖国文化，尤须有详尽的介绍，俾耳濡目染，一切使成中国化。这种教育，足以培养民族团结的精神，其成效是很容易看得见的。

二、提倡适于商业竞存的教育　南洋华侨的环境，大部分占据在商业圈子里。南洋天府之国，物产丰饶；土人游惰愚蠢，不事经商；华人凭其贸迁有无的本领，逐什一之利，大的富累千万，小的亦尽足以谋生，其在经济上有如许深厚的基础，不是一朝一夕之故了。到得今日，南洋的经济舞台，已非复华商昔时独霸一方的时代，有欧美人的竞争，有日本人的竞争，土人对商业程度亦继长增高，大有起与华侨为难之势。华侨在此四面楚歌之中,其守旧者犹故步自封,不采取商业上的新战略,怎样是他们的敌手!所以华侨商业,日见凋敝,目前在南洋已成普遍的现象,无可讳言的了。我们要在教育上谋补救之术,就是提倡适应于商业竞存的教育。中小学校,于必需课目之外,对商业课程特别注重。在中等教育,或者多办一些商业学校,亦无不可。因为大多数的学生,学校毕业后,即助其父兄经营店务,这个时候,对商业上智识很是需要,若在校受太普遍的教育,就是不经济。作者旅居菲律宾时,有一位商会会长告诉我说:"现在中华学校毕业出来的学生,也不算少,可是敝行中要求一个懂得簿记打字和商业上较充分的智识,可以做我的帮手的,也不容易找得出呀!"可见现状的侨校教育,总有大部分是不适应于环境的需要了。我们要维持侨胞在南洋商业上光荣的历史,及谋今后的进展,以与列强相周旋,不能不侧重于适应商业竞存的教育了。

三、提倡南洋华侨大学教育 就南洋华侨教育的现状看来,侨校中最高级的就是普通初级中学,高级中学既然极无仅有,大学更是谈不到了。欧美人在南洋各殖民地办的大学,不但可以吸收多数的土人,而且可以招收多数的华人,这就是因为华侨本身没有大学的原故。我们固希望幼稚而方兴的华侨教育,一方既然有横的普及,一方尤须有纵的提高。大学的毕业生,系社会上组织和指导的中坚人物,这种人才的多寡,于社会上事业的兴替,有莫大关系的。我们固赞成侨生回国或赴欧美受大学教育,但我们觉得在南洋各地,华侨亦自有设立大学的必要。先就学问研究方面来说:南洋全部在热带里,自有特殊的环境,亦自有特殊研究的资料。如热带的植物学、生物学、地质学、热带病学,及人类学等等,就地取材,就地研究,比较切实而便利,其理至为明显。就经济、政治、社会的环境来说,因为南洋系欧美列强的殖民地,治者与被治者,暨其他社会上一切组织,亦与普通社会有异;华侨以侨居之民,杂处其间,应有特殊之应付,亦应有特殊之研究。大学者身处其中,以较高远之眼光与充分学理的根据,来研究华侨问题,自然较易于解决。此种大学,即当地土人,亦一致收罗,借以宣传吾华的文化。南洋一带土人，本与华人较为接近，其融合东方文化的程度，亦自较西方文化为易，影响所及，可与土人收提携合作之效；移民前途，蒙其大利，亦自在意中了。大学地点可选南洋交通最便利去处，先兴办一所，然后在各属首府，次第成立。只要我们认为有开办的必要，人才与经费，不怕没有办法呀！

四、要有统一联络一致的精神　南洋华侨教育界中，自然很有些出财出力，热心办学的，不过就大体看来，似乎各人有各人的宗旨，各人有各人的办法，缺少统一联络的精神；自哙以下的，更是依样葫芦，莫名其妙。实际上南洋自然的环境和社会的环境，均相差无几，很容易定出一个共同的目标来，大家在共同目标下努力奋斗，才能显出伟大的力量、伟大的效果。我们希望各属均有良好健全的华侨教育团体，互相联络，或派员调查，或集会研究；进而为全南洋整个华侨教育团体的结合，有定期的召集南洋教育会议，观摩讨论，力事改进；然后方不致陈陈相因，可有继续不断的进步，亦足以显出有华民族的真精神了。

以上不过举出几个荦荦大端，至于教科书之应改编，求其适应于南洋物质与社会的环境；以及董事会之应改革，不宜随便干涉校中行政，应与有教育经验者以专责等等，均已成为研究华侨教育者的普遍论调，这里可不必多说了。

我所举民族竞存的教育目标，似乎有近于国家主义和帝国主义的嫌疑，实际上凡殖民地的民族，总要先谋一个自卫的办法。论到我们是否要做帝国主义者，不但我们自己不承认，连人家也不相信，因为中华国民，是一种酷爱和平、易与人合作的民族。即就华侨在南洋移民史这样的久远，始终不去拿到当地的统治权这一点来看，也可见得万万做不成帝国主义者的了。至于要实行以上种种计划，在各居留地政府教育严厉更分之下，未必一帆风顺，我们总得先设法解除一切束缚，站在一条自由平等的线上，才可谋充分的发展，否则还不许你们放言高论，谈谈什么华侨教育的大方针呢！

（《暨南周刊》1927年第2期）

南侨教育

余 椿

南侨初本无所谓教育，清光绪时，侨胞觉子弟日多，并有觉于祖国文字之需要，乃有延国中乡曲学究，或就国中之迂儒酸士，漂流南岛者，择一聘之，或以同乡之谊，或由他人介绍，故皆闽粤人为多，因侨居南岛者，大率皆闽粤人也。所用之教本，则为《三字经》《百家姓》《大学》《中庸》《论语》等类之书，甚类国中私塾，无所谓教育也。校室多卑陋之木室，并多附太伯公庙之内，因南岛各埠，凡华侨所到之地，皆设有一太伯公庙。有谓太伯公即明之下南洋三保太监，侨胞因念其功德，故设庙以享之。此说是否足信，未暇深考。然各华侨荟聚之处，其旁必有一太伯公庙存焉，似已成为定例。至有清末叶，国中革命志士，屡因起事失败，亡命南岛，无以糊口，即以舌耕为生。彼等皆挟革命思潮、民族观念以往，口宣笔述，日深月久，侨胞之受其鼓吹，被其感激者，所在多有。而华侨教育亦因此略具胚胎，非若昔之混混沌沌，简陋不堪矣。故辛亥革命之起，南岛义士，倾家纾难者有之，解囊襄助者有之。南侨教育，至此已略收效果矣。

迩年以来，因国内战祸频仍，疮痍满目，一般青年士女，多欲远涉重洋，以求乐土，故年来各大学及中学师范毕业者，争赴南洋，前后计之，为数已逾数百。女生则以爱国女学暨南女子师范部及两江女子体育师范学校为尤多。其中虽有为生计窘迫而往者；然抱牺牲精神，而努力改革南侨教育者，亦颇不乏人。故南中教育空气为之一变，而各岛华校之设立，有若春笋之隆起。今合荷属各岛计之，有中学八所，小学近二百所，此外尚有一二师范学校；学生总教，亦以数万计，此仅为我华侨所设立者，其他荷人及马来土人所办者不及也。

夫华侨之教育日益发达，而他人之猜忌日深。昔日他人任华侨自行设立，曾不加以限制；今则见各校生徒日多，国中有智识者亦竞向南中服务，校内之设备，亦日形完备，声誉亦日渐腾起，中华民族之精神渐磅礴博大，虽五尺之童子亦能见之，彼量窄之人，始不能袖手旁观，如越人视秦人之肥瘠矣。于是有所谓汉务司者，检查各校之教科书，严禁爱国之言论，压迫学生之谈国中政治；而于国民党之《三民主义》《建国方略》《建国大纲》等书，尤不能持之入境。凡国内新教员到时，则检查驳问，测短量长，无微不至，甚有强盖指印者，待束之严，有若囚犯，稍有可疑之处，即拒绝登陆。凡北大毕业者，尤防之若毒蛇，拒之若猛虎，一若北大出身者，即挟革命思潮以往——此无他，盖彼中人，曾亦闻北大为文化运动之中心，新思潮发源之地也。其他如爱国、暨南等校学生前往者，亦皆防范甚严。近则彼等已知徒事拒绝，犹是消极之法，治标之下策，非根本之计也，乃拟于吧城设一师范学校，专培养奴隶式之华校师资，毕业后强迫各校延聘。并于各处设立荷华学校，许华童之毕业斯校者，则为之介绍各机关服务以诱之；侨生子弟以其毕业易于谋生，多愿趋之。彼等之取缔华侨教育，虽无形同《注册条例》之明文，而其手段之严，存心之险，实同出一辙也。我侨胞出国万里，呼吁无助，亦惟有吞声饮恨而已！

夫侨胞办学，已近三十年，不能如吾人理想上之进步与发展者，其故虽由他人之百方取缔与压迫，而吾侨胞之见浅识陋、处理无方，执教者之滥竽充数、教学无术亦为一大原因也。南侨各校例必有一董事会，而此董事会内有总副理之设，如国内之商店公司焉。夫校中有董事会之设，本是常事，国内各大学之设有董事会者，不乏其例，惟南侨各校之董事，不仅一校之经费由其负责筹画，校长由其延聘；即校内之行政，如教员之进退也，薪金之增减也，班次之增加也，校内之例假也，凡此种种，亦必由其主之；甚至些小之开支，校役之用舍，亦必得其同意,彼固俨然一太上之校长也。而所聘之校长,毫无实权,形同虚设。尤有奇者,董事会对校内之行政则动加干涉,而学校之经费则互相推委,无负职责,每次开会商榷,到者寥寥;即教员薪金久欠,无米为炊,而彼等亦各行其乐,置若罔闻。权利则彼此相争,义务则掉首不顾,此真侨校之危机也。

董事之对校内行政,既如上述;而对各教员,则以万能者为上品,数学、英文、国语、历史、地理、自然、音乐、体育、手工、图画等等,每均由一人包办担任。每周所任钟点,有多至卅余小时者,若能敷衍塞责,上课下课,下课上课,终岁如此,无一变动者,尤为彼等所欢迎。若能如此,则饭碗维持,可由一年二年至五年十年之久,亦无破坏之虞。至各教员在教室内所讲者为何?所授者为何?儿童之进步几何?彼等不知也,亦不问也。凡教员度知彼等心理,又为衣食所迫,俯首贴耳惟命是听者,比比皆是。国内所出之教科书,是否南侨儿童适用耶?不计也。学校之课程,是否适合儿童之心理耶?不问也。此等教育是否有补于南侨社会耶?不顾也。一味灌注,一味盲从。其有因学识浅陋,日行其所是,不知己之谬误者,亦有知之而故犯之者;前者情犹可恕,后者罪实难逃。而其间虽不乏学饱识富之士、出类拔萃之才,目击现状之非,日求救治之道,然实犹凤毛麟角焉。若果循此以往,无复改革,南侨教育外受殖民政府之诱迫,内呈颓崩之现象,吾恐再二三十年后,不但无进步之望,且将日趋退化,甚至灭亡,亦在不可知之数也!谨书所感,以供同好。至南侨教育,千绪万端,范围广大,他日有暇,吾当详论之。

(《南洋研究》第1卷第1期,1928)

南洋华侨的教育谈

陈福璿

失败为成功的先驱。

一、南洋教育的起源与进展

吾人一到南洋，就不免大声疾呼，喊出几声“寂寞”“寂寞”的语调来。本来南洋的地方，寂寞不寂寞，与吾人何关？一向“澹泊宁志”“与世无争”的中国人，“高尚自鸣”“洒脱物外”，自己的颓唐不颓唐，还不来管，哪有什么空闲去扫他人的瓦上霜呢？然而事实并不是如此简单；南洋虽然是英荷的领土、日本的姘妇、土人的巢居，但是中国人亦有中国人的历史、中国人的地位、中国人的光荣。而且我们有许多的侨胞，生于斯，长于斯，聚国族于斯；父而子，子而孙，一样与英人的周旋，一样与日人的竞争，一样与土人的蹯踞。说句笑话，南洋是中国人的南洋，也不为过。既然吾国人在南洋有如许的过程，有如许的进展，有如许的地位；而侨胞的子子孙孙，又是生生不已；故国的典章文物、规矩法度，无由接触；而吾国古先圣贤的遗训，又严防“夷礼夏用”，哪能驱鱼于渊，集雀于丛，而使之沦化异域，忘失本来呢？是吕孕嬴生，牛入马群，既属人人之所必拒，则华侨教育的问题，就不能不应运而生了。

吾侨胞虽恐其子弟为习俗所染，数典忘祖，教育事业就因之而生。惟吾国人之作事，至无系统之可寻，益少具体的办法。吾国侨胞之在南洋,已有几百年显著的历史,然其教育的事业,创始于何时?其初设施的规模何若?欲究坠绪,无从沿考,但以意想度之:南地初到的华侨,乃属劳佣的性质,或为游逸之逋民,既无先觉者为之导引,复困于鄙野的见闻,于其子弟的处置,至多不过欲其知书识字,鲁鱼亥豕之能辨而已!其时的教育,或行之于工余之下,或付之于伯叔之训,虽雏形的庠序,想犹未有。及后来居于南地的侨胞,日见众多;而侨的职业,亦日趋繁大。则其子弟的训育,未必能行之于家庭以内,置之戚友之随;势不能不延师课读,以分其责。于是馆蒙的设立,遂臻起源的时期。

但吾国的侨胞之居于南地者,既非智识阶级,已如上言;而昔者吾国政府之于华侨,又未加以注意。故循而不振,其中虽经长期的衍递——至少有三百年以上,犹辗转于獉狉之途,依然未有生气。

迨十九世纪将终,二十世纪方始的时候,欧洲的均势日见分裂,而教皇的权能又已崩离,知非外图,无以自存。于是欧洲各国的视线,一集而至东亚。物质落后、科学幼稚的我国,至此始知经济侵略的难堪、武力压迫的痛苦、文化暗袭的阴险,常思急起直追,扬眉吐气。于是变法改制,始倡学校。是时侨胞受国内的影响,华侨的教育事业,始随之而上进展的途程。然以侨胞对于教育的目的,尚无远大的冀图,故汤换药仍,仍无显著的成绩。

近十数年以来,明敏的华侨,渐知教育文化的关系,纷遣其子弟归国求学,且力倡教育。虽经当地政府的压迫,政治的限制,如英属的强迫注册,荷属之取缔严密等,然因学僮的增加,而学校亦依然怒茁无已!

二、南洋侨胞目中的教育

南洋哲睿的侨胞,虽渐趋觉悟;且因学僮的增加,而学校的设立,亦日见其多。然而侨胞常人目中所视的教育,仍未十分重要。盖南地扬名显亲、光门耀祖的伟人,既非多才多艺的学者,亦非立德立言的通儒,大都不过侥幸致富、积勤致巨的人们。所以侨胞脑海中成功的秘诀，最要紧的是侥幸、命运、机会、勤劳，学术不学术，文化不文化，当无多大关系。而且他们以为知书识字的人们，亦不过仅能记姓名，为书佣而已。所以他们虽一方面效着“人云亦云”的腔调，戴着办学的架子；一方面则又因公图便，或轻师谩学，视教者若雇佣，等学校若别馆。数年以来，厉行国语教授，虽把以前汝立广东人的学校，我立福建人的学校以为之对抗；彼立潮福人的学校，此亦立客人的学校以为之沟划，土语各用、不相通洽的风气稍改，但是争势夺权、任用私人，又是死死的不变。所以学校的数量虽日见增多，而质量亦仅等于零。

三、南洋教育失败的原因

由上言之，南洋华侨教育的失败，当由地域的防限、歧视的结果。但据我的意思看来，似未必尽然。盖地域严防，或易融洽；歧视相轻，还易消除；其最大而为吾人之所未易移易的原因，还是在设施的失当，与环境的梏窒！

大约谈教育的人们，有两个目的：一是供给社会的需要，一是辅导人生的活动。所以社会上种种的事业，无论为政为商，为工为农，都要仰给于学以求增进，故古人有百艺非儒不精之言；而人生种种的活动，无论为己为人，修诚修心，非学无以知本穷源，而明进退之方、苦乐之情。如此，教育既为社会的需要，人生的活动而后发生。吾人于此，试回顾南洋的社会如何，生活的能力又如何，就可以断其为成为败了！

南洋的社会，可说是苦闷、寂寞、冷落。只有寂寞、苦闷、冷落这几个字，是最适合南洋社会活动的形容词。诸君试想：南地的华侨，只知命运、机会、侥幸的降临，一切人为的竞争与振作，都委之气数以外。富者则左拥右抱，纵淫享乐一种肉麻的生活，厉毒弥漫；贫者则卖身岩穴，飘流湑溺一种悲苦的工作，暗无天日。是生活的意义如何，人生的目的何在，惘然不知，还谈得什么是文化，什么是学术吗？

如此，南地侨胞既无学术文化的可言，故其对于教育的愿望，亦只冀其仅足以记姓名、列账项，做一个能干的店员而已。所以教育的供给，除足以记姓名、列账项而外，就要束置高阁，虽深博无所用之了。

是以学校虽日见增多，亦不能不因规就范，制造出一班记名列账的人才出来。故一言以蔽之曰：南地教育的失败，虽在乎职掌教育者的颓靡不振，实由于社会之不需要！

加以南洋受理于英荷人之下，吾人永无政治的活动；而文化薄弱，又无学术之可言；虽偶有一二硕学之士降临南岛，亦只得喊了几句“苦闷”“苦闷”的呼声，就要向后转了。此南岛的教育，虽有悠久的历史，辗转至今，小学兴起；而几间独无仅有的初级中学，还是自桧以下。

四、今后进行的觉悟

追源溯末，南地的教育，既因社会活动的低下，无所需要，所以一败涂地，似无希望之可言；吾人亦可撒手不理，任其颠连坠蹶了，是又不可？吾以为教育的目的，不仅备社会需要的供给，还要把社会的需要能力提高、改良、增进、滋长。若仅以供给社会的需要为教育最终的极则，则教育之所以为教育，不啻是需要的奴隶。故必能改进社会的需要，提高人生的活动，始可谓之进化的教育、创造的教育、神圣的教育。

考南岛侨胞社会之所以不需要深博高尚的教育，并非出于侨胞的刚愎自用、执迷不悟；实缘于侨胞的地位低下、能力薄弱，无需要高超教育之必要，所以教育竟居落后的境地。是今日吾国人不欲言南洋的教育则已，如必欲言南洋的教育，吾国内外的人士，无论贤不肖，都要负起完全的责任！其责任维何？即一要有政府的保护，二要得国人的协助，与商业地位的改良、社会需要的增高。

况吾国侨胞，亦非无贤哲的人，相以竞争，只以当地政府的压迫，无论机关的设立、商业的组织、学校的设施、舆论的提倡，都要受其地政府的钳制牢笼。故侨胞的行动，失其自由；而天才亦因之而桎梏，教育遂受其影响。矧吾国南地的侨胞之移殖，既非国内的知识阶级，已屡言之，故其活动的能力，亦自然有限；必不能与深谋远虑的英人相周旋，勇往直前的日人相竞争；将必退居于淘汰之地位无疑。吾国人休戚与共，万无袖手旁观之理！故如何而后可以增加侨胞的活动，使其地位提高，得与世界人类共享自由平等的幸福；如何而后可以提高商业的组织，使其贸易发达，得进于国际贸易竞争的途程；是为目前最要的急图。苟政府能保护于前，国人能协助于后，使侨胞得自由发展，接厉衔进，则其地位自然提高，商业自然发达；地位既已提高，商业又已发达，则社会上需要专门人才的能力自然增加；社会既增加其需要专门人才的效律，则教育的成绩，自然应时势的需要而上进展的途程了！

是以今后南洋华侨的教育，第一要有自身的培补，第二要有环境的帮助。即一方面以教育提高社会的需要，使教育有增进的希望；一方面以需要改良教育的设施，使需要得其所用。同时并举，无相轩轾，则南洋华侨的教育始有成功的希望！

一九二七年十月卅日于一宿舍

（《南洋研究》第1卷第1期，1928）

暨南与南洋：南洋文化教育事业部之使命

陈宗山

吾校以暨南名，顾名思义，或望文生义，即可不待繁言，知其为南洋而设，为南洋之华侨而设也。当国民政府奠都金陵，百度更新，东南教育相随而起根本之变化，旧有诸校，或裁或并，或易其名称，颇有主张暨南无特设之必要，宜归并于他校之议，吾校全体同学奋起抗争，校卒赖以不废。今校长受命于危疑震撼之际，军兴库匮，教育事业等于无米之炊，环顾各校，皆捉襟见肘，汲汲不遑，吾校独能发扬蹈厉，恢廓而光大之，视昔有加焉。得人则昌，规模宏远，非斯之谓欤？

吾校既自信有独立自树一帜之必要，而发愤以争存矣，则阐明暨南之所以异于他校之特点何在，今后之所当致力者何从，此正南洋文化教育事业部之所有事，而同人所应惟日孜孜黾勉自效者也。非然者，吾校且失其立足点，更无以塞议者——主张暨南归并——之口。

大抵主张暨南不必特建者，其观察点错误之所由，不外：

(一)不知南洋为何物；

(二)不知南洋华侨为何状；

(三)不知南洋华侨与中华民国有何重大关系。

积此“三不知”之结果，遂发而为漠视南洋、漠视南洋华侨之心理；因而遂漠视与南洋华侨有密切关系之暨南。夫“知之为知之，不知为不知”，丁此国家多难，大问题之横亘于国人眼前者，屈指更仆，奚啻万端，复何暇顾念及于远隔万里之南洋？则议者之因不知而漠视也，亦不足怪。惟吾侪既稍有所知，则竭其一隙之明，贡其一得之见，俾国人之漠视南洋者，今后乃得知南洋之为何物，知南洋华侨之作何状，知南洋华侨与中华民国有若何重大之关系，此吾侪之第一责任也。

抑不惟国人不知南洋也，而南洋之华侨，尤不知中国。土生之“哇哇”，其甚者不独不知本国之书，乃并不知其本土之方言，不知其生身之祖先之所自来（马六甲华侨中有此情形），而衣巫人之衣，言巫人之言，食巫人之食；询以“君为何种人”，则但知举其所生之地以对，曰“我马六甲人也”；试告之曰“君中国人也”，则且瞠目不知所答，或摇首不以为然（此仅一部分之土生为然，非指全体阅者，切勿误会）。呜呼！“民族意识”澌灭以尽，若此者姑置勿论矣。其他在居留地曾受相当之教育者，固知有中国，知其身之为中国人矣；然于中国之为中国，中国之与华侨，其关系如何，终以囿于环境，殊多隔膜，如雾里看山，模糊一片而已。则举华侨所必应知之中国真相与其利害休戚之关系，祖国之所需于华侨，华侨之所赖于祖国者，日讨国人而申儆之，此吾侪之第二责任也。

世方据乱，未臻大同，“种”“国”之间，争存日急，南洋华侨，向者恃其天赋之能，勤苦耐劳，铢积寸累，遂操南中各属经济之中心，农工商业莫不归掌握焉。然处寄篱之势，成触藩之形，匹夫怀璧，罪且随之，况乎数百万之众、数亿兆之责，能不遭人之惎嫉乎？故十年以前，侨界之赤手空拳，逐利阛阓，转瞬而拥巨资称豪富者，项背相望，猗顿陶朱，犹愧勿如。而今非昔比矣，东邻之争竞日烈，巫民之知识日启，居停主人之束缚日急，商战之场，楚歌四面；吾侨虽未至全军尽没，而继今苟不改弦易辙，发愤图存，恐覆败之期，其不远矣。吾侪窃不自揆，妄欲为蓄艾之计，效献曝之忱，凡吾同侨前途生死攸关之问题，如教育，如实业，如主客之间应付之策略，冀抒愚虑，借箸代筹，期得一当，以挽狂澜，此吾侪之第三责任也。

华夏之民，适彼南国，肇于晋唐，盛于明清，远逾千禩，近亦数百载矣；而纪载阙如，渊源难溯，已足为吾民族文化之羞。矧南洲诸国，当欧亚之要冲,遘风云之时会,群雄虎视,争欲择肥。而沃土富饶,则天府之国也;巫俗獉狉,则僿野之民也;山川厄塞,则形胜之区也;试一擘讨,觉其资料充牣,趣味醇深。于是欧美日本,各遣专家,探险调查,不遗余力,著书立说,岁异月新。夫山海之经,十洲之记,徒矜诙奇,于世何裨?岂若彼其所述,迥非向壁之谈,凿空之词,闳博精详,言皆有物,稽其卷帙,奚止数千百种!顾吾国则何如?求一纪南溟风土,差近翔实鲜颓者,走遍书肆,竟渺不可得;偶获若干小册,试一展卷,不数页而觉其纰谬迭见,盖以走马看花之客,摭道听途说之词,一知半解,急就成章,宜有此说,固无足怪。然以彼不越百年,而硕学肤敏之士,萃其精力,珥笔以成汗牛充栋之伟观;我以数百年之宾萌,而数典忘祖,入国忘俗,无一系统的述作,足资考览,乃转而乞灵于东西人士之载籍,吁!可耻可痛,孰甚于斯耶!然及今为之,终较胜于无,差强人意,知彼知己,舍是焉求,此吾侪之第四责任也。

举兹四端,非敢谓已足包举无遗,要其荦荦大者,不外是矣。将欲副此宏愿,期有所靖献于海内外之同胞,决非少数人一手一足之烈所克负荷也。惟其然,而吾校实受此重大而特殊之使命,虽欲诿卸,而无可旁贷,此即暨南之所以异于他校,暨南之所以与南洋有不可或离之关系,暨南之所以有独立自树一帜之必要;非然者,暨南将被目为最高学府中之骈拇枝指。诚哉其应归并也。设徒标“暨南”之名,而其实质无以异于他校,则不特无预于“南”,抑亦愧对此“暨”。此南洋文化教育事业所以在吾校为独一无二之目标,同人谬承其乏,自审翦陋,懔付托之重,惟陨越是虞,竭知尽能,罔敢有懈,谨掬悃愊,以告我热忱关怀南洋问题之海内外同胞。

一七年二月二五日,上海

(《南洋研究》第1卷第2期,1928)

关于南洋华侨教育的讨论

征　夫　叶华芬　饶文蔚

（一）与郑洪年校长书

征夫先生自毕业于本校后，曾往德法二国游历，嗣即遄返暹罗，现任暹京华侨公学教务长之职。对于华侨教育，极抱热忱，而尤望本校于最短期间中，即得极大之发展。兹录其对与华侨教育及本校之意见如左。

编者识

洪年先生有道：

自先生长暨南以来，不满一年，而暨校顿改旧观，教育上各种之建设，文化之宣传，不遗余力，将来培成华侨子弟，造福南侨，当非前此廿余年间可比。征夫暨校旧生，睹母校之兴盛，不禁距跃三百，为数百万南侨祷之矣！

征夫自离祖国，尝往德法一游历，归来即从事于华侨教育之改革。鄙意以为目前之革命及政治运动，不过为国家民族治标之法；若夫根本上之欲兴起我民族，则舍完善之教育，其道末由。征游欧后，益信教育为救国之治本良图，华侨教育则更宜以此为主旨。庶乎华侨经济之力量，不至为白人及日人所夺。（今日南侨经济，日形衰败，侨众多推之于天灾人祸命运，殊不知此教育不振有以致之也。）征怀此念者有年，每欲就教于当代贤者以期挽危潮于万一，然而举世滔滔，方沉迷于名流官梦，征人微言轻，终无所补。近读暨校刊物，借窥先生之胸次，非靦然肉食者流，又以谊属旧生，故不揣固陋，略贡愚忱，述华侨教育之一般。虽云微末之见，然区区愚诚，当蒙见谅，深恐文辞芜杂，不能达意，故另纸奉阅，乞先生公余有以教之。专此布达，并颂公安。

四月廿日征夫上

改革华侨教育大纲

1. 一般现状

A. 华侨教育现象　主持侨校者，其程度参差不齐，教育精神难见进步，此仅就其质言，若量则年见增加。

B. 华侨教育程度　关于各种学科，程度极其幼稚，现在各地虽渐有开设初中者，然其程度不过当国内优良之高小学校而已，高小则多等于国内之初小。

C. 华侨教育位置　教育程度既极幼稚，在社会上自无位置可言。侨众心理，对于教育并不觉其重要；家庭方面，竟不知何谓儿童教育。

2. 改革方针

A. 派员调查　暨校为发展华侨教育之总枢纽，对于华侨教育，应有彻底明了之态度。如能力所及，应派专员负责调查；否则就各地指定相当之人员，负责报告各地教育状况，亦妥。

B. 组织华侨教育会　各地华侨教育之多形散漫者，由于缺乏指导之团体，故最好由暨校发起华侨教育总会于上海，再推广而至海外各地，由各地侨校组织华侨教育会分会，直接与总会联络，则整个华侨教育之改良，更易收指臂之效。

C. 编定侨校课本　学校教科书之编定，因地理气候而有不同，国内现有课本，大多不适用于侨校，因编者乏人，不得不采用之。不佞颇有意于是，人事碌碌，托诸空言；华侨教育会成立，即宜努力于侨校课本之编定，其功实非浅鲜。

D. 提倡义务教育　祖国多难，平民南渡者日众，失学子弟，其数骤增，就现有之学校言之，无产者之子弟皆无力入学。夫教育贵乎普及，而后功效可见，此层于华侨教育，尤为重要。故宜提倡义务教育，俾华侨穷苦子弟，不至失学，流于恶劣而辱国体。（欲实行此事，宜推广师范部，训练老师人材，使能为教育而牺牲。）

对于暨校之刍议

1. 学术方面

A. 注重实用 中国今日之民贫国弱，固由于政治不良。然数十年来教育之无裨于实际事业，亦为其最大之一原因，教育表面虽日见发展，而商业游民之数亦与日俱增；言其极，中国今日之教育全与教育本旨相远，实可谓为亡灭民族之教育。往者已矣，深盼暨校于此再三致意，即至微末之学科，亦应以能否实用为学。如是方足以言教育，他日南侨社会之昌明，胥于是乎。

B. 速办农科 商业经济之发展，固恃乎工业，然工业之兴废与否，则视农业之盛衰而定，故农业者实一切经济之源，我国承数千年之积弊，学者多轻视之，于是改良无方，诚可惜也。南洋最宜于农业之发展，天然宝藏，土地之肥沃，较我国西北胜万倍，倘能从速开办农科，使侨生咸明此点之重要，肆力于农科，谋他日可握南洋经济之枢纽，则日人南进之论不足畏惧。暨校虽有开办农科之议，鄙意以为宜从速实现，盖新农业学识实为今日中国青年之需要，于华侨青年更为重要。

C. 扩充师范 今世民族国家盛衰，以国民教育之能否普及为断，已无疑义，普之胜法，不归功于前敌战士，而推功于小学教员。师范为小学教师之制造所，其重要不难想见，今者闽粤大乱，南侨阖家迁来者日伙，华侨教育更日形重要，教师之需要亦日增。以故，暨校师范部应积极扩充，学生亦务以能服务于华侨教育界者为主，庶不至背违师范原意。

D. 其他 工科职业等，能力所及，亦宜开办，盖凡此皆为发展经济之工具，南侨之得以永久兴盛，民族得以复起，要皆非此莫达。

2. 校风方面

A. 严格管理 言中国学校之放纵，前此之暨校，当首屈一指。今虽稍就轨道，然余风尚存，故非积极用严格管理之方法不可。欧洲为自由之领土,然在德法诸国学生,实皆曾受极严格之训练,普通几无自由之可言,鄙意暨校应取法焉。(中学生不能自由到沪,至多每月二次。)

B. 提倡勤劳 侨生生于热带,活泼是其天性,勤劳则未素习。夫学问事功,非勤莫达;为人处世,非劳不可。侨生于此层,不无遗憾,暨校方面应特别引导之。

(二)与刘士木先生书

叶华芬先生,福建闽侯人,福州协和大学政治系毕业,美国纽约大学学士,现任福建侨务局名誉咨议。叶君曾侨居婆罗洲多载,于南洋问题,极有研究。常有论著,在《地学杂志》《侨务旬刊》发表,提倡南洋学术文化,不遗余力。最近有致本部刘士木先生书,论及南洋华侨地位,及华侨教育问题,识见卓越,议论精湛。兹特为介绍于本刊,以供热心南洋问题者之观摩焉。

十七年四月,编者识

士木先生伟鉴:

自在北京《侨务杂志》上结文字缘后,不觉已越数年。曩者先生旅东,适遭震灾,弟等极为悬念,驰函一雁及沪联会等处探问,后知已安然抵国,欣慰之忱,非笔墨所能表达!……

弟对于南侨之事,自信亦颇具热情;而对于南洋学术文化一层之提倡尤力,想先生固早有同心也。夫以南侨之现况言之,内困于政治之失修,外厄于列强之仇视,各地土著如菲、越、暹、荷各属,每有排华之举。华侨散居各地,复少团结、纪律、学识及眼光,举凡商业实业,无不支配于人。吾人往往谓华侨握有南岛经济之权,其实仅足以言为人作嫁;华侨于南洋之国际贸易,何曾挟有实力?故树胶也,锡也,糖也,其成功或失败,全仰他人鼻息。幸而胜,吾侨得分他人之余润;不幸而败,吾侨以位居下层之故,其损失亦最巨而最惨!驯至侨工失业,侨商倒闭,饥寒而至死亡!现下树胶界又起恐慌,吾侨鉴于战后之前车,已有联合之表示;足征晚近已有进步,此亦可喜之事。然现有之结合,尚未至确能表扬南中吾侨整个强健意志之程度，卒致于大局上难生重大之影响。即此一项言之，欲改造南侨之局面，不能不出以学识之手段，如是则吾侨智识程度，得以提高，而对于时势，亦能适应矣。当先生未揭日人南进野心之前，侨中人士何尝知有南进之危机？经先生大声疾呼之后，始恍然知倭人之在南服，确有闷葫芦矣！

抑又闻之，日人之南侵也，潜伏于土人之间，出以文化之战略，狂谈日马同源之说；幸而土人受惑尚浅，故于大势上尚无若何影响。苟人种之关系有若是简单易言者，则马来种原之福，应由吾华人主张之。盖中南之关系，实不仅二三千年之史事已也，实有复杂人种关系在焉。故宿学如 R. B. Dixon 者（现任哈佛大学人类学教授），竟谓美南加包之马来始祖，出于中国东南滨海之区，未始无其理由。彼舍有政治臭味之学者，敢冒理智上不忠诚之嫌，造作学说以淆乱学术，其心殊不堪问。即退一步言之，往昔吾侨所遗于各地之古迹古物等，近且时有发现；彼碧眼儿知其易于引起吾人怀古之念，故辄远徙于重洋之外，设法密藏，使吾人不易见之，此中未始无他意也！弟素主提倡南洋学术，数年来恒以此自勉，而未尝或怠。以弟所见，吾侨现状之穷蹙，实非空言社会政治运动可以解决。倘能用相当之方法，训练侨众及青年学子，使其才智成熟于特种训练之下，则异日必有新局面可观以发展。至于所谓特种训练，其方式如何，当然必须另详。其尤要者，则如学术文化一层，不能或忽，盖理智之充实与改造，实为一切思想上社会上转动之原动力。今后吾侨倘不能造成一种新思想、新趋向，将来即不为他人所打倒，而自己亦将失败矣！未审先生以为然否？

昨敝友黄君归自沪上，谈及先生近主暨大文化事业部一节，闻之极得我心，深庆得人。今日国中人士大都好高谈阔论，革命已成时髦声调，投机及伪革命分子充塞于途，实负先总理及吾侨致力革命之初衷。彼辈对于海外情势、华侨问题等，漠不关心；此时得先生主持中南文化事业，实为党国之幸；盖他日浩大之成功，其将树基于此！其造福岂仅一南侨而已哉？弟近返自南洋，对于研究南洋学问之心，不减于当年。日昨在福州侨务委员会办事处得阅贵校《南洋研究》及《暨南周刊》，至为欣喜。前者不期而为弟七年前提倡组织中国南洋学会之理想，其中论文精采异常，百读不倦；至于《周刊》亦多参考资料，中有载贵校政史各系课程，似乎只有一“南洋华侨史”为研究南洋学术之课程。弟意贵校为我国唯一栽培华侨领袖之学府，无论于使命上、校之意义上、政策上，对于南洋各属之史地、政治、社会、经济、人种等之研究，似乎不可无专设之讲究，以备学生之选择，以完成设校最深之用意。倘贵校于此方面未遑顾及，则华侨学子之成就，又安望乎？事关南洋文化学术，且皆彼此兴趣所关，敢以一得之愚，就正于高明。想不以为狂妄也。

先生才高望重，为弟所钦仰，尚祈时赐教言，以启茅塞。无任企祷之至。此后来函请寄福州仓前山梦园即可收到。匆匆，不尽欲言。

叶华芬顿首

十七年三月廿九日于福州梦园

（三）华侨教育根本改良问题

饶文蔚

自民国成立以来，南洋群岛英、荷、暹、缅各属的华侨，创办华侨学校的热烈，自表面上看来，鼓吹筹办不遗余力，夙称文化幼稚的南侨，居然学校林立，气象崭新。但是详细调查大小各埠，华侨所创办的学校，成绩优美的固多，毫无成绩的也是不少。说声华侨教育不进步，自然大家公认了！

华侨教育所以不进步的原因，非常复杂，然其最大的原因，实由于教员人才之难得，与乎经济上之不充裕。山僻小埠的学校，顾无论矣。若堂堂大埠，宿学之士汇集其处，一校之学生都近五六百，不可谓不发达，然又困于经济，如新加坡、槟榔屿、麻六甲、吉隆坡、泗水、巴城等各华校，大都为着经费支绌，演剧筹款……常起恐慌；有的实行节费裁员政策。这样看来，堂堂大埠鼎鼎有名的华校，也会闹出不安稳来的现象，何况那山僻小埠的无名的学校？不单是起恐慌而已，恐怕倒闭——停办——也所不能免的了！唉！南洋华侨教育，不但是希望能得进步，简直是千钧一发，危如累卵，差不多要到了破产的地步了哩！

我尝对友人说：办理南侨的教育，比较办理祖国的教育更难。因为南侨的学校，有特殊的习惯，校长教员无支配校务的全权，凡事多须经过董事会，董事以为不可行的，校长教员不得独断独行。而董事之所以养成特殊的习惯，又因为一般所谓校长教员先生们，多借学校为啖饭地，初固未尝挟有办学的计划与诚意；其就聘的时候，仅凭一二个人介绍，能胜任吗？都不问啦！有毕业证书吗？也不问啦！教员流品愈杂，就愈不能引起董事的信仰心；且董事也自认为学校的主体，老不客气，以为学校的经费已由自己荷包内倾倒出来的，那末对于办学的大权，自不能放弃。所以南洋的校长教员，都是由董事雇来的，除了教书之外，吃粮不管事；东校倒不用我了，就等西校来聘，西校再倒，又如前法，再等北校，如其北校再倒，那就运气不好，两脚直跑向祖国去了！于是行踪浮萍，视校舍为逆旅；任期有限，视教员为过客；大多作一种空手游历，常存五日京兆之心。董事亦视教员为一种苦力教书匠，要用就叫来，不用就叫去；学校办来有成绩不问啦！教员尽职也不体念啦！间或逞其有厚资，可以左右动人，也就威势顿作，意气用事，因此弄到教员身份更加不堪：消极派，就只等积得回国川资回国，董事待慢委屈忍受；至于反动派，那就妙想天开，出其九牛二虎的力，引荐亲戚朋友，免得卸职后，找不到一个暂居的地方。这样一弄，到后来说也好笑，教员们多是智识界人，明明晓得世界上交通机关，进步得怎么快，将来必定要五洲一家的，但对于这局部的观念，却门户不破，于是弄出什么福建派（今年福建人做总理，必定要用福建人做校长，或教员；有的头脑陈旧的，还要请前清的秀才、举人来做校长，或教员）、广东派。其余省份的人，本来足踪稀少的，来了几个充当教员的，看见了福建、广东派的利害，也各树一帜，什么江苏、浙江、湖南、湖北等派；甚至本地生长的哇哇，也成一哇哇派。这么派来派去，教员们竟成了一盘散沙，不要说大家来研究，连你你我我相闻问的，也很少。我教育界的先生们呀！请你睁开眼睛来看看，他们商界有商会，商人在那里经营；工界有工会,工人在那儿办理;剪发匠——缝衣匠——……尚有一个团体;惟独我这学界的教书匠,却没有一个自动的团体,什么都要靠着有资产的人们,好像脱离了有资产者,就活不来。唉!想起来我教育界真是可怜,复可惜。

世界上先进的人们,天天在那儿闹教育要教儿童自动的;而南洋的教员,偏都失了自动的天性,受那被动的冲动;那末南洋的教育,哪里能够进步呢?所以南洋华侨教育的根本改良问题,还是要教员自动:一方面尽管做教书匠;一方面要自相合作,组织教员联合会,或教育研究会,不分省界,以平民的资格,作平民的集合。以后再由此团体中产生教育界自动的学校,或其他有益于教育的事业,给他们做个模样。我现在所提的教员联合会,不过是意志的发表,未曾有方法,未能成事业。望我教育界同志们,应将此"教员联合"四个字,口说书传,使人人都有这种觉悟,设法组织;不然,南洋的教书匠,无论其学问怎样好,程度怎样高,办学怎样有经验,不过是傀儡教育家、奴隶教育家罢了!再过十年,恐怕华侨将无人读唐人书,办华侨学校了!

十七年五月一日,劳动纪念节日

于南洋柔佛昔加乜培正

(《南洋研究》第1卷第6期,1928)

华侨学校与党化教育

钱　鹤

一

自国民革命军奉中国国民党所赋与之使命，出师北伐，不及一年，占领四分天下有其三之国土，从事训练民众、教养青年，除党部工作外，首当革新者，厥维教育。我国历来教育上之制度与主义，非不屡有更张，如学制课程、学级编制、教学方法等，自民国十一年十一月一日学校系统改革令下，确有突飞之进步。惟教育主义则自来混乱模糊，令人无所适从。今国民革命行将完成，以党治国，正在厉行，设教育上不确立强有力之主义，以造成民族之中心思想，则革命基础无自而固，中国前途亦莫可挽回矣。党化教育者，即应此时代之需要而唱道于世，其最大主旨，在以中国国民党所根据之三民主义，尽量灌输于全国青年脑海中。务使确实崇仰先总理之伟大，真切获得国民党之认识，与夫彻底了解三民主义之真谛，此党化教育与国民需要之大概也。

二

党化教育之提倡，今日盛行于国内，然未可以为是，必使普及国外，施诸华侨，其需要之急，效力之大，或较国内为尤甚。缘华侨散处于各国领土或殖民地，受帝国主义之压迫，与条禁之苛酷，已数十年，侨民数千百万，无日不在水深火热之中。我国内政未修，焉遑对外？

于是侨胞因失望而入外国籍者，托庇外人之保护，几忘自身为炎黄华胄之子孙；或由国情隔阂，本国一切文化，无由享受，遥对祖国，已若秦越人之视肥瘠。哀莫大于心死，亡莫惨于族灭，凡我国内同胞，安可忍心不救乎？党化教育实为救治侨胞文化之无上良剂，除使华侨青年崇敬先总理、认识国民党外，三民主义又可启发民族思想，坚立爱国志愿，鼓励生活改进；盖在儿童时代，即以民族、民权、民生之大义教之，将来成人以后，深印脑底，自不忘记。然则党化教育之于华侨，其关系顾不重欤？

三

党化教育与华侨之关系，既如上述，然则华侨之状况如何，学龄儿童之为数几何，夫华侨学校最近之情况，不可不一言之。华侨在世界各国，无地不有其足迹，尤以旅居南洋为最多。全世界合计华侨人口，据王华隆氏著《人文地理学》，有九百卅二万强；在南洋群岛北，据《中国年鉴》有五百万。假定十之一为学龄儿童，则南洋已有五十万天真烂漫之儿童。以爪哇学校，得祖国提倡之力，虽称发达，而儿童失学者，据民国七年熊衡三视学之调查报告，爪哇华侨小学百二十所，男女学生共九千三百八十八人，爪岛华侨三十万，亦假定十之一为学龄儿童，则失学者当有三分之二以上。准此以言，则全世界之华侨中，岂非有六十二万之失学儿童乎？况严格查之尚不止此，然则华侨教育之不可忽视，当可知矣。

四

华侨在海外之生活与环境，及大多数之希望，全与国内不同。就荷属南洋言之，人人对于子弟渴望谋生，大都毕业于不完备之初级小学为止，入高级小学者已有耐心；资产稍裕者则多以子弟得入外人所设之中学为荣。华侨既少自办之中学及农工商专科，亦无法鼓励其升学以吸收祖国之文化。又教师流品不齐，若干年前，教员由内地往者，大都算命测字及江湖无赖之辈，厥后虽不少纯洁之士，抱兴学之宏愿而来，或知难而退，或服务无恒，因此种种原因，华侨学校可称完善者绝鲜。则以后非国内有志之士，与国民政府合力统筹改进华侨教员之计划，实行扶助鼓励，促进监督不为功。国民政府今正厉行党化教育，最近大学院颁布华侨视学员、华侨劝学员两条例，又公布华侨小学暂行条例、华侨补习学校暂行条例，与华侨子弟回国就学办法，其重视华侨教育，已可概见。但希望更进一步，除消极之文告外，能以实力精神扶助华侨教育之进行，则庶乎其可。

五

华侨学校之现状既明，则党化教育之果作何解，与夫党化教育之实施如何，是亦最费讨论之问题也。夫欲明了党化教育之意义，须先知中国国民党非普通之政党，三民主义非普通之党义。先总理谓三民主义即救国主义，则中国国民党即救国党。是以只有一党之存在，不容有第二党之对峙，所谓党外无党、党内无派，如此成一伟大有力之结合，方足以言救国也。党化教育即是奉行国民党之三民主义，换言之，即使全国教育三民主义化，涵养学生有国民党义意之认识，与党治下公民生活之训练，既非劝国民人人入党，亦非令学生个个为党工作也。近人共认党化教育在实力奉行三民主义之下，应使教育革命化、民众化、职业化、社会化、科学化，此五目标之解释，论者甚多，不复缕述。惟愚于华侨学校，施行党化教育，除五项之外，当加祖国化与豪侠化。何也？华侨久处海外，每因祖国之间隔，时有外化之虞，不忘祖国者固不乏其人，而甘心卖国为外人奸细者，侨胞中亦不在少数。所以学校中对于祖国之荣辱、伟人言行之传记，与夫历史上有光荣之事迹，当尽量灌输华侨子弟脑海中，又须鼓励回国就学、回国结婚等，此皆使华侨祖国化之法也。又海外华侨缺乏远大眼光与豪侠之品格，因海外华侨，皆从勤苦起家，故有资产者，对于公益之事，慷慨热心者少，一毛不拔、铢锱必较者多，观华侨学校之不能充分发展，与文化上在海外无伟大之建树，可以知之；如陈嘉庚兄弟之热心兴学，诚难能而可贵矣。

六

实施党化教育之方法,当分二步,第一步先从改革学校行政、教员资格、学级编制入手。现在华侨学校,如南洋各属,校长事权之不一,董事之无理干涉,经费之不立的款,最为华侨学校之大病。教员资格更为猥杂,董事之私人有之,当地之商人有之,不通祖国文字者亦有之;在国内完全师范毕业者,几等凤毛麟角。学级编制,小学犹不少沿用初小四年、高小三年之旧制者,中学固少,有亦旧制为多,新制之四二与三三,彼辈固未尝梦见也。此三者,当由国民政府大学院,依照新颁华侨小学暂行条例,训令改革,此实施党化教育之第一步也。次之对于修习科目、教科用书,以及教学训练设备诸端,当使渐次改革。华侨学校,科目大都不能完备,教科书尤陈旧猥杂,训练教育等法更无研究,今后宜由华侨教育各团体与海外各地党部促进改良。如科目中应加三民主义,用书宜采国内最新出版,合于党义者;教学法宜以儿童为本位,训练当注意公民陶冶,设备须留意美化,如举行总理纪念周,悬挂革命伟人肖像,等等。凡此皆实施党化教育之第二步也。此犹就形式言之,党化教育贵在精神,能以三民主义、革命精神,随时随地灌输于学生脑海中,养成富有勇往直前之精神,与建设创造之能力,更利用居侨各地之环境,加以惕励诱掖,总使侨胞内向祖国,外向发展,则党化教育之效果,斯得之矣。(完)

(《暨南校刊》第2卷第4期,1928)

改良侨生教育纲要

黄征夫

一、提高暨校教育精神

关于暨校教育的提高可分做两方面。

甲、提倡教师的教学精神　教师应该认真于功课的讲解，及引导学生研究学问方法。要随处利用各种法子，去督促学生，最易使学生勤敏的教学法，就是增多学生的 Assignment 和 Homework，注重日常分数，第二天的功课要在第一天先指定，令学生去用工，到了第二天就是考问，然后才提出公同的讨论。教师应增多各生的记录，应有不烦改卷的精神。

没有好好准备其课程的学生，教师应通知教务处而警告之，一定之期内不改变者即须降级或竟开除。教师要认真堂上点名和逐日的记分法，对于一级学生治学的态度与方法，教师应随时注意而负责引导；教师自己的课程亦须留心准备，不能以为照钟点上课就算数。

怎样能够使一校的教师（有）如上所述的精神呢？至少要有下列的条件：

（一）教师须住校，俾得接近学生；

（二）教师不得分任他职，俾得尽力其教务；

（三）教师应具有栽培青年的热忱而非饭碗主义者。

乙、提倡学生的受学精神　学生若没有受学的精神，即使教师要

尽力的引导亦没有效用,因此非提倡学生读书的精神不可,要提倡学生受学的精神:

(一)严厉审查各级学生程度,程度不及或无心研究者降级;

(二)注重期考的成绩,施行三科以上不及格者开除或降入特别班,三科以下不及格者降级;

(三)奖励勤学的学生;

(四)提倡课外研究;

(五)强迫自修。

从这五点看来,可以使学生不得不勤勉,日间教师增多自修的课程,夜间大家都要尽力的准备,不久都成了习惯,到那时不自修的,大家要纳异了。关于强迫自修,分为两种:

(一)初中学生,夜堂应上课室自修;

(二)大学及高中学生之不自爱者亦令上自修堂。

自修堂秩序之保守,能由学生组织团体更佳,不然由教职员轮流值夜亦可。详细规定得组织学生自修管理委员会规定。

怎样才能实行以上这两种精神——教师的教学精神和学生的受学精神?最好教师监察学生,学生监察教师;而裁断权则由校长执行。学生不能勤学的,教师当然要报告校长及教务处;但是教师不尽职或不称职时,各级学生亦得报告校长。这种办法要师生各本诚恳的态度,互相规导,才能发生很好的结果;若没有真诚合作的精神,有时亦会生出弊端来。

二、提倡学生自治精神

中国民族性最大的缺点,就是没有自治的习惯。人不能自治,就什么事都存倚赖的恶习。社会上没有自治的学生,将来国家就是没有自治的好国民。其在欧美的中学学校在严格的管理下,还是积极的提倡学生自治。学生自治的意义并不像从前各校专以闹风潮罢课为自治的精神,我们所主张的学生自治是限于研究学术和砥励良好的品行。

暨校也尝有学生自治会，因为根本组织不大完善，因此没有什么成效。在中国学校的自治精神和学生生活最好的，据我所知的要算广州岭南大学。

大学的学生当然比较能够自治，我们最应注意的大学以下了。中学校学生自治的精神，若训练得好，大学生的自治便没问题。欧美大学生都绝对的自由，正因他们自治的根基在小学中学时已建筑得坚固了。普通学校学生自治团体的组织，都是极空泛的，在岭南，却以级为单位，中学先有各级的自治会，然后才有全中学的自治会；各级自治会好像小组一样，办起事来很有能力。级的自治会的目的是：

（一）监督一级同学不好的举动；

（二）维持课室的秩序；

（三）监督同学自修。

级自治会的职员有会长、干事、裁判、书记、司库纠察。这种自治方法是美国教育的特长，而是缺乏自治精神的中国教育所当仿效，尤其是放纵过度的华侨学生，更非利用这种团体来自治不可。

关于监督同学不好的举动，这种要稍为说明。譬如一级同学中骚扰粗口，或侵犯他人的自由，或打架，这些都要自治会的取缔；不服自治会取缔的得报告大会判决之，有时竟把这最不受纪律的同学请求学校开除亦是常有的事。现在的情形不同，即是各级因为选科制度没有一定的课室，管辖不易；但若妥为组织，这种自治制度亦可适用于选科制和宿舍。这些事华侨生是缺乏经验的，须先由学校或教师负责引导，不久便有可观。

三、增加学生娱乐

青年的精神是最活泼的，尤其是华侨子弟更具有此种特性。教育一方面要训养其内心能够潜静治学，但一方面亦须保存这种活泼的精神。

因此增加学生娱乐是学校最宜努力的事。一般同学为什么必须常到上海去？无非是觉得埋头在校里，心灵上过于寂寞了；觉得学校生活除了读书，太缺乏了生活的兴趣了。

增加学生生活的娱乐可以分做四层意思：

（一）创造校内美丽而自然的环境。校内要极力修成一个美丽的花园，俾学生心灵为自然的美所感化，使学生觉得校内的景境已是极可爱的。

（二）扩大各种游戏运动的场所。侨生对于运动最具有可深造的性格和浓厚的兴趣，学校现有的运动种类太缺乏。就暨校说，足球场至少须有三所，其他球场亦须增加，户内运动场亦宜于最近建筑，其他游泳池、雪鞋场、武术馆亦都要尽力设备，使到无论那一种运动，学生都得随其所好。

（三）注重游艺及心灵上的灌输。校内要提倡中西的音乐和艺术，最好以大学以下分级为单位，每级应有音乐社、剧社等的组织，每周由各级轮流表演，此外自然可以更演最著名电影歌舞团。总之学校应该利用拜六礼拜这两夜的时间，给与学生所深盼的娱乐，他们一周的勤劳到了拜六礼拜两晚便（全）部忘记。此外，其他如围棋、弹子各种娱乐的玩具，学校都要随地设备。（关于本节各事，暨校现尚缺一美化的大礼堂。）

（四）生活家庭化。华侨学生远离家庭，我们要学生的生活家庭化，最好教职员家庭都住校，教职员要时常把他们家庭快乐的精神介绍给学生。譬如有的时候二三教职员联合他们的家庭来开各种的交际会，和学生一齐娱乐，这样亦很可感化学生。美国中小学是常时的举行，本校同学，亦有一部份人是这样的主张。

四、溶化教职员同学的感情

无论是国家、学校或家庭或社会上各种团体，若其中的份子缺乏互相敬爱、一致合作的精神，那个团体一定便没有进步。学校是一个训练做人的大合作场，若是教职员与学生没有很好的情感，自然不能合作。暨校现在最缺乏这种精神，这是教职员的过失。他们不很高兴去接近学生，或许远住上海是一个原因，许多朋友都批评暨校首尾不相衔接是很对的。暨校教职员应该提出新的口号来，实行到学生中去领导学生的精神。教职员能够多多的接近学生，两者间的隔膜自可打破。本来教师在课堂上或研究学问时，自然要做一个严师；但在其他的时间，应该能够做一个学生的益友，很慈善的去引导学生。

怎样才能使教职员接近学生？一方要教职员要觉他们的本职是扶助学生，一方要由学校教职员分住到学生宿舍中去，时常和学生一起。

五、以严格主义管理学生

中国教育的失败全在学生管理的宽弛，学校若不以严格管理学生，就是表明对学生不负责任。在德法的中小学，他们管理得和军队一样，食饭亦要排队，入寝亦要排队；每天五时就起身，寒暑不间；每月才得出校一次，还要有关系的人到校去带出学生。这种办法，在我们中国学生是认为过于机械式，岂知人家的得力处便全在这种很不耐烦的机械式呢！

青年学生苟不受严格的管理，一定不会造成将来的伟大。关于暨校的管理，应该依大学、高中、初中分为三个阶级。初中学生非在学校的规定下无自由之可言，高中学生便可稍弛一点。管理的严格，系在有益于学生的修养上言，不是随便压迫学生的严格。大体上来分析：

（一）高中初中学生非告假不得出校；

（二）初中应上自修堂，高中生在自修时应不得缺席；

（三）应遵守学校的规定。

但有不遵守的，学校要认真的办理，不得宽贷，教职员要以公正为怀，不得舞弊，这样采取严格的态度，是暨南根本教育。初中生无论在课室在自修在宿舍，都要纪律化，一二年便成了习惯；他们升上高中、大学，亦都能够保存这些好习惯。

我们所以要把全校训育的重心侧重初中学生，就是因为初中生大多新来自海外，习染未深。而初中是暨校的根本教育，现在学校似乎只注重于大学，对于初中的教师人才和管理，都少注意，这是应加修正的。

（《暨南周刊》第4卷第2期，1928）

华侨教育论文集序

郑洪年

我校方有南洋华侨教育会议之召集,以期改进华侨学校种种设施,若编制,若训管,若教材,并经费若何筹措,学校若何扩充,此洪年日夕祝望大会之开,而谋有以解决之。惜参考材料缺乏特甚,恐无以达美善至计。正引恨间,而刘子士木以所编华侨教育论文稿示余,急阅一过,不禁狂喜曰:此南洋华侨教育一幅真相图,亦研究海外教育之好资料也。

窃尝考南岛华侨教育,荷属胚胎于一八二七年,吧城养济院创设明诚书院;逮一九〇〇年,吧城始有中华学校,英属权舆于侨商陈金钟,创建萃英书院;逮清光绪三十三年,吉隆坡尊孔学校始告成立。美属滥觞于一八九八年,华侨在小吕宋领事馆自设学塾;四年后,始正名曰中西学校。嗣后各属侨校,日增月盛,而最大推演之力,为一九〇三年,保皇党康有为以戊戌政变亡命爪哇,鼓吹兴学。及一九一〇年,革命志士以起义失败,群集南岛,尽瘁教育。凡此皆华侨教育得有今日之信史,而予吾人以无限敬仰者!夫吾先辈侨胞既牺牲无数心力与财货以经营华侨学校,以培植海外子弟,则吾人当如何殚智竭虑,以尽发挥光大之责,岂可时至今日,一任其外受异族之压抑,内受经济之穷困,而一蹶不振乎?

洪年尝于清季,筹办暨南学校于金陵,即以振兴华侨教育为己任,中途虽一度停顿,旋即恢复。迨民十有六,国民革命军下江汉,洪年重长暨南,以了我二十年来不忘华侨教育之心愿;于尽力扩充校务之外,创设南洋文化事业部,召集华侨教育会议。今且嘱刘子士木,从速刊行是集,以供研究海外教育者之参考。虽曰编纂之作,非可语于著述,而取材辑佚之功,亦良可敬也。读竟有感,爰为之序。

民国十八年四月,郑洪年

(《暨南校刊》1929年第18期)

华侨教育问题

钱 鹤

今日戴主席在此欢宴，非常感谢，鄙人此次奉暨南大学之委派，来京参加中央训练部华侨教育会议，前日开幕，已聆戴主席暨各代表之伟论，今日在此席上，又听得各位发表意见，十分钦佩。刚才戴主席对于华侨教育所提之师资、干部人才、领馆组织，及经费四项，谨就各项问题，贡献意见如下：

前次暨大所开之华侨教育会议，其所提议案中，以教育行政为最多，此次会议，亦复如是，可知行政问题之重要。然如何解决此问题，及何人负实行之责，实为本会应负之重大使命。前次暨大召集南洋华侨教育会议中，有希望设司者，有主张设行政委员会者，结果多数通过设行政委员会。有人以为设行政委员会，与教育部发生职权上之抵触，然吾以为解决特殊问题，不妨有特殊机关之设立也。后暨大以此案呈请教育部，经部批驳，并由教育部组织设计委员会。但顾名思义，设计委员会，当然无执行之权能，现在所需要者，非缺乏设计组织，乃缺少执行机关耳。故个人甚希望设行政机关，主管一切华侨教育事宜。此为行政问题。其次为外交问题，荷英殖民政府对华侨教育，压迫极甚：搜查也，驱逐也，封闭也，无所不用其极。教科用书，自国府成立后，于党义一层，极为注意，居留地政府之汉务司，曾宣布民国十六年以后之教科书，不能应用，须改用十六年以前者，否则封闭学校。又中国杂志，检查极严，如暨大所出之《南洋研究》，言论极为和平，而荷属已颁条例，禁止入口，此关于外交方面之重要问题，应从外交着手严重交涉者也。

戴主席希望暨大担负造就师资及训练干部人才之责任，并扩大暨大之组织，此为责无旁贷之事。暨大学生，以前仅有少数南洋学生，近自郑校长接办以来，甚形发达，即远至美洲澳洲，亦有来学者，其他各处来学者亦甚多，故今后确有扩充之需要。暨大所设之南洋文化事业部，近亦改为南洋美洲文化事业部，推广范围，扩大组织，至经费问题，筹集基金，极为重要，一千万之筹集，实为伟大之计划，筹集方法能在庚子赔款中拨充一部分，或每年由海关补助，最为适当。以华侨多数经商，进出口税所纳甚巨，以取诸华侨者，仍用诸华侨，此为极中允之事，此鄙人希望以关款补助华侨教育之理由也。以上各项，谨以贡献各位，希望在会议时，特别注意。并有暨大最近种种设施，不难副戴主席企望扩充之热忱云。

（《暨南校刊》1929 年第 23 期）

华侨教育师资的培养与暨南

邓胥功

不论那种学校教育，是离不了两种人的：一种人是被教育者，即是学生；一种人是教育者，即是教师。有教师而无学生，自然是不成教育。有学生而无教师，那更似有材料无工人和有土地无农夫的一样。有材料无工人，能望其能成器吗？有土地无农夫，能期其能有收获吗？可知教师之于学校教育，是颇重要的了。

但是当教师这个事，不像吃饭那样容易，走路那样轻巧，可以人人要想干就会干的。他的关系，也非寻常。干得好罢，于人群，固然有利；干得不好罢，于人群，就大大有损害的呢。因此关系的重大和职务的困难，所以世界各国，要办一切国民教育，都先要刻不容缓的办那与一切国民教育极相关系的师范教育。师范教育的目的，就是要对于未来的教师，加以长期的专门的训练和培养，使他们毕业以后，便能担负那重大的责任和职务，向前进行，不致有所困难罢了。

我们暨南，要办师范科，也不过是这种意思。开办至今，历时竟达二十年以上；毕业学生，亦因以遍布南洋群岛了。他们服务于华侨小学教育，当教员的固然很多，做校长的也已确实不少。且看，每年毕业归去的，又有谁在闲空着呢？由此情形看来，可以知道暨南师范科的毕业生，不但已多得着侨胞的信仰，且实为华侨小学之所需要。事实具在，何待多言。

但在学校方面，老实说，恐怕有一点惭愧对毕业生和华侨小学教员罢。课程一层,年来固尝注意,最难堪的,莫若设备太缺,这全由国家多故,经费困难的原故。其实,全国学校,都受此种影响,独暨南根柢全无,就情形更苦的了。吾人处此,若欲求其稍佳,自有待于时势的进展,却又不可不赖于继续的努力。数十万游息于椰阴蕉影的儿童所日夕期待指导的教师,岂可以长久如此培养着的吗?

以上讲的,是师范科。但师范科,纵到极好的一天,他的用途,也只能供给华侨小学教育的教师,却不能供给华侨中学的教师,是很明白的。

南洋的小学,已办久了,他们的毕业生,也一天一天的因以增多了。加之境遇经济,人人不同,安能尽数回国读书?于是华侨中学非办不可的情形,就已显而易见。那么,中学师资的培养,实是今日华侨教育最迫切最需要的问题,也就是素以唯一华侨最高学府自居的暨南的责任了。鄙见对此,拟有办法数条,录列于次,以供讨论。

一、即办高等师范科,或师资科。或令独立,或隶于教育系等均可。

二、分二年制和四年制两种。

三、二年制,以培养初中师资;四年制,以培养高中师资。

四、内分六组:(一)国语文组,(二)外国语文组,(三)史地及法制组,(四)生物组,(五)数理化组,(六)艺术组。

五、每年每组各收二三人至五人,附读于现有各大学系内,遇特殊情形,乃另聘师授课。

六、课程分配,应有二种,以适应其需要:一为师范科毕业生,一为普通科毕业生。例如后者,入二年制,应修教育课程百分之三十,专门课程百分之七十。但在前者,就可减修教育课程加修专门课程了。于四年制亦然。

甚信照此办理,可有五种好处:第一,不用很大的经费,因主任可以不另设,课程多可以不另开;第二,分二年制和四年制两种,不但适合中学的需要,并能因应学生的境遇;第三,组分六项,既适学生的个性,又得厚储其实力,倘至担当课程,必能胜任而愉快;第四,每组所收人数，每次既然不多，以之分配于大学各系，必无何等妨碍，可以断言的；第五，课程能应学生之能力而升缩，可使学生精力全不浪费于无用之地，也是一件很值得注意的事了。

现虽大学已有教育系，但彼专重学理的探讨，而此乃重实际的应用，实在是可以并行不悖的。试察中央大学的分科，就可明白。

暨南今日，倘能注重师范教育，乃不负其使命，是不可不注意的。其步骤，应先将已设的师范科，于设备，尽量的充实，于课程，尽量的完善，于品格，尽量的训练；次须设立高等师范科，以培养中学的师资，亦应于种种方面，加以相当的注意。其结果，所造于华侨教育的，岂可限量的吗？将数十万小学儿童和十余万中学儿童，都要沾受他的恩惠了，一定的。

（《华侨教育》1929 年第 3 期）

华侨教育合理化

陈谷川

现在世界各国,均有一种新的趋势,就是产业力求合理化。所谓合理化者,即将所经营的事业,改良管理,革新组织,精密计算,减少浪费,增加效率。现在南洋的华侨教育,隐伏着无数危机,造成这种危机的原因,不单是受到经济恐慌的影响;另一方面,乃是由于华侨教育的办法不合理。在未讨论到合理化的问题之前,请先看华侨教育的现势:

南洋华侨自兴学至今,已有三十余年的历史。三十余年的成绩到底如何?在数量上,有数目字可查者,列表示之如左:

英属华校	六九六所	学生	四三九六一
荷属华校	五〇七所	学生	三二六六八
缅甸华校	一五〇所	学生	一七〇〇〇
暹罗华校	一一〇所	学生	一五〇〇〇
菲岛华校	四〇所	学生	六〇〇〇
安南华校	三五所	学生	三〇〇〇
合　计	一五三八所	学生	一一七六二九

南洋华侨,号称六百万,而受中国教育的侨生,尚不足十二万人。在学龄期的侨生,因无统计可据,无从比较;若依华侨人数比较起来,则就学人数,仅占百分之二,据此看来,华侨教育在数量上的发展,并无成绩可言。然此因无确实统计可据,暂置不论。现且看阻碍华侨教

育发展的,造成今日危机的几个不合理的现象。

南洋华侨,以闽粤人居多数。这两省人的语言极为复杂,于是因语言习俗的差异,遂形成数个以地域关系结合的集团。大体如左:

广东人方面分为:广府人、客人、潮州人、海南人。

福建人方面分为:闽南人、福州人、福清人。

此外又有新客与土生之分。

由这些派别上表现出来的团体组织,有:广肇会馆、嘉应会馆、惠州会馆、琼州会馆、福建会馆、八邑公所、大埔同乡会。

在南洋几个大都市上,如新嘉坡、吉隆坡、槟城、吧城、盘谷、仰光等大都市,华侨人数起码均在数万以上。人数既多,而派别的分歧也就愈精密,组织上也比较的完备。在这些地方的华侨教育,因构成华侨教育的主要成分,即负经济责任之校董,及被教育的侨生,有派别上的差异,结果造成今日四分五裂的现象。

在南洋第一大都市的新嘉坡方面:道南学校,属于福建人的;养正学校,属于广府人的;应新学校,属于嘉应人的;端蒙学校,属于潮州人的;育英学校,属于琼州人的;启发学校,属于大埔人的。

在吉隆坡方面:广肇会馆有尊孔学校;嘉应会馆有中国学校;惠州会馆有循人学校;福建会馆有国民学校;八邑公所有培才学校。

在暹罗方面:潮州人有培英学校;客人有进德学校;广府人有明德学校;福建人有培元学校;琼州人有琼侨学校。

以上三大都市,分得最为明显。至于其他各埠,有的分为三校,有的分为二校,有的一姓合立一校,有的个人独创一校,这类事实,不胜枚举,恕不一一罗列。只据上举三处实例,就足以告诉我们,由这四分五裂的结果,必将造成以下的恶果。

1. 削弱中华民族的团结力

华侨向海外发展,已有数百年的历史,至今仍未能由奴隶地位脱出,全为"愚昧与封建思想"所害。要想驱逐"愚昧",打倒封建思想,唯一的武器,就是教育的力量。现在各地华侨学校的基础,多半还是建筑在封建制度上;虽读新时代读本,而养成的环境,却带浓重的"地方主义”色彩，被教育者仍旧未能避免环境的恶影响。且教育事业，既归各集团去办，于是对于别的集团的教育事业就丝毫不发生关系，各个是分离的、独立的、不相交涉的。有些地方，就因为各有其教育机关，往往发生互相排斥的恶现象。一地方的侨民既不能团结，无论对内对外的事，也就无力量去应付了。今日华侨不能抵御八方来的袭击，固有地位发生动摇，便是中了封建思想的恶毒；华侨教育未能发展，反呈险象者，无疑也是受了封建思想的影响。

2. 物质上精神上的浪费

一个小埠，只需要一个华校的，往往因帮派关系，竟有两三所华校同时存在的。但一小埠的学童有限，所以往往有些地方，每校不足百人，甚至只有二三十人的。这种现象，普遍到南洋各地，各帮派拼死命拿出钱来办了三十多年的教育。结果是沉沉的死气一团！

假如各校合并为一，不仅可以减轻侨胞经济上的负担，且因经济集中，资力既充，各种设施，也就轻而易举。且一埠教育统一，精神集中，对于训练教务，更易发生效果。而且各帮派共同合作之后，隔膜既除，感情自洽，意见一致，何来误解？此风既开，地方主义、封建思想，自归消灭；民族团结，因以形成。

就以新嘉坡一埠而论，各帮派所属的学校，均略具规模。然因各帮派的资力不均一，所以资力充足的，学校就办得有声有色；资力较为差的，为顾面子，只堪维持现状，办得无生无气。倘以现在各帮派所负担的教育经费集中，并将现在各校重加改组，集中人才，统一办理，不特可以免除物质上精神上的浪费，而诸般教育设施，自必轻而易举；教育效率，无疑要大大增进。

现在全世界发生经济大恐慌，造成恐慌的原因，是由于生产与消费的矛盾。南洋方面，受到世界恐慌，亦非常深刻，因胶、锡生产过剩，致不景气更甚。目下通过南洋的一般现象，是土产落价，商业萧条，农园停顿，工人失业，社会不安。在这大恐慌当中，最受打击者，自然是我华侨。华侨的经济状况既陷于极度衰落，而华侨教育必然要连带受到严重的打击。如想不使华侨教育陷于破产，现在只有一条挽救的路，就是：华侨教育合理化！

所谓华侨教育合理化，就是集中经济，统一办理，改善组织，慎用人才，减少浪费，增加效率。这种合理化的运动，在菲律宾、棉兰、仰光已经实现了。菲律宾、棉兰、仰光三地的华侨学校，自从在教育会下统一办理后，浪费大大减少，成绩日益显著，而教育经费的来源，也得到了一种保障。这实是首先实现华侨教育合理化的模范。以上三地的华侨，如能更进一步，彻底打破地方观念，消除私人意见，团结一致，共同合作，不仅华侨教育可以得到更有力的保障，而华侨的一切事业的发展，也有了一个雄厚的动力了！

当这全世界发生恐慌，南洋景况日劣，华侨地位开始动摇的时候，这正是促进我们华侨大团结的机会。我们华侨这时还不觉悟，这时还不求个转机，不但华侨教育从此破产，则数百年血汗筑成的地位，也将从此瓦解！

华侨团结的路线，可以由华侨教育事业上做起！华侨团结的精神，可以由华侨教育事业上表现！现在就首先希望新嘉坡、吉隆坡、怡保、槟城、盘谷、吧城、泗水等大都市的侨胞，各将所在地的华侨教育统一起来，集中资力，革新组织，慎用人才，减少浪费，为华侨培养元气！以上各大都市的华侨教育，都能依照合理化的原则改善，则影响所及，其他各埠亦势必望风而起。所以这一华侨教育合理化的运动，有关于华侨前途之生存问题，至重且大！望我侨胞，其速图之！国家前途，侨胞幸福，实利赖之！

民国二十年一月末日

暨大文化部

（《南洋研究》第3卷第4期，1930）

我对于华侨教育之意见

曾毅夫

1. 华侨教育根本上应改进之点
2. 暹政府取缔华文教员之暹文资格
3. 华侨教育岌岌可危
4. 我校应恢复暹文以图补救

暹罗位于我国之西南,同居亚洲大陆,面积十九万五千方里。土地膏腴,适以农事,岁有余粮输出,无荒歉之虞。华人侨居该地者,号称二百万,而生斯长斯之侨生子,尤占多数,因中暹两国,未订国交,向无领事之设!然中暹两国虽无国交,而向有历史关系,且我国侨民,赋性耐劳,而又安分乐业,故当地政府对我国侨民之居住、经营、建筑,向极自由,而我国侨民亦乐于居此。年来我国变乱频仍,灾荒迭见,因之前往该地侨居者,尤为络绎不绝。迩来暹政府为限制侨民起见,颁定移民律,征收入口费,及身税费等,而侨民之接踵而至者仍未稍减,据最近统计,我国侨民在此三个月中,入口超于出口,达七千余人之多。

暹罗商业繁盛,富商巨贾,多属华人,至教育方面,虽不十分衰落,但亦无发达之足道。最可惜者,华侨父老对于教育事业,纯取敷衍塞责之态度,循循相因,不及改进,故时至今日所有之学校,仍不外基本程度之小学而已,中产阶级之子弟,高小毕业后,即无能回国升学者,只有望洋兴叹,良可惜也。

当地教育,向无联络与组织之精神;各校间之教师或学生,毫无感情之足道;且各校教授功课,仍多用方言,其不适于现代教育制度,尤为明显。教学方面既无一定之限制,教师资格复无规定之标准,至学校之行政纯操之有资本势力之校董,教员之去留,纯听个人之爱恶!结果具有相当教育智识与学问之份子,皆抱消极之态度,诚无怪暹罗华侨教育如此萎靡也!

华侨教育现状,既如上述,兹再就暹政府对我华侨教育之制度,略而言之。暹当局对于华校教员及学生,均有限制修读暹文之规定,凡华文教员,均须有三年级暹文程度,方为合格。校长规定必为暹人。但限制华文教员修读暹文之规定,在一九二七年以前,向不十分严厉,迨一九二七年后,此种限制遂日益加厉,而华文教员因暹文不及格而被驱逐者,日有所见,而我华侨学校因无人主持宣告倒闭者,亦复不少;因之华侨教育,遂岌岌然,不可终日矣。

就前者言,限制学生修读暹文,本一极切当之方法,盖吾人无论侨居任何地方,一切言动,总不能不与该国人士发生关系,进言之吾党孙总理所主张联合世界弱小民族,本为世界弱小民族所引领而望者;然吾人欲贯彻此种主张,联络该国人士之感情,尤须熟知该国人士之语言文字,故限制当地学生修读暹文,吾人认为应表充分之同情者。但此种限制,尽可适用于求学时代之青年学子,而不应强制既为人教师者之必修也,盖为人领导之教师既负有授课之使命,自无暇晷以学习,且求学时代对于该项文字既无相当之根底,而身为社会任事之时,欲于急遽之间,造成适当之程度,临渴掘井,何能济事?结果只有听其自然之淘汰耳!试观一九二八年,暹教部考验华文教员之暹文程度时,与试者共五十余人,而考试结果只获二人而已,噫!榜落孙山者,岂尽皆为不堪造之人欤?盖事势有所不能耳。此为造就华侨师资,与夫负有改造华侨教育使命之我校,所急宜设法补救者。

夫我校为华侨教育之最高机关,海外之师资人材,皆仰给于本校。质言之,暹政府对于华文教员取缔之严格,事实上既经明白通告吾人,此时我校师范科毕业之暹侨同学,设仍无相当暹文程度,则回暹执教之日,在在有被取缔之危险。由上面观察,我校宜教授暹文功课,有下列三种理由：

（一）年来暹地华侨来校升学者，达百数十人，其由本校中学升入师范科者，亦复不少，傥无相当暹文训练，回暹执教之日，被取缔于暹政府，为一极明显之事。

（二）由暹罗小学毕业回国升学之初中生，多曾受暹文之训练，回国后以无暹文练习故，自容易遗忘，设有暹文课程，使继续受其训练，必能收事半功倍之效。

（三）去年本校南洋文化事业部召集南洋教育会议时，曾有此项议案，此时正宜努力促其实现，以挽救暹罗华侨垂危之教育。

关于此项问题，亦有主张用外交手腕解决者，其理由谓：本校向设有暹文课程，后因同学中不注意选读，始行结束。此项问题最好由当地教育机关呈明教育部转国府，饬外交部照会该政府，明令取销华文教员修读暹文之规定，收效必较大。我对见解可分两段解说：

（一）中暹两国向无国交！凡我国侨民居留该地者，一切政令均受当地政府约束，设将此问题呈由政府解决，非俟中暹订约后，决无办法。至中暹订约事，去年外交部代表程演生君，曾与当地政府作一度接洽，但结果却未见暹政府有何具体答覆，故在此情形之下，中暹订约，尚属无期！

（二）暹当局取缔华文教员修读暹文，在一九二七年以前，向不十分严厉，在此时未识暹文而任教职者，尚可勉强敷衍；迨自一九二八年以后，凡华文教员，非经考验暹文及格者，均不能任职，毫不通融。吾人由暹回国同学对于华侨教育均有切肤之关系，傥我校能痛念华侨教育之艰危，恢复暹文之功课，自必努力选读，以造成应付环境之工具。

以上为暹罗华侨教育应兴应革之我见，愿负有教育之责者，急起改进，斯则暹罗华侨之大幸也。

十九年四月十五日于暨大

（《暨南校刊》1930 年第 56 期）

我对于南洋华侨教育的几个希望

侠 波

绪 言

教育是导人由自然状态以入于理想状态之活动，换言之，教育是改进人类生活与培养健全的人材之一种工具也。而华侨教育便是促进华侨的文化而产生的，但任谁也都知道，华侨教育是幼稚不堪的，顽固守旧的；现在我们既然知道华侨教育的本身是幼稚不堪的，顽固守旧的，难道就这样地任它永远的幼稚不堪，与顽固守旧下去吗？所以我们就不能再袖手旁观，不去振作我们的精神；非尽我们应负的责任，努力地去改造华侨教育不可了。

我们要知道，南洋的环境是充满了封建思想、顽固守旧的气息。我们要去改造华侨教育，非先行打破这种恶势力不可。然而，我们更还须提防帝国主义处处的无理为难，与横加摧残。不然，我们一方面去改造华侨教育，而另一方面却处处给你破坏得体无完肤，这又是何等的伤心痛心的呢？但，我们现在虽然因为国际上的地位关系而致受压迫，然而，我们还得本着大无畏的精神，去努力奋斗，何愁华侨教育之不完成？因此，我将竭诚地希望热心华侨教育事业的同行的朋友们，振作精神，去向恶势力下总攻击，使我们数百万的侨胞于水深火热中能够自卫竞存！

现在我且把我个人对于华侨教育几点希望能改革的地方，提出和热心华侨教育事业的朋友们谈谈。如有不尽善妥处，尚祈高明者，加以指摘与赐教焉。

（一）师资问题

这个问题我觉得非常的重大，教育之发达与否，都是赖乎师资的程度如何而定；然而，在南洋非但忽视这个问题，而且不注意到。因此，教师非常的滥充，小学毕业生居然也担起小学教师的重担，堂哉皇哉！其实就使是个初中毕业生，也不能勉强担任这个重大的责任，何况是小学毕业生呢？尽其所学，施之于人，充其量，也不过小学毕业程度而已。此外，还有些是想到南洋去发展他的欲望的，一心想找几个铜臭，然而到了那里，以前的大堂的欲望，一点也不能达到时，也就马马虎虎，不管三七二十一地当起小学教员来混碗白米饭吃而已。像这样的滥充，简直可以完全归罪于校董会。在南洋，校董会是非常大势力的，一校之生命，旦夕握诸校董的手上。大凡一个教员的去留，都要经过校董会的允准，因此便弊病发生了。甲校董介绍甲教员来校，而乙校董也可以介绍乙教员来校，只要面子大，有钱有势的校董，什么也可照办，真所谓“无往不利”也。所以一般学识全无的无耻之徒，蝇营狗苟，事事吹拍，以谋得一栖身之所，便视饭碗如珠宝，华侨教育之谓欤？何足云乎哉？虽然，他们（校董们）热心办学的精神——也有以办学的目的去沽名钓誉的——是值得令人佩服；但是，像这样去办学，华侨教育还有抬头之日吗？所以我想假如要好好去办华侨教育，非从这根本问题去着手不可；否则非但徒劳无功，吃力不讨好，反而流毒华侨的青年学子呢！

（二）课程与教材问题

说到课程与教材，更其是可笑。教师往往注意于形式场面，而不务实学；如歌舞演剧等，却常常注意到。年中开招徕式的成绩展览会，游艺会四五次，愈多愈好，以博校董之欢心，以及当地社会人士之赞颂。至于重要课程如理化等，则得过且过，马虎了事。因此往往有些努力上进的华侨学生，不远千里，乘风破浪的跑回国内求学，为了程度的不相衔接，时时“名落孙山”，以致高唱“不如归去”的，也大不乏人。

这又该归罪于谁呢?

教材之不适用,早已使人人感到的,尤其是影响于儿童的身心。比如:鄙人幼年时,曾就读于南洋某小学校,一日教师读一课书,大体是关于“雪”的。教师口讲指画,说得天花乱坠,而我们还是莫明其妙,结果教师以教便物,“棉花”作例。自此以后,我常常觉得棉花便好像雪花一样。假如不回国见过雪,我想至今也许会以棉花比作雪花一般吧。由此看来,教材之不适宜,影响于儿童有如是。在我看来,最好教师能够随时采取教材,编成讲义去补充,以便实地教授,除此以外,我想只有“无办法”吧。

(三)怎样去颁行国语教学

近年南洋华侨很觉得讲国语的好处了,大凡开什么会,或演讲,莫不是以国语为主——虽然也有例外的——现在就学校方面来说吧,虽说是用国语教学,然而在下课后,而学生方面,自己是福建人的,便说福建话了,是广东人当然讲广东话,你一群,我一团,各不相侵,何足云感情呢?小学生尚且小事,然而,为人师者,也莫不过如是;你一群,我一团,大谈其乡谈,国语也者,早已抛诸大海洋中了。像这样地施行国语教学,何尝不是等于零?还有因此互相考击与排斥的弊病发生;于是,风潮便时有所闻了。我以为要颁行国语教学,并非难题。假如每个学校规定,无论上课下课,师生谈话方面,皆以国语为发言标准,否则须受何种相当之处罚;假如能够如此颁行,久而久之,自然而然会得到非常的效果;同时也可以使国语普遍于整个的南洋社会,这样施行国语,真可以说是事半功倍了,何乐不为,而偏要做那吃力不讨好的工夫呢?

结 语

以上所云,甚希望热心华侨教育事业的朋友注意,而鄙人在此,便可暂时作一个收束了。

(《暨南校刊》1930年第63期)

南洋华侨女子教育谈

（寄自印度国际大学）

陈乃生

绪　言

近来南洋华侨的教育，很可以说蒸蒸日上了。就是数千年来被压迫的女同胞，也得有相当的教育机会，这是我南洋华侨教育的一个转机，也是我南洋华侨教育的一大进步。但是谈到真正的女子教育，就还差得远了！同时所有的缺点，也非常之多。现在且将我几年来所经见的南洋女子教育的真实情形，略述于后：

（一）董事方面

1. 提倡女子教育的不彻底　一般所谓"董事"，表面看起来，似乎对于女子教育也很注意。无论大小的地方，总有女学校的设立；最少也总附设有女子部。那些号称为董事的董事，满口说的是"女子教育为教育之母"……如何如何重要。但是他们每每所说的是如此，所行的却又如彼。最显而易见的，我们无论走到哪一个地方去参观同一董事所创办的一个男校和女校，那就可看出他们是如何的重男轻女了。单就形式上校舍方面说，通常是男校有适用的校舍，而女校就大多是租一间店铺——规模较大的则每租一间或两间；设备上比较男校，更是差得多。

2. 对于女教员不以男教员之同等待遇　董事部既不能视男女教员如一水平线，因此对于女校方面处处取敷衍态度，同时待遇教员也不同了。假设小学部男教员月薪七十元的，女教员必定只有六十元或六十五元；中学师范男教员月薪八十元的，女教员也必定要少十元或五元。（男女同校不在此例。）此外男女校长也往往是这样待遇不平。有此不平的待遇，有的女教员一遇有其他相当的机会，就卸职跑了。那些一无所长的饭桶教员，就便乐得有混饭的机会。结果只是害了那些可爱有为的青年学生。

3. 董事部不认清自己的权责　南洋华侨办学的一班董事，不用说多数是些有钱的商人。他们最多是念过几本商业尺牍之类，间常有几个半文不武的时髦人物，回过中国，知道几句国语，这就算是很出风头了。固然，很开通的明白事理的董事也有，但总是极少数。他们热心出钱办学，我们是很敬佩的。但他们往往对于校务上大小的事情，都要管到。谈办学者的理想，完全不能实现。还有一部分人呢，则又只挂一个董事的名，而学校一切问题一概不去理会；学校办理如何，亦不过问。所谓“贤者过之，不肖者不及也”，他们到底是贤呢，还是不肖呢？

（二）教职员方面

1. 教职员缺乏教学及办学能力　南洋华侨女学校的教员，多数未受完全师范教育，教学能力很是薄弱。我亲自所看见的女教育界的先生们，或直接间接的朋友们，她们有的当然是富有学识经验，品性也有相当的陶冶，但这是十人中只找得一两个；有许多是还未在中等学校毕业，她们既不明白教学法是什么，更没有半点教师的资格，还一味要嫉妒那些比较有学识的同事，甚至还自损人格，向董事部去生事作恶。还有些本地土生人，有的在英人创办的学校念了几句英文，就来称当英文教员；有的在学校读了几年书，再跑到那些害人的速成师范混了两年，也俨然是一个大教员了。其实她们的知识，还不及一个国内小学生的充足。（以上所说，并非有意捏造，我想注意南洋华侨女子教育而有经验的，一定都有同一的感触。）像一班这样的人在努力于南洋华侨女子教育，南洋华侨女子教育又哪能办得好呢？!

2. 教师缺乏高尚完美的人格　教学者的人格之重要，这是谁都知道的。南洋华侨教育界人物，真是糟之又糟！专就女教员说，好的固然是不乏其人，而坏的也就不胜枚举。她们一天除敷衍几点钟不能不上的课外，就专务装饰，如游街看戏和其他不法的娱乐会等，惟恐来之不及；烂于交好，而同性或异性间又常发生冲突，以致往往兴风作浪，影响学校。爱美、好乐、广交游，三者本都是人们固有的本能和嗜好，光明正大，自无不可；但她们却一味是胡闹罢了。言至此，不禁大为南洋华侨女子教育惜。

3. 结果是有名无实　南洋女教育界多数人物既是这样，那对于教育的效果，也就不可言喻了。至于办学的目标和宗旨，更是谈不到。她们为迎合学生的心理及招徕计，对于学生成绩，所以不加以严格的考察；而对于学生的行为更不加以严厉的督责与正当的指导，以致结果是南洋女子教育有名无实。

（三）学生方面

1. 优点

A. 富有读书的兴趣。说到学生读书的兴趣，大部分的责任本是在教师的身上——在乎教学者的引诱；而学校的设备方面也有很密切的关系。但据我走过的英属马来半岛一带，各处学校的学生，却无论学校教师如何，都颇能领悟读书的兴趣。她们除非万不得已的时候，确实很少无故缺课；放学后，还恋恋地不愿离开学校，或演算题，或习图画手工等，对于手工，更多酷好。这实是不可多得的优点。

B. 聪明活泼。南洋学生程度较国内幼稚的原因，并非南洋学生不及国内学生的智慧，只是她们得不到良师的教授。我常将一班学龄儿童测验的结果，与国内学生相比较，全无不及，有的还胜过国内的学生。

C. 有耐劳的精神。“耐劳”这点，我认为是南洋华侨学生最可取的地方。她们无论是资本家的女儿，或苦工的女儿，都有同一耐劳的精神。如家庭的日常工作和学校方面的清洁整理，都非常尽力。对于佣人和校役，也极尊敬，既无分阶级，也没有国内女子那般骄奢不可耐的习气。

2. 弱点

上述南洋华侨女学生的优点外，她们还自有她们的弱点，这是任何社会教育过程中所免不了的。

A. 南洋华侨女生大都偏于记忆，乏于思考。这点也许是中国人的通病。我们看欧洲的科学特别发达，就可想而知了，关于这点在此不必多谈。

B. 南洋华侨学生的智力与国内学生不相上下，前已述明了，不过那是专就学龄儿童言，而成年学生就确是比较国内学生差些。这因为她们的思考力与智力在小的时候失了启发与利用的机会。譬如我们取同一文科教材，在国内二小时内可结束，在南洋方面也可以在同一时间内教完，没有多大困难；但是以数理方面的同一教材，就非两倍的时间不可，而尤以算术为最。所以每每学生在小学毕业时，功课最差的是算术。小学的基本工夫失掉了，一到中学师范便更困难起来，每逢数学钟点，必多数学生感受头痛。到考试时候，那不用说，及格的很少。这样过去，问题越难，就越费思考。她们因为费思考而怕思考，由怕思考而致于不思考，因此思考力就失了利用的机会，日渐退化。其中的原因，当然不能完全归罪于学生——教师也有一部分的责任。但是她们畏于思考，这是她们的弱点。

结　语

南洋女子教育既是这般情景，自当从速补救。补救之道，我以为：

1. 组织南洋教育会，（各埠设分会）以统辖各学校，使各学校一律依一定的目标和宗旨办理，及能联合各校感情，互相促进，庶可彻底改良。

2. 规划董事与职教员彼此间的权利义务，则经费上既无问题，而办学者亦不致掣肘。

3. 聘请品学兼优的教师。

4. 取缔那些害人的速成师范或中学，建设正式的中学师范。

5. 各学校一律优待苦学生，使南洋女子教育发达而普及。

以上所述纯系个人从实际的观察所得，徒因时间关系，未能详细把南洋华侨女子教育作一个详尽的有系统的叙述。

（《暨南校刊》1930 年第 68 期）

华侨教育谈

曾毅夫

引言

教育是什么？华侨教育又是什么？前者就字义解说：使就正当的路为教，使之自然发展为育。就意思解说：教育是助人类发展，使适于世界潮流之一种作用。杜威(Dewey)说："教育即生活。"意即教育为发展其个人的知识才能，以养成其对于公众幸福之有理智的动作之谓。就后者说：华侨教育一方面受着政治的压迫，一方又受经济的束缚！这种教育，可说是特殊教育，这特殊的教育，非身处其境者不可知，知之或不能详。中国政治历受数千年专制的恶毒，养成文弱保守的国民习惯，比诸泰西人士之航海探陆的，真要有天渊之别了。即有些能秉着冒险的精神，航海梯山去别开生面的，而政府也不过视同化外居民罢了！

迨清社既屋，民国成立以后，虽然知道华侨关系祖国之重大，可是连年变乱，军阀专横，华侨所得到的实惠，可谓微乎其微！革命军兴，全国统一，扶植海外华侨的声浪，似有渐渐的震荡的趋势了，由是本校——暨南大学而有南洋文化事业部之设。去年六月而有该部华侨教育会议的召集，同年十一月又有中央训练部同样会议的召集，本届全国教育会议亦有华侨教育审查组之设备。然以华侨教育现状之需要论之，一为摆脱当地政府之束缚，一为经济的解决和设备的改进。前者属于外交问题，应由外交部积极的设法解决；后者关于教育问题，应由教育部积极推进。属于教育部办理的或能于最短期间实现一部分,然而大部分议决案如编订课本、筹措华侨教育基金、设华侨教育行政机关……吾侨均须切实负起责任促其实行;至关于外交部应办各项,虽经我们华侨声嘶力竭的呼号,却未见当局生些微的响应!尤有言者,台湾学校无故被日本干涉,虽经教育部一再咨文外交部请向日本提出交涉,而外交部仍迁延未办(参看《暨南周刊》六十三期《教育部关心华侨之一般》),不知是外交当局果真无暇顾及呢?抑华侨教育之不足救济呢?我非外交专家又非政治学者,个中真相当然非作著者所能够窥测了。总之,目前华侨教育危机,既成了一个急待解决的问题,我外交当局,若不把华侨教育放在眼里,那就不用说了;要是还能够感念到远在海外任人摧残的华侨教育这样危险的话,那就应当切切实实的负起责任来,设法解决,以挽危机。本来华侨教育在这"千疮百孔"之下非片言可尽的,不过概括地说起来可分为"救济"和"改进"两方面,现在把这问题分析如下。

(一)关于华侨教育的救济和改进

1. *解脱当地居留政府的束缚*

在南洋办过教育的,无论何人都感到受居留政府束缚的痛苦和无理的限制,远者且勿论,即最近荷属棉兰华侨教育总会视察员叶时修君被迫回国时,报告经过的大概,也就可以知道华侨所受的不平待遇和华侨教育前途的危险了。我们晓得,学校是宣扬文化、造就人才的机关,所授课目,当然要适应世界潮流,和适应新文化的途径,才能使学者对于社会意识有所领略,对国家有充分的观念,才能使教育不失其本来之意义。华侨教育到底怎样呢?禁用三民主义和新学制的教科书,任意驱逐教员,严格取缔学生作文时引用爱国合群的字句等,都可以看得到华侨教育的束缚,办学人员既无保障,学校设施在在受其束缚,像这样简直是失去精神作用的教育了,还成什么宣扬文化的机关呢?以上所述,不外略举其大概,其他如英暹各属类此或更甚的事实真是擢发难数呵!我华侨教育设不能于最近的将来摆脱此种重大的压迫，前途的危机，将不知伊于胡底了！

2. 筹措华侨教育基金与资助华侨教育经费

年来华侨学子日见增加，因之学校数量不能不随之增长，以适应华侨学子之需要。据十四年调查所得，暹属有学校一百余所，英属马来半岛三百余所（据一九二八年马来联邦政府提学司之调查有学校六百六十九所），缅甸一百七十余所，荷属有三百余所，菲律宾四十余所，其他各埠尚未有计算（近年来学校的数量增加，其数恐或不止此了）。照上面看来，学校的数量，不为不多，然而实际情形怎样呢？基金稳固，经常费充足的有多少呢？这是值得我们研究的了。惜乎关于这种参考资料，很难找到一个精确的统计。下表为作者根据本校南洋文化事业部出版之《南洋研究》从第一卷第五期起至第三卷第一期止统计而成的，虽限于一部分，然观此总可知其大概了。

类别			百分率
经常费	有余		17.%
	相抵		38.5%
	不敷		44.5%
校舍	自建		48%
	租借		52%
基本金	一万元以上		32%
	一万元以下		18%
	无基金		50%

根据上表，经常费不敷的竟达百分之四十四点五，毫无基本金的占百分之五十，租借校舍的达百分之五十二。我们晓得，要发展教育事业，惟一的条件在有充裕和稳固的经费，设无固定的经费，整天处在风雨飘摇之中，保持现状尚且不能，遑论乎发展？且华侨教育经费的来源，大都仰给于商店月捐与华商货物加抽税等，年来时局不靖，商业凋零，学校经费遂直接受其影响。且学校既无相当的准备基金，一旦

经费无着,即难免趋于倒闭的危险。这是华侨教育最大的危机,事实如此,不容我们隐讳的,我们要使华侨教育的健全和发展,这一层却不能不特别注意。

3. 增加初中或师范的设备

华侨学校的数量固然是这样多,可是大都限于小学,高等教育机关固然用不着说了,即就初等中学来说还是寥寥可数。别处且不要说,单就暹罗一埠来论,华侨人数几达二百万,富商巨贾,指难胜屈,以人数言不为不多,以经济言不为不富,照理应有中学的设备(据最近有筹办中学消息,作者甚望暹罗华侨父老能切实的促其实现),以适应当地华侨学子之需要,然而一直到了现在还没有办到,诚为可惜!以海外华侨所办中学之数量言,约计占小学千分之六七左右,以此寥寥可数的中学,供此多量的小学生升学,真是供不应求。那些富足之家自然有力量供给子弟回国升学,然而富足的人有多少呢?无产的人固用不着说很少有升学的希望了,就是中产阶级的子弟还是进退两难!因此便常有堪资造就的子弟,为深造计不得不回国升学,可是为了经济的关系等到自己在学校毕业,就连家中小有的资产,也同时宣告毕业了!这些都可以看得到加办中学是很紧要的一件事。还有一层,高小毕业的学生不一定年纪都长大能自立,为家长的人当然少不得要多方顾虑,不得不使之辍学;或勉强使其在邻近外国人所办的学校肄业,受外人文化熏陶的也不知多少。作者侨居南洋数载,目击这些情形,实在有些心痛!故为根本救济华侨教育计,就少不得要在海外适当的地方,多办几个初等中学或师范,以适应华侨学子之需要。

4. 奖励兴办教育的热心家

海外各地华侨学校经费,大都由各热心家慷慨乐助,以维持经常费。华侨人士有此好义的精神,本一极好的现象,不过苟无相当的奖励,恐无以资激励。去年二月二十九日教育部所颁布的国内兴学褒奖条例第九条说:"华侨在国外以私财创立或捐助学校及其他教育机关,以培育本国子弟者,其请奖手续,由各驻所在领事开列事实,请教育部核办。"这是关于华侨热心捐资兴学的请奖手续的情形。惟此项奖励,须分做几点:(一)由学校具文奖励,或将各热心捐助者的照片悬挂于各该学校;(二)由当地领事或中华会馆呈请教育部奖励;(三)由当地领事或中华会馆呈请教育部转呈政府奖励,各依其出力之多寡,而定奖励手续之繁简,那末一方面无负捐资兴学者爱护教育之热诚,他方面还可借此以励后起。

5. 造就适合海外环境的师资人才

学校是造就人才的机关,教师是学生的领导,假如有良好的教师,良好的教学法,自然会使学生发生爱好求学的兴趣,使学问上日有进步。在这种状态之下的海外华侨教育,师资人才缺乏,是无可讳言的事实,而有加紧造就之必要。不过师资人才的训练,也须顾虑到当地的教育情况。比如我们预备要跑到南洋服务去的,对于南洋的地理历史,总得要相当的明了;又如暹罗政府限制华文教员,要考他们的暹文,如不及格的,就免不掉要给他取缔,关于这一层,作者曾在《我对于暹罗华侨教育之意见》一文中曾略略地把我的意思发表于《暨南校刊》上面,作者意思:以为最好在本校师范科或普通科设一种共同修读的暹文功课,使在本校毕业的暹侨同学,能适应暹罗华侨教育之需要。总之,预备供给南洋各地学校需用的教师,不惟要有深造的学问,而且要有适应南洋教育环境需要的技能。

(二)关于华侨教育的"改善"问题

1. 划分董事与校长间之权限

兴办教育事业,先决问题就是经济,其次就是学校行政问题。国内各学校经费大都由国家或地方政府负担,学校行政问题都由校长及校务会议解决。海外华侨学校则不然,经费问题虽有一部分是属于出入口货税项下抽收的,然而大部分仍由校董间接负责向各商号或工场募集,因之学校方面遂发生出一种不好的现象:校董会独揽行政大权,教员的去留、学校兴革、教务上各种情形,均由校董会决定,校长个人几无权过问。我们晓得,学校是一个文化机关,一切行政问题应由校董会聘请富有专长学问的人负其全责,不应由校董会越俎代庖,教玉人琢玉。(如有特别情形,校长属于外国人的,应以教务主任负其全责。)民国十七年二月二十七大学院公布之《华侨教育条例》第十条:“华侨小学校长负学校组织及行政之全责,华侨小学校长以专任为原则,但得以本校专任教员兼任之。”从上面看来,可知学校行政应由校长负责办理始合原则,惟经费方面是属于校董方面的,应归校董会负责办理;那末学校的行政既分,学校的进展也就无阻碍了。

2. 厘定教育宗旨

自国民政府成立以后,国内学校均依照教育部规定的教育宗旨切实施行,惟在华侨方面,对于此项问题颇不一致,主张沿旧说的以保守派为最出力,主张革新的以新进学者为多数。不过我们要晓得,时代是进化的,学术是随时代潮流而前进的,有变化才有进步,求进步必须变化,社会既然是进展着而不停,那末我们为求适应社会生存的需要,自不能不力求改进,考之欧美各国尤为明显可见。

总之,在这廿世纪时代,社会日益进化,科学日益发达,教育事业也自不能不跟着进化的途径上去跑。因此,我对于华侨教育宗旨,觉得最低限度要“以适合三民主义的原则,与夫海外环境之需要,而规定标准”,使华侨教育宗旨,能趋于一致。

3. 改良教学法增进学生对于求学的兴趣

学习的进步问题,和教学法的好坏,很有密切的关系。假如教学得法,使儿童对于所学的感到兴趣,进步的程度自然比较要快。心理学家所说“每次练习须得快愉之结果”,这就是说,凡人在学习一件什么东西,而要感到相当兴趣的意味,才能使学习的得到进步。关于这层,武德卫史(Woodwarth)之《兴趣原理》有一段说:“对于一物之兴趣,乃就一物之本身而发生,并无何种最后之目的参与其间,如儿童爱游戏的兴趣,其耸动(Drive)即在动作之本身也。”这是关于兴趣的解说。可是怎样才能使儿童发生兴趣呢?在作者意思,可分下列几点:

(1)教学宜用启发式,使儿童思想自由,则明了自易。(按南洋小学教师授课时多用演讲式,全凭教师个人思想之分程,使学者勉强从之,这种纯出于被动注意〔Passive attention〕的结果,小学生思想完全不得自由,智能较低的,甚至茫无所知!)

(2)授课时宜用适当的教学法使学生感到兴趣和快愉。例如桑戴克(Thorndike)之效果律(The Law of Effect)说:某种动境所唤起之某种反感,其结果愈愉快则感应愈强固。

(3)宜设法诱导儿童解决难题,切忌以严酷的教学控制儿童。(南洋小学教师间有因儿童所学者不能了解,而加以严酷的儆戒者。)

(4)在每天七小时(自上午九时至下午四时)当中,宜有相当的休息时间。(在休息时间可作随意游戏。)

(5)在每周中间作一次演讲练习,使小学生对于精神上既感到兴趣,而学术上亦有进步。

(6)多作白话剧或讲故事,使学生有爱艺术和启发思想的机会。

4. 组织华侨教育总会

华侨教育组织向极散漫,各埠间的学子和学校数量也没有确切的统计,因此常有应当设立中学或小学的地方,常没有办到,有的却办得不好,这些都是华侨教育没有组织,和没有大规模计划的缘故!华侨教育既没有组织计划,而教育宗旨和教授方法自不能一致,例如南洋的小学教授仍多用方言,及教育宗旨参差不一,都可以看得到有组织教育总会的必要。

结　论

以上所述各项,为目前华侨教育应兴应革的大概情形,一为"救济",一为"改进";改进是建筑在救济的上面,救济是基于改进下面的基础,两者是互相并进,不可或少的。至第一项第二条,中央训练部召集华侨教育会议时,前议决一救济办法:

(一)筹集华侨教育基金一千万元,内由国府拨款二百万,闽粤两省一百万元,余向海外华侨募集。

(二)每年由政府拨款五十万元,补助华侨学校经费。

据全国教育会议华侨教育审查组委员刘士木先生所述,此案经全教会议议决,施行方法,除第一条须俟政局稍为平静后施行外,其第二条补助华侨教育经费五十万元案，将于最近由教育部派员前往各地调查后，即可拟定办法施行云。此外关于第二项第一条，亦经此次中央训练部华侨教育会议议决通过，其办法如下：

甲、校董应组织校董会，其权限如下：

A. 募捐基金；

B. 筹备常年经费，及建筑设备等临时经费；

C. 审核预算及决算；

D. 保管校产；

E. 选聘校长；

F. 代表学校办理对于当地居留政府的交涉事项。

乙、校长之职权如下：

A. 主持全校教务训育及其他一切事宜；

B. 聘任教职员；

C. 编造预算及决算。

丙、校董会与校长相互之关系：

A. 校长在聘任内非确有失职，或其他不得已的事故，双方不得中途解约；

B. 校长列席校董会议，并得提出议案，但无表决权；

C. 校董对于校务之兴革有所建议，应提出校董会议议决，交由校长处理之。

除以上两条既定有办法外，其他如请外交部办理关于华侨教育之交涉事宜、奖励热心办学、广设华侨中学、培养师资、确定教育宗旨、改良教学问题、设华侨教育总会、编订华侨学生课本（因国内各书局所编制的课本多不适于华侨学子之环境），其既经中训部华侨教育会议及全教育会议，议有成案的固有，而未有具体办法的亦复不少，愿我海外热心教育的侨胞，急起促其实行，庶华侨教育有发展的希望！

十九年三月于暨大五舍

（《暨南校刊》1930 年第 70、74 期）

华侨教育师资问题

郑洪年

教育效果，全赖师资；择师不良，小则影响青年思想行为正当之发展，大则遗害民族国家之前途，为祸之烈，片言难尽。以故年来热心教育、经验宏富之教育家，莫不以培养师资为增进教育效能之先决条件也。夫师资问题，在一般教育，固属重要，在华侨教育，尤其重要。盖我华侨父老之漂泊海外者，大抵经营商业，当其去国之初，固未尝负有推广教育及宣传文化之使命。逮夫生活稳定，子孙繁衍，事实上需要教育之时，始鸠资兴学，以祖国文化教育其子女。最初教师，多由父兄自任，其后则请时间较空之商人或逊清末年之学究充任之。夫以寻常商人，清末学究，办学任教，尚何教育原理教学方法足云乎？此华侨教育之所以难有进展也。近数年来，我校师范科毕业同学之赴南洋者颇多，各属学校亦渐有聘毕业生任教者，惟一般人对师资之重要，仍未能彻底明了。彼等以为苟大学毕业，均可以办中学，中学毕业，均可以办小学；而此类毕业生，是否"有教育之修养，受专业之训练"，未尝加以考虑。因之无论所学为农工商法，苟与校董熟识，均可以坐皋比而执教鞭；师范毕业者，反多佐理商店，或居家赋闲。故今日欲谋华侨教育之根本改进，非从华侨师资之培养着手不可，华侨师资之问题，诚华侨教育之先决问题也。兹将培养师资之办法，分别讨论之如左：

一、唤起侨胞对于师资问题之注意

制衣应找缝工，制桌应寻木匠，办学校应找师范毕业生，此理至为明显。奈何许多侨校董事不乐延师范毕业生耶。考其所以,不外二因:一则以教育为教书,教书之事,凡有知识学问者,人人均可以干,不必另有专门之训练,且实际上师范毕业生之教学技能,有时且不及未受师范训练者之高明;二则以为学教育者,未必皆是教育家,而良好之教育家,多系生成而非教成,由此误解,遂致漠视师资训练之价值。此种错误观念若不打破,对师范生之出路影响殊大。故我校师范同学,应常有刊物发表教育上之种种研究,以引起侨胞对于教育理论之注意,训练效率之信仰,则错误观念日易消失。现就上述二因略为评述:前者认教育为教书,遂有人人易为之误解。实则今日之教育已由学术中心,变而为儿童中心,故仅有学识不足用也。且教育学科进步,内容复杂,如教育学、教育史、儿童学、心理学、测验法、行政法、管理法、教学法、统计法等,均非有相当之研究不足以任教师也。至若少数人由个人之研究与经验而教学技能较优于师范生者固属事实,然据此少数例外之理由,亦不足以抹杀师资训练之价值。就后者言,良好之教育家,固非人人所能做到,而善教者因训练而益善;不善教者,经训练后,亦堪任职;是则教育家乃生成而非教成之说,亦难成立矣。总之,教育事业乃人与人间之活动,亦即人格感化之事业,绝非机械的传授形式的联合而已。即就"师范"二字而言:"师"者所以传道,授业,解惑也;"范"则含有以身作则之意,即先立己达己,方能立人达人也。故凡为人师者,无论在知识方面、行为方面,皆有受特殊训练之必要,而于"宣传中国文化,实现三民主义之华侨教育"更属重要也,凡我侨胞能勿三复斯言乎?

二、广设师范学校或师资科以宏造就

师资培养,须有一定之场所;师范学校者,培养师资之惟一场所也。我华侨之在海外各地者,为数至巨。即以南洋而论,各属各岛,均有多数之华人;华人所在之处,即有华侨学校之设立。果各地侨校均延聘师范毕业生,则尽我师范科同学全部充任亦为数无几,况我师范科同学,以任小学教师为宜,若办中学及幼稚园,则未见得个个俱胜任愉快也。我暨南大学,为华侨教育之惟一学府,负有“改进华侨教育及培养华侨师资”之特殊使命,所以两年以来,力谋扩充,除原有师范科扩充名额广招侨生外,又于教育学院设师资专科,俾曾经服务南洋小学者得回国作更深之研究,为将来办理南洋中学教育之准备。同时复于本年添设幼稚师范科,专收有志于改进南洋幼稚教育之女生,并设幼稚园,借资实习,以备将来办理南洋之幼稚教育。就现况言,培养各级华侨师资之机关,在我暨校业已粗具规模。目前虽因经费支绌,未能单独设立,各种设备亦未臻理想之域,然若就此规模,徐为充实,严格选择,切实训练,则南洋华侨幼稚教育、小学教育以及中学教育之师资均有所出,而各级华侨教育之促进亦有所凭借矣。惟望我各级师范之先生及同学共同努力!尤盼政府能特筹经费,俾保级师范能离开大学本部,单独设立或增设各级养成华侨师资之学校,以便于作专业之训练焉!

三、审慎选择严格训练以求良师

世人每见师范毕业生往往有教学技术、办事才能不甚高明者,辄对师范教育根本怀疑。殊不知此种不良之结果,乃由主持其事者“选材不慎与训练不严”之所致,不应归罪于师范教育之本身也。苟选材适当,训练严格,则所得结果,自然良好。故选择与训练实培养师资最重要之条件也。兹分别论列如左:

(一)师资选择问题　此问题乃培养师资之初步,甚为重要。苟误选不适为师之学生,虽勤加训练,亦如耕治石田,徒劳无功。欲求选择适宜,应注意下列之办法:

甲、积极的

1. 入学之初除各种学科之考试外,每个学生应有严密之身心测验。生理测验包括健康的,官觉的,语言手指等动作器官的,仪容的各种。心理测验应包括智力的,情感的,意志的,社交反应的,道德的各种。如有反常情形,应即劝令改行。

2. 在初中或高中末年,应有积极的职业指导。示以教师事业之情形，俾将来进修师范科者，确有从事教育事业之兴趣与志愿。

乙、消极的

1. 抉择年龄应稍迟延。盖青年志趣，每易变迁，择业过早，殊欠适宜；且为教师者重在以身作则，年龄过轻，举动幼稚，亦不易引起学生之信仰。

2. 师范与普通学生之待遇应渐相接近（惟真贫苦学生例外）。如相去太远，则入师范者或并非由于志愿；所谓师范学校者，浸假而变为免费学校之别名矣。

（二）严格训练问题　依上述办法虽选得良好之学生，然若训练不严，自由浪漫，亦难得良好之师资。故严格训练必与审密选择相辅而行，方可获良好之效果也。兹将严格训练之标准列举如下。

甲、关于信仰者

1. 应深信三民主义是唯一的救国主义；

2. 深信教育是促进华侨自由平等之唯一工具；

3. 深信服务华侨教育是我们的终身事业。

乙、关于体格者

1. 要以军事训练、运动竞技锻炼成健全强壮之体魄；

2. 要刻苦耐劳，牺牲自己，以发扬民族之精神。

丙、关于知识方面者

1. 要有职业的知识（教育学科之知识）；

2. 要有专科的知识（担任学科之知识）；

3. 要有丰富的常识；

4. 要有科学的头脑；

5. 要有研究的兴趣。

丁、关于技能方面者

1. 要有职业的技能（教学法、管理法等）；

2. 要有指导民众之技能。

戊、行为方面

1. 思想要革命化；

2. 行动要纪律化；

3. 态度要儿童化；

4. 生活要劳动化；

5. 兴趣要艺术化。

上述之各项标准，如何方能达到，则惟有“严格训练”而已。所谓严格训练者，即云每项训练应依照所定程序，切实执行，丝毫不苟且、不敷衍、不通融之意也。果能如此，则自易达到目的。抑又有言者，师范学校，重在“范”字，故师范学校教师本人之教学法、管理法，无形中影响于学生将来之教学技能者，至深且巨。例如：教师之发问法、处理答语法、解决教室内偶发事件法，以及其人之仪容、态度、举止、动作、讲话声调等，均易为学生所模拟。换言之，“教师之整个人格，全在学生模仿范围之内”。故为师范学校教师者，无论所授为教育课目，或普通之数学、国文等科，均应以“示范方式教学”，俾学生不仅得到知识，又可得到技能，不仅知如何办事，又可知如何作人。则无形中所收之训练效果大矣。

四、师范毕业生之出路及教师专业的保障问题

依上所述，慎审选材，严格训练，切实考之试，结果必能得良好之教师。然将此许多良好之教师如何介绍至南洋服务亦一重要问题也。此问题之解决，约有下列各项办法：

（一）自己介绍　所谓自己介绍者，即凭个人自己之努力，以获得服务机会者。例如交游较广之学生，每届毕业之时，已有亲友为之觅得工作。又如在刊物上常有研究发表或有特别著述者，亦易为人注意延聘。此外尚有回南洋后，约集同学，自办学校，以实验其教育理想者。此事虽难，然亦系师范生之义务，最有价值之工作也。

（二）同学介绍　所谓同学介绍者，即同学之间，应互相扶助，以促进华侨教育事业，并非结党营私，专为吃饭的团结也。例如某同学举办一教育事业，或充任校长时，应请其他同学之贤能者帮忙。盖师范生果受特殊训练，具有特殊知识与技能，自须以服务教育为天经地义；

而未受训练之学究，亦自应退避三舍也。

（三）母校介绍　上述办法，多系就高材生言。然同班毕业，学力每不一致；即令学力一致，而好动好静，各人不同。故母校介绍，责无旁贷。惟向来介绍方法，非致函各校请用，即以毕业生姓名、相片登报宣传。此种旧法，非全不可用；然求有效，今后当利用学生成绩或参观团、见习团之组织以资宣传。其法即将学生尚未毕业时之成绩名单等，每季分送南洋各校；并将学生之具有特长者，特别宣扬，使各校当局早储良好之印象，则毕业时自易应聘。至参观团或见习团则于毕业之后，由学校将尚无出路之学生，组为各团，请教师率领，赴南洋各校参观见习。至各校后作数周之义务助教与实习，相处既久，则各个人之性情与学力，均为各校当局所深悉。如是延揽自易，不患无位矣。

（四）政府介绍　国家不惜巨资开办师范学校，则对于师范生将来之用途，自有相当之研究。故对毕业生服务之介绍，亦负有重大之责任。应仿外国办法，以政府力量，命令各校延用；或依学力之高下，环境之情形，酌派各校服务，以期促进华侨教育之发展。至若上述参观团或见习团之办法，均有赖于政府之帮助方能顺利进行圆满实现也。

教育乃专门科学，教师乃专门职业。所谓“专业”（Profession）者，即有别于“普通职业”（Vocation）也。盖普通职业之直接影响，仅限于局部范围之内；教育事业之直接影响，则普及于全社会、全人生。普通职业之对象为死的事物；教师之对象，为活泼的儿童。普通职业之主要目的，在求得个人之利益；教师工作之主要目的，在造就人才，谋公共之福利，个人利益系附带的。至专业本身之含义，亦有五种：即（一）适应社会上必不可少之需要；（二）具备特殊之知识；（三）具备特殊之技能；（四）享有执行业务之特权；（五）对国家社会负有特殊之责任是也。夫教师之职业，既与寻常职业不同，其资格甚严，训练甚苦，而生活又至清贫；则政府对此种职业，当予以特殊之保障，庶可使一般为教师者，生活安定，终身尽瘁于教育事业而不致见异思迁矣。兹将各国保障教师地位及增进教师学业办法之适用于我华侨师资者，略举数种如左：

（一）实行年功加俸（Schedule for the promotion of salary）　凡教师在华侨学校任职在相当年数以上者，该校应每年依照其原薪增加几分之几，以示敬重优待之意，俾得增加兴趣，忠于其职。

（二）厘订养老制（Pension system）　凡教师在华侨学校任职数十年以上者，不仅应增加薪资，减少钟点；且于其因老告休时，政府当依各地生活情形，仍给原薪，或原薪之几成，以资养老。

（三）防备无理退职（Guard against unreasonable remove）　华侨教师，品学欠佳，或不称职时，当局自有改聘贤能之权。然若无甚错失，为教育前途计，当局自应赓续聘请，勿以细故，轻易退职。

（四）规定休息年（Sabbatical year）　凡教师服务华侨学校若干年以上者，该校应请其休息一年。在此一年内教师可至南洋各属学校游历参观；或回国来，研究访问，开拓眼界，增进学识，以为将来改进教学之助。然在此休息期内，学校应仍给原薪，以示优遇。

（五）应设法贯输新知识以增进研究学术之兴趣　南洋各地，因环境关系，研究学术之空气，远不如国内之浓厚。以故任教南洋者，时间稍久，常有与新思潮隔离之感想。夫教师与学术隔膜，则教学之效率自难增高；故学校当局，应设法补充教师之知识。其法：（一）为图书馆中多购国内外出版之著名书籍，或创设流动图书馆俾教师得博览群籍；（二）应利用假期，创办实习学校或请国内有名之教育专家，赴南洋作短期之学术讲演，以引起教师研究学术之兴趣。

总之，华侨师资问题，尚待研究之处甚多，短时期内，殊难有详密之叙述，切实之解决。然若照上述各项，选材训练，保障爱护，则人尽其才，才尽其用，良好师资、忠实教员源源而来。华侨教育之前途，将有无限光明矣。

（《华侨教育》1932 年第 5 期）

南洋侨教之当前危机

江应樑

南洋华侨凭着一己的血汗劳力，在南洋市场上取得了经济势力后，使各殖民政府对之抱了恐惧与嫉忌的心理，对华侨前途发展给与种种的摧残；近年又因世界经济的恐慌，使南洋华侨的各样事业，多由摇动而破产了。为华侨文化生命线的南洋华侨教育，也如小船遇到了大风浪，时时有倾覆之虞。试把近日南洋各埠报纸翻开一看，使我们吃惊的便是满纸载着“殖民政府摧残侨教”“侨校大起恐慌”“经费无着演剧筹款”等等消息。这不得不使我们忧虑，侨胞们的经济事业在这时期遇到了空前的衰颓，国内关心华侨事业的人都已在大声急呼的筹着救济的办法了，而这有联带关系我认为更其重要的华侨教育，怎样使它能安稳地渡过当前这危机，确也是值得大家注意的一个问题。

华侨的移殖南洋其历史是很悠久的了，但是南洋华侨的教育事业，不过最近二三十年的事；在这短短的一段历史中，固然难望华侨教育有甚大的发展。其后殖民地政府感到华侨在南洋发展的可能，以为对于己身有莫大的不利，于是便用种种政策来消灭华侨的势力，用高压的手段来摧残华侨教育。近年因经济不景气的影响，致华侨学校的经济亦发生恐慌，使华侨教育陷于将要破产的境地。华侨教育当前有两个大危机——学校经费的缺乏和殖民政府的摧残——我们试把它分别的作一个观察：

华侨在南洋既没有政治力量的组合，又没有整个的团结，学校的创办都是由当地一部分侨胞的需要，由几个热心家的发起而开办的，很少有固定的基金和经常收入，试考各校经济来源，不外下列几项：

一、董事月捐

二、侨商月捐

三、商店捐

四、货捐

五、各所、商会或会馆津贴

六、当地政府补助

七、学费

八、演剧等款

在各侨校中，有固定基金的尚不及十分之一，而这有基金的少数学校，其基金的利息收入，仅供学校经费的一部分，大部分的开支，仍须向外筹募，所以，维持学校生命的经济来源，便是上面所举出的八项。在这八项学校经济来源中，没有一项是有永久性和固定性的，董事多是学校的创办人，对于学校月捐当能尽力捐助，然而要是董事之间，有发生了意外的事而无力顾及学校时，也就影响学校的经济。侨商月捐和商店捐，似乎较有固定性，不过，要是市况不景时，这种捐项也会减少或断绝；货捐，目下各货价值大跌，进出口额大减，捐款也就拆减；津贴和补助，也是常常变动的；学费收入原来就很有限；至于演剧等款，这不过是一种临时办法。办学校是一种长远的事业，没有固定的收入，经费常在这种飘摇的状态中，怎能希望华侨教育向上发展呢？

各学校的经费，既多是依靠私人的捐助，有的在八项的来源中占有四五种的供给。有的学校则仅占一二项，甚且有全由创办人维持或全靠临时筹募者，要是在景气好的时代，靠临时捐款来办一所学校，也不十分费力；现在此种好景时期已经过去，如树胶与锡的价格的惨跌，使南洋侨胞所经营的事业，十九受到严重的打击了，一般无固定基金，依靠私人捐款维持的学校，学校经费更要恐慌了。

这是南洋华侨教育本身的内在危机。此外，还有一个外来的危机,这便是当地殖民政府的压迫。本来这种压迫,并不始于此时,在过去几年中,殖民政府亦觉到华侨教育的发达,将与统治者的不利,遂多方摧残华侨学校,如取缔教科书、驱逐教员等事,年来更变本加厉。即如暹罗政府,对于华校教员,均须受暹文考试及格后方准任教,同时,又颁布所谓"强迫教育条例",条例中规定华校授课时间,每年应教授暹文八百小时,这样,已超过华文授课时数,这直是要将祖国文化灭绝于南洋。又如荷印政府,在去年七月间公布了一张禁止入口的华文刊物名表,弄得荷属侨胞几无书可读;现在,又有所谓"教育条例"的施行,这条例中重要的几点:

一、凡私立学校(即未受殖民政府津贴之侨校)校长及教员,均应受政府之审查与检定,由政府审查决定后,取得准字,方可供职。

二、教员虽获得准字后,将来如发觉有行为不当,或有政治色彩时,政府有权撤消准字。

三、政府常派视察员往各校视察,如有查询,教员须负详细说明之责,学校如有寄宿舍,视察员亦有权视察之。

四、校董教员任何一方,如有违犯上项条例者,或报告失实者,至少可以处罚一天之监禁,或二角五仙之罚金;至多可以处罚八天之监禁,或二十五盾之罚金。如在两年内犯至二次者,可以处罚最高一月之监禁或二百盾之罚金。

做校长、教员的,要受当地政府的审查,这还可说,审准后要被认为"行为不当"或"政治色彩"时,便有被驱逐的危险;这"行为不当"和"政治色彩"真是极渺茫而可任意加给人的罪名,殖民政府之摧残华侨教育,至此真可谓尽其极矣!

南洋华侨教育,处在这种经济恐慌与外力摧残的时期,如欲渡过这难关,只有侨胞自身,能作一个巩固的联合。这,我们很可以从事实上看到,要补救侨校这种经费困难的问题,并不是没有办法,各地所倡导的"归并""合并"便是一种极好的救济法。南洋各埠侨胞中,往往分着许多派别,甲派办一个学校,乙派的人便不愿入,却又去办一个乙派学校,这样对于经费人才,两均不利。在这不景气时代,若能大家牺牲意见而作一个整个的团结,同在一地的华校,可斟酌情形合并,对华侨教育不但不致破产,而且人才亦可集中,经费又易筹措。就是对于当地政府的重重压迫,也可以用一致的力量去应付。若仍然各自为政,以“演剧募捐”徒救一时的危难,而不从根本上去谋补救办法,结果南洋华侨教育,恐要破产了。

(《南洋情报》第1卷第7期,1933)

华侨教育师资之培养与本校之任务

俞君适

一、引言

今之谈华侨教育者，莫不以为侨教之所以不能健全迈进者，要不外经费之不能确立也，优良教师之缺乏也，教育行政之不统一也，居留地政府苛例之束缚也。是皆为一般人士所共认之缺憾，而亟图补救与改进者。故筹募基金，培植师资，统一教育行政系统等事项，已为海外侨胞与国内各方，共同努力，筹谋擘画，分程并进者，未始非侨教进步之表征！然人才经济为一切事业基础，故筹募基金与培植师资二者，实为侨教最主要之根本企图。近年以来，海外侨胞因受世界经济恐慌狂潮影响，未能尽力发展侨教，教育基金之筹集，自当待之将来。而侨教师资之培养，则为国内侨务当局与华侨教育机关所应负之任务。本校为华侨最高学府，对于培植侨教师资，发展华侨教育，向即着全力以赴之，今之散布海外各侨校教师，而毕业于本校者，为数极多，其关系于侨教者甚巨，今仍本过去一贯方针，作积极之培养，以为推进侨教之基础工作。十年树木，百年树人，其意义甚深远，而责任亦重且大也。

二、侨教师资供求之现状

自表面观之，海外各属，自世界经济恐慌以来，侨校大受影响。就南洋一地而言，有若干侨校或因经费无着而停办，或节省开支而谋合并,或缩小范围减少班级,因而影响教师,减薪失业者,时有所闻。教师之数,似已供过于求。虽然自实际言之,不能称职之教师,固厌其多,而优良有为之教师,则仍到处皆感其缺乏,确为不可掩没之事实。世界经济恐慌,不过一时现象,亦非万劫不复者。而师资之培植,又非旦夕间所可咄嗟立就者。国内儿童现正积极推行义务教育,海外侨胞,立于世界经济竞争角逐场之最前线,更安可无相当之生活之技术与智能,以为争存之工具?故其教育程度,不仅应与国内等量齐观,应享普及教育之权利,且更应予以特别重视也。是侨教师资之应积极准备,加紧培植,当不待赘论,更安可以目前海外状况,而定需求标准?就南洋方面而论,估计华侨总数约七百万人,除老弱成人外,入学儿童以四分之一计算,应为一百七十五万人。假定平均每二百儿童,设立学校一所,应共设学校八千二百余所。以每一教师,担任教授儿童四十人计算,应共需教师四十二万五千人之多。现据侨务委员会统计,南洋华侨学校仅有一千六百余校,教师仅五千六百余人。则与将来需要之数,相差四十余万人。又假定国内每年能培养侨校教师数百人,则此巨大数额之教师,应需若干年,始能培成以供需求。是殆杯水车薪,无济于用。今竟此杯水车薪之准备而亦无之,侨教安得有推进之望?侨校现任之教师,因衰老或其他不称职者,每年须更迭递补者,数亦不少。十年之病,求三年之艾,苟为不蓄,终不可得矣!

三、华侨现在所需要之教育与所需要之教师

海外华侨过去之教育,在民国初元,则充满对祖国革命热烈之情绪,过此以往,以递于今,则浸衰而意趣索然矣!盖自逊清戊戌政变,康有为氏亡命南岛后,始鼓吹创办侨校,倡新教育。次之为辛亥革命前,民党志士奔走南岛渗透革命思想于华侨教育中,因而使华侨知有祖国,且皆热烈爱护祖国。民国初元,各属华侨感于教育之重要,新办之华校,风起云涌,盛极一时!其后多数华校规模虽具,而精神内容则日趋萎顿。考其主要病根之源,则在无适应新时代要求之目标,因循苟且,不发生毫末之效果,使侨教前途黯然无光也。诚以现在世界,正

处于非常时期，较之过去，殆有霄壤之别，即应有非常之教育，以为推动时代之策源，倘不能应时改进，犹以过去之教育，施之于现在，是不啻御絺葛之服，于隆冬盛寒之季，其不适孰甚！就华侨具体事项言之，过去各属需要华侨劳力，斩荆棘，辟草莱者，今可弃置不用矣；向之土人顽钝无知者，今已染受欧化，渐知进取矣；昔之强国之掠夺殖民地也，远不如今日竞争之剧烈。故昔日吾侨胞以仅有之智能，即可以竞存于其间，今则渐被淘汰，受排挤，不易立足矣！故今日华侨教育，应有一定目标，决不能若昔日之因循泄沓所能济，而适应现代之生存。故以为今日之侨教，应注意之点，约有下列数项：

1. 应适应当地环境，不必拘泥一种方式，致扞格难行也

向之一般主张海外侨教之课程教学等，均应有齐一之办法，在同一地域内，使之整齐划一，是固然矣。然海外各属，环境各异，不独风体习惯彼此悬殊，即社会之需要供求，亦互相各别。换言之，即当地之政治、经济、社会、自然等，在在不同也，故预定教育目标，选择适当教材，规定训练方针，皆应有因地置宜之必要。否则执一不变，强为齐一，则难免削足纳履之弊也。

2. 应改进生活习惯，泯除畛域观念，增进团结精神

华侨虽久居海外，而保守性甚深，遗留漏习颇多，尤以畛域观念，几牢不可破。以界限不同，彼此互相倾轧、损害，视为当然。妨阻华侨事业之发展，不可以数计！至各种低级嗜好，见鄙弃于人者，亦恬不为怪，不知改进。一方又以气候或其他关系，浸染土人粗野生活，殊非所宜。教育即生活，此类鄙漏习俗与狭窄思想，应以教育巨轮，转移而丕变之，使成为最合理最进步之生活，使人见而敬畏，一洗过去受鄙视苛待之辱！

3. 应增进生活之技能，使学有所用

迩者国内生产劳动教育之呼声，甚为喧腾，故有主张华侨教育，亦应注意生产劳动，以矫正过去虚骄无实之华侨教育，未尝不善。国内过去教育，亦陷于空虚无用，迄今依然尚在，仍未扫除，遑论海外之华侨教育？虽然空疏浮浅之普通教育固不足以济用，然仅有生产劳动之

虚名，广设农工商医等学校，而空疏浮浅亦如过去，则仍不足以济用，故必须切实提高生活技能，学成即能致用，而不仅徒有虚名也。

4. 应提高民族意识与爱国精神

在此民族国家危急存亡之非常时期，凡属我国民，均应享受非常教育。然华侨寄人篱落，事事受人束缚，苟安旦夕，何足以言其他！惟爱国思想，人所难禁，吾侨胞遍布地球，侨民之多冠于世界各国。惟以久客异域，每多数典忘祖，其于国家民族之损失为何如耶！故对于爱国之精神教育，须特加注意。

5. 注意社会，补习教育及普及义务教育之发展

海外华侨失学而未受教育者，较之国内人民，当有过之而无不及。华侨寄居海外，立于竞争剧烈之场，故普及义务教育，发展补习教育与社会教育，以提高华侨之生活智能，其需要之迫切自不待烦言也。惟应力图教育效率之增加，否则如过去之滥设学校而无实益，又何取于此种普及教育耶？

以上数项，实为今日华侨教育所不可缺少之原素也。故所需要之师资，即须能担负此项教育使命者。故不惟基础学识，须有相当之素养，故不仅以能教授儿童知书识算之识字教育为已备足；同时必需对于华侨教育之目的有深刻之认识，对于发展华侨教育应有充分之信心，有充分之热情与毅力。且须有坚忍不拔，刻苦牺牲，劳怨不避之精神与态度，更须能善用环境，创造环境之才智，方足以胜任愉快也。

四、本校过去对侨教师资之培养与今后之计划

侨教师资之培养，其责任应由国内教育当局、侨务当局与华侨之教育机关担负之。本校向即认定以培植华侨各项建设人才以发展海外华侨各种事业为唯一职责，而注意侨教师资以发展华侨教育，尤为本校之中心鹄的，故自本校创办以来，即着全力于是。溯自清末创办之始，不分科系；辛亥革命后，设置商业、师范两科，即以培植华侨商业及师范人才，以为推进海外华侨之商业及教育之基础工作。十六年，本校改组为国立暨南大学，内分大、中、小学三部。大学仍着重商业，

将原有商科改为商学院，此外并设其他各学系，而教育学系即其一也。中学之高中部，亦设置师范科。改义务小学为实验学校，以供师范生实习之需。十八年，教育系更升为院，内分教育、心理两学系及师资专科，于此可想见本校方针之所在矣。一二八战后，学制稍有变革，大学部教育学院仍改为系，中学部师范科仍旧设置，一切悉仍旧规，赓续至今。故每届全体毕业生中，而有多数师资之学成以分往海外各属，负发展侨教之责。兹列表统计历年毕业生人数及毕业之师范生数如下：

本校历届毕业生统计表

年次	大学部毕业生人数		中学部毕业生人数		共计
	教育系	其他各系	师范科	其他各科	
民国七年	无	无	二〇	四	二四
民国八年	无	二四	无	三一	五五
民国九年	无	一四	三一	二〇	六五
民国十年	无	一四	三六	三三	八三
民国十一年	无	一四	九	二八	五一
民国十二年	无	二六	二八	一九	七三
民国十三年	无	一四	无	二四	三八
民国十四年	无	一二	九	五一	七二
民国十五年	无	八七	一九	八五	一九一
民国十六年	无	一〇八	一五	一二七	二五〇
民国十七年	无	四〇	一七	一四二	一九九
民国十八年	九	七八	四七	一七七	三一一
民国十九年	一一	七六	四八	一四一	二七六
民国二十年	四〇	一九九	一一	四四	二九四
民国二一年	二九	一二三	一三	四二	二〇七
民国二二年	二三	一四九	二四	二九	二二五
民国二三年	四五	一六六	一三	三六	二六〇
总计	一五七	一一四四	三四〇	一〇三三	二六七四

观上表所记，民国七年以前，以记载缺漏未详。自七年至二十三年共十七年间，毕业于本校大学中学两部者共数为二千六百六十四人。毕业于教育师范者都计三百四十人。毕业于教育师范者，固皆分往海外，负担华侨教育之责；而毕业于其他各院系者，亦多赴海外任侨教之职。由过去成绩而言，是本校对于侨教师资之培养，不无相当之努力也。

去岁侨务委员会，曾有侨民师资训练班之设，招收学员，加以训练，业已期满结束，而委托本校续办。现本校除大学部教育系及中学高中部师范科外，决于下学年度，接受侨务委员会之委托，添设侨民师资训练班，其任务益增繁重矣。本校今后对侨教师资之培养，应分下列三项：

（一）基本训练：即于大学部之教育系，中学高中部之师范科行之，对教育之学科，予以长之基本训练。

（二）速成训练：招收已任侨教之人员，再加以训练，使增进其教育上之效率，即预定开办之师资训练班是。

（三）补助训练：拟于本大学部之其他各系及高中部之普通科加设教育学科之选科，使其毕业后，亦得从事教育，以扩大侨教师资之来源。

至此项侨民师资训练班之计划，亦已详细拟定，其要领可供叙述者，约有数端：

（一）目的：以训练能负担上述侨教需要各项任务，而能善用环境创造环境之优良师资。

（二）课程：力求简要，注意国内教育之参观、实习、讨论等，精神与技能之训练并重。

（三）办法：时期一年，不求过长；招生依地域分配，使不偏枯；优予待遇，减轻来学者负担。

五、结论

以上所述，仅将本校对侨教师资培养之计划，为简短之叙述而已。

实则为将来发展侨教计,需要之师资,为数若是之巨,岂本校区区之力培养之师资足供需求乎?故本校之训练侨教师资,无非尽其所有之力为之前驱而已。尚望我侨务当局与国内教育机关,咸积极注意及此,不令本校独任其艰巨也。今后此类之训练班,以愈多愈好,则侨教之进步,未可限量也。

海外侨胞对祖国事业,每多热心毅力,群起以赴之,无论革命创举,或平时救灾恤邻赈济,无役不从。故国内人士,对华侨问题,亦当积极负责,加以研究与协助,而不应不加喜戚,若秦人之视越人肥瘠也。

抑更有进者,各属居留民政府,对华侨教育热心扶植者非尽无,然大多数则猜忌备至,一若华侨青年,身受华校教育,即含无限危险性质,而将影响当地治安也者,实为大错。吾侨胞散处海外,向以谨愿和平、循礼守法、亲仁善邻见称于世,凡与各色人种相共处,均融洽无间,何所用其疑虑?今特正告于各居留民政府者,吾国人之希冀发展华侨教育者,无非普及华侨教育,一如各国之普及国民教育相同,且为建设世界和平而需要此教育也。为力求世界和平之故,而使华侨之智力技能增高,使其对人类,对世界,能多尽其责任,多贡献其能力,参加增进世界幸福事业。故各居留地政府,应即改变其过去之对待吾华校之观感,对我侨教,应加以积极之赞助,而不应加以妨阻;凡过去之能阻碍华侨发展之苛例,应即予以撤除或改善,则岂仅独华侨之幸!明察之士,当即猛醒。

(《南洋研究》第5卷第5期,1935)

改进华侨教育行政之商榷

张季信

一、华侨教育问题之重要

吾国侨民之散居于海外各地者，号称一千万人。此一千万人中之学龄儿童，至少当在一百万左右。（据李长傅君之估计，侨童有一百零六万。）此一百万儿童为将来华侨事业之继承者，其影响于华侨事业本身及其祖国也至重且大。如何培养此任重且大之幼年侨胞，使其真能负担祖国之使命，则惟教育是赖。吾国政府过去对于华侨教育缺乏政策与管理计划，无可讳言。夫侨民教育之重要，较国内一般民众，且尤过之。侨民身居异地，戴人之天，履人之土，一切均在竞争状态下过生活，必须有适当之智识与技能，始能与异族相抗衡。故国家当视发展华侨教育为其分内应有之义务，实具有重大理由焉。

（一）民族的　吾国侨胞散居海外者，究有几何人，言人人殊。据李长傅君之调查，全世界华侨人数有一千零六十余万；以南洋为最多，有五百六十余万；以非洲为最少，仅一万一千人。根据太平洋学会所列的数字，中国人在境外者，计有左列之人数：

澳洲　十三万一千人

暹逻　一百十万人

荷属印度　一百二十三万三千人

加拿大　四万六千五百人

纽西兰　二千七百人

菲列宾　七万人

美国　七万五千人

高丽　九万一千人

法属安南　四十一万八千人

西比利亚　七万七千二百人

日本　二万三千九百人

台湾　四百三十九万一千人

檀香山　二万七千三百人

英属马来　一百七十万九千人

此外尚有英、法、德、意各国,尤其是土耳其与南北非洲、中南美一带华侨……均未计入。依上文所述,已有九百三十一万之多,总数当在一千万人以上。其分布之密度,以南洋群岛为最多,在英属马来一带,中国人之数目实驾马来人而上之。又根据民国二十四年侨务委员会所发表之全海外华侨人数统计,及参酌南洋各地政府所发表之统计,其数字如左:

地名	人数(单位:千人)	调查时期
越南	三八一	一九三三
暹逻	二五〇〇	估计
缅甸	一九三	一九三一
英属马来亚	一七〇九	一九三五
英属婆罗洲	一五〇	估计
荷属东印度	一二三二	一九三〇
葡属帝汶	四	一九三一
菲列宾	一一〇	

根据侨务委员会之统计,全海外华侨人数共为七百八十三万人,南洋华侨占总数十分之八。两项统计在数字上似有出入。……此千

万华侨，身居异邦，感受弱小民族之痛苦，目击心伤，民族意识特别浓厚，国家宜趁此时机，发扬侨民之民族思想。一八七〇年普鲁士之战胜法国，当时毛奇将军以战胜之功归之于全国小学教师。迨后德国之称霸主义、法国之复仇主义、英国之海王主义，均利用教育为养成人民民族思想之要素，以达到国家所怀抱之目的。今日德国特别注重德国文化之训练，以促进日耳曼民族之统一与复兴。意大利教育特重法西斯主义之鼓吹，以发挥意大利民族之精神。他如美国对移民施以美国化之教育，以达到同化之目的。苏俄实行共产主义教育，使国内各民族团结，以改进人民之生活及服从党的指挥。可谓世界各国莫不注重民族化的教育，以训练其人民，使有丰富的民族思想。吾国今日所处之地位为何如乎？异族侵凌，强邻压迫，又安可不急起直追，以三民主义教育之精神为训练侨民民族思想之最高理想乎？此为民族而发展华侨教育之理由一也。

（二）经济的　自民元至二十六年，吾国对外贸易之漏卮，总计不下百三十万万元，平均每年约计四万万元。此绝大之漏卮，而赖以杜塞者，则为海外华侨之收入。据美国教授雷麦氏《外人在华投资论》，华侨每年汇款至祖国者，为数颇巨：

一九二八年　二万万五千万元

一九二九年　二万万八千万元

一九三〇年　三万万一千六百万元

一九三一年　二万万三千一百万元

平均每年有二万万八千二百万元，可抵我国对外贸易入超数百分之六十二。又根据美国国际贸易局所统计，华侨在美国所汇出之款项，占移民总汇额之五分之一。

一九一九　一万万二千万元

一九二〇　一万万四千万元

一九二一　一万万元

一九二二　八千万元

一九二三　八千四百万元

一九二四　七千一百万元

一九二五　七千二百万元

一九二六　五千九百万元

一九二七　五千八百万元

一九二八　六千万元

一九二九　五千七百万元

一九三〇　五千万元

一九三一　四千二百万元

一九三二　三千四百万元

一九三三　二千七百万元

一九三四　二千七百万元

一九三五　二千四百万元

一九三六　二千九百万元

再根据中国银行报告，最近十年来我国对外贸易及华侨汇回款项对照表，可见我国对外贸易漏卮全恃华侨汇款以资挹注。

年度	我国对外贸易入超数	华侨汇款数
十七年	三一八七八九国币	二五〇六〇〇国币
十八年	三八九六四二	二八〇七〇〇
十九年	六四九四三二	二七六三〇〇
二十年	八一六四一三	一九〇〇〇〇
二十一年	八六七一九一	三二〇〇〇〇
二十二年	七三三七三九	三〇〇〇〇〇
二十三年	四九四四五一	二五〇〇〇〇
二十四年	三四三四〇二	二六〇〇〇〇
二十五年	二三五八〇二	三二〇〇〇〇
二十六年	一一五一三〇	三〇〇〇〇〇
二十七年	一二三五五八	六〇〇〇〇〇

就上表观之，我国对外贸易入超逐年减少，而华侨汇款则逐年增加，是实佳兆。华侨每年汇寄巨额的汇款，以弥补国家经常的巨额入超，可谓功在祖国。其他华侨向外发展，可以疏散闽、粤等省之人口过剩；华侨自海外输运米粮入口，可以救济国家之米荒；介绍国货，有助于国家新兴的工业；海外生产，可将国内巨额消费转嫁于外人；凡此均为华侨对于祖国之贡献。年来国内水旱天灾慈善事业以及抗战救济，多赖华侨捐款之资助。华侨投资祖国以振兴实业者尤伙，单就上海一埠而论，华侨投资近五千万元；其他所经营之实业及文化事业，更足惊人。故为经济上着想，华侨有功于祖国者甚大，而祖国需要华侨资助者更切。国家宜运用一切方法，力助华侨事业之发展，以维持国家对外经济收入之生命线。虽然，欲华侨事业之继续的发展，必须有开明进步之侨民，始能适应环境而与异族相抗衡；而教育实为训练侨民最适当之方法。此为经济着想而应发展华侨教育之理由二也。

（三）政治的　中国革命之成功，得力于海外华侨之鼓励甚大。孙中山先生奔走革命一生，泰半仰给于华侨之资助。华侨身居海外，得风气之先，受民主政治思想之熏陶，尤较国人为早。凡政治活动之不便于国内举行者，均以华侨居留地为活动之根据地。如国民党在非公开时期，海外各地华侨早已组织支部。辛亥革命之成功，国民革命军之北伐，以及一二八淞沪抗战、长城抗战、绥远抗战等，各地华侨靡不以人力物力协助祖国，成绩昭著。他如历届中央党代表大会、国民会议、国民大会及参政会议均有华侨名额与代表参加。故华侨虽在海外，仍有参加国内政治组织及促国内政治改善之机会。语云：“民为邦本，本固则邦宁。”民族精神思想之团结一致，为巩固国家政治基础之要素；而民族内各个分子又为组织政治结构之有力的细胞。根据此种理由，宜利用教育以养成侨民政治思想，灌输政治知识，使民众了然于选举、罢免、创制、复决之功能与运用，而免愚民政治之讥。此又为政治的而发展华侨教育之理由三也。

（四）教育的　世界各国教育普及之程度，均较中国为高。德国人民不识字者不到百分之一，英国人民不识字者仅为百分之三。即南欧之意大利、北欧之苏俄，近年来均有废除文盲运动。意大利之不识字者，在一九三一年已减至百分之九；苏俄在一九三二年，不识字者已减至百分之十。反观中国有民众四万五千万之多，据教育部之统计，全国有小学二五〇八四〇所，学生一〇九四八九七九人；有中学校二九九二所，学生五一四六〇九人；有大学校一〇三所，学生四四一六七人。以之与各国比较，不啻有天壤之别。试观左表所列，即知吾国教育之落后。

中国每万人中受教人数与世界各国之比较

国别	大学校		中学校		小学校	
	人数	等第	人数	等第	人数	等第
中华民国	1	16	1107	14	236	16
美国	73	1	308	3	1768	2
俄国	17	7	128	7	834	15
德国	24	4	525	1	1125	12
法国	17	8	177	6	1088	13
加拿大	57	2	未详	—	2082	1
英国	12	13	115	8	1580	5
西班牙	24	5	16	12	1060	14
意大利	11	14	56	13	1230	10
波兰	14	11	106	9	1233	9
日本	6	15	93	10	1582	4
比利时	23	6	252	4	1322	8
瑞典	16	9	387	2	1135	11
瑞士	28	3	未详	—	1439	6
荷兰	14	12	197	5	1649	3
挪威	15	10	92	11	1392	7

根据上表所列,吾国为教育最不发达之国家;华侨受教人数无整个翔实统计可考,但根据南洋主要侨居地受教人数调查表,亦可知侨民教育之不发达。

南洋主要地受教人数统计

地点	学校数	学生数	与侨居人数之比例	调查时间
菲列宾	三十五	四千四百二十七	百分之八强	民国十七年
马来亚	六百九十六	四万三千九百六十	百分之三弱	十七年
东印度	五百十所	三万四千五百十一	百分之三强	十九年
缅　甸	一百十所	约五千余人	百分之三弱	十九年
暹　罗	一百十所	一万五千人	百分之二弱	十九年

上表根据零碎数字调制

然而华侨为国民之一部分,其教育全仗华侨自由努力,缺乏国家管理与督促之力量,其落人后,可想而知。夫华侨之资力优于国内民众也远甚,国家宜利用富之教之之原则,在国家能力可予发展之范围内,尽量鼓励华侨教育之进步。此更为教育的而发展华侨教育之理由四也。

综上所述,侨民对祖国之经济的及政治的贡献,受教育为其应享之权利。政府为达到国家之进步及某种目的起见,对于民族的及教育的设施,办教育为其分内应尽之义务。检查已往,似侨民对于祖国已有充分之表现,而政府对于侨民教育尚未有充分的设施。今后设法改进,岂容缓乎!

二、改进华侨教育行政之组织

(一)建议设立华侨教育司　华侨教育不振之原因甚多,而缺乏中央华侨教育行政专司机关,亦即其一。吾国侨胞所属之省籍,有闽、粤、滇、桂、鲁、苏等省,倡导教育之责,不能期诸地方;中央为教育行政之总枢，有通盘筹划之能力，有调剂盈虚之责任；侨民教育为国家教育事业之一部，领导之责，自应由中央负之。故予在民国十七年拙著《教育行政》一书中，曾主张中央教育首脑机关添设华侨教育与蒙、藏教育两司，分别管理关于蒙、藏地方教育及各地华侨教育。而第一次“全国教育会议”亦曾议决于教育部添设蒙、藏及华侨教育两司。结果，于十九年度，教育部添设蒙、藏教育一司，而于华侨教育司则暂缺。其意或以为蒙、藏为国家领土之一部，国家行政力量可以到达；而华侨居留地为他国土地，国家行政力量无由达到欤？其实英国教育部有威尔士教育次长之一职，专管威尔士之教育；美国联邦政府亦有哥伦比亚区教育局及印地安人学校事务所。吾国侨胞今日所处之地位未可与威尔士、哥伦比亚及印第安相提并论，吾亦然之。但根据人民教育机会均等之原则，宜认定华侨教育事业为国家侨民事务之一，国家行政上之督促宜轻，而关于技术上之改进则宜重。夫华侨教育行政之进行，在事实上固亦有多种困难，无可避免：一为居留地政府之妄行干涉；二为政府行政力量所不及；三为华侨分散于各地，非若国内教育之易于统属；四为华侨学校多系私人捐资设立，标准难以整齐划一。然而此数者为自然的阻碍，设立华侨教育司，正谋增加教育行政力量，而有以减少其困难。如照现行之组织，华侨教育在中央似为侨务委员会与教育部之共管事业。职权不易划清，办事多所掣肘。即在专管教育之教育部，华侨教育属于高等教育司，抑属普通教育司，既无明文规定，何足以资遵守？如谓恃仅有之华侨教育设计委员会，可以专负行政上之责任，吾知其必不足也。盖华侨教育设计委员会为一辅导与建议之组织，其作用在计划研究和供献意见，非可作为教育行政监督机关。且添设华侨教育司以后，此种组织仍可予以保存，非特在事权上不致冲突，而在学理上亦有根据。大致属于立法、计划与监察事项，应采用建议团体之组织；关于命令执行与监督事项，应采用领袖专司制度。此种办法已为一般教育行政学者所公认。倘长此保持委员会之组织，而缺乏专司华侨教育机关，无论委员分散各地，召集不易，即易于集合，而事权不集中，责任不分明，遇事或推诿或争权，自非合理之办法。林仲达氏有云:"南侨教育,不但本身无健全的统一的组织,且与本国教育行政系统也各不相关……清季视侨胞为弃民,根本无所谓南侨教育行政。民国成立以来,对于侨教的设施,也徒有其名而无其实。民十九年中央训练部召集华侨教育会议,始有在教育部设专司主管华侨教育的议决案,后来以经济及其他关系未曾设立……"钱鹤氏亦云:"……华侨教育设计委员会,对于华侨教育决无改进与督策之可能,不过敷衍华侨,点缀门面而已。以如斯庞杂凌乱、岌岌可危之侨教局面,断非私人之力与空言机关所能救济于万一。试问教育部设立之华侨教育设计委员会能否负此重大责任?所谓设计,是否等于空言?试问办理教育,是否设计即可济事?又试问设计之后,主管机关何在?执行专司何人?教育部乎?外交部乎?部长司长乎?抑科长科员乎?在各司掌管事项中,不见明文规定华侨教育事项属于何司掌管,或各司分掌之乎?以整个的华侨教育,而分属各司,实为下策。"观乎林、钱二氏之言,主张设立专司,以管理华侨教育者,实非予一人已也。今设专司,可以保持行政统一,可以登用教育专家,自较无专司之为愈。若果为节省经费起见,可采用兼司办法,斟酌华侨教育之性质,而由最有关系之司兼理其事也。

(二)组织华侨教育委员会　华侨教育司为执行机关。有执行机关,必须有建议辅导机关,方成健全之组织。前言华侨教育设计委员会之不能为执行机关,今更言其不能为辅导机关。该《组织法》第一条:"教育部为改进并发展华侨教育,特设华侨教育设计委员会,专司计划华侨教育事宜。"其主要职务,为调查华侨教育情形,计划华侨教育经费,拟定改进华侨教育方案,及计议其他关于华侨之教育及文化事宜。此种规定偏重于行政方面,而又不免有坐而言不能起而行之流弊。故予主张设立华侨教育委员会,以为建议及辅导机关。此会之组织,应包含三部分人员。就外交关系言,侨民教育既归各驻在地领事及副领事负责经理;领事为外交人员,享有治外法权,其主管机关为行政院之外交部;故外交部须有人参加此会之组织,颇有理由。教育事业为华侨事务之一种,中央既设侨务委员会以管理华侨事务,则侨委会系属当然委员,可无疑义。教育部为全国教育事业之总汇,所有教育事业,无论其在海外或在国内,应由教育部负其总责,故教育部更为当然委员。且教育部为教育人才荟萃之地,有负责之专家,有行政之威权,关于委员之分配,教育部应获相当之比率。其他有关华侨之各大学校长及熟悉华侨教育之专家,均宜罗致。总之,此会之组织,宜成三位一体之团体。而其职权,凡关于华侨教育政策之决定、教育经费之筹划、华侨兴学人员之奖勉、华侨教育法律上之纠纷事件,以及华侨学校之设立变更及停办,均由此会予以充分之建议,要而言之,此会之目的为容纳多方面对华侨教育之意见,集思广益,而谋所以增加行政上之效率也。

(三)驻外领事为侨民教育行政负责监督者　中央管理华侨教育行政之机构既成,现再进言侨民所在地之教育行政。侨民散居各地,统属不易;加之畛域思想发达,各自为政,欲谋实际上之管理甚难。为就事实上便利计,只可委托各驻在地之我国领事兼负管理侨民教育之责。领事职责虽多偏重于工商方面之管理,然而他国领事之在我国者尚得兼理司法,教育为助长事业,以领事而兼理教育,亦为本分内应有之事。中央曾于民国二十四年四月由外交部、教育部及侨务委员会会令驻外领事负责办理海外侨民教育,并制定《领事经理侨民教育行政规程》,规定领事经理侨民教育行政之范围:(1)受教育部及侨务委员会之指挥,考查并指挥侨民教育事宜;(2)报告侨民教育状况于教育部及侨务委员会,每年至少一次;(3)接受侨民学校及侨民教育团体呈请立案文件,核转侨务委员会;(4)劝导侨民兴办教育事业;(5)处理侨民子弟回国就学事项;(6)处理热心教育侨民之褒奖事项;(7)协助教育部及侨务委员会派往各驻在地及兼辖区域调查或办理侨民教育之人员进行一切事项。又规定领事对于侨民教育之处理事项:(1)宣传中央教育法令,并监督其实行;(2)介绍本党党义教育方法,并指导其实行;(3)调查在学儿童及失学儿童数;(4)调查经费之来源、额数及其管理、分配、预算、决算等;(5)查察学校行政教育、训育及其他团体之教育状况;(6)考核教育成绩;(7)指导教育改良;(8)设讲习会、研究会等，增进中小学教职员关于教育之知识技能；(9)褒奖优良教职员。就其地位言之，俨然为一教育行政监督者；不过就其统属关系言之，而有双重上司，即关于教育部分而有教育部与侨务委员会是也。以职权言，侨民教育为教育部专业事业之一种；以性质言，侨民教育又为侨务事业之一种；其中究宜如何划分职权，分别统属关系，使领事不致左右为难，并免蹈从前省署第三科与教育厅互相争权之覆辙，此急宜改进也。再就领事所经理之教育事项言之，所谓宣传教育法令，考核教育成绩，指导教育改良，调查学龄儿童及查察学校行政等项，非具有教育经验者不办。以故对于领事之人选虽曰不必求诸熟谙教育行政之人，至少亦当选诸稍具教育经验之人。教育部应限定领事于赴任之先，参观国内教育或在教育行政机关见习若干时。赴任之后，应缮具改进华侨教育计划，呈部备核。此亦可稍事补救华侨教育之缺陷。至领事之本身，宜认识教育之价值，侨民教育与侨民事业具有莫大之关系，应体念国家时艰，努力于侨教之发展，使海外侨民能领略祖国文化，而为祖国增光，是则更有望于贤明负责之领事矣。

（四）设置督学及视察人员　侨民教育之兴办，固有赖于贤明负责之领事；然而领事究系外交专才，纵有热心教育之领事，而侨务事繁，兼顾为难。无已，不如设置领馆督学及视察人员之为愈。在《领事经理侨民教育章程》内，原有“领事经教育部及侨务委员会之核准，得将驻在地及兼辖区域内曾向教育部及侨务委员会立案之优良学校或教育团体中合格人员，为名誉督学，视察指导当地侨民教育”。又规定“各领事经教育部及侨务委员会之核准，得特聘督学及其他掌理侨民教育行政人员”。是设置此项人员，早有明文规定。不过遍查各驻在地之设置此项人员者，真如凤毛麟角。果能设置此项人员，则所谓报告、宣传、视察、调查、指导改良诸事，均可诿之督学，而由督学代领事负其责任矣。设置之名额，较大之驻在地固可单独设置，较小之驻在区亦可合设或兼任。督学之人选，不必求诸外交人才，只须熟悉侨民教育情形，而富有教育经验者，即能充任。此种人员之产生，可由教育部会同侨委会委派，只能与驻在地领事合作，能代其负指导和视察之责即足。此项人员之资格，可就国内高考合格人员及服务侨教多年而著有成绩之人员中遴选。升降黜陟，予驻在地领事以全权。并明白规定其职责，属于行政视察者宜少；属于教学指导者宜多。如推行教育法令，办理立案手续，拟具视察报告，变更教学时间，拟定训育方针，指导教学方法，审查侨校教材均可由督学任之。遇必要时，得设观察员一二人，以为协助督学视察之不及或担任某种学科之专科指导。如此，国家所费有限，而侨校受益无穷，其结果必较今日之无人管理为佳也。

（五）划分学区及试行中心学校区制　侨民驻在地之学校自不能如国内划分学区之自由与便利，但为便于视察及增加教育行政效率计，亦有划分学区之必要。在学校林立之处，更有试行中心学校区制之必要。侨教之在南洋各地，畛域思想特别发达。福建人有福建人主办之学校，广东人有广东人主办之学校，各以地域为限，不免意见纷歧，而失却融会贯通之效。为今之计，舍集中经济、统筹办理、改善组织与增加效率外，别无他道。故领事馆应斟酌情形，将驻在地及兼辖区域划分为若干学区，使各区学校彼此有比较竞争之试验，并可借以联络为教育上之合作，及补救国家行政力量之所不及。若在可能时，每区应指定一优良学校为中心学校，领导改进华侨教育。此制非特可以逐渐化除畛域观念，且可代替教育委员制，救济南洋各地无教育委员之缺陷，而使学术教育行政化也。但侨校经费之来源不一，而地方观念又深；在划分学区或指定领袖学校之时，不能不妥为运用。总之，学区之划分，中心学校之试行，可以集中力量，可以保持统属，可以节省经费，可以增加效率，是则有利而无弊也。

（六）有关教育行政辅导团体之组织与改进　在国内中央管理华侨教育行政结构内，既有华侨教育委员会以为辅导机关；在海外侨民教育所在地，亦当有类似的辅导团体之组织，以为发展华侨教育之助力。

1. 华侨劝学团体之组织。英国之地方教育，得力于学董之力特多。我国在兴学之初，各地亦每设有劝学员，以为劝导人民兴学入学及行政视察之用。此在人民未能充分认识教育价值以前,此项组织实为必要。为谋普及华侨教育计,应择侨民较多、交通发达之地点,无其他教育团体者,应设立华侨劝学团体,以为劝导侨民兴学之用。如侨民学校之兴办,就学儿童之督促,教育经费之劝募,以及学校物质上之添设,均有赖于劝学员之努力。

2. 华侨教育会之组织。教育会设立之目的,在谋华侨教育之普及与发展,以及协助国家教育行政力之所不及。英国各地方之教育分会甚多,而地方教育之得力于教育会者亦甚大。华侨教育会之组织,在中央亦有缜密之规定。如主张设立华侨教育总会于首都,设立分会于各地;并严定华侨教育会之职权:(1)关于华侨教育之提倡推进事项;(2)关于华侨教育之领导研究事项;(3)关于华侨教育之协助调查事项;(4)关于华侨教育之设计建设事项;(5)关于华侨教育之咨询商榷事项;(6)关于所在地无领事馆之华侨学校转呈立案事项;(7)关于介绍或保送华侨子弟之升学事项;(8)关于处理教育行政之委托事项。就其职权言,不仅为教育研究之团体,而具有学校调查之任务;不仅为教育建议之团体,而具有教育咨询机关之职能;更不仅为教育辅导之团体,而实为教育行政上之转呈机关。其效用之大,可以想见,深望海外侨胞急起组织也。

3. 学校家长会之设立。学校家长会在德国各地方学校,甚为普遍;在战前,上海市社会局亦曾通令各学校普遍设立。按此种组织,在海外侨民学校尤为切要,其功用不仅在使学校与家庭有联络接触之机会,并可协助学校为物质上之建设及儿童幸福之努力。此在私立学校制度中,尤为重要。

(七)学校校董会之改进　学校之有校董,犹公司之有董事。董事不能自行执行业务,于是聘请经理;校董之不能自行管理校务,于是聘请校长。一公司营业之发达与否,惟经理是问;一学校成绩之优良与否,亦惟校长是问。公司之董事不必专家,而经理非专家不行;学校之校董不必专习教育,而校长非熟谙教育不可。倘董事不信任经理,而妄行干涉其业务;或校董不信任校长,而任意干涉其校务,使校长与经理发生职务上之困难者，未有不偾事者。海外侨校全系私立，概有校董会之组织。就予所知，校董或不免漠视校务，或不免过分干涉校务。其干涉之程度，有出人意料之外者！甚至购买一二教具，亦非请示校董不可。校长视校董如太上皇，校董视校长如木偶，在此种场合之下，又何能言教育。推此类校董之用意，其意或曰：学校经费自吾出，吾为学校之主人；教职员为吾所雇用，应受吾之指挥。自视为老板，而以教职员为伙计。其实此种骄傲之态度，施之于营利商业场中，尚且不可；行之于尊师重道之教育界，殊属怪事！虽然，此固不可以一概论也，贤明之校董实不乏其人。而侨校之赖以维持，全仗急公好义之士。今急宜改进者，为校董之产生问题。李守善氏云："校董的聘举，第一个目标在经济。学识的丰富，经验的老练，犹在其末。所以赤足拖鞋目不识丁的劳动家能为校董，而衣冠楚楚、优于学识的穷书生不能参与。"又云："有许多董事不信任校长，把学校当私有物，校长对于校内，一点权也没有，董事争相录用教员，往往不能合作。"由前之说，原于校董学识之不足；由后之说，原于校董职权之不明。按教育部规定校董之资格：(1)设立学校者；(2)对于学校曾经捐助款项者；(3)当地热心教育专家及热心提倡教育者；(4)当地教育团体职员。是校董者不必限定有经济力者方能充任。除现行教育行政人员已由教部禁止兼任外，现任教职员均得担任。又按教育部所规定校董会之职权：(1)募捐及保管基金；(2)购置及保管校产；(3)筹划常年费及建筑设备等临时费；(4)选聘及改聘校长；(5)审核预算决算；(6)办理学校立案事项；(7)代表学校办理与所在地政府交涉事项。规定关于学校行政，由校董会选任之校长负责主持之；校董会校董得随时巡视学校，对于校务之兴革有所建议时，应提出于校董会议议决，交由校长酌量处理之。是校董与校长之职权，早有明文规定。吾今所望于校董者，于选任校长之先，应处之以审慎；既选之后，即须予以充分之信任。凡属校中大政方针，不可不研究，而又必不可干涉。除大政方针外，必任校长自为计划，且予以赞助。要知兴学原所以救国，更所以扬名。果能成绩优良，则名始可扬；否则，徒损耗公家之财力，浪掷私人之光阴，于国于名，又有何益?

以上所言,即如何使管理华侨教育行政之组织趋于健全;如何使海外侨民教育在国家整个教育政策下保持密切之关系,发生纵的统属;更如何使此种组织与有关系之各方发生横的联系。故予主张于中央教育部设立管理华侨教育之专司,并组织华侨教育委员会,以为建议与辅导机关;而于海外各领事馆所在地,设置督学与视察员,专负视察与指导之责;并划分学区及中心学校区,以为教育行政辅导单位;同时改进校董会,明定校长与校董之职权,使侨校行政得以保持独立之状态;此外更设劝学团体与教育会,以为侨民教育之策动与协助;务使侨民教育在特殊环境下,能保持独立之状态,而与祖国发生统属关系。是以予主张整个华侨教育行政组织系统应如左表。

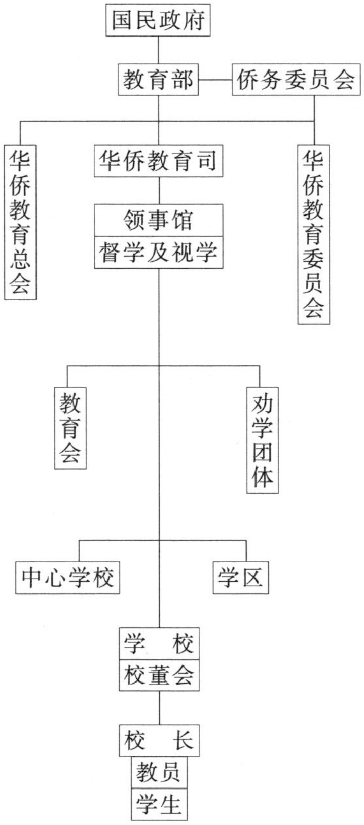

三、华侨教育经费之筹划

经费、组织、人才为教育行政成功之三大要素;而侨民教育经费之充否,关乎华侨教育之发展最巨。盖经费为教育事业之泉源,必经费之来源有着,保管得法,分配适当,方能促进侨民教育事业之进步。但华侨教育经费之来源与国内不同。国内教育经费之来源,无论在中央或在地方,均有指定之的款与教育产业;而侨民散居海外,无政府之补助,其所赖以维持教育者,私人之捐助居多,或纳常捐,或征货税,或募临时捐,或取某种事业之余利。如暹罗私立侨校经费之来源,可大别为三:(一)学费收入;(二)游艺会募捐;(三)向社会募捐。教育部亦规定侨民中小学经费由设立者酌量当地情形采用下列办法筹集之:(一)侨民营业税附加税;(二)出入口土产捐或百货捐;(三)侨民特种营业捐;(四)侨民团体及商店或个人月捐、年捐、特别捐;(五)其他捐款。但侨民捐助之能力常随所经营事业之旺淡为转移,自不能稳定侨教事业之安全与持久计划。中央党部训练部于十九年召集华侨教育会议,会议决筹集侨民教育基金一千万元,由中央政府、闽粤两省政府及华侨分担筹足。又议决侨民教育辅助费每年定为五十万元,由庚款或国库拨给之。关于补助侨民教育经费,由侨务委员会拟具办法,征求教育部同意办理之。又国民政府行政院所颁布之《改进华侨教育法》,其中关于教育经费者:(一)筹集华侨教育基金以谋永久发展案;(二)请政府年拨五十万元补助华侨教育经费案;(三)为充实华侨学府,应由教、财两部照十七年度预算,补足暨南大学经费,以资扩充案。以上各案虽成过去,足见政府对于华侨教育经费之重视;所感不足者,多纸上之谈,无补实际。民国二十年八月第三届中央执行委员会常务会议:通过组织华侨教育基金管理委员会组织条例,规定该委员会之基本组织人员,侨务委员会一人,中央训练部一人,教育部一人,财政部一人,外交部一人,福建省政府一人,广东省政府一人,国立暨南大学一人,华侨教育总会一人。其职权为保管基金,分配基金利息,监督用途。其用途之支配:(一)华侨学生回国就学补助费;(二)海外华侨学校补助费;(三)海外华侨学校教员奖励金;(四)华侨学术团体补助费;(五)专门研究文化事业者之奖励金。至此项基金之来源仍规定为一千万元,除国民政府拨付二百万元,广东省政府筹拨六十万元,福建省政府筹拨四十万元,应于华侨教育基金管委会成立后六个月内全数拨足外,其余七百万元限二年内募足之,并限定由下列各机关团体募集之:(一)海外各华侨团体;(二)归国侨民团体;(三)海外各级党部;(四)驻外各使领馆;(五)与华侨教育有关系之国内各机关;(六)国外热心华侨教育人士或团体。其他并拟有华侨教育基金捐募奖励办法,规定在百元以上至五万元者,均得分别等级予以奖励。此种计划不可谓不周详;惜时月蹉跎,亦仍属空言。际兹抗战时期,固有急切之事业较胜于教育;然教育为国家百年大计,不可一日或辍。政府与人民宜如何急起努力,共分募集之责,使此项基金早告厥成;并严定保管办法,不爽累黍;统筹分配,平均发展,以永定侨民教育之基础。

四、华侨教育师资之培养与整理

组织已备,经费已筹,但如人才缺乏,仍无补于时艰。盖国家教育行政之组织,不过间接的鞭策;而实际负侨民教育行政之责者,厥惟现任侨民学校之教师,或志愿为侨民学校之教师。若侨校之教师良,虽监督不严,仍能担负国家教育之使命。反之,教师不良,监督虽严,又何补于教育?况侨民驻在地多为国家行政力量之所不及,因此,所需要于教师者,反较国内为尤切。教育部曾于民国十九年拟定改进华侨教育计划,其第七条有云:“(一)将国内各校现有的华侨教育学院师范专科、高中师范科严格整顿,务使切合华侨学校的需要;(二)在国内设立训练华侨小学师资的师范学校;(三)在海外交通便利的地方,设立训练华侨小学师资的师范学校,或指定海外成绩优良的高级中学增设师范班,补助经营、办理训练师资的工作。”国立暨南大学的教育系及附属中学的师范科为训练华侨师资的仅有机关,从民国七年到二十六年,所训练的师资人数如左:

年度	附中人数	年度	大学人数	附中人数
民国七年	二十人	民国十七年		十七人
八年	无	十八年	九人	四十七人
九年	三十一人	十九年	十一人	四十八人
十年	三十六人	二十年	四十人	十一人
十一年	八人	二十一年	二十九人	十三人
十二年	二十八人	二十二年	二十三人	二十四人
十三年	无	二十三年	四十五人	十三人
十四年	九人	二十四年	四十二人	二十三人
十五年	十九人	二十五年	三十五人	二十二人
十六年	十五人	二十六年	四十二人	十九人

杯水车薪,无济于事。南洋侨教需要师资如此之切,而所培养之人数如此其少,决难适应侨教之需要甚明。前数年中央侨务委员会与暨南大学先后曾经举办华侨师资训练班,就现行任职侨民学校之教职员,遣送回国受训。关于侨务委员会所举办者,情形未详;关于暨大所办理者,略知梗概。该班共计四十四人,填调查表者三十五人,其中年龄最大者三十七岁,最小者十七岁,平均年龄为二二点六。具师范学校毕业资格者百分之二十,初中毕业者占百分之二十,其他中学毕业者占百分之六十。现任学校职员者占百分之五点七,现任学校教员者占百分之九四点三。可知侨校之师资大多数未曾受过师范训练,但志愿入师资训练班者大多数具有教育经验(内中一人有廿余年之教学经验)。该班训练时期为一年。课程分专业与普通两种;普通课程有公民、国文、体育、卫生、劳作、图画、数学等,专业科目有教育概论、教育心理、教育测验与统计、小学各科教学法、中小学行政、小学教育实际问题及实习参观等。侨务科目有南洋概况、南洋史地等。待遇,所有膳宿学费概予免除。该班学生毕业后,早已返南洋继续供职。但因"八一三"事起,未能继续招生。第三届全国教育会议议决继续训练华侨师资以为改进华侨教育之根本办法;并规定华侨师资之训练,交由

师范学院办理。暨南大学为华侨教育之最高学府,此种训练师资之责,实责无可辞也。

华侨教师之检定与登记,倘国家对于侨民师培养有方,而所培养之人才又能贯彻国家教育之宗旨,自无需乎检定与登记。惟因华侨师资训练之不足,毕业资格之不齐,则检定与登记诚为不可少之办法。国内本订有检定中小学教员之办法,此办法当适用于海外侨民学校之教员。检定之手续,宜由教育部指定国内外适当的教育行政机关组织检定委员会,由教育部之命令行之,分为试验检定与无试验检定两种。无试验检定,由检定委员会审查其证明文件决定之;试验检定,除审查各项证明文件外,并加以试验。试验检定至少每三年举行一次,无试验检定可每年举行一次。试验检定除笔试外,并加口试或实习。试验科目当注重国语、算术、自然、卫生、历史、地理、教育概论、教学法及南洋史地等。对于受试验检定而未能录取之教师,或志愿为华侨学校教员而资格未能合格之教员,应设法使受相当之训练。凡检定合格之教师,须由各驻在地领事馆予以登记,务使侨民学校所有之教师无不合格之人。此与改进华侨教育实有莫大关系也。

(《南洋研究》第8卷第1期,1939)

暨南大学与华侨教育

（廿九年十二月十一日槟榔屿光华日报社论）

自各地暨南大学校友及华侨团体展开要求祖国政府将暨大迁往后方及加以整顿改组的运动后，华侨教育问题又引起各方的浓厚兴趣。教育原来是百年大计，时时刻刻都不应该忽视，而华侨教育的盛衰，又和华侨的命运有密切的关联。吴铁城部长认华侨在海外的事业为国家的事业，即说明政府对华侨事业负有保护扶掖的责任。政府要怎样才能帮助华侨维持及发展现有事业呢？应该采取的方法当然很多，但改革及发展华侨教育，便是最应该注意的。潮流所趋，故步自封的人，已无幸免淘汰的可能。从前华侨可以纯依刻苦耐劳的德性，披荆斩棘，一面成为开发南洋各地的"功臣"，一面造成本身优越的经济地位。可是，到现在各地已逐渐开辟，机器代替着人力，各地对华侨势力的需要已不再那末迫切，而华侨经营的工商业，亦因现代智识不及他人，渐有岌岌不保之势，尤其是各地政府皆采严密的统制政策，法令繁多，而国际风云又瞬息万变的现阶段，未受现代教育的人，更有不知如何措手足之概。

华侨教育不单应该普及，还应提高。各地广设中小学校及社会教育机关，如民众夜学及通俗图书馆等，属于普及教育范畴；设立大学及专门研究机关，则属于扩展高等教育范畴。现在华侨学校不单需要量的扩充，还需要质的提高。就一般情形言，中小学校已相当普遍，似颇足适应华侨社会的需要，但华侨子弟仍有升入大学以求深造的要求，亦必华侨广受高等教育，养成无数优良师资，然后各中小学校方能逐渐改进。

暨南大学因其历史的悠久,已形成了华侨最高学府的地位。过去曾经造就不少人材,对华侨社会起着极大的推进作用,故一般华侨,莫不盼望政府当局,能将暨大继续加以改进扩充,使更能适应华侨的需求。抗战以来,各国立私立大学皆纷纷迁往后方,独暨南仍留上海,受敌奸之摧残,致华侨子弟为之裹足,却又是华侨父老所一致感觉惊异的事。若说上海虽成孤岛,到底是我神圣国土,应有一座国立大学在那里和恶劣环境奋斗,以作对抗敌奸文化侵略的文化堡垒,那末,留在上海的该不是专为华侨而设的暨南,而应是其他国立大学。若说上海处于敌奸威胁之下,仅属暂时现象,失土终有光复之日,最后胜利又已日益迫近,暨南大学何不再忍辱苟安一下,以避迁移的麻烦与耗费,那末当知华侨父老平时就已不赞同暨南设在繁华的都市。因为华侨子弟是回国受教育的,在上海却极容易染受不良的习惯,甚至有的只学会了花钱的本领,学业则毫无进益。这固由于一些负笈学子的太不爱,可是这又怎能专责他们呢?教育当局是应该将他们安置在良好的环境里善为教导的呀!因此,即令抗战已胜利,暨南也不宜再留在上海。竖横要迁移,何不赶早?若以为华侨子弟不能吃苦,迁入内地有许多不便,上海租界才有现代的物质享受,那就根本不了解华侨父老的心理了。华侨学生是应受优待的,但过去的优待办法,却有点儿近乎溺爱,也可说是敷衍华侨,是应该加以改革的。事实上,近年凡是返国求学的华侨子弟,莫不奔赴西南西北的后方,他们并不想享乐,一心愿受大时代的洗礼呢!

依据一般侨胞的意见,我们认为暨南无论如何也应迁移,首都或西南交通比较便利的地方都可作校址。当然,并非一搬便可了事,暨南还应该切实的整顿扩充。学科务求适应华侨的需要,原则上也应该专收华侨学生,但国内青年如有志于海外事业者,自也应该收容,惟不可太滥罢了。吴部长曾主张暨南应对学生教以各属地的本国文字,使其学识技能可以适应居留地的生活,这是极卓越的见解,自应为今后暨南施教的方针之一。近有人主张政府宜设立专门研究南洋问题的机关，也是极好的建议，而暨南本有海外文化专业研究部之设，只要政府能增加其经费，广罗专门人才，俾能整顿阵容，发挥效能，就可以解决这一问题。此外，华侨所在地，也有设立一所大学的需要，因为许多华侨子弟不能返国，而不少课程也以就地研究为适合。但在异邦设大学，又不免有不少限制，难期完善，且亦不能因此减低华侨回国就学的需求。如能在南洋设一暨南大学的分校，就可能统筹兼顾、互相调剂，既适需要，仍不重复。至于经费一层，海外华侨当能慷慨捐助，以轻政府负担。

总之，华侨教育急待发展，而暨南大学则与华侨教育有最深切的关系，故华侨皆盼暨南大学能够日见扩充改进。好在吴专使铁城先生已表示对暨大迁校问题愿为转请主管机关负责办理，想不久之后，华侨的希望必可见诸事实吧！

（《暨南通讯》1941 年第 1 期）

今后的侨胞教育

潘公展

海外侨胞数十年来对于祖国之贡献,如赞助革命、兴办实业,以及慈善救济之踊跃输将,昭昭在人耳目。特别是发动全面抗战以来,侨胞的捐输财物、贡献能力,风起云涌,前后踵接,且能经常努力,恒久不懈,较之国内有过之而无不及,真足使前线军民感到千百倍的兴奋,增加抗战杀敌的勇气殆不可以限量。侨胞之所以报祖国于如此,祖国之所以慰侨胞者当如何?

敌寇由侵占海南岛而胁制越南,实已充分暴露其南进的野心。目前泰、越的冲突,更将为敌寇霸占整个越南之阶梯。在敌寇"大东亚新秩序"之心目中,岂仅泰、越为其囊中物?推而至于缅甸、新加坡、英属马来、荷印,以及菲律宾群岛等,都是她眈眈逐逐的砧上肉。诚然,英、美、法、荷等国对于敌寇南进侵略的野心,势必准备予以彻底的打击,敌寇必不会得逞,但在这种南洋局势整个动荡之际,我千百万侨胞将如何团结奋斗,救亡图存,进而集合反侵略的力量以扑灭破坏远东和平的敌寇的妄想,实在值得国内外人士速为未雨绸缪之计的。

姑就侨胞教育一端而言,笔者以为政府当局、社会人士就当急起直追作一通盘的打算,择其急切重要者先行实施,以慰千百万侨胞之望。侨胞散布南洋各地,固今有数百年的历史,而侨胞教育则以前清末年开办暨南学堂开其端,其历史不过三十余年。故论及今后的侨胞教育,不能不先略溯暨南一校的沿革。清季两江总督端方奉命在南京设校,招收回国侨生,使他们补习国学,并授以科学知识,这是暨南设校的初旨。民国初元,一度停办。直至第一次欧战结束时,方在上海恢复,称为国立暨南学校,以中学及师范为主,造就南洋侨校的师资。民国十三四年之交,正是国民革命军北伐的前夕,中央海外部也在广州成立,国人对于海外侨胞的经营事业日益增其注意,乃在上海真茹自建新校舍,改办暨南商科大学。民十六,国军底定东南,遂改称国立暨南大学,分设文、法、商、理及教育五学院,定为侨胞之最高学府,并附设中学,包括高初及师范专科,以便招收海外回国之小学或初中毕业生,加以深造。"八一三"后,暨大校舍虽被毁被占,而暨大仍迁移租界续办。惟自国军西撤,上海殆成魔窟,侨胞自不愿遣其子弟赴沪求学,故最近回国侨生逐年减少。暨南极盛时期每年大学部约八九百人,中学部约七八百人,侨生占十分之六七,内地学生则居少数。但目前以上海情形特殊,大学中学两部学生闻仅三四百人,而侨生只占十分之二三,可见国内侨胞教育事业之衰退,已到如何可惊的地步!

固然,我们论及侨胞教育,不当只着眼于国内,尤不宜以暨大一校以概其余,侨胞教育的普遍推进,与其说是在国内,毋宁承认其重点应在海外——尤其在南洋。惟须知策进海外——特别是南洋——的侨胞教育,当先培植其可以担负策进责任之人才,而此种人才又必须为深通国情的优秀侨胞,自不能不在国内认真造就。国内的侨胞教育,可以说是海外侨教的源泉,其重要性自不能容吾人漠视。

海外侨胞数十年来,受尽压迫,吃尽艰苦,幸本其勤劳俭朴的美德,开辟了筚路蓝缕的生活,工商事业逐渐发展,经济地位逐渐进步,他们无疑的都是自奋自强的优秀同胞。惟其如此,他们遂于经营事业集合社团之外,深觉有兴办教育发展教育之必要;因为唯有急速进步的学校教育,可以推进他们的事业,加紧他们的团结。姑举青年侨胞娴习国语的普遍远较国内青年为甚一点而言,可以证明教育力量之伟大。海外的侨教有一个特色:他们的主干人物,教师以及职员大都是由国内去的。这其间,自然暨大历届的毕业学生尽了他们最大的努力。即最近国内专为收容侨生而成立的几个大学,如国立华侨中学,如育侨中学,也都有暨大毕业生在担任主要工作。暨大已往招收的回国侨生,大都来自新加坡、马尼刺、泗水、婆罗洲、三宝垄,吉隆坡、麻六甲、棉兰、巴城、万隆、槟榔屿、曼谷、西贡、海防等地,先后由大学部及各科专门毕业者约四五千人,中学及师范两部毕业者亦大略相等。其中回国侨生及闽广籍的内地学生极少居其半数。他们毕业以后,大抵辗转介绍,相率遄往南洋各地工作,教育、工商各界所在多有。年来海外侨胞教育的进步,笔者敢信这些在国内栽培成材的青年侨胞当是一种主力。所以要使得海外侨教的更普遍更进步,只有首先从振兴国内的侨胞教育入手,尤其目前南洋情势动荡,"山雨欲来"之际,更有猛着先鞭的必要。暨大既为负有侨胞教育历史任务的大学,而上海今后更将成为乌烟瘴气的魔窟,决不足以招致优秀侨生的入校。则为尽其应负之使命计,笔者敢建议政府当局、社会人士,亟应通力合作,谋此侨胞最高学府的内迁与发扬,使他充分发挥其效能。否则暨大的由衰退而不幸至于沦亡,决非仅关于暨大一校的小事,实足以使整个的侨教政策受到相当的挫折。

其次,南洋各地在敌寇南进侵略的政策之下,侨胞自必日益感觉其不安。除了社会各界的负责人士以及可以有力出力的壮年侨胞,当然应各就其本位,在当地奋斗努力以外,其他妇孺、学龄儿童,以及中学程度的青年,在某种局势发展状态中,恐均有逐渐内移的趋向。例如越南、泰国的情况,前者已入战时状态,后者则我侨胞所办的中学早被勒令停办,可见今后此种事态自必更趋严重,必将不限于泰、越二国。当局固已设立华侨中学于云南,借以吸收泰国侨生返国肄业,但笔者以为今后当更加紧的推进此种工作,已办者求其内容之完善,未来者更求其有精密之计划,务使我政府与社会人士为侨胞尽心尽力的工作,先在教育一方面有充分的表现。

笔者深知本党对于侨胞事业素极重视,即以教育而言,十年以前,中央训练部曾召集华侨教育会议,即有教育部应设专司办理侨民教育之决议。前年冬季,教育部复召集侨务委员会、外交部、中央海外部等各机关会议,决定重设华侨教育设计委员会,并拟于海外各地逐渐设置教育专员，负责督导侨胞教育，且于必要时将在海外择地开办侨民师范学校、师资训练班及模范中小学。凡此种种计划，无不足以说明中央重视侨胞教育之至意。笔者固希望其早日完全实现，惟提纲挈领，仍不能不先盼回国侨胞高等教育之复兴，而尤寄其殷望于负有历史任务之暨大的内迁；盖暨大之发扬与光大，必可一兴侨胞之耳目，以为政府今后对于侨教正向前迈进确具决心也。不宁惟是，我国目前正当抗战建国最艰苦的阶段，使在抗战的首都附近，设立侨胞的最高学府，并在滇、桂、粤、闽诸省分设附属中学，广收优秀的青年回国深造，提高其民族意识，加强其国家观念，俾进而笃信三民主义，为今后我同胞发展南洋一切工商教育事业的为本干部，其有裨于祖国者岂可限景！采骥得珠，推进今后侨教的关键尽在乎此，为了使侨胞的发扬光大，国家就使多拨一些经费，衡以侨胞自抗战以来所贡献于祖国惊人巨数，只要核实使用而尽得其当，也是天经地义应该的事情。

（《暨南通讯》1941 年第 1 期）

华侨教育之重点

胡寄南

华侨足迹遍天下，寰宇之内，山陬海隅，莫不有我中华民族的子女生息其间。海外的华侨，用他们的汗血，靠他们的勤劳，胼手胝足筚路蓝缕，开辟了一个繁荣富庶的南洋。以华侨人口的数量言，则据十九年的统计，我国侨民分布于世界六十一国者约有八百五十四万六千余人，实际几达千万。以言政治的力量，则“华侨为革命之母”，因为侨胞远居异域，环境特殊，所受的刺激既深，爱国之心油然而生，遂能团结组织，以谋生存与发展。以言华侨对于国家财政的贡献，则抗战以前，每年侨汇达数万万元，为平衡入超之一重要因素。若就华侨的经济力量而论，则南洋一带，从马尼拉，到西贡、曼谷、新加坡、泗水等地，零售业、米、糖、树胶各业，华侨拥有巨大的资本与人力。“无华侨即无南洋”，洵非虚言。

现在的南洋，已大部分沦入敌手，数百万华侨，陷于水深火热之中而不能自拔。幸而美国自遭珍珠港的暗算以还，急谋补救。阿图岛的收复，所罗门群岛的捷音，以及澳洲的增援已奠定了太平洋上反攻的基础。轴心的崩溃可期，胜利的曙光已露。在不久的将来，南洋的居民，必有重见天日的时候。我们惩前毖后，允宜殚智竭虑，对于战后的局势详加研讨，关于侨务的设施悉心策划，以期海外的华侨获得生活上永久的和平与保障，并谋确保华侨居住、集会、信仰、经营事业以及教育等等的自由权。

我们鉴于美利坚合众国借教育的力量竟能融合种族与肤色不同的人民于一炉而蔚为自由民主的大国，又鉴于德意志民族利用了教育的工具而终能达成团结与复兴的任务，所以我们确信唯有教育始能使华侨继承我国固有的文化遗产而不致为异族所同化，唯有教育才能使华侨吸收欧美文明的精华而不致落伍，亦唯有借教育的力量方能祛除褊狭守旧的心理而使华侨成为现代的国民。

侨民教育之重要，在过去不独渐为我国朝野所注意，尤为华侨本身所体认。所以各级的中小学校，在海外风起云涌，颇具相当规模，但其病在各自为政，程度不齐，不特缺乏统一的联络与指导，且对于华侨教育的重心所在，尚少认识。笔者十余年前，因职务关系，旅居南洋，足迹所及荷、英各属，亲见虽偏僻之区，亦往往有华侨所办的学校，为我无数侨胞子女的弦诵之所。这种对于教育的热诚，焉得不令人兴奋！同盟国胜利后的南洋，自必另换一副新的面目，无论将来南洋各地的政治机构如何，华侨地位的益增重要，洵无可疑。今后的华侨教育，必须确定重点，然后种种设施方不致散漫或偏颇，盖惟有以教育为动力，才能配合政治与经济，使华侨在居留的地域，争取其应有的权利。谨将华侨教育之基本重点，分一般的问题与特殊的问题两方面，略抒鄙见，尚祈海内外贤达，勿吝指正！

（甲）培植师资以解决一般的华侨教育问题

中等学校教师缺乏之补救

据民国二十九年六月底止的调查与统计，海外华侨的中小各级学校共计三千二百三十一所，内有中学一百十七所，师范学校八所，职业学校四所，补习学校九十三所，以及小学二千四百七十七所，其中学校类别不明者则有五百三十二所。约每二千六百四十个华侨中即有一学校，教育之普及，较国内且犹过之。这些学校大多数分布于南洋一带。今后的华侨教育，自当在原有良好的基础上，益求其深入与普遍。故华侨教育师资的培植，实为当前的急务，教育部及侨务委员会近已感觉到此种需要，曾经先后设立侨民师范学校、华侨中学，以及侨民教育师资训练班,以期训练适宜的教师人才而谋提高侨胞的文化水准。这方面的努力颇值吾人钦佩,惜数量不多,恐不敷战后的需要远甚,且侧重于小学教师之培养,衡诸今日的大学生选习教育者人数之少,战后对于华侨所办的中等学校的师资的供应,恐将有脱节之虞。为急图补救计,笔者的浅见以为教育当局似宜就现有大学之华侨学生人数较为集中或与华侨关系较深者若国立暨南大学、中山大学、厦门大学等,委托各该校的教育学系或师范学院担任训练华侨师资之责。如属可行,则不妨设立专组以事训练,或则在课程上加添马来语文科、南洋史地概要、华侨殖民史和海外华侨的文化生活等课程,这样才是以最经济的方法培植最急切需要的教员人才,华侨师资的恐慌得以解决,而收事半功倍之效。

(乙)特殊性的华侨教育问题

因材施教与因地制宜两大原则的应用

除了上述一般的华侨教育问题之外,尚有对于南洋华侨有特殊性的种种问题,笔者的浅见以为宜分因人与因地两方面,予以合理的解决,兹分别述之如下:

(1)在因材施教的原则之下,我们应对“华侨”的素质加以检讨,以定教育的需要。就一般的情形而言,华侨的品格比较国内的同胞为富有冒险性,较富航空热,较有机械头脑,较为擅长于工商企业之经营与管理,所以华侨的专门人才之培育,似宜暂时侧重于航空人才、轮机驾驶的人才以及工商及机械人才的训练。故在战后的南洋,我们应即在各重要地点设立航空或驾驶技术学校,特种工业(如锡、糖及树胶)学校以及商业学校以应此种需要。

(2)在因地制宜的教育原则之下,我们应着眼于热带病学、热带植物学、水产学、马来人种或语言学等等专门研究人才之培植。复因华侨往来交通的关系,航海的需要极大,且华侨多我闽、粤沿海一带人民,素习于海洋的生活,因此航海人材的训练,亦应以华侨为一重要的对象。

以上仅就管见所及,略加论述,总裁曾经估计中国于十年之内至少需要二百四十余万专门的人才。以华侨在海外分布的人数之众,对于这个数目的人才的供应,必能有一很重要的贡献,这是毫无疑义的;在将来的经济建设上,南洋的华侨,必然要占一特殊的位置。

我们如能把握华侨教育的重点,努力推动以与政治及经济相配合,则新南洋之建设,不过是个时间的问题。

海外华侨的命运,也就关系整个中国的命运!

(《南洋研究》第11卷第1期,1943)

南洋侨民教育的回顾与前瞻

戴敦复

前 言

根据侨务委员会二十九年度的统计,吾国侨民之分布在世界六十一个国度及政治区域者总计已有八百五十四万六千三百七十四人。其中居留在南洋各地的(指泰国、越南、缅甸、英属马来亚、北婆罗洲、菲列宾、荷属东印度及葡属帝汶)有六百五十万七千三百另九人,约占吾国海外侨民总数的三分之二强。这样巨大的人数,实在是一个不可漠视的力量,很值得我们深切的注意。

吾国侨民大多勇敢耐劳,崇尚节俭。他们在海外发扬并光大了中华民族固有的优点。已往他们并曾在南洋留下了不少伟烈烜耀的业绩。他们在南洋的荆棘丛莽中种下了满呈灿烂的花果。他们的努力不但替后来的同胞奠下了立足的基石,并且还为南洋群岛——他们的第二故乡开辟出了一片新的乐园。对于中国人那种辟荒岛为巨埠的业绩,就是开明的白种人也都表示过感谢的敬意。

南洋的吾国侨民大多是闽、粤二省沿海一带的居民。尤其是以闽南、海南、广州、潮州、梅县等地的居民为最多。他们移殖海外的原因据陈达氏的调查,不外乎下列几种:(1)经济压迫;(2)南洋的关系;(3)天灾;(4)企图事业的发展;(5)行为不检;(6)地面的不靖;(7)家庭不睦;(8)其他。其中更以第一、第二两项为最占重要(见南洋华侨与闽粤社会）。且自中国与各国海通以来，欧洲有些国家对于发展殖民地亦正需要大量劳工，他们且往往向我国招工。欧战期间，英法亦曾向我国雇工去到他们本国从事后方各种工作。有此诸种原因，吾国人之向海外迁居者遂日益众多，以至聚集了庞大的人数，形成了雄厚的力量。

吾国侨民在南洋各地均握有大部分的经济势力。他们投资在荷印的农业，均值二〇〇五八五〇〇〇盾，工商业约二万万。英属马来亚华人投资于橡胶园的约值二万五千万叻币，当全额的四分之一。投资于矿业的约占全额三分之二。华侨在菲岛的投资总数有人估计为美金一万万元，等于美国在中国投资总数的一半。泰国方面，华侨多操碾米业及其他商业，资本总额约七八万万元。在越南的投资亦有三四万万元。我国侨民在南洋的投资，虽无确实统计，估计总在二十万万元以上。

华侨在南洋各地所从事的主要职业是仲介商。在菲列宾的零售商百分之八十全操在中国人的手里。在泰国，中国占到中等阶级的大部分。他们若一发动总罢工，泰国的商业就将全部陷于停顿。由是可见华人在泰国的经济势力是如何雄厚了。

在南洋拥有这样巨大经济势力的中国侨民，他们对祖国的各方面当然会发生很大的影响：中国的国际贸易每年的入超，要靠他们的汇款来平衡；国内的经济建设需要他们的投资；另一方面，西洋的文化亦将通过他们的介绍，而流传到中国来，借以促进祖国的改革及他们本乡居民生活方式的改善。受侨民影响的最显著的例子就是厦门和汕头二市，这两个地方的发达可说完全是靠了侨民的力量，无论在金融、交通、文化、教育各方面的设施没有一件不是借侨民的财力来创办或促成的。另外在闽南和粤东还有着许多本来闭塞的乡村也是靠侨胞的力量改观了的。由此可见中国的侨民对于祖国的建设，无论在文化或经济各方面，都曾给予过很大的贡献与助力。

南洋的吾国侨民多数是比较知识浅薄的，这是不容讳认的事实。开明的、进步的华侨领袖固有，但终属少数；拥资千万而对祖国漠不关心的侨商,事实上也所在皆有。我们应当如何来争取这些富有的侨胞？这一问题,确值得我们的重视。

第二,有些无识的侨胞至今还依旧保持着自家乡带去的种种不良的习惯。例如,不讲究卫生、抽烟嗜赌、殴打、械斗诸种恶习,不特有伤国家的体面,并且亦将引起各该居留地政府的厌恶轻侮。战后我国的国际地位定将提高,我国侨民在南洋各居留地的地位当然也要受人重视。华侨是中国政府在海外的非正式代表,他们的生活习惯举动行为自更将影响国家的声誉。如何使侨胞革除旧有的恶习,保持大国民的风度,发扬中国固有的美德,以从事于各种新事业的活动,这点更是值得我们的注意。

第三,自一九二九年世界经济恐慌以来,吾国侨民在南洋的各项投资均曾受到很大的打击,加以各属殖民地政府的严厉施行移民律,中国人民之移居海外的,因之遂日益减少。影响所及,吾国侨民在南洋的经济地位乃一落千丈。侨胞的黄金时代事实上确已过去。已往侨胞们只凭借了勇敢冒险的精神,刻苦耐劳、崇尚节俭的美德,始获得现在这样优越的地位。可是今日的社会尤其是南洋社会,已日趋复杂,人与人之间的生存竞争亦已愈趋激烈,单单凭借坚忍的劳力实已不足以应付环境。至于如何增进吾国侨胞的生活技能,充实侨胞的学识,凡此种种都需要我们在事前加以充分的准备。

第四,我国抗战胜利以来,建国工作千头万绪,百废待兴,尤其在实现工业化、电气化的推进过程中更需要有大批的熟练工人及中下级技术干部。南洋侨民可以说是这批人员主要的源泉。因为在南洋的吾国侨民大多是体格健全,意志坚强,能耐劳吃苦。南洋开矿工人亦以我国侨胞占最多数,英属马来亚的锡矿百分之九十是由中国劳工开掘成功的。我国政府若能吸收他们回国来参与战后国家经济建设的运动,那么也解决了中国在工业化运动中所需要的人力问题的一部分。至于如何来吸收培养和训练,那就是华侨教育的一个重大的课题了。

第五,在南洋各地还有着不少的混血侨胞,他们生长于海外,自幼就受着殖民教育的麻醉，所以他们的生活方式、思想习惯，实际上已经全盘西洋化了。他们有的且已浑然忘却了自己的祖先，反以高傲的态度来蔑视祖国的同胞，这种人在南洋社会里面往往是居于上层阶级的地位。在菲律宾议院中有三分之二的议员混杂着中国人的血统，在泰国则几乎有三分之一以上的贵族是中国人的后裔。他们不但不能同情或协助我国的侨胞，甚且还要歧视、排斥、压迫。像这种事实之所以发生，坦白地说，实在是我国侨民教育推行不力的结果。

为了解决以上所提出的五大问题，我们因此遂需要一个有组织，有计划，有目标的侨民教育，并且这五大问题今后当成为吾国侨民教育的主要目标。值此胜利已操左券的现阶段，我们对于战后的侨教问题自应予以深切的注意。本文拟对于我国过去的设施作一彻底的检讨，以明其缺点之所在；一方面，对于战后的侨教设施，提出几点有建设性的意见，以供从事侨民教育工作者的参考。

一、过去南洋侨民教育的检讨

南洋初期的侨民教育只有家馆和私塾，教育的目的亦只不过是要使他们的子弟能写信、记账、打算盘而已。在南洋各地中最早设立的侨民学校是巴达维亚的明诚书院（雍正三年）。戊戌政变后，菲律宾华侨受国内新思潮的影响，始有马尼剌中西小学的设立（光绪十六年）。自后新加坡的华侨又开始兴办养正学校（光绪二十三年），巴城华侨亦继起创立八帝贯中华中学（光绪二十七年），其后二年（光绪二十九年）缅甸华侨也在仰光创办中华中学和益商夜学了。

在南洋侨民教育的发展史上，有一位应该值得我们提起的功臣，那就是戊戌政变的主角康有为氏。光绪二十九年康氏变法失败，亡命海外，在南洋各地游历讲学并倡导新式教育。这一举动给予荷印侨界以一个很大的鼓动。此后新式学校之所以能够如雨后春笋般地设立起来，我们可不能不归功于康氏的倡导。光绪三十一年（一九〇五年）两广总督岑春煊又派刘士骥往爪哇劝学，结果促成了荷印华侨学务总会的成立（一九〇六年），并间接影响到殖民地政府的教育政策。因为殖民政府接着就于次年(一九〇七年)起开始给予中国人普遍享受教育的机会。

逊清末叶,革命党人往往在南洋各地宣传民族革命,阐扬祖国文化。这样遂大大地激动了华侨的爱国心。那些寄身在海外的侨胞不特捐助大量的金钱,以接济革命党人,而且他们中有些人甚至还遄回祖国来直接参加革命工作以至于捐躯舍命的。

民国成立以来,祖国与华侨的关系益加亲密。民国二十一年,中央并成立了侨务委员会专司有关侨民之各项事宜。二十九年,教育部与侨委会又成立侨民教育设计委员会以设计侨民教育之兴革事宜。同时,对于回国升学的侨民子弟政府当局并予以优待与奖助。有时政府更派遣大员往南洋各地去宣慰侨胞。海外的侨胞一方面身受各属殖民地政府的束缚欺压,一方面深感祖国同胞的温情,民族意识遂因之加强,他们深切地体念到有对祖国文化作进一步认识之必要。又加之以一班自国内学成归来的青年,有若新鲜的血球注入到躯体里,促进了侨民社会内在的新生机。这班新进的教育工作者曾经受过祖国文化及现代教育思想的洗礼。他们具有进步的头脑,抱有确定的目标。他们并带着一股青年人的热忱走进到南侨教育界来,他们实是改革南洋侨教的新斗士。据教育部二十九年度的统计,我国侨胞在南洋各地所设立的各级学校共有二千六百零五所;其中有普通中学五十九所,师范七所,小学一千九百四十四所,至职学校则缺如;其中已经在我国教育部立案者有三百十一所。

兹将南洋各地侨校类别统计列表于后:

侨校间数

地名	合计	中学	师范学校	职业学校	小学	补习学校
总计	2605					
暹罗	169	6			163	
越南	328	13			285	
缅甸	345	4	3		338	

（续表）

地名	合计	中学	师范学校	职业学校	小学	补习学校
马来亚	1051	24	4		980	43
北婆罗洲	80	7			73	
菲律宾	124	5			97	22
荷印	502					
葡属帝汶	6				6	

由上表所举的各项数字中已可看出在短短的三四十年间南洋侨民教育成果之一斑。在下节中我们将对过去的侨民教育再作进一步的检讨。

为要建设未来新南洋的侨民教育，及避免再蹈过去的覆辙，我们不得不对已往的侨教设施作一番检讨与批判。我们觉得过去南洋的侨民学校以数量言，不能说少，可是真能迎合当地侨民实际需要的学校究属不多。侨教之所以如是不振，最主要的原因固由于当地客观环境的限制，例如，暹罗政府的取缔华文教授、驱逐教师、封闭侨校，荷印政府的限制知识分子入境以及对于接受津贴的华校在行政上与教学上加以种种牵制；但除此以外还有不少的缺点是应归咎于我们自己的。例如：

1. 帮派复杂　在南洋侨民社会里面尚保存着浓烈的乡土观念。一省与一省之间固存在着地域观念，就是在同省之间亦有时还要分疆划界。这一帮派与另一帮派往往为了各自利害的冲突而至于械斗。这种帮派意识反映在教育界上亦极明显。若广府帮侨民创立一所学校，那么闽南帮人士一定亦另办一所以示不弱。这样地竞争着，固然促起了侨校的纷纷设立，表面上似乎教育很为发达；可是一究其实际，这种学校往往要受着校董的牵制，不能多所改进，只是虚有其表而已；加之主持者又多办事腐败，处理不善因而学潮时起，影响到学生的学业很大。

2. 组织散漫　南洋各地侨校因帮派及经费来源的不同,往往自成畛域;在教育宗旨上遂缺乏一个共同明确的目标,在组织上则显呈着散漫的现象;这样乃大大地影响到南洋侨教之整个的进展。民国以来,祖国当局虽曾对侨民教育作过一番努力,但因过去甚少联络机关,又不明了当地侨校的实际情形,所以未能予以合理的协助;并且事实上亦鞭长莫及,根本也很难收到预期的效果。

3. 师资缺乏　所有南洋各地培育师资的师范学校共计只有七所,其中设于缅甸者三所,在马来亚者四所(此四所尚未经中国政府核准立案)。因此各级侨民学校所最感觉到严重的问题就是师资缺乏。

尤其是在尚保持着尊师重道的古风底侨民社会里,师资问题更较在国内为重要。因为一个优良的教师的言行时常能够直接影响到学生的言行,因此,我们所需要的侨校教师不特是知识丰富,同时还要品格优良,如此方能担负起改移侨民社会的风气底任务。过去南洋各级侨民学校往往不惜花费巨金到国内聘请教师,到南洋去的教师中固然有些是品学兼优,但也有不少是滥竽充数的,并且他们中多数均不熟悉南洋各地的风土人情,所以他们在施教方面不能适合当地侨民的实际需要。总之,师资的缺乏和品质的不良确是侨教不振的一个主要原因。

4. 教材的不善　中国的商务、中华等大书局虽然都有南洋教科书出版,但这些教科书并不能完全适合侨民学校的需要。加之各属殖民地政府又严加取缔含有民族意识的教材,因此侨校的课程编订乃大感困难。闻最近教育部有编辑侨民中学适用之各科用书的计划,若果能实现,那么侨校的教材问题想就可获得局部的解决了。

5. 成人补习教育的缺乏　职业学校与成人补习学校的缺乏,亦是南洋侨民教育的一个缺陷。翻开民国二十九年度南洋侨校类别调查的统计表来一看,在职业学校这一格里,竟留着一个空白。我们知道,侨胞在南洋谋生者,大多均未曾受过教育;值此生存竞争日趋激烈,社会情形日形复杂的时候,为避免遭受失业的危险,我们的成年侨民就更有增进知识与求取生活技能的必要。所以我们认为战后南洋侨教设施应当多多着重职业教育与成人补习教育。

以上所举的五点全是已往南洋侨民教育进程中最主要的缺陷。因为最普通，最是老生常谈，所以也最容易被人们所忽视。我们特别提出来就是为使战后从事于南洋侨民教育者知所改进，同时，我们更愿提出几点复兴战后侨教的方针，以供参考。

二、战后南洋侨民教育的展望

中国人之所以往南洋谋生的大半是受经济的压迫。其中除少数曾在家乡受过相当的教育者外，大部分还是目不识丁的。他们只凭着一腔热血，一副健壮的体格，一股不畏艰险的精神就毅然决然地远渡到南洋去。他们多数是工人、行贩，由于崇尚节俭和刻苦奋斗，渐渐地他们乃以少许的积蓄开设一家商铺，或就用之以投资到橡胶园的种植上去。好多拥资千百万的侨商都是曾经过这个阶段而成为富翁的。他们中有些人在回想起他们在过去数十年的斗争中所遭遇到的种种困难，便感觉到不曾受教育的苦处，因而他们就格外认为有使他们的子弟们受教育的必要。当初他们所希望于子弟的只是赚钱；他们教育的目标，也只是要他们能写信会珠算，和获得一些商业上所必需的常识而已。康有为到南洋讲学之后，革命党人之往南洋宣传者尤众，结果侨民教育的目标因而大变。他们感到自强必须由教育入手，因此后来的侨民学校便多注重于民族意识的激发与培养，祖国文化的认识与宣扬。今日南洋侨胞社会中，国语的普及就是他们努力的成果。

自世界经济恐慌的浪潮袭来以后，吾国侨民在南洋所经营的一切企业均受到严重的打击。在此不景气的风暴中，吾国侨民乃不得不更以最大的毅力来争取发展的机会。他们有时亦不得不和白种人作生存的竞争；可是在相互的斗争中，他们便往往感觉得自己学识的不够和知能的欠缺。所以他们乃纷纷设立新式学校，以教育他们的子弟，其目的即是要他们的子弟能在未来的生存斗争中具备有丰富的知识和生活的技能。

上文已说明了南洋侨民教育目标转移的经过，此后南洋侨教究应怎样革新和改进,这是我们不能不预先深加考虑的问题。

吾国的侨民教育在本质上实是一种移民教育。它应有别于帝国主义国家之以奴化殖民地人民为目的底殖民教育,亦更异于法西斯帝国家之以煽惑殖民地人民的情绪为目的的侵略教育。因为我们对于亚洲的其他国家丝毫没有领土的野心;我们只希望能与各盟邦共存共荣,互助合作,保持世界永久的和平。吾国的侨民教育必须是依照中华民国的教育宗旨:"中华民国之教育根据于三民主义,以充实人民生活、扶植社会生存、发展国民生计、延续民族生命为目的;务期民族独立,民权普遍,民生发展,以促进世界大同。"因此我们的人民对内要求民族的独立自主,对外要扶植世界上各弱小民族,共同努力,以促进世界大同。所以吾国侨民教育的目标,就是要使吾国的海外侨胞认识祖国的文化,发扬民族的精神;一方面并要增进他们的生产技能、生活知识,俾能独立生存,不为环境所淘汰。战后吾国国际地位提高,我们的侨胞更应保持大国民的风度,改革过去不良的习惯,发扬吾国固有的美德,与世界各民族互相合作,和平相处。为要达到这种目的,我们战后的侨民教育必须要解决下列五个问题:(一)怎样改移华侨社会的风气;(二)怎样灌输侨胞以新智识;(三)怎样感化混血侨胞;(四)怎样转移过去一部分侨商对于祖国漠不关心的态度;(五)怎样吸收并训练南洋侨胞中的技术人材与熟练的工人。战后侨教的设施必须向这五大目标努力。

我们认为战后改造南洋的侨民教育应当特别注意于下列各项:

1. 普通教育的推广　南洋各属的殖民地政府都是希望被统治的人民能永远陷于无知与愚蠢的状态。所以他们殖民地教育的方针,一方面是压迫及遏制教育的普及;一方面则诱引一般华人及土人子弟进入他们所设立的奴化学校,施行其奴化教育,奴化其头脑,麻醉其意识。吾国有许多混血侨胞虽然是满口洋文,洋气十足,可是对于祖国文化则一无所知,有时且对于祖国同胞横加侮辱。由此我们可以看出文化侵略的毒害程度是何等地深切了!

要使吾们的同胞不受奴化,要使吾国的侨民认识祖国文化的伟大,首先必使他们接受祖国的教育。因此,我们认为战后改造南洋侨民教育的急务就是要谋教育的普及。我们要求南洋各地所有的中国领事、党部、学校、华侨社团,以及每一个侨民领袖,每一个受过教育的侨胞都来负起这种伟大的任务,在每一小学校内附设识字班,同时,并须广设民众教育馆以补助成人教育的不足。

2. 成人补习教育的推行 南洋各地的侨校多属小学,对于组成侨民社会的主要分子——小商人店员及工人们的工余进修学校,侨教当局则未能加以注意。其实,这一阶层的侨胞身受殖民政府的压迫最为深切,且他们亦最富有民族意识,最关心祖国的前途,只要看他们在每一次救国运动中踊跃输将的情形便可想见。若是我们能够灌输他们以现代的智识及生产技术,那么他们的力量一定会发挥得更大。已往的侨民教育因为缺少一个明确的目标,因此,对于成人教育大都漠不关心。我们极希望战后我国的侨民教育当局对于这一方面能予以最密切的注意,最好在南洋的每一个有着侨民居留的城市里能有几所成人补习学校,以及与推广成人教育相配合的民众教育馆,和侨民俱乐部的设立。至于成人补习学校的内容,应该是特别注意于职业及技术的训练。若成人教育能够发达,则华侨社会中的种种不良的习气当然会得转变过来。

3. 侨民学校应为改良社会的中心 要改移侨民社会里的种种恶习,我们认为必先由普及教育入手。至于担负这一艰巨任务的机关,当然是各地的侨民学校。学校不但要灌输祖国的文化,培养学生的人格,同时,还须更进一步的作为兴革华侨社会事业的中心。所以侨民学校当局必须先与各学生家庭取得密切的联系,必先使学生家长与学校发生感情,这样,学校方能在侨民社会里面发生伟大的功用。至于学校的施教方针,第一,要使每个学生能够自立,对于自己所做的事情能够了解其中真正的意义;第二,各种学科应与社会上各种事业发生联系;第三,必须要认明侨民社会中生活的内容及其关系;第四,要养成学生观察事物及处理事务的方法。为实现此各种目标,学校必须要抛弃掉那些专为适合资产阶级子弟所常用的课程而另外编制一种真能适应一般侨民社会的新课程。每所侨校应分升学准备科及普通职业科。学校所施行的教育应把理论与实际,学问与社会相配合。各地侨民学校尤须特别注重国文、史地,及其他的乡土教材的科目,以及激发培养学生的民族意识。

4. 职业技术学校的设立 吾国的海外侨胞,大多体格健全,能耐劳苦。南洋的锡矿,就是全借我们侨胞的劳力来开发的。战后中国在工业化运动中最感觉到困难的当然是人力问题,可是对这问题,南洋侨民定能有所贡献。至于怎样吸收和培育这批技术人材,第一就得需要教育来协助。因此吾国的侨教当局应为配合这一种需要而在南洋各地多多设立技术学校;或就在普通中学里增设各种专修科,或工人补习班,利用工人们的业余时间施以相当的技术训练。

5. 侨民教育司的设置 过去南洋侨民教育之所以散漫而无组织者,一方面固然是由于客观环境的限制,但另一方面亦由于吾国政府当局对于侨教缺乏统一的行政机构所致。战后的南洋侨教无疑地是需要有大大的改进。普通教育的推行、技术人材的训练、教材的编订、侨生回国升学的鼓励与指导,以及海外各地侨校的联络等等事项极需要有一专司来统筹办理。侨民教育的重要性已如前述,我们希望战后政府能够在教育部里面添设一侨民教育司来统筹办理一切的侨民教育事宜。同时,并常常派遣专员到南洋各地去考察宣导。

6. 师资的培养 凡关心或从事于侨民教育的人士无不认为师资的培养,是改造战后侨民教育的一件刻不容缓的事体。最近教育部与侨务委员会虽然曾经合办了几所侨民师范学校和一所侨民师资训练班,可是毕业出来的学生人数太少,事实上尚不够分配。将来关于侨民教育师资的培养这一艰巨的任务,个人以为可由暨南大学来担任。因为暨南大学是华侨教育的最高机关,与华侨的关系最为密切,而且暨南大学的校友散布在南洋各地最多,无论金融界、教育界、文化界,均占有相当重要的地位。就是历年回国来暨南大学求学的侨生亦大部分是比较开明的华侨子弟,这班学生中不少具有进步的思想、浓厚的民族意识、丰富的南洋知识,他们因为不愿受殖民地教育的奴化,所以情愿跋涉风浪回归祖国求学，毕业之后他们亦自然是很愿意重到南洋去服务。这班人的确是建设新南洋不可缺乏的生力军，改造南洋侨民教育的先锋队。我们如果能够对于这些有志改造侨民教育的华侨青年施以适当的训练的话，则他们将来一定会将南洋的侨民教育改造成为一番新的面目。我们觉得教育当局应在暨南大学内添设侨民师资训练班，或即在大学教育系内添设侨民教育科，以便那些有志前往南洋从事教育工作者选读。

7. *南洋各地语言讲座的设置*　我国立国的精神，对内是在争取民族的独立与自由，对外是在扶植弱小民族的解放大业共同奋斗，以促进世界大同。因之，我们对于南洋各地的民族应抱着一种亲善合作的态度，对于他们的生活习惯与乎语言风俗必须先有深切的了解。为要达到这种目的，我们建议教育部应在国内那些有关侨民教育的学校里设置南洋各地方言（如马来语、泰语、掸语、安南语等是）讲座；同时，并应多多派遣访问团到南洋各地去和当地的各民族联络，借以促进彼此的关系。

三、结论

此次战争虽然阻碍了吾国侨民教育的进展，可是在另一方面说，这次的战争亦确是吾国侨民教育的一个复兴的契机。我们可以说，太平洋的烽火是摧毁了侨教进程上的绊脚石。随着战后新南洋的建设，我们的侨民教育必然会呈显出一番新生的气象。我们检讨过去，瞻望未来，深觉侨教的前途有着无限的光明。因此，我们更希望吾国的侨教当局以及从事于侨教工作者能够对于战后的侨民教育给予更大的注意。作者不揣固陋，略就管见所及，提供出几点意见，希望能够因此而引出一个更详细、更有建设性的计划来！

（《南洋研究》第11卷第2期，1944）

华侨与南洋

蔡世英

一、华侨释义

“华侨”二字，就文义上言之，实含有“国家民族”及“地域领土”双重意识，而此两种意识亦必具有联贯性，始足以形成“华侨”之意义，兹就“华”“侨”二字暨其联系，分别解释如次：

“华”乃“华夏”或“中华”之简称，亦即“中华民族”及“中华民国国民”伸展之由来，此仅就“华”字而言，其富有“国家民族”意识之内涵。既极明显“侨”乃“侨居”或“侨外”人民之简称，亦即“侨民”及“侨胞”之缩影，而其具有“地域领土”之限制，亦甚清晰。“华”“侨”二字既明，则可进而解释“华”“侨”二字联系而成的“华侨”之意义。

基上论“华侨”是中华民国国民侨居本国领土以外之地域，受所在地政权统治的一群民众之总称，乃毫无疑义。此一群民众侨居于南洋一带者，曰南洋华侨；侨居于南非洲一带者，曰南非华侨；侨居于美洲一带者，曰美洲华侨；侨居于澳洲一带者，曰澳洲华侨；侨居于欧洲一带者，曰欧洲华侨。侨居之地域虽有不同，而其为本国领土以外之地区，暨侨民之必须具有中华民国国籍，则毫无二致。查各国之国籍法，以国情有别，不无差异之处，有采取属人主义者，有采取属地主义者，吾国则属于前者，英、荷等国属于后者，故华侨在英荷属南洋一带出生之子女，在英荷人视之，已非中华民国之国民，然在国人视之，固仍属本国居留南洋，依法保持中华民国国籍之侨民，亦即俗称土生华侨是也。

二、南洋之范围

"南洋"之名词，虽习用于普通社会，然而见诸籍载者，当以《海国见闻录》为开端，查《海国见闻录》乃清初陈伦炯奉命遍历南洋各岛，侦察明末郑成功余党归来之著述，其中对于海外岛国，划分为"东洋""东南洋""南洋""小西洋""大西洋"诸区，此皆以中国为主观而区分也。……所谓"东南洋"即小吕宋群岛以迄婆罗洲群岛之半；"南洋"则由安南起沿海岸西至暹罗，南括马来半岛、苏门答腊、爪哇，以迄婆罗洲群岛之半；"小西洋"者，今之印度、波斯、亚剌伯等处；"大西洋"乃今之欧洲是也。

至于与南洋相仿佛之"南海"一名词，见诸籍载者，有唐初唐僧义净海道赴印度途次经"室利佛逝"（即今苏门答腊之旧港）时所著《南海寄归内法传》，查该传详述南洋诸岛皈依佛法之情形，其中所指"南海"诸洲，为婆鲁师、末罗游、莫何信、河陵、咀咀、盆盆、婆里、掘伦、佛逝补罗、阿善、末迦漫，及其他小洲，即今之马六甲海峡两岸及其沿东诸小岛是也。

宋元两代，海舶贸易甚盛，对于海外地理智识，亦较唐代为进步，然于南洋岛国之间，固未尝有"南洋"专名之出现。有明一代，亦曾划分海外诸岛国为东西两洋，以日本、琉球、小吕宋群岛以迄婆罗洲之文莱为东洋，文莱起以至极西为西洋，且有三保太监郑和下西洋之盛举，其足迹所至，虽为现今"南洋"诸地，然仍无"南洋"之名词存在也。

以上所论，均属"南洋"专名之史的叙述，亦为学者确定"南洋"范围之有力根据，盖今人所谓狭义的南洋及广义的南洋，皆不出《南海寄归内法传》《海国见闻录》内所指南海诸洲及南洋各岛国之畴范。前者所包括范围仅及英属马来亚及荷属东印度诸岛，后者所包括范围乃指印度支那半岛暨分布于印度洋及太平洋中之马来群岛而言，亦即本文所欲论述的特产丰富之南洋也，其地域南自赤道下十一度起，北迄赤道上二十七度止，西自东经十九度起，东至东经一百四十度止，领土一百七十余万平方英里，人口一万万，政治区分则除暹罗及美国扶植下之菲律宾为独立国外，余皆属白种人之殖民地或保护国，兹依南洋之政治区分列举其面积、人口如次：

南洋政治区域简表

国名	暹罗王国	越南	缅甸	马来亚	英国北婆罗洲	砂朥越	渤泥	荷属东印度	菲律宾共和国
主权	独立国	法国殖民地及保护国	英国殖民地	英国殖民地及保护国	英国殖民地	英国保护国	英国保护国	荷兰国殖民地及保护国	美国扶植下之独立国
位置	印度支那半岛之中及马来半岛之上部	印度支那半岛之东部	印度支那半岛之西部	马来半岛	婆罗洲之北部	婆罗洲之西北部	介于英属北婆罗洲与砂朥越之间	在中国海印度洋太平洋之中	菲律宾群岛（马来群岛之北）
面积（单位/千平方英里）	二〇〇	二七四	二六三	五三	三一	五八	四	七三四	一二七
人口（单位/千人）	九二〇七	一九六三六	三二一二	三三三八	二五七	六〇〇	二五	四九〇〇〇	一〇〇〇〇

三、史乘上南洋华侨经济事业之开端

汉晋以来，中国以佛教为国教，僧侣之赴印度求佛法者，莫不经过南洋各岛，其最早者为晋僧法显，昙无竭次之，然此固由印度返国行踪所经,尚无久居谋生之企图也。降及唐代,则唐僧义净及其他僧侣数十人之航海赴印,皆道经南洋,间有居留其地达数年之久者,而义净本人亦往返于中国、印度间凡两次,且曾居留于室利佛逝(即今之旧港)达数年,并在该处著述翻译,《南海寄归内法传》及《大唐西域求法高僧传》乃其作品,视之为国人海外事业之先驱,未尝不可。但以僧侣目的,志在求法,待目的已达,即须束装东返复命,因属昙花一现,瞬即变迁,而不能作长久之勾留也。惟是东西文化已赖宗教为之沟通,则中外移民之交流,自是接踵而至者,考有唐一代,大食波斯商胡之在扬州者数千人,耶稣教、回教、犹太、波斯各教徒之在广州者十二万人;而国人之浮海谋生于海外者,全属平民阶级,为士大夫之所忽视,罕有纪录,致史乘上毫无可考,反于西历九四三年亚剌伯人勿士都夷经航苏门腊岛时之游记,得以作侧面之引证。游记中有云:"有许多中国人耕植于此岛,而尤以巴林邦(Palembang)区域为多,盖避其国中黄巢之乱而至者。"由是可知国人在海外经营经济事业,实以唐代为开端。盖唐朝初年,广州已蔚成对南洋之繁盛贸易港,蕃商云集,往返频繁,而好奇之国人为懋迁有无乘蕃船而赴南洋者,亦大有人在,至黄巢乱起而人数骤增耳。

国人之在南洋者,均自称唐人,称祖国曰唐山,称外人则曰蕃人,称南洋则曰蕃邦。以唐蕃为中外两名之代用语,盖属渊源有自也,《萍洲可谈》亦有关于唐蕃名词起源之记载,其文如次:

"北人过海外,是岁不还者,谓之住蕃;诸国人至广州,是岁不归者,谓之住唐。

"汉威令行于西北,故西北呼中国为汉,唐威令行于东南,故蛮夷呼中国为唐。崇宁间,臣僚上言,边俗指中国为唐汉,形于文书,乞并改为宋,谓如唐装汉法之类,诏从之。"

唐蕃对称之用语在南洋华侨中,尚保存至今,殆亦爱国心所使然也。

四、政治经济压迫下国人被动的向南洋移殖

国人之向南洋移殖，大率皆为被动，而其原因则为受政治压迫与经济压迫；至僧侣之往印度求佛法道经南洋，暨国君派遣使节之往南海各国，要皆暂时居留性质；其能自动前往南海作考察旅行见诸纪载者，只元代之汪大渊一人而已。盖安土重迁，人之常情，敬事父母，生侍死葬，是之谓孝，岂肯贸然冒航海之险，而受不孝之讥乎。

所谓政治压迫者，乃值历代政治鼎革，社会纷乱，流寇豕逐，杀人如麻，无辜小民，不得不被迫而离乡背井，冀寻乐土于海外。如唐末黄巢之乱，屠杀惨剧横行，人民生命受重大威胁，政府复无力为之保护，遂相率逃命南迁。至一般士大夫阶级之忠臣义士，亦以不愿称臣异族，拒抗力有未逮，或虽拒抗，以力弱而终于失败，亦视海外为逃逋薮。如元灭宋，遗臣义士之逃往安南占城等处；暨清亡明，桂王永历帝之蒙尘缅甸，延平王郑成功据台湾而不守，甲胄遗黎，宁老死海外，葬身蛮夷，而不屈膝北面者皆是。自唐末黄巢之乱以迄清兵入关，史称为“三次南迁”。

所谓经济压迫者，乃自唐代与南洋通商以来，国人受奇珍异宝物质之引诱，社会文明促进欲望之提高，暨波斯大食人业海商获厚利之熏染，致投身于海商事业者亦不在少数，始于唐末，极著于宋元交嬗之际。惟元入主中夏后，以漠北民族，不擅舟楫，乃官营海外贸易事业，并禁商民入蕃贸易，违者籍没，此其经济压迫之最重者也。此外地方官吏之贪墨枉法，横征暴敛，使海商无以为生，亦为经济压迫原因之一。在此双重压迫之下，乃演变成为强伙者挺而走险，流为海盗以夺取海舶之利，甚而开疆辟土于海外，如朱清、张瑄之以身殉利，黄森屏之移殖婆罗洲，梁道明之占据三佛斋，张汝厚、林福之贩运占城，汪直等商贩日本、暹罗，林道乾之开拓道乾港（今勃泥地），郑玖开辟河仙（今暹罗地），罗芳伯、吴元盛之开辟大院（即罗芳伯之王坤甸）皆是。而其懦弱者，则以机智，勾结中贵，假冒使臣，庇运海舶贸易，形成类似海盗之豪强，如冯义之往占城，兼营私运，肃明举之假冒使臣，黄肆及王凯父子之招集撒马儿罕等国夷商，交结中官闱眷，出海通蕃，怙势杀

人，惊扰地方，致被番禺知县高瑶遣兵搜货等皆是。

综上所述，乃使国人之南迁者，始则衍成海盗会党，继则衍成猪余之特别阶级，终乃蜕变为今日之富豪也。

五、南洋华侨之地位

南洋华侨号称五百万，除土著外，实属首屈一指，即以马来亚言，三百四十万人口中，华侨实占一百四十万，此乃移民历史悠久，渊源有自也。但以国人南迁，迫于被动，政府既乏南进国策之采择，移民中亦漫无组织，即今有之，亦属家族会党之结合，故华侨人口虽多，然在政治上却不能居于主动地位，仅供人驱策为开辟南洋之主要人物，借此在经济上获得相当之地位耳。

在土人时代，南洋华侨蔓延各地，不论农工商贾皆能深入无垠，且复收集南洋土产，驾航万里，销行国内，而易国货布帛陶磁贩之各岛。慓悍者则啸集亡命，聚众数百，出则连樯数十，飘忽千里，劫掠商船，贩私中国沿海，归则列肆骈里，贩其贼品，役使群伦，其地位势力，足与土酋苏丹（即土人之国王）相颉颃，如梁道明、陈祖义、施晋卿之据旧港，林道乾之拓婆罗洲其著者也，故当时中国沿海至麻六甲之航线，全操彼辈之手，而麻六甲至锡兰及古里柯枝之航线，亦能与波斯人、亚剌伯人共同占有。

迨后葡萄牙人势力东侵，先后占麻六甲、澳门等地，垄断海上商权，中南航线乃为葡人所夺，然而葡人志在海上，因未尝深入南洋各岛及其腹地，华侨仍能保持其在经济社会上之地位。继之则荷、英、美、法角逐南洋，初则寻求南洋大宗土产之香料（丁香、胡椒等）及中国之绿茶，终乃择定根据地征服土人，占而领其地经之营之，以作欧人之外府；然而欧人对南洋情形不甚谙熟，土人懒惰低能又为其征服对象，故土产等搜集转运，根据地选择之引导，军粮之供应，劳役之给与，皆唯华侨是赖，如英之与新嘉坡、霹雳、彭亨、缅甸，荷之与爪哇、勃泥皆赖华侨之协助而成功。至欧人之开发南洋，以马来亚而言，原属一片荒土，赖华侨经之营之，胶锡两大产物，乃占世界之半，菲律宾人口一千万，华侨虽仅占五六万，然商权几全掌于华侨之手。其他南洋各地，莫不皆然。如仰光之胡文虎兄弟，新嘉坡之陈嘉庚、林义顺、张永福，怡保之陆祐、梁燊南，爪哇之黄仲涵、张弼士，芙蓉之邓泽如、蔡炽三，暹罗之萧佛成等，皆当时各该地农矿工商各业之巨子，当地政府均以玛要、甲必丹、雷丝兰为任，借以咨询政事，对中国革命事业，则培育输将，热诚赞助，真不愧“华侨为革命之母”之美誉。至每年巨额侨汇之接济祖国，为中国国外贸易入超之弥补，其功业何等伟烈，其地位何等崇高也！

六、南洋华侨之出路

南洋华侨之能取得相当地位，表现相当力量，完全由于刻苦耐劳精神所获致，对于文化上之启发努力，科学化之组织管理，固未尝发挥毫末，致仅能依附当地统治阶级以图存，此过去农矿工商各业之以小型组织管理形态出现，华侨教育文化事业之未能充分发展者，实由于斯。然而侨胞本身固尽其所能以贡献国家矣，而本国政府及国人则漠视海外侨民事业，其过失固责有悠归也。鼎革以还，国人渐次接受科学之熏陶，暨感于华侨含辛茹苦，放任海外，尤能确立地位，勷赞祖国，乃逐渐引起注意，从事培植科学的企业人才与侨民子弟，奖励海外事业之发展，无如卅余年以来，在北洋军阀割据政权与帝国主义武力侵略双重压迫之下，国脉仅赖以艰苦撑持，致令海外事业辅导作用，仍无从发挥效力。所幸第二次世界大战告终，盟国胜利降临，南洋侨胞于欢欣鼓舞之余，固应大彻大悟以世界眼光集中大量资本，作科学组织与管理而经营南洋特产之糖业、树胶、锡矿三大事业，暨其他产业，并健全华侨金融业以作辅导，以移民姿态，视南洋为中国之外府，协助建设现代化之祖国。然而如何教育侨民子弟，灌输以国家民族观念，如何保卫侨胞充实其资源力量，振国威于海外，如何培养奖励科学的企业人才，以资辅导侨民事业，则有待吾国政府之决策与努力者。他日南洋各岛民族独立，民主国家出现后，则吾国五百万侨胞，固足与欧美人士同作门户开放下之自由移民矣。（完）

（《南光月刊》创刊号，1946）

南洋与华侨

黄君默

国人之谈侨务者,莫不以南洋侨胞为第一对象,盖南洋华侨人数,据战前统计约在六百万,占全世界华侨总数约百分之八十以上,于此可见华侨与南洋关系之密切。

所称南洋者,有广狭义之分:广义者,乃南洋群岛与澳洲暨亚洲南部诸半岛,包括英属马来、缅甸、婆罗洲、澳洲、荷属东印度、法属越南、葡属提木耳,暨菲律宾、暹罗(即泰国)独立国等部;狭义者则仅马来群岛,即今之越南、暹罗、缅甸,暨诸小岛而已。

论及南洋与我国历史之关系,吾人稽诸史乘,越南、暹罗、缅甸诸国久已为我国之蕃属,其与我国之接触,亦称最早。我国关于南洋之纪载,始于法显之《佛国记》。法显为晋代高僧,至印度求经,由海道经锡兰、麻剌甲海峡及爪哇等地返国。然华侨之至南洋者,则远在晋时以前,《汉书》谓朱崖(今海南岛)之南有诸国,近者十余日可达,远者四五月程,前后遣使入贡,说者谓中南交通之始。及至唐代,东西互市,设市舶司于广州、泉州、杭州诸港,海道贸易甚盛,海船往来不绝。经唐代大辟南海航路之后,自南北朝以迄南宋,南洋诸国朝贡不绝,国人之侨居南洋者,因是而日增多。及元明以后,国家隆盛,威震四邻,元世祖尝远征南洋,开南进之路;明成祖遣郑和下西洋,带大舶六十二,将士二万七千八百余人,经历三十余国。自此以后,国人对于南洋各地情形,渐为熟悉,南移日众,造成今日在南洋之地位。

华侨在南洋之人数据侨委会一九四〇年统计，全球华侨总人口共为八五四六三七四人，而南洋华侨人口共占六九四五一五六人，其分布及其比例如下：

居留地	人口数
越南	四二六九一六
马来亚	二三〇〇三五三
荷印	一三四四八〇九
北婆	六八〇三四
暹罗	二五〇〇〇〇〇
缅甸	一九三五九四
菲律滨	一一〇五〇〇
合计	六九四五一五六
全球合计	八五四六三七四

按上项统计，南洋华侨实占全球华侨总人数百分之八十以上，华侨人数最多，以人口比例言，当知南洋侨汇之重要。战时南洋遭受破坏最甚，南侨事业与人口，当有重大之损失，战后南洋侨汇数目不比美洲。但南洋邻接我国，而又为未尽开化之地，实为吾侨胞向外发展最便捷而又最有希望之地区，在吾等意料中，战后南洋华侨人数，当可能迅速增加，恢复并超过战前之数目也。

关于南洋华侨之职业，与美洲华侨大部分从事洗衣及饭馆业者大有不同，据战前之调查，上至企业家，下至黄包车夫，各行各业均有。在企业方面，以碾米及开矿为规模最大，资力最厚，此外经营土产店、集货店、木厂、铁件铺、手工业、医生、镶牙、照相、药材业、菜馆、茶居、保险业、包捐、轮船业、银行等，各业均备。至劳动界方面，约占四分之三，其类别有商店伙伴、矿工、农场工人、木工等。教育界则有中小学校教职员等。以商店伙伴为最众。

南洋华侨之籍贯，以福建为最多，广东次之，云南又次之，故有南方之特质，活泼、聪明、兴奋，有企业家志趣，做工时则快乐，能刻苦、耐劳、俭朴。故华侨到处能成功，泰半皆具此优点，而能上进努力之结果也。

南洋华侨既有二千余年之历史，而其对祖国之贡献，亦殊伟大。此六百万以上之侨胞，在南洋握有坚实之经济势力，对于祖国，年给以大批粮食及巨额汇款，于我国经济上固有极大之助益；惟政府一向漠视外事，放弃保护侨胞之责，致使侨胞事业被人摧毁，或任其自生自灭，瞻望前途，宁敢乐观！

方今复员伊始，吾人一方面应缅念被牺牲之侨胞；而另一方尤应殷鉴已往，重新部署，一则根据当地经济情形，扶助华侨事业之发展，再则敦睦邦友，促进华侨与当地政府及人民之合作。故当前应实施者：

（一）加设领事：南洋各地，其华侨较多之区，即应加派领事，借以领导华侨、促进合作、保护侨产、督察商业，并使外交融洽，互通祖国声息也。

（二）发展交通：开拓南洋航线，由政府拨款或由国人集资，添设海轮，行走本国沿海及南洋各地，使运输便利，一则我国对南洋贸易可臻发达，二则华侨之出国与返国，亦可因而容易。

（三）注重侨教：政府一向对华侨教育视作等闲，国内唯一之华侨最高学府国立暨南大学，亦以校舍战时惨遭破坏，及战后经济不足，一蹶不振。教育当局，既无培养华侨子弟之方针，又无造就华侨专门技能之策略。将来华侨之危机，实使吾人不敢想像者也。为解救当前之困危，吾人希望：(1)教育部迅即计划建筑暨南大学校舍，并充实设备，扩大范围，栽培华侨子弟，及造就出国之专门技术与教育人才，以达成华侨最高学府之任务。(2)国内与南洋之暨南同学，应联结起来，互助合作，领导侨胞，再重建南洋未来之伟大事业。

综上所述，虽卑之无甚高论，惟关于南洋与我国之关系，确不容吾人忽视者。假若战后政府仍放弃职责，吾人仍因循苟且，则将来之南洋恐再被人排斥，而形成另一样之世界矣。

（《南光月刊》第1卷第2期，1948）

暨南在华侨教育史上的地位

马兴中

暨南大学是一所具有悠久历史和光荣传统的华侨学校,在我国华侨教育史上占有独特的地位。回顾暨南的历史,借鉴暨南在几十年中所创造和积累的华侨教育的经验,这对于我们今天在新的历史条件下进一步发展华侨教育事业,办好暨南大学,是有一定意义的。

一、我国历史上第一所国家创办的华侨学校

我国国内的华侨教育产生于清朝末年。暨南大学的前身,就是清朝两江总督端方于光绪三十二年(1906 年)在南京创办的暨南学堂。这是我国历史上第一所由国家创办的华侨学校。

创办暨南学堂,是清朝政府转变其侨务政策而采取的一项重要措施。众所周知,清王朝统治中国以后,长期实行闭关锁国的政策,把海外华侨视为"化外顽民",采取摒弃、排斥的方针。广大华侨成为"海外孤儿"。十九世纪中叶,西方殖民主义者的坚船利炮轰开了中国的大门,列强入侵,瓜分中国,清朝的统治岌岌可危。为了争取海外华侨的支持,达到维护统治地位的目的,清政府不得不改变侨务政策,对华侨采取了怀柔的方针,首先从关心华侨教育入手,先后派出官员到南洋各埠巡视,如两广总督岑春煊派遣刘士骥到南洋视学,清政府学部也派遣南洋查学委员钱恂、学部专门司董鸿祎到南洋调查华侨教育。两江总督端方奉命于 1905 年赴欧洲考察宪政,途经南洋,亲眼看到许

多华侨子弟生在异邦，长在海外，不谙祖国语言文化，深感兴办华侨教育是一项非常重要而迫切的工作。回国后，他便奏请清廷批准，1906年在南京薛家巷妙相庵创办了暨南学堂。在爪哇第一、二批共31名学生抵达南京后，暨南学堂于1907年春正式开学。

暨南的办学宗旨非常明确，就是传播祖国文化，培养华侨子弟。暨南学堂是专门招收华侨子弟的学校。暨南的校名就体现了学校办学的宗旨。“暨南”一词出自《尚书·禹贡》：“东渐于海，西被于流沙，朔南暨，声教讫于四海。”这句话的意思是：中华民族良好的道德风尚和文化教育，东方传播到大海之滨，西方垂及于沙漠地区，远扬至北方和南方的边陲，其影响遍及于四海。由于学生主要来自南洋，所以称为“暨南”。当时，在民主革命思潮影响下，广大华侨的爱国主义觉悟大为提高，他们向往祖国，迫切要求学习和继承祖国的优秀文化。所以，暨南学堂创立之后，广大华侨便纷纷将其子女送回祖国，来到暨南学堂求学。暨南则通过培养学生，帮助华侨继承发扬祖国的文化传统，并通过他们把中华民族的文化传播到世界各地。这对于密切广大海外华侨与祖国的联系，发扬华侨爱国爱乡的传统，增进中外人民的友谊，促进中外文化交流，都具有重大的意义，产生了深远的影响。

1911年爆发武昌起义，清廷覆灭，暨南学堂因无人主事而停办。辛亥革命之后，袁世凯盗据大总统的宝座。当时教育界的知名人士和海外华侨都强烈要求政府尽快恢复暨南学堂，如在教育部任职的原暨南校董董鸿祎曾多次向当局建议恢复暨南学堂。但袁世凯以“暨南都是些革命党”为由而不准复办。① 1916年冬，巴达维亚（雅加达）中华会馆董事陈金山回国旅游，也特意会见了教育次长袁希涛和江苏省教育会副会长黄炎培，要求政府关心华侨教育。1917年5月，黄炎培受教育部之委托，赴南洋考察华侨教育。他回国之后向当时的中国政府极力建议恢复暨南学堂。由于此时袁世凯已死，教育部便批准了黄炎培的建议，并委派他主持此项工作。在黄炎培等人的努力之下，暨南终于得到恢复，于1918年3月1日在

① 郑洪年《国立暨南大学之报告》，载《华侨教育会议报告书》(1929年)。

南京原校址开学，改名为国立暨南学校。

暨南学校恢复后，在办学上比较重视适应海外的需要。考虑到海外华侨急需教师和商业人才，先设师范、商业两科。继而又考虑到海外华侨对人才多方面的需求，故增设了中学科，三年以上分文、理两科，并设商业特科。1921 年暨南商科迁上海，不久即与东南大学合办上海商科大学。暨南学校经过一番筹备，于 1923 年成立了国立暨南商科大学，当年 9 月在上海真如新校址开学。这是我国历史上国家创办华侨高等教育的开端。我国华侨高等教育首先从商科开始，这是由海外华侨多数从事商业，急需高级商业人才这一实际情况决定的。此后商科一直都是暨南办学的重点之一。到 1925 年，暨南学校全校学生增加到 600 余人，暨南商科大学已经开设了普通商业学系、工商管理学系、国际贸易学系、会计学系、银行学系共 5 个系，为暨南进一步发展、提高，打下了基础。

二、民国年间的华侨最高学府

1927 年夏，郑洪年重长暨南。为“使华侨子弟得享受世界高深的知识与祖国优美的文化，以为他日参加祖国一切运动及提高华侨地位之准备”①，他广罗人才，艰苦擘划，把暨南学校改组为一所完全的大学，定名为国立暨南大学。全校分大、中、小学及南洋文化教育事业部，大学除将商科大学改为商学院外，又先后设立了文学院、理学院、教育学院、法学院。学校的规模日臻完备，人才萃荟，声誉远播，吸引了众多华侨学生前来求学，在校学生最多时达到 1700 余人。暨南大学被称为“华侨最高学府”。

（一）暨南在办学上创造和积累了丰富经验，对我国华侨教育事业的发展产生深远的影响

1. 教学原则。“注重基本原则及其应用。”②既重视基本知识、基

① 郑洪年《本校改革计划大纲》，载《暨南年鉴》（1929 年）。
② 《暨南大学一览》（1936 年）。

础理论的教学,又注意培养学生分析问题、解决问题的能力。既强调学习祖国的优秀文化,又要求积极吸取西方先进的文化科学知识。努力把学生培养成为有高深知识的,能适应海外特殊环境需要的专门人才。

2. 根据海外需要,多种形式办学。暨南大学以本科为主,兼顾其他。中学分初中、高中。初中不分科,学制三年。高中分普通科(分文、理科)、商科、师范科、农科,学制也是三年。此外还曾办预科、先修班、海外侨民师资训练班。形式多样,高低衔接,长短结合,相辅相成,互相促进。华侨学生前来求学,经过考试,按其程度,安排到适当的年级就读。华侨学生一般都经过中学或预科、先修班的学习,然后才升上大学本科,因此,学生的质量是有保证的。

3. 拓宽知识面,加强适应性。暨南大学的本科和中学全面实行学分制。大学本科的课程分三类:一是通习课(公共课),二是必修课,三是选修课。通习课作为毕业的条件之一,但不计入学分。必修课和选修课,四年内必须修足 136 学分。学校还规定,每个学生以其就读的系为“主系”,从第二学年开始,必须在本学院选定另一个系为“辅系”,在二、三、四年级内修足 15 至 24 学分。如文学院中文系学生除以中文系为“主系”外,还必须在文学院其余三个系——外语系、历史地理系、教育系之中认定一个系为辅系。一些系的学生也可以跨学院选定“辅系”,如文学院以外各系学生均可选教育系为“辅系”。暨大采取上述措施,不仅使学生能较为牢固地打下专业知识基础,而且便于按照各人的兴趣和需要,选修有关课程,扩大了知识面,增强了适应性。这是培养一专多能人才的行之有效的好办法。

4. 规定南洋概况为全校学生的公共必修课。这是暨南大学的一大特色。南洋概况这门课,主要讲授有关南洋的历史、地理、经济、社会、风土人情等知识,使学生对南洋的历史和现状有一个比较全面的认识。这对学生毕业后适应南洋的特殊环境是有帮助的。

5. 十分重视外语课的教学。学校规定,每个本科生都必须掌握两门外语。第一外语是英语,第二外语从德、法、日、荷兰、马来五种文字中选一种。但国内学生必须选荷兰文或马来文为第二外语,以便毕业后到南洋工作。

6. 聘请时彦名流、专家学者来校讲演或开设专题讲座。鲁迅曾应邀到暨大讲演“文艺与政治的歧路”,蔡元培讲演“我国新教育之趋势”,马叙伦讲演“校读古书之第一问题——中国文字之构造法”,郑振铎讲演“到民间去”,李达讲演辩证唯物主义问题等。在建阳时期,王亚南教授曾到暨大开专题讲座“中国经济改造问题”。这些讲演和讲座,对于帮助同学们培养独立思考能力,扩大知识视野,活跃学术空气,接受进步思想和革命理论的教育都起到积极的作用。

7. 把课外作业、教学实习、调查考察、参观旅游作为教学的重要组成部分,培养学生实际应用的能力。如学生组织演说会,定时举行,由会员轮流演说,老师作指导。在江南八大学中英文讲演比赛中,暨大曾多次夺取冠军。高中师范科以本校的小学为实验小学,农科也组织到苏州等地参观。教育系的学生参加上海城乡教育调查,并参加工农夜校的教学工作。1928 年一、二月间,商学院毕业班 14 名同学专程到日本进行商业考察。暨大把组织旅行参观,作为对学生进行爱国主义教育的重要方法。师范科、侨民师资训练班的毕业旅行,是教育计划的重要内容。通过游览祖国的河山,了解各地的风土人情,使“华侨同学,对于祖国发生兴趣,爱此河山,留恋宗邦,恢复固有之民族精神”。①

8. 鼓励学生组织学术团体,培养独立研究能力。暨大对学生的课外学术研究活动,给予大力支持、积极帮助。学生组织的学术团体如雨后春笋,生机蓬勃,茁壮成长;出版的刊物如百花争艳,满园春色。学术团体有:会计学会、经济研究会、世界语学会、数学研究会、文艺研究会、教育研究会、新闻学会、史地学会等。出版的刊物有《会计学报》《经济汇报》《华侨教育》《菲律宾研究》《文艺期刊》《秋野》《槟榔》等。

---

① 郑洪年《一年来之经过并今后之计划》,载《国立暨南大学校务特刊》(1927 年)。

学校把学生参加课外学术研究的成绩，作为衡量其实际程度的重要方面。政治经济学系则将课外学术研究的成绩作为毕业的条件之一，除各门课程达到规定的学分之外，还明确规定："须在本系所设学术会内，参与两年以上课余演习之工作，经主任认为有相当成绩者"，才准予毕业。① 这样做既有利于培养人才，又出了不少科研成果。

9. 发展体育运动，培养尚武精神。暨南一贯重视体育运动，"深解运动能养成青年善武精神，强国之基础"。② 早在学堂时期就把体操列入课程。大学成立后，进一步明确规定："体育为全校男女学生共同必修课。"③学校不仅重视上好体育课，而且根据华侨学生爱好文体活动的特点，大力开展各种体育运动，组织了足球、篮球、排球、田径等运动队，聘请梁官松、吴炎章、沈昆南等为指导，余衡之为主任，对各运动队严加训练。暨南运动队，在校际、埠际、大区、全国和国际比赛中，成绩突出，如1927年5月20日江南各大学田径运动会上，共有15个项目，暨大就夺得8项冠军。暨南各运动队中，首推足球队实力最雄厚，在1927—1937年江南八大学足球赛中，暨南连续夺得10届冠军，在篮球赛中也多次夺得冠军。1928年暨南足球队远征南洋，在23场比赛中，胜11场，和7场，负5场。1930年在日本东京举行的远东运动会上，中国足球队中就有四名暨大同学。1936年在德国柏林举行11届奥林匹克运动会，中国足球队有二名暨大同学，篮球队有三名暨大同学。暨南的许多运动员后来成为我国及东南亚国家的著名教练、体育组织负责人、国际或国家的著名裁判。

（二）推动海外华侨教育事业的发展

暨南大学不仅努力将本身的工作做好，把学校办出特色，而且充分发挥华侨最高学府的作用，采取多种办法，通过各种途径，帮助和推动海外华侨教育事业的发展。暨大曾多次寄表格给南洋的华侨学校、

---

① 《十六年度教务概况》(1927年)。

② 郑洪年《一年来之经过并今后之计划》，载《国立暨南大学校务特刊》(1927年)。

③ 《暨南大学一览》(1936年)。

中华商会和我国驻外使领馆进行调查，每年派出有关研究人员到海外考察华侨教育的情况。在调查研究的基础上，“与海外华侨各种教育机关联为有系统的组织”①，统一进行指导，以推动海外华侨教育事业的发展和提高。1929 年 6 月，暨南大学主持召开了南洋华侨教育会议。这次会议讨论了有关华侨教育的方针、内容、教学大纲、教材和管理体制等一系列重要问题。到会代表 78 人，会议收到提案 289 件，作出决议的有 20 多件。这在我国华侨教育史上是个创举，是具有重要意义和深远影响的大事。几个月之后，国民党中央训练部也效仿暨南大学的做法，在同年 11 月 1 日至 9 日，召开了一次华侨教育会议。

暨南大学还积极帮助海外华侨学校培训师资。1936 年秋季举办了海外侨民师资训练班，招生 40 名，对象是海外华侨学校的在职教师。学制一年，分文、理两个组，修业期满发给成绩证明书。学员免收学费和膳宿费。办这个班效果和影响是好的，对提高海外华侨学校的师资水平起了积极的作用。后因抗日战争全面爆发，故未能长期办下去。

（三）培养了大量人才，为人类进步事业作出贡献

暨南在几十年中培养出来的人才，遍布于世界五大洲和祖国各地。许多华侨学生在暨南毕业之后回到侨居国，为当地社会发展，为传播中华民族的文化，为增进中外人民的友谊作出了重要的贡献。也有许多校友为中国人民的解放事业英勇奋斗，甚至牺牲了生命，还有为数众多的校友为中国的社会主义革命和建设贡献了自己的智慧和力量。在海外，声誉较高的暨南校友不少，如：李光前，是著名爱国侨领，曾任新加坡中华总商会主席、星马中华商会联合会主席，也是新加坡大学首任校长。洪渊源，曾长期服务于华侨创办的新报馆，任总经理，中国解放后，积极组织中国印尼文化协会，为发展两国人民的友谊作出贡献。黄开禄，解放前曾任全国资源委员会专员、厦门大学法学院院长兼经济系主任，联合国经济专员和劳工局专员，六十年代任美国威斯康辛大学客座教授。黄应荣，曾任新加坡南洋大学第二任校

① 郑洪年《本校改革计划大纲》，载《暨南年鉴》（1929 年）。

长。傅文楷，曾任新加坡南洋大学商学院院长。刘英舜，曾任新加坡南洋大学教育系主任、义安学院首任院长。张驷祥，现任美国新泽西州罗格斯大学柯克学院食品科学系主任、美国油脂学会会长。许敦茂，曾任泰国商业部长、国民议会会长。陈共存，新加坡中华总商会会长，等等。

暨南大学不仅培养出许多文化、科学、教育、经济等方面的高级人才，而且在各个历史时期的爱国运动、革命斗争中也锻炼和造就了许多革命骨干。直至今天，在党和国家的高级部门中，有不少暨南校友，身负重任。正因为如此，暨南大学才赢得了“华侨最高学府”的光荣称号。

三、南洋问题和华侨问题的研究中心

解放前的暨南大学不仅是当时全国唯一的国立华侨大学，而且是当时全国南洋问题和华侨问题的研究中心。在暨南大学成立后不久，暨南大学南洋文化教育事业部即于1927年9月21日宣告成立。该部的任务是：“1. 指导南洋华侨一切改进事宜，及南洋各种问题之研究。2. 宣传祖国文化于南洋，谋与其他民族互相亲善。3. 谋教育上之联络，并指导华侨子弟回国读书。4. 调查南洋一切状况。5. 编审南洋之书籍刊物及教材。6. 办理本国与南洋之各种宣传事宜。”[①]为了完成上述任务，该部任用了刘士木、李长傅、温雄飞、钱鹤、陈希文、吴泽林等著名专家学者专门从事研究工作。该部成立之后，在南洋研究和华侨研究方面做了大量开创性的工作，并取得了许多重要的成果。该部出版的学术研究期刊《南洋研究》，连续出版了十多年，发表了大量有关南洋问题和华侨问题研究的学术论文，是当时全国这一领域最重要的学术刊物，在国内外都有重大影响。此外，该部还在上海《时事新报》出版《海外侨讯》，在厦门《江声日报》出版《中南周刊》，均每星期

① 郑洪年《一年来之经过并今后之计划》，载《国立暨南大学校务特刊》（1927年）。

发表一次。该部编印的《南洋丛书》,约四十种,其中有许多是有重要学术价值的专著,如:李长傅的《南洋华侨史》《南洋各国史》,陈宗山的《南洋华侨革命史略》,刘士木《荷属东印度之经济》《荷属东印度之教育制度》,钱鹤《南洋华侨学校之调查与统计》,邱致中《南洋概况》,苏鸿宾《荷属东印度地名字典》《暹罗与中国》,谢怀清《南洋华侨教育》,温雄飞《南洋华侨通史》,石楚耀《香港政治之史的考察》等,还绘制图表十多种。这些著述,对于我们今天研究东南亚问题和华侨问题,仍然有一定的参考价值。

南洋文化教育事业部在指导和帮助海外华侨教育事业的发展方面,也作出重要的贡献。这方面的情况在上面已经讲到,这里不再赘述。

暨大根据本校特点,发挥优势,突出重点,搞好科研,促进教学的经验,是值得我们借鉴的。

四、华侨高等教育谱新篇

全国解放后,党和国家十分重视华侨教育事业。解放初期,有许多华侨学生纷纷回国求学,国家在燕京大学开设了华侨先修班,创办了北京外国语专科学校,在广州南方大学一度设立华侨学院,并先后在北京、集美、广州等地成立了华侨学生补习学校,厦门大学也设立了海外函授部。

1956 年我国完成了"三大改造",社会主义建设取得光辉成就,我国的国际地位日益提高。许多华侨青年向往祖国,回国求学和参加祖国建设的人越来越多。因此,迫切需要建立一所华侨大学。1957 年广东省政协决定成立暨南大学筹备委员会,陶铸同志任筹委会主任委员。经国务院批准,1958 年在广州石牌重建暨南大学,并在 9 月 24 日开学。经过几年的努力,至 1965 年暨南大学已经发展成为一所文、理科综合性大学,开设了中文、历史、外语、经济、外贸、数学、物理、化学、生物 9 个系,共十二个专业、两个专门组,还设有东南亚研究所。在校学生近 3000 人,其中华侨、港澳学生占 68.35%。

重建后的暨南大学，是一所新型的社会主义综合性华侨大学。学校坚决贯彻执行党的教育方针，同时，根据党的“一视同仁，不得歧视，根据特点，适当照顾”的侨务政策，暨南大学对华侨、港澳学生采取“热情欢迎，亲切关怀，严格要求，耐心教育”的方针。学校要求全体教师与华侨、港澳学生的关系，不仅是师生的关系，而且是同志、朋友的关系，使学校成为温暖的革命大家庭。对华侨、港澳学生要做深入细致的思想工作，循循善诱，耐心教育。

在教学上既充分考虑华侨、港澳学生的特点，又坚持严格要求。

1. 调整系科、专业，有利于满足华侨、港澳学生的不同需要。学校重建初期，是以工科为主的大学，专业面比较窄，经过几年的调整充实，发展成为文、理科的综合性大学，扩大了专业面，特别是开设了经济系，比较适应华侨学生的要求。

2. 学校重建之初，就考虑到华侨、港澳学生的特点，开设了预科。在预科修业期满，成绩达到要求的，可以直升本科。

3. 重视基础教学，比较注意实践。严格按照教学大纲的要求，结合本校情况制订教学计划，凡有全国统编教材的，均采用统编教材，未有统编教材的则组织力量编写。选派有经验的教师担任基础课教学。积极开展教研活动，加强课外辅导，努力提高教学质量。有计划地组织学生到农场、农村、工厂、报社、中学进行生产劳动和教学实习。鼓励学生组织学术团体，形成浓厚的学术气氛。

4. 重视外语课。本科学制五年，上公共外语课三年，以英语为主，也有俄语，均按程度分甲、乙班。

5. 严格执行升留级制度。

在生活上给予适当照顾。当时华侨学生行李比较多，学校就设立行李仓库，代为保管，并派专人负责，定期开放。华侨学生经济有困难，可以申请助学金，侨汇一时接不上，也可申请助学金。有的侨生因病休学，国内无亲人者，学校建了一座楼房作为疗养院，让他们在学校疗养。学校十分重视学生膳堂工作，办好膳堂，搞好伙食，改善生活。为了满足部分华侨、港澳学生的要求，学校还开办了南洋馆，少数济经条件较好的华侨、港澳同学可以到南洋馆包伙食。学校还根据华侨、港澳学生爱好文体活动的特点，组织了篮球、排球、足球、羽毛球、田径等运动队，成立了文工团。暨大文工团以东南亚歌舞而闻名遐迩。校、系领导对华侨、港澳学生十分关心，每逢年节，就请留在学校的华侨、港澳同学到家里吃饭，使他们感到学校温暖如家。

从1958—1970年国家拨给暨南大学的教育经费和基建投资共达3000余万元，海外华侨、港澳同胞也给予大力支持赞助，使暨大得到较快的发展。这一时期，共培养了本科毕业生4289名，预科学生1025名，会计中专毕业生190名。

1960年国家在福建泉州创办了华侨大学。华侨高等教育在整个人民教育事业中占有重要的地位，在党和国家的关怀之下，不断发展，并取得很大成绩。

但是在十年动乱中，由于林彪、"四人帮"反革命集团的破坏，华侨大学和暨南大学先后于1969年和1970年被迫撤销，国内的华侨高等教育事业被摧残殆尽。

五、总结历史经验，进一步办好暨南大学

粉碎"四人帮"后，党中央、国务院于1978年春决定复办暨南大学和华侨大学。暨南大学于1978年10月16日开学。

暨南大学复办以来，一直得到党和国家的关怀。1978年4月17日，《国务院批转教育部、国务院侨务办公室关于恢复暨南大学、华侨大学有关问题的请示》这一文件，对招生面向、专业设置、学制和规模、领导体制、师资、校舍、图书仪器设备、经费等问题作了明确而具体的规定，使两校迅速得到恢复和发展。1983年6月20日《中共中央、国务院批复中央宣传部、教育部、国务院侨务办公室〈关于进一步办好暨南大学和华侨大学的意见〉》这一文件，对两校的性质任务、办学方针、招生对象、培养目标、专业设置、品德教育、办学条件等问题进一步作出明确规定，为两校指明前进的方向。

暨南大学招生的主要对象是港澳同胞、海外侨胞、台湾青年和外

籍华人，也适当招收少量在大陆的归侨、侨眷、港澳同胞子女和台湾省籍青年。对来自海外和港、澳、台的学生实行“来去自由”的政策。

暨南大学现已开设医学院、经济学院、文学院、理工学院，共十七个系，二十一个专业。除医学院学制为六年外，其余各专业学制均为四年。现有四十五个学科、专业招收研究生，其中有十八个学科、专业有硕士学位授予权，两个学科专业有博士学位授予权。此外，还设有汉语中心、干部专修科、石油会计进修班以及护士中专班。全校在校学生 4704 名，其中有华侨学生 89 名，港澳学生 811 人，台湾省籍学生 41 人，归侨、侨眷子女 1137 人。华侨学生来自世界二十四个国家。复办以来，已培养了毕业研究生 53 人，其中有 45 人获得硕士学位；本科毕业生 1331 人（华侨、港澳生占 381 人），其中获得学士学位的有 1270 人；大专毕业生 171 人，其中有华侨、华裔学生 17 人；预科学生 87 人；理化和护士中专毕业生 271 人。

学校根据党的教育方针和侨务政策，结合华侨、港澳学生的特点，努力把学校办出特色，不断提高教学质量，把学生培养成为德智体全面发展，热爱祖国，能够为他们居住地区的各项实业、事业做出良好服务的专门人才。

为了使暨大办学适应海外和港澳的需要，学校根据国家的方针政策，采取了一些灵活措施，照顾华侨、港澳学生的特点。除上面讲到的“来去自由”的政策之外，对华侨和港、澳、台学生还采取单独命题、考试，提前录取，在香港、澳门设考场的办法。经录取入学的学生一律免收学费、住宿费、医疗费。学校根据海外、港澳的需要设置院系专业，除新办医学院外，还先后开设了国际金融、会计学、无线电电子学、计算机科学、日语、国际新闻与传播等专业，对原有部分专业的方向也作适当调整。在教学中坚持基础理论与应用科学相结合的原则。普遍开设选修课。加强外语课，医学院、化学系 83 级学生开始进行用外语授课的试点。在全校推行学分制。开设预科，修业期满，成绩达到要求者，可直升本科。成立汉语中心，满足华侨和港、澳、台以及外籍华人学生学习中国语言文化的需要。对港澳毕业生，通过有关部门和校董会帮助其就业。七年来,特别是 1983 年以来,暨南大学在办学上比较注意适应海外和港、澳、台的需要,逐步形成特色。

但是,要把暨南大学办成一所具有特色的华侨大学,还需要解放思想、实事求是地进行改革,做大量的工作。中共中央、国务院关于进一步办好暨南大学和华侨大学的指示,既总结了历史经验,又根据新历史时期的总任务,对暨大、华大提出了新的、更高的要求。这是一项光荣而艰巨的任务。我们必须深刻领会中央的精神,坚决贯彻文件所规定的办学方针。同时,必须通过调查研究,了解海外和港、澳、台人才需求和高等教育的状况,要走群众路线,集思广益,制订方案,进行改革。此外,必须加强对华侨高等教育的研究,特别是应该认真地研究暨南的历史,总结其办学经验,作为今天办好暨南大学的借鉴和参考。今天的暨南大学是昨天暨南的发展。暨南在解放前走过四十三年的历程,1958 年重建后又走过十二年的历程,在华侨教育方面创造和积累了丰富的经验,这是一笔宝贵的精神财富。当然,解放前的历史、社会条件和今天已大不相同,"文革"前的情况和今天相比,也已有很大变化,过去的经验,有些今天已不适用。但有些经验和做法今天仍有其积极的意义,如对学生关怀爱护,亲如子女;在教学内容方面,既注意海外的需要,又重视中国传统文化的教育;通过参观旅游、调查考察,培养学生的爱国感情和实际活动能力;鼓励学生组织学术团体,培养独立研究能力;重视体育运动,等等。解放前的暨南在这方面进行了许多探索,并且形成了比较完整的制度、措施和办法。"文革"前的暨南大学是全国解放后第一所华侨大学,虽然时间不长,但在办学上也有一定特点,积累了不少经验。对此,我们必须进行正确的总结,作恰当的分析,根据新历史时期的新任务、新形势、新特点,结合学校的实际情况,勇于改革,大胆创新,把暨南大学办成一所新型的、有特色的华侨大学,为祖国的四化建设和统一大业,为人类的进步事业,培养更多的德、智、体全面发展的人才。

(《暨南学报》1985 年第 2 期)

我国华侨高等教育的维系与何炳松的贡献

方之先

华侨教育，尤其是华侨的高等教育，在我国素称薄弱，而华侨在近代史上的作用与影响，却又是十分巨大，这种严重不相称的状况，显然是极不合理的。为了改变这种情况，不少热心教育的仁人志士，付出了大量心血，取得了很多成绩。其中，长暨大达十一年、经历抗日战争的艰苦岁月且在颠沛流离中独力维持华侨高等教育一脉的何炳松先生，更堪称道。

何炳松先生为把暨大办成具有华侨教育特色的大学花费了很多心血。他为暨大制定的教育方针是："比其他大学另有其特殊之使命，将来本校毕业同学，必须能向海外发展，能在外界立足。"[1]根据这一原则，各学院均采取了有力措施，增设课程、调整教学计划，以利于培养出具有华侨教育特色的人才。如由郑振铎任院长的文学院，除开设普通大学课程外，特别增设了南洋（今东南亚一带）各地语言文字与历史地理课程，以及有关华侨高等教育的其他课程，因为南洋是华侨最集中之地，华侨教育可以大展鸿图。外文系购置了大量各国语言文字基本书籍，史地系则着力搜集有关南洋史地的图书，并成立南洋史地书室，供教学与研究。"南洋概况"课则是大学部的公共课。各系还组织应届毕业生到西南各地及香港等地考察，以利学生毕业后能较快地适应环境，发挥作用。由于暨大成绩斐然，受到社会舆论的好评，《东方杂志》曾载文将暨大与清华、中山大学等相提并论，予以表扬。

何炳松先生还对大学本部外的各层次教育予以极大的关怀。他经常对附中的工作作出指示，主持专门会议，研究、解决问题。1936年，国民政府决定将原由中央侨务委员会主办的“海外侨民师资训练班”改由暨大主办。这个训练班是为了提高海外侨民学校教师的水平而举办的，学员必须有一定时间的侨校任教经历。当时，正值全面抗战前夕，不但局势动荡，教育经费也很紧张。何炳松先生迅速布置任务，很快拟出了办学方案，并向教育部提出经费报告，但答复是无款可拨。在此情况下，何先生毅然决定在暨大经费中开支办学费用，并亲自担任部分课程的讲授。主持此工作的海外文化事业部雷厉风行，迅即拟定了“侨师班”计划，派部副主任俞君适赴南洋各地招生，很快招满了额定的文、理两组共四十名学员，他们来自泰国、新加坡、越南、菲律宾等地。为了减轻他们的负担，学校给予了优越的待遇：食宿免费，仅交杂费。针对他们的特殊情况，除规定要学习“普通必修课程”即公共课及各自的专业课外，还注意国内教育之参观、实习、讨论等，精神与技能训练并重，以培养出能够负担华侨教育所需要的、能善于利用环境、创造环境的优良师资。当年9月，“侨师班”即行开学。在一年的学习中，学员们不但在课堂上学习，还在寒假中赴内地参观，并特地到绥远傅作义部队驻地，慰问抗击日寇、收复失地的爱国将士。次年6月，学员毕业，离校时，适值抗战全面爆发，“他们带着发动侨胞支援祖国抗战的使命返回南洋”[2]。

何炳松先生对学校的科研工作也高度重视。接长暨大后，他任命吴泽霖、俞君适为海外文化事业部正副主任，聘用对华侨问题素有研究之人为研究人员。他“深感国内研究华侨问题之机关，寥若晨星”[3]，决心将该部办成一流的研究机构，聘请陈树人、林文庆、李登辉等人为顾问，并聘刘士木、温雄心、陈达等人组成评议会，实力雄厚。后来暨大能成为研究华侨问题的权威机构，实得力于该部的工作。当时，新的工作人员上任后，订出了新的工作计划，主要有两方面：一是重新分配研究范围，将华侨问题分为政治、经济、教育、史地等类，再按不同地区，按各人专长分别负责，以提高办事效率；二是除了将原有资料按研究需要重新分类外，着重添购有关华侨问题的中外文报刊、书籍。不久，海外华侨报纸即达 23 种，中文参考书 355 种，外文参考书 173 种。1936 年夏起，开始筹备设立南洋文库，何先生并托“牛津大学的朋友在英国各图书馆中代为搜集关于南洋的书目”[4]。校图书馆主任林仲达编成一本南洋图书西文目录，包括英、德、法、荷诸国文字的著作，文学院长郑振铎编成一本中国人所著南洋图书目录。到 1937 年，学校图书的数量已相当可观，等于二十余年以来的总量，使毁于“一·二八”战火的学校藏书基本得以恢复。海外文化事业部原有定期刊物三种，各有不同的分工：双月刊《南洋研究》系学术性杂志，月刊《中南情报》是报道消息、述评的杂志，周刊《海外侨讯》是在上海《时事新报》上辟的专栏，报道新闻。由于各种原因，《南洋研究》和《中南情报》原来经常愆期，为了适应新的工作计划，遂将二杂志合并，合并后的刊物名为《南洋研究》，主要刊载学术性文章，内容更为充实，除南洋外，还包括美洲等地华侨问题，并注意研究国内与华侨有关的各种事业，以便于海外华侨了解国内情况。整顿后的杂志还做到了按时出版。后来，还在厦门《江声日报》上辟《中南周刊》专栏，报道有关华侨的新闻及述评等。这样，以新闻为主与以研究为主的报刊互相补充，使人们既能了解情况又能作深入的探讨。当时，日本加紧执行南进政策，南洋等地华侨地位日低，而国内又普遍忽视华侨问题，暨大创办的这些报刊及其为华侨问题所作的努力，对沟通海外华侨与祖国的联系、促使政府采取措施维护华侨权益都起了积极作用。此外，还继续刊印《海外丛书》十多种，其中不少有极强的现实意义。总之，在华侨问题的研究上，无论是广度还是深度，在短短的时间内都有了新的拓展。为了促进各界人士对华侨问题的重视，引起研究的兴趣，何炳松先生还派俞君适赴南洋各地搜集各种标本，将搜集到的南洋物产及绘制的各种有关图表陈列在南洋陈列室内，供师生及校外人士参观。到 1937 年年中，学校为南洋华侨问题研究所作的筹备工作，已粗具规模，何炳松先生抓住时机加快研究工作的步伐，决定学校“从下学年起聘定若干有研究兴趣的教授起来领导,借以引起全校学生研究南洋问题的兴趣,把研究的心得时时发表出来,作为本校对于国家和社会的贡献,务使暨大成为一个真正南洋问题研究的机关"[5]。学校并拟设华侨招待所,编华侨学校教科书,设立华侨问题函授学部,接受有关南洋及华侨问题的委托和咨询服务,等等。

正当暨大教学、科研工作日见成效,何炳松先生欲大展鸿图之时,国际形势却日益恶化。日本帝国主义亡我之心日切,不断挑起事端,学校侨生来源也因此受到影响。为了吸引侨生回国就读,何先生想方设法减轻家境一般者的负担,学校制定了优待海外回国投考者的办法,规定考生不论考上与否,只需缴纳三元,即可在学校招待所住三个月以复习迎考。在全面抗战前夕繁忙的日子里,何先生仍抽空接待了很多华侨回国观光团、华侨教育考察团及海内外热心华侨教育的知名人士,向他们介绍学校的改革情况和海外文化事业部的发展,与他们交换关于华侨教育等问题的意见。暨大教学设施的建设与搜集南洋标本的工作都得到了这些人士的热情帮助。1937 年 6 月,形势已危如在弦之箭,何炳松先生在纪念暨大创校 31 周年成立大学 10 周年的大会上仍从容不迫地强调要进一步培植海内外子弟,使之能够从事海外文化事业的发展及南洋华侨问题的研究。"七七"抗战全面爆发后,8 月 13 日,日寇进犯上海,何炳松先生当夜带领学生寄宿于地处法租界爱麦虞限路(今绍兴路)的中华学艺社内,而学校的印章、文件档案、图书资料、仪器设备等事先已转移至此。从此,何先生带领暨大师生开始了辗转办学的艰苦卓绝的漫长历程。

抗战期间暨大迁徙可分两个阶段:租界办学,内迁办学。日寇攻占上海后,仅剩下形同"孤岛"的列强租界尚在其魔爪之外。为了适应战时建制,学校将海外文化事业部改名为南洋研究馆,由周予同任主任。经过努力,恢复出版因战争而停刊的《南洋研究》。"孤岛"时期的学术研究与现实的关系更为密切,如苏乾英的《日本资本主义发展时期的南进政策》(载《南洋研究》第 8 卷第 2 期)一文,对日本的帝国主义侵略本质作了深入的历史考察。该刊还邀请南洋各地校友为特约编辑,对各个国家、地区进行深入研究,加强学术交流。"孤岛"办学尽管困难万分,但何先生殚精竭虑,勉力维持。在到重庆向教育部述职时,蒋介石曾召见他,"垂询上海情形甚切,君因详为陈述,并力陈上海终为东南人文荟萃之区,非至最后关头,绝不可轻言放弃"[6]。在此同时,他并未产生麻痹念头。早年留学美国时,他曾任威斯康辛大学的助教,负责搜集远东及中日关系的资料,对国际形势有着敏锐的洞察力。1914 年,他就撰文指出日本在日俄战争胜利后"时露瓜分吾国之志",要国人引起警惕,并沉痛地说:"弱国无公理。"[7]在商务印书馆任职期间,他曾作为馆方代表参与处理"一·二八"事变的善后事宜,对日本侵略者的狡诈有切身体会。因此,深知在敌人重围之中学校迟早无法维持下去。一入"孤岛",他就向教育部要求内迁学校,"部令其择地于赣、湘、鄂一带"[8]。经权衡,决定迁校江西,并亲自赴南京征得教育部部长王世杰的同意。11 月,赴南昌与地方当局联系迁校事宜,商定以南昌万寿宫为大学临时校址,还为附中选定校址,旋即组成南昌办事处,派学校秘书杜佐周为主任,负责筹划迁校及修缮校舍事。同时,行文教育部,将准备迁赣经过备案,并向学生宣布迁校。当月下旬,组织部分学生先行内迁。12 月,日军攻陷南京,九江危急,何炳松先生顾虑"万一将来赣省成为前线,而万寿宫等地毗连省会,与其勉强开学,将来仍不免一再播迁"[9]。于是,决定取消迁校南昌的计划,并到长沙向教育部请示学校去向,答复为暂留租界办学。何先生以为此非长久之计,遂又呈文教育部,要求内迁桂林。呈文说:"本校为国立发展华侨高等教育文化机关,华侨又多为闽、粤、桂同胞。若能移桂办理,不惟可策永久,不致受敌方任何破坏,即华侨子弟升学亦可不因交通阻滞有违其爱慕祖国文化之忱。"[10]为了寻觅合适的校址,何先生足迹遍及赣、湘、鄂三省,终因劳累过度致肺病复发,经抢救、治疗两个月方告痊愈。后来,由于局势恶化,迁校桂林的计划亦无结果。怎样使学校安顿在一长期稳定之地,成了何先生的心病。经慎重考虑,决定在福建觅一校址,先建分校,以备不测时作后方基地。1941 年夏,派暨大商学院院长周宪文、训导长吴修赴闽筹建分校。周、吴二人选中闽北建阳县童游镇为校址，并于当年10月建起分校，招生开学。当时，在“孤岛”数十所大专以上院校中，暨大是唯一在后方设有分校以作内撤基地的学校，足见何先生之高瞻远瞩。1941年12月7日，日本偷袭珍珠港，太平洋战争爆发，日军进占上海租界，暨大宣布关闭。在四年余的孤岛办学中，虽然困难重重，但在提高教学质量、关心侨生等方面尽了最大努力。如一般学生的住宿均自理，而回国侨生则由学校代觅宿舍，自理房租。教学上，自1939年起实行导师制，学生10人一组，由各专业导师指导，教师还要关心学生的生活，师生交流密切。考勤、考试制度也十分严格。四年中，毕业本科生共296人，为国家培养了大批人才。

暨大关闭后，何炳松先生即组织全校师生员工向建阳转移，他自己也转移到了金华，对分校驻金华接待站的工作详予指示，要求一定要安排好内撤人员的衣食住行。旋即往江山勘察东南联大校址。当时，教育部为了收容自上海内撤、在后方无分校的各专科以上学校的师生，命令在浙江境内组建东南联大，以何炳松、王风喈为筹委会正副主任委员，上海各大学校长等为委员，具体负责建校事宜。经过艰苦跋涉，暨大于1942年6月内迁完毕，并正式宣布取消分校名义。内迁后，建阳聚集了自浙赣撤退的国民党党政机关和难民，造成物价暴涨，房舍紧缺。何先生对这些问题早就有所准备。还在5月初首次到达建阳时，他就召集分校同仁周宪文、吴修、王子瑜、韩逋仙、沈传珍、许杰、俞剑华等会商校务，指出，校舍建筑以师生住宅及宿舍为最急要。并要求这些建筑物外观要朴素，合乎卫生，使用年限至少在四年以上。据当年师生回忆，宿舍、住宅虽简陋，却很卫生、实用。由于学生多来自沦陷区，一路颠沛，往往衣物俱失，不少华侨子弟更因邮路不通而接济断绝。加上自然条件恶劣，一天之中，温差可达20度，瘴气极重，疟疾流行，师生得病者甚多，至有病死者。何先生为解决这些难题费尽心血。他除了从当地政府处设法搞到大量药品外，还向红十字会、救济总会等有关机构求援，聘请医生、护士，成立医务所，大量添购药品和医疗设备，有力地制止了疫病的流行。到1942年底，学生人数从初迁建阳时的400余人猛增至1000余人,衣食住矛盾更加尖锐。何先生不得不亲自找第三战区司令长官顾祝同、政治部主任邓文仪及当地驻军、当地政府官员打交道,搞到大批旧棉军服,分发给学生御寒。还从省银行和县政府处借款购谷,解决了师生的吃饭问题。此外,添造大批茅房以应急需。搞好教学,有一支高水平的教师队伍是关键。尽管战乱之中,暨大仍聘到一大批名流任教,如周宪文、孙怀仁、许杰、方光焘、戚叔含、江之永、盛叙功、胡寄南、沈炼之、王子瑜、潘天寿、谢海燕、卓如、卢怀道、苏乾英、罗君惕、俞剑华等等。为了网罗有才学之人,何炳松先生不避嫌疑,如吴大琨刚从上饶集中营释放,即被聘为讲师。暨大人才之盛,堪称东南各大学之冠。何先生还多次邀请校外名学者讲课,如王亚南、李培恩等均曾来校上课。为了使师生能够正常教学,何炳松先生派人四出购置图书资料。暨大在福州有专人负责购买书籍,江山、南平等地也常派人去搜购。结果,得中文图书数千册,其中不乏善本,得西文图书数百册,总算暂解燃眉之急。尽管局势曾数度不稳,侨生锐减,学校仍然坚持开设有关南洋的课程,如苏乾英的"南洋概论"为一年级学生的必修课,商学院"南洋商史及法规"系三年级学生专业课。1945年,又遵教育部令,拟增设南洋科。

抗战胜利以后,何炳松先生不顾病体虚弱,先行返沪筹备复员事宜。他拟定了一个宏大的计划,欲广揽名家,把暨大办成一流大学。并准备将南洋研究馆扩大为研究院,延聘专家任教,招收研究生,确定研究南洋问题的重点任务,等等。正当何炳松先生为复校四处奔波,渐有头绪之时,忽被调长英士大学,遂致积郁成疾,未到任而辞世。

注释:

[1]《暨南校刊》第143期。

[2]《暨南校史》,第69页。

[3]《暨南校史资料选辑》第一辑,第165页。

[4][5]何炳松《在校庆纪念暨毕业典礼上的报告》,《暨南校刊》第214期。

[6][8]金兆梓《何炳松传》,《读书通讯》第143期。

[7]何炳松《课余杂录》,《留美学生季报》1915年春季第1号。

[9][10]何炳松《国立暨南大学战时迁校桂林计画》,司琦《何炳松校长文集》。

参阅资料:《国立暨南大学二十九年度毕业纪念刊》《民国廿六年六月本大学成立本部创设十周年纪念国立暨南大学海外文化事业部概览》《何炳松校长、沈鹏飞代校长交接文件》《关于校长何炳松同部分负责教职员谈话会纪录》《校长指示要项》《暨南校刊》《暨南校史》,暨南毕业生回忆何炳松校长等。

(刘寅生等编《何炳松纪念文集》,
华东师范大学出版社,1990)

试论暨南大学在民国高教史上之地位

夏 泉

暨南大学的前身是清光绪三十二年(1906 年)在南京创办的暨南学堂。这是由国家创办的第一所华侨学校,在 90 年的办学实践中,暨南历经了晚清、中华民国与中华人民共和国三个时期。作为一所历史悠久,在海内外声名远播的综合性华侨大学,暨南曾有过辉煌的昨天,但由于屡遭播迁与停办,致使元气大伤。笔者拟通过重温暨南校史,从三方面探讨民国时期(1949 年前),暨南在我国高教史上的地位。[1]借以增强暨南人的自信心与自豪感,并以迎接“211 工程”部门预审和 90 华诞为契机,励精图治,用实际行动重振暨南雄风,再铸暨大辉煌。

一、较早成立的著名国立大学之一

中国近代意义上的高等教育,是在 19 世纪末叶伴随着欧风美雨,从西方移植而来的。面对着国蹙患深,内忧外患交相煎迫的危机,在朝野上下有一批警醒之士,为寻求救国道路,提出了“教育救国”,兴办新式教育的主张。民国成立后,由于连年军阀混战,战争频仍,高等教育事业发展极为缓慢。正如何炳松在《三十五年来中国之大学教育》中所言:“民国初年政府曾议全国设四个大学:一在北京,一在南京,一在武昌,一在广州,但是因为人才和财力的关系,所以除原有北京大学外,其余都没有实现。……直到民国十年(一九二一)才有南京的东南大学和上海商科大学的添设。”[2]上文提及的上海商科大学与暨南有着密切关系,笔者将在下面详细叙述。第一次国共合作时期,随着北伐军的凯歌声和南京国民政府的成立,高等教育发展步伐相应加快,暨大就是在这一时期正式成立的少有的几所国立大学之一。为了阐明暨大在民国时期国立大学中的地位如何,下面拟从四方面论述之。

1. 合办的上海商科大学为当时5所国立大学之一

国立暨南学校于1918年3月1日在南京复校。为培养海外急需的师资和商业人才,学校开设师范、商业两科,次年又添设一年制的商业特科,1921年2月商科迁上海徐家汇。是时,国立东南大学于1921年在南京成立,并于上海设立商科。暨南学校与国立东南大学在上海合办上海商科大学,于9月28日开学。这是中国高教史上第一所商科大学。校舍暂租法租界霞飞路(今淮海中路)上的尚贤堂,原南京高等师范学校校长郭秉文兼任上海商科大学校长,马寅初任教务主任。[3]1922年,全国公私立大学共35所,其中国立5所,省立2所,私立13所,教会大学15所。5所国立大学分别是:北京大学、交通大学(分北京、唐山、上海三处)、北洋大学(天津)、东南大学(南京)、上海商科大学。[4]1924年2月23日北洋政府颁布的《国立大学校条例》是这样解释国立大学的:"国立大学校以教授高深学术,养成硕学闳材应国家需要为宗旨。"[5]

尽管上海商科大学是由两校合办,而且1922年7月,暨南学校就退出上海商科大学,自行筹办商科大学部,但作为当时5所国立大学之一,上海商科大学在中国近现代高等教育史上仍占有重要的一席,可以说它开了我国财经高等教育之先河。

2. 在民国国立大学排序中暨大位居前10名

1927年国民政府成立。6月11日,国立暨南学校正式改名为国立暨南大学(据1927年6月11日《时事新报》),在这前后,还有新设的国立劳动大学与改名的交通大学等。有论者称,"国民政府成立后的二三年间,实为我国大学教育史上最活跃最复杂的一个时期"[6],这是符合当时实际的。史实表明,国立暨南大学是国民政府成立后新设立的第二所国立大学。

国民政府为了巩固其统治,非常重视对高等教育的整顿和有效控制。1929年相继公布了《大学组织法》《大学规程》《专科学校组织法》;1931年又公布了《专科学校规程》。根据上述法规,大学分为国立、省立、市立、私立4种,分设文、理、法、教育、农、工、商、医8学院。须具备3学院以上者,方得称为大学,且3学院必须包括理学院或农、工、医各学院之一。

暨南成为国立大学后,设有商学院、文学院、理学院和教育学院、法学院。作为国立大学,其使命"在于培植专门人才和研究高深学术"[7]。举凡著名高校,都有自己漫长曲折的发展历程,不少现在全国一流的名牌大学,1927年时尚不是国立。如1928年清华大学、武汉大学、浙江大学才成为国立大学;山东大学1930年成为国立大学;厦门大学1937年从私立改为国立;南开大学1938年改为国立;复旦大学1942年也由私立改为国立。这从一个侧面可以看出暨大地位的相对突出与重要,另一方面也反映了国民政府为笼络侨心,对高等华侨教育的重视。下面两则史事足以说明暨大在国立大学中的重要位置。

(1)1931年12月,国民政府教育部出版的《教育公报》公布了90所国立、省立、私立(已立案)大学及独立学院、专科学校一览表,其中国立大学有17所。在17所国立大学中,暨大位居第10位。排在暨大前列的有中央大学、北平大学、北京大学、北京师范大学、清华大学、中山大学、浙江大学、武汉大学、劳动大学,位列之后的有同济大学、交通大学、四川大学等高校。[8]另据国立浙江大学校长竺可桢日记记载,1937年有国立大学14所,暨大是其中之一。[9]

(2)据1948年出版的《第三次中国教育年鉴》,全国共有各类高校218所,其中国立大学32所,暨大位居第9位,排在其前的国立大学有中央大学、政治大学、北京大学、清华大学、中山大学、西北大学、交通大学、同济大学等。[10]

如果我们拓宽一下视野,下列三则史事从另一个视角也可以佐证暨大在当时的地位。

其一,暨大校长郑洪年为大学委员会委员。1927年6月23日,中华民国大学院成立。作为全国最高的学术教育行政机构,1927 年 11 月 6 日,大学院大学委员会召开首次会议。大学委员会由国立大学校长、大学院教育行政处主任和国内著名学者等组成。出席是次会议的委员有:大学院院长蔡元培及李煜瀛、郑洪年、褚民谊、戴季陶、蒋梦麟、胡适、朱家骅等 14 人,均为当时的社会贤达与教育界、知识界执牛耳者。[11]郑洪年以国立大学校长身份,在大学委员会里能排名第三,证明了暨大在当时地位之显要。

其二,暨大在大学丛书委员会中占有两名委员。1936 年,商务印书馆编印大学丛书,分文、理、商、法、教育、工、农、医等学院丛书。该馆邀集国内各大学及学术团体代表组成大学丛书委员会,委员有王云五、朱家骅、李四光、何炳松、罗家伦、郑振铎、胡适、蔡元培等 55 人,均为国内知识界的一流人才。暨大校长何炳松和文学院院长郑振铎能位列其中,反映了暨大名家云集,人才济济。[12]

其三,暨大和交通大学校长为"上海专科以上学校校长联谊会"召集人。民国时期高校大多集中在上海、北平等少数大城市及沿海诸省市。全面抗战初期,上海有近 30 所高校,其中大学有暨南、交通、同济、复旦、沪江、圣约翰、大同、大夏、光华;独立学院有上海医学院、上海商学院等;专科学校有上海音专、上海美专等。这些高校为了联络感情,传达信息,反映问题,交流经验,成立了"上海专科以上学校校长联谊会",每月或隔月聚餐一次,由各大专学校轮流作东,而以暨大校长何炳松和交通大学校长黎照寰为召集人,共同主持会议。[13]

由于暨大声誉日隆,办学富有特色,以致当时的交通大学校长黎照寰,在《东方杂志》撰文评述全国高校时说:"广州的中山大学,上海的暨南大学,武昌的武汉大学,北平的清华大学都像春花怒放,成绩斐然。"[14]这是公允之论。

3. 全面抗战时期弦歌不辍,为东南一带大学教育守最后之壁垒

1937 年"七七事变"后,平津京沪一带相继沦陷。抗战全面爆发前,全国共有高校(含专科学校)108 所。据统计,在日军挑起战端,侵入国土,狂轰滥炸,掠夺焚烧的过程中,有 91 所高校遭受日军破坏。

其中 25 所高校被迫停办；只有少数高校迁往上海租界坚持办学；大多数高校面对日本侵略者铁蹄的肆意践踏，被迫仓促内迁，如北大、清华、南开迁滇后组建西南联大，北平部分院校迁陕后组建西北联大。

“八一三事变”后，上海真如成为战区，遭致敌机轰炸与炮火射击，暨大校舍被毁。为了继续办学，何炳松校长将学校从沪西转移至市内租界，暂借法租界辣斐德路比德小学作为学校临时办公处，并借小沙渡路侨光中学办学，后又在租界内几经迁移。面对日伪的双重压迫，暨大屹然不动，一方面在租界内照常上课，即使在 1941 年底太平洋战争爆发后，仍在上海租界内上完了著名的“最后一课”后才撤离；另一方面学校未雨绸缪，在福建建阳预设分校。其时上海公私立专科学校在日军侵入租界后，“立即决定内迁而且全部实行内迁者只有暨大一校”[15]。

暨大在抗日战争的艰难岁月里，先在租界办学 4 年有余(1937 年 11 月—1941 年 12 月)，继而迁至建阳(1942—1945 年)。在华东沦陷区弦歌不辍，不仅为“东南一带大学教育守最后之壁垒”，而且独立维系我国的高等华侨教育，被人们誉为“爱国救亡的民主堡垒”[16]。暨大在这 8 年里，备尝艰辛，迭遭播迁，不仅没有因战乱而解体、削弱，而且在颠沛流离和连天烽火之中，像滚雪球一样不断扩展，为国家和民族保存、培植了大批建国所需的专业人才，崛起成为当时国内有影响的著名大学之一。尽管战争打断了暨大发展的自然进程，但在抗战后期暨大仍然得到了一定程度的恢复发展。据有关资料统计，1942 年暨大有学生 1005 人，教职员 107 人；1945 年，学生达 1300 多人，教职员 300 人左右。这较之 1935 年何炳松初任暨大校长时，师生仅六七百人的规模，已是大大进步了。[17]

4. 暨大校长何炳松为东南联合大学筹委会主任

国立东南联合大学是在太平洋战争爆发，上海“孤岛”不复存在的情况下，国民政府教育部为了适应战时高等教育的特殊需要，于 1942 年 1 月在浙江金华筹设的。其主要任务是为了“维护上海高等教育，招致大学人才起见”，收容上海各专科以上学校的南迁师生，使其不致失业失学。教育部电令何炳松、黎照寰、周宪文等 16 人为东南联大筹委会委员，而由何炳松为筹委会主任，主持其事。而在此前，教育部还于 1939 年指令何炳松办理上海各国立大学及各特种文化教育机关之临时经费事宜。[18] 1942 年 4 月，何炳松在金华主持召开筹委会议，决定东南联大分设文、理、法、商四院及艺术、体育、纺织三专修科，原拟选址浙江江山县，后因日军侵入浙赣线，乃迁至闽北建阳筹建。由于上海来闽通道被日军截断，加之其他原因，遂决定东南联大与暨大合校上课。1942 年秋，国民政府行政院决定联大停办，1943 年 6 月，又令将文、理、商三学院并入暨大[19]，法学院与艺术专修科并入英士大学。

何炳松主持东南联大之事达一年半载。由于诸多原因，东南联大尽管最终未能成立，但筹建联大仍不失为一个高瞻远瞩的举措，为中国抗战教育史上值得纪念之一页。何炳松为筹建联大苦心擘划，“举东南文教之责尽置诸两肩”，做出了自己的特殊努力和贡献。[20] 联大的筹建与迁建阳，何炳松任筹委会主任以及最后大部分并入暨大，反映了在东南一带暨大地位的不可替代与在高校中的巨大影响力。

二、华侨最高学府

1. 民国唯一的负有特殊使命的华侨大学，教学工作富有特色

“暨南大学者，政府特为侨居海外之侨民子弟归国求学而设者也。”[21] 这句话简要概括了暨南在民国时期的办学宗旨，暨大在当时最大的特色是侨校色彩。关于这一点，1927 年 6 月，郑洪年在重长暨南时，曾开宗明义地指出：暨南“实为华侨子弟归国就学之唯一的最高学府。……所负责任之重决非海外任何事业所能比拟”。他决心将暨南学校扩充为一完善大学后，“以期从质量上完成华侨之最高学府，使华侨子弟得享受世界高深的知识与祖国优美的文化，以为他日参加祖国一切运动及提高华侨地位之准备”。[22] 1935 年何炳松长校后，继续强调要发挥侨校特色，他认为暨大的培养目标是“要造成复兴民族的斗士，不要造成争权夺利的政客”，暨大“比其他大学另有其教学之使命，将来本校毕业同学，必须能向海外发展，能在外界立足”。[23]

据曾在暨南任教的著名学者曹聚仁回忆,在真如时期,“闽粤侨生(即闽粤青年)总占了百分之九十五以上的大多数;每逢假日,真如车站上,一眼看去,都是戴着形形色色的帽子,近于‘小黑炭’的小伙子”。真如附近的村民也“把暨南学生都看作是从海外回来的王子”。[24]尽管由于战乱,侨生比例逐年减少,但作为一所侨校,为海外培养人才,始终是暨大的重要使命。

暨大注重为海外培养高级人才,大力培养华侨教育师资,推动海外华侨教育事业的普及和发展。1929 年 4 月,《郑洪年教育言论集》出版,书中其对华侨教育的主张独树一帜;1929 年 6 月 6—12 日,由暨大主持召开了首次“南洋华侨教育会议”;1936 年,暨大又主办了“海外侨民师资训练班”。这无疑都是对推动华侨教育事业的发展富有重要意义的工作。

国民政府教育部也认识到这一点,颇为重视暨大的这一特殊地位与作用。笔者从有限的资料中搜集到两例。其一,1931 年教育部为筹设华侨教育基金,指令由暨大、中侨委等单位于南京派员组成管理委员会;其二,教育部于 1947 年在暨大等 5 所国立大学设立南洋学生奖学金,每届 50 名。[25]

在教学工作方面,暨大在课程设置上考虑到南洋的实际需要。既注意基本原则及其应用,先让学生学会运用一些基本的理论和知识,又将教学内容联系到海外的需要,十分注重南洋问题及外语的学习。学校还把课外作业、教学实习、调查报告、参观旅游作为教学的重要组成部分,培养学生的实际应用能力。这些措施都是为了突出侨校的教学特色。

2. 南洋问题和华侨问题的研究中心

暨南“为国立发展华侨高等文化机关”[26],“唤起侨魂风云变”(暨南创办时校歌歌词),加强对华侨与南洋问题研究,是其所肩负的义不容辞的使命之一。郑洪年对南洋问题的研究尤为重视,1927 年 9 月 5 日他正式就任校长一职,9 月 21 日就成立了南洋文化教育事业部,并在 9 月 21 日至 11 月 15 日,接连召开了 8 次部务会议。[27]

郑洪年在《本校改革计划大纲》中规定了该部的主要任务:“与海外华侨各种教育机关联为有系统的组织,以统一南洋一带所有文化教育事业,并调查海外各属华侨的生活,以为将来设施扩充的根据。且一方面使国人明了华侨在南洋一带之现状,以促成国人向海外发展的企图;一方面使华侨明了祖国之现状,以造成华侨参加祖国一切运动的机会。”[28]无疑这将加强和密切华侨与祖国的联系。暨大南洋文化教育事业部与大学部、中学部鼎足而三,学校敦聘时彦硕学,如刘士木、李长傅、温雄飞、钱鹤、陈希文等在该部专门从事研究工作,做了大量开创性工作。何炳松在长暨大的 11 年间,克服重重困难,大力支持该部开拓新的学术领域,编辑出版《南洋丛书》等。他还派员赴海外,作实地调查,征集第一手华侨资料,并将《南洋研究》充实内容,缩短出版周期,使《南洋研究》成为创刊最早、出版时间最长且最权威的研究南洋与华侨问题的学术刊物。何炳松抱着“务使暨大成为一个真正南洋问题研究机关”的宗旨,在抗战胜利后还拟定了一个更庞大的计划,“拟专门收罗对于南洋问题有专门研究之专家,设一研究院,招收研究生,不但作理论上之研究,而且作具体之考察”[29]。

南洋文化教育事业部作为暨大的重要组成部分,以其严谨、务实的研究与卓著的学术成就令世人瞩目,从而使暨大成为国内南洋与华侨问题的研究中心。他们留下的大量的学术成果,作为一笔宝贵的精神财富,为后来的研究工作提供了丰富的参考资料。

3. 师资队伍阵容强盛,名家云集

建设好一支高素质的师资队伍,是办好大学最重要的前提条件之一。暨大的历任校长都把广揽具有真才实学的教师作为办学之根本。民国时期的暨大,可谓人才济济,灿若群星,既有学术界的一时之彦,又有教育界的后起之秀。

(1)罗致名贤,担任讲席。郑洪年延揽了一大批负有时望的学人充实师资,如夏丏尊、陈钟凡、曹聚仁、张凤、潘序伦、张世禄、陈科美等。何炳松聘任教师的原则是宁缺勿滥,严格坚持标准。他认为,不能因人设课,须为课择人,教授须请专门学者,不要政客,更不要流氓。

在任期间，他聘请的一流学者有：郑振铎、周谷城、张耀翔、周宪文、周予同、程瀛章、郭绍虞、王统照、方光焘、傅东华、陈高佣、洪深、楚图南、胡愈之、孙大雨、许杰、盛叙功、潘天寿、谢海燕等。

（2）聘请名家开设专题讲座，扩充学生知识面，启发思维。如鲁迅在上海定居时期曾 3 次应邀到暨大讲演[30]；陶行知 1932 年曾在暨大教育系作“目前中国教育的两条路线”的讲演；1936 年 2 月竺可桢在暨大讲演“中国之地理环境”（现代问题讲座之一），听众达三四百人；1944 年王亚南在建阳暨大作为期三周的“中国社会经济改造问题研究”讲座，他卓有成效地引导学生掌握与运用马克思主义政治经济学的理论观点，去认识旧社会衰败的症结所在。这些学术活动对于培养学生的独立思考与分析、解决问题能力，开阔视野，活跃学术气氛，促使莘莘学子接受进步思想的熏陶，是不无裨益的。

4. 为海内外培养大批栋梁之材

一所高校培养人才的质量与数量如何，是检验其办学水平高低的最重要的尺度之一。暨南在民国时期存在了 32 年（1918—1949）。老一辈暨南人发扬爱国爱校的暨南精神，踏实工作，作育英才，为海内外培养了大量优秀人才，这些暨南校友遍布于世界五大洲和大陆及港澳台地区。他们“有的功成于革命，有的建树于海外”[31]，用自己的优异成绩为暨南校史增添了光彩。

很多侨生在学成后返回侨居国和地区，为当地社会经济的发展与繁荣，为促进中外经济、文化交流以及中外人民的友谊，做出了重要贡献。其中杰出者如许敦茂，曾任泰国商业部长、国民议会主席；陈共存，曾任新加坡中华总商会会长；张驷祥，曾任美国新泽西州罗格斯大学柯克学院食品科学系主任、美国油脂学会会长；徐亨，任台湾红十字会会长、前国际奥委会委员。

也有一些侨生在抗日战争或解放战争中献出了自己宝贵的生命。譬如绰号“小黑炭”的足球名将陈镇和，在共赴国难的抗日战争时期，驾驶飞机，于 1941 年 2 月 3 日，不幸在兰州上空机毁人亡，壮烈殉国；在解放战争时期，柯以圻、林维雁、王多祥等烈士，为了新中国而英勇捐躯。[32]更多的暨南学子则在社会主义革命和建设时期,用自己的聪明才智报效祖国,挥洒汗水,无私奉献。他们当中既涌现出了著名的政治家,如国务院前副总理、现全国政协副主席吴学谦,国务院副总理李岚清,天津市委前第一书记陈伟达,国防科工委前副政委周一萍等;又有大批著名学者,如谭其骧、黄逸峰、苏寿桐等。

5. 体育成绩卓著,誉满海内外

暨大具有悠久的体育传统。侨生大多数来自南洋,体魄粗健活泼,酷爱运动,且家境宽裕。早在暨南学堂时期,学校就开设体操课,还专为侨生开设篮球场、足球场与秋千架、铁环等健身器材,以利其身心全面发展。学校迁至上海真如后,这种优良传统得到发扬。学校根据侨生爱好体育活动的特点,大力开展体育活动。真如暨南校园内有两个足球场、7 个网球场,篮球场和排球场则遍布各处,这给同学们进行体育锻炼提供了便利。30 年代,暨大的体育运动水平在全国高校中可谓一枝独秀,所向无敌,特别是在足球、篮球和田径等方面,涌现了不少以侨生为骨干的健将。“当时人才之盛,实为其他各大学望尘莫及。”[33]

暨大足球队是饮誉海内外的一支劲旅。当时参加上海国际友谊比赛的有不少国外足球强队,暨南足球队屡战群雄,堪与匹敌。在江南 8 大学足球赛中,暨大连续 10 年夺冠。1929 年,暨大足球队 17 人征战南洋,威震东南亚,载誉荣归。足球队中不少名将如陈镇和、冯运佑等,曾参加历届远东运动会。至于暨大篮球队,堪与足球队齐名,在江南 8 大学篮球赛中,亦曾夺得 5 连冠。暨大田径队也是人才辈出,名噪一时,在江南 8 大学田径锦标赛和全国比赛中,屡次夺魁,为学校争得荣誉。

尤令暨大引以为骄傲的是,暨大学生陈镇和、徐亚辉、梁树棠同学入选中国国家足球队;郝春德、傅金城、符宝庐同学入选中国田径队;王南珍、蔡演雄、尹贵仁同学入选中国篮球队;容启兆等 5 名教师入选中国体育代表团,参加 1936 年第 11 届奥林匹克运动会。一所高校能有 14 名师生代表国家参加奥运会,可以说暨大在当时是入选奥运会人数最多的大学。

综上所述,如果我们把暨大放到中国近现代高等教育史这个大背景下去考察,便会发现暨大的存在与留下的烙印。作为民国时期的华侨最高学府和成立较早的少有的国立大学之一,暨大在民国高教史上占有不可或缺的重要地位。暨南这块牌子对今日暨南人来说,仍然是一笔不可多得的无形资产。饮水思源,温故知新,总结过去是为了展望未来,对于暨南这样一所人文荟萃的巍巍学府,应该珍视其辉煌的历史,弘扬其长期积淀下来的光荣传统,使其业绩永放光芒;从而激励暨南人奋发图强,自强不息。这对于认识校情,了解暨大,建设暨大,发展我国的高等华侨教育事业,在世纪之交的今天,把暨大办成为名副其实的全国一流大学,无疑具有十分重要的借鉴作用与深远的现实意义。

注释:

[1]在英语中"地位"可翻译成"status",指人或社会团体在社会关系中所处的位置。本文所指"地位",特指暨大在民国诸高校中的相对位置。

[2][6]《何炳松论文集》,商务印书馆 1990 年版,第 417 ~418、436 页。

[3]《中国高等学校变迁》"上海财经大学"介绍,华东师范大学出版社 1992 年版,第 438 ~439 页。

[4][5][8][10][11][12]《中国现代教育大事记》(1919 ~1949),教育科学出版社 1988 年板,第 63、80、237、623 ~625、132 ~133、356 页。

[7]《何炳松纪念文集》,华东师范大学出版社 1990 年版,第 43 页。

[9]《竺可桢日记》(1),人民出版社 1984 年版,第 157 页。

[13][14][15]《何炳松纪念文集》,华东师范大学出版社 1990 年版,第 299 ~300、409、252 ~253 页。

[16]同[13],第 226、479 页。

[17]同[13],第 385 ~386、433 页。

[18][20][21][23][26]同[13],第226、232、225、407、37页。

[19]同[13],第38~42、299、412~413、435页。

[22][28]1929年《国立暨南大学年鉴》,暨南大学综合档案室藏。

[24]《我与我的世界》,人民文学出版社1983年版,第258~260页。

[25]《中华民国教育法规选编(1912~1949)》,江苏教育出版社1990年版,第666页。

[27]《暨南校史资料选辑》(第一辑),第143~147页。

[29]《何炳松论文集》,商务印书馆1990年版,第277~278页。

[30]详见拙作《试论鲁迅与暨南大学》,载《暨南教育》1995年第2期。

[31][33]《暨南校史资料选辑》(第一辑),第211、190页。

[32]《暨南大学在建阳》,第149~177页。

(《暨南学报》1996年第2期)

暨南大学的办学特色

马飞海　蓝尤青　朱宗尧　郁　群

暨南大学于清光绪三十二年(1906年)创建于南京,初名暨南学堂。1926年迁至上海,改建为大学,解放后一度停办,1978年在广州复办,是一所颇具特色的华侨大学,在海外有广泛而深远的影响。校名取义于《尚书》"朔南暨,声教讫于四海",意思是将中华文化传播到南洋和海外。

20年代初,为适应南洋侨胞致力于发展侨居国工商业的需要,学校将高中商科从南京迁至上海,设立商科大学部,专门招收侨生及有志于南洋工商业者,以培养高级工商管理人才。潘序伦任商科大学部主任,引进西方会计理论,他的会计事业就是在暨大创建会计统计系开始的。1927年秋,扩充为文、理、商、法、教育5个学院和南洋文化教育事业部的综合大学,校务日益发展,声誉遍及海内外。1936年《东方杂志》1月号刊载黎照寰写的《青年努力的新趋势》一文,在论述全国教育界形势后写道:"广州的中山大学,上海的暨南大学,武昌的武汉大学,北平的清华大学都像春花怒放,成绩斐然。"

1937年"八一三"事变中,学校在真如的校舍毁于炮火。此后数年,学校三度搬迁,师生们历尽忧患,仍弦歌不辍。

1949年上海解放后,暨大停办。为适应华侨和港澳青年升学的要求,于1958年在广州重建,十年动乱中又被停办。1978年复办,成为设有文、理、经济、医学院的综合性大学。

一、培养华侨子女

暨南创办以来，一贯以传播中华文化、培养华侨子女为宗旨。课程设置力求适应这种需要，既传授中华优秀的传统文化，也注意世界先进文化科学知识的教学。一年级新生必修南洋概况课，介绍南洋的历史、地理、经济、社会风土人情等方面的知识，使学生了解南洋的历史和现状。此外，还十分重视外语教学，规定本科生除英语必须学好外，还要从第二学年开始在德、法、日、荷、马来亚等五种外语中任选一种作为第二外语，为学生毕业后到南洋各地开创事业创造必要的条件。在科研方面，特别注重南洋问题和华侨问题的研究，并设立南洋文化教育部，做了大量开创性的工作，取得卓越的成就。该部出版的《南洋研究》（1927 年创刊，至 1941 年内迁福建时停刊）是我国研究南洋问题出版时间最长的学术性刊物，它还编辑出版了丛书十余种，反映了我国对南洋问题研究的学术水平。暨大毕业生在新加坡成立的南洋学会，迄今仍存在，是研究南洋问题历史悠久，颇有影响的学术团体。

学校制订了一系列优待侨生的制度，如侨生学费全免，并设置侨生教育贷金；为文化程度较差的侨生设立补习班，对回国未及赶上参加入学前考试的侨生，可作为特别生，经学期考试及格后转为正式生，等等。因此，历史上暨南侨生曾占学生总数的 95%。以后由于战乱和各种原因，侨生下降到只占 10% ~20%。1978 年复校后，特别是近年来，本科新生中，华侨、港澳学生又上升至 54%，加上归侨侨眷和台湾学生，共占学生总数的 85%。据统计，暨大毕业生，从 1924 年到 1937 年为 1698 人，从 1938 年到 1948 年为 1888 人，至今累计 2 万人，分布于五大洲和祖国各地。南洋杰出的侨领和各方面事业的中坚分子，多数出身于暨大。如早期毕业的李光前，是新加坡橡胶业巨子，历任新加坡中华总商会主席、新华银行主席、新加坡大学首任校长。泰国侨生许敦茂，全面抗战爆发前夕毕业返泰，曾任泰国众议院议长，现任泰国盘谷银行董事长。他们都为祖国和港澳地区及各侨居国的社会发展，为促进中外文化交流，作出了重要的贡献。

二、提倡学术民主，兼容并蓄

早在20年代，学校就逐渐形成浓厚的学术研究风气。在许多进步教授的参加和支持下，校内成立各种学社，出版多种刊物，1927年由几个爱好文学的学生组织的秋野社，创办了《秋野》月刊，由夏丏尊、顾仲彝等教授给予指导，并邀请鲁迅、郑振铎、徐志摩等名家到校演讲。鲁迅的《文学与政治的歧途》讲稿，曾在《秋野》第三期上发表。历史社会学会在黄凌霜、许楚生指导下开展活动，历史系谭其骧等学生编辑了《历史社会学两月刊》，经济研究会创刊了《会计学报》，由谢循初、廖吉承指导的教育研究会出版了《教育研究》，这些刊物在国内文艺界、学术界都有一定的影响。那时候的校长是郑洪年，他早年追随孙中山参加辛亥革命，热心华侨教育事业。长校后，聘请北大出身、留学法国的法学博士翟俊千为副校长。他们的办学思想比较开明，为自由的学术研究创造了良好条件。

这个学风在何炳松任暨大校长10年期间，尤为明显。何氏(1890—1946)是著名史学家，1916年获美国硕士学位回国。出长暨大之前，曾在北大任教，受到蔡元培先生民主办学思想的影响。以后，在商务印书馆长期任百科全书编委会历史部主任、编译所所长，是当时全国知名教授之一。他到暨大任职后，延聘国内著名教授来校任教，其中有郑振铎、周予同、胡愈之、周谷城、王统照、方光焘、周宪文、许杰等；来校讲学的有潘汉年、王亚南、陈立夫等。他让教授各抒己见，允许唯物与唯心、民生主义与剩余价值学说并存，听任学生辨别抉择。

何炳松先生是史坛名宿，其著作有《中古欧洲史》《近世欧洲史》《西洋史学史》《通史新义》《新史学》《程朱辩异》等。他在暨大10年，在极其艰难困苦的条件下，造就出一批人才。

抗日战争全面爆发，日军占领了除租界以外的上海地区，暨大迁入租界，处在敌伪包围下的孤岛。这一时期，暨大仍拥有大批著名教授,一时不能撤往内地的学者也受聘来校执教,学术空气仍很浓厚。由师生参加编辑的专著《中国历代天灾人祸年表》,具有较高的学术价值,引起国内外学者重视。周谷城继《中国通史》后,出版了《中国政治史》;郑振铎著的《中国版画史》和王统照创办的《文学集林》等,也引起广泛的关注。特别是由学校邀集名教授组成编委会编辑出版的《学林》月刊,是当时颇有影响的学术刊物。此外,一批学生创办的文艺刊物《一般》、《译系》周刊和《文艺》月刊,都得到郑振铎等教授的指导扶持,并亲自为刊物写稿。教授们通过指导同学办刊物,密切了师生之间的情谊,互相鼓舞,使各项活动更为活跃。这些刊物的创办,有助于打破孤岛时期万马齐喑的局面,填补了文艺界暂时的空白。当时斯诺的《西行漫记》和瞿秋白的《乱弹》以及《鲁迅全集》,都是通过郑振铎、方光焘在学校预约发售的,这些书的广泛传播,使不少学生思想提高,走上了革命道路。

太平洋战争爆发后,日军全面占领上海,学校迁往福建建阳。在建阳时期,虽避居山城,但校内学术团体众多,活动频繁,思想活跃,师生各谈看法,或介绍观点,或互相争论。当时,有很多学生课余研读《资本论》、艾思奇著的《大众哲学》、米丁著的《辩证唯物论》,沈志远著的《政治经济学》等进步书籍。王亚南等学者也到建阳暨大讲学,受到学生欢迎,座无虚席。

抗战胜利后,学校迁回上海,学校曾邀请茅盾、郭沫若、马叙伦、翦伯赞、胡风、许杰等学者来校讲学,学术民主风气不减当年。

三、爱国民主传统

暨南学生中,大部分是华侨子弟,他们曾饱受海外伶仃之苦,热爱祖国的情感十分强烈。暨南师生的爱国精神历来表现得很突出。在辛亥革命、北伐战争、抗日战争和解放战争等各个历史时期,暨大师生积极投身于爱国民主斗争,为祖国的独立、民族的解放而英勇奋斗,形成了爱国主义的革命传统。

武昌起义,全国各地纷纷响应。暨南一部分学生响应革命投入新军,对清军作战,爪哇侨生张益山在作战中光荣牺牲,另一部分学生在武昌投奔黄兴领导的革命军。北伐前夕,新加坡侨生王大文由廖仲恺引见孙中山,并在校内建立组织,宣传孙中山倡导的国民革命。在北伐战争中,暨大侨生韩汉光任北伐军某部党代表,为革命献出了宝贵的生命。蒙岛任广州某舰党代表,黄逸峰在周恩来领导工人武装起义的总部任交通员,并参加进攻军阀警察局的战斗。

从“一·二八”淞沪抗战到“一二·九”学生运动,全校师生坚持主张对日作战,纷纷参加救亡运动。1936 年上海各界救国会成立,暨南学生也建立了救国会组织。女同学参加救国运动也较早,罗叔章很早就参加了上海妇女运动。

暨大迁入租界后,政治形势险恶,全体师生坚持民族气节,绝不向日伪低头。1940 年春,汪伪政权成立,通令各校放假一天,暨大师生以“忠奸不并存”的坚定立场予以抵制。1941 年 12 月 8 日,日军占领租界,何校长召集在校的负责人会议,立即作出了庄严的决定:“看到一个日本兵或一面日本旗经过校门时,立即停课,将这所大学关闭。”郑振铎为此写下了洋溢着坚贞爱国的名篇《最后的一课》,记录了当时暨大师生悲壮的爱国情景:“从来没有那末无纷纭的一致,从校长到工役。”自此,暨大在上海暂时结束,师生坚定地投入迁校工作。

抗战后期,全国民主运动走向高潮,暨大师生要求民主、自由、反迫害的正义呼声,打破了闽北山城的沉寂,当时校内各种壁报统一组成“暨大壁联”,宣传进步文艺理论,揭露社会黑暗,评议时政。昆明发生迫害大学生的“一二·一”事件后,壁报更是琳琅满目。抗战胜利后,暨大迁回上海。由于国民党反动派坚持内战、独裁政策,暨大进步师生积极地投入了反对蒋介石反动统治的斗争。1946 年底在反美抗暴运动中,暨大学生在上海首先发难,立即举行声援抗议大会,罢课抗议,并派出代表到全市各院校协商全市学生联合行动,参加领导全市学生进行反美抗暴斗争。在全市学生“反饥饿、反内战、反迫害”运动中,暨大学生始终站在斗争的最前列。

暨大学生毕业后回到侨居国,在爱国主义基础上萌发出感人的国际主义精神。爪哇侨生林镜仙在印尼人民反抗荷兰殖民主义的斗争中,担任印尼前敌队长,与印尼人民并肩战斗,壮烈牺牲。新加坡侨生房新民在反对日军南侵星马的战争中,担任吉隆坡民防服务队总监,组织侨校教师参加救伤工作,在日本轰炸中冒死指挥队员抢救伤员,表现了大无畏的精神。战后,房新民荣获马来西亚颁发的荣誉有功奖状。

四、丰富多彩的课余生活

暨南大学的体育运动是值得大书一笔的。30 年代初,是暨南足球队的鼎盛时期,连续 9 年蝉联江南 8 所大学的足球冠军。在同国外球队角逐中,也显示了相当水平,在东南亚地区颇有声望,远征菲律宾马尼拉,五战皆捷,场场爆满,载誉归来。上海舆论界认为"暨南足球队此行,可称吾国体育界之创举,实负有沟通体育界之使命"。1927 年中华队以 4 比 3 力挫保持 14 年冠军的英格兰队而轰动上海。这个中华队中就有暨南学生陈镇和等 4 人。1930 年蝉联国际杯冠军,队中有暨南学生 7 人。这届比赛,中华队连克德国队、葡萄牙队和英格兰队,中国人为之扬眉吐气,一洗"东亚病夫"的耻辱,绰号叫"小黑炭"的陈镇和,球艺超群,踢得勇猛顽强,深受球迷赞赏。全面抗战初期,陈镇和投笔从戎,参加空军,光荣牺牲。除足球外,暨南的篮球、排球和田径也很出色。篮球是江南 8 所大学联赛的五届冠军,有 3 名暨大健儿被选拔到中国队参加 1936 年第 11 届奥运会。排球队也拥有一些出色的运动员,如徐亨,被选拔到中国队参加远东运动会。在参加 11 届奥运会的中国田径队中,有符保卢等 3 名暨大学生,符曾长期保持撑杆跳的全国纪录。

30 年代暨南剧社的活动,在上海戏剧运动史上占有重要的一页。当时,著名戏剧家洪深、顾仲彝、李健吾等都曾指导过暨南剧社的演出活动。由于当时政治形势严峻,市区组织演出困难重重,而暨大大礼堂(致远堂)可以提供演出场所,许多进步戏剧就在暨大演出,大学生也积极参加献演。袁牧之、欧阳予倩、应云卫等名家都曾登上暨大舞台。这一时期的高潮是暨大和社会上的戏剧家联合演出《油漆未干》。于伶曾到暨大导演《我们的故乡》,展示了民族危机面前的重大抉择,是一次激动人心的演出。全面抗战初期,以暨南剧社人员为骨干,在于伶领导下成立了抗日救亡演剧队 12 队,为宣传抗日作出贡献。上海沦陷前夕,暨大学生六七十人参加了抗日救亡团,南下到浙江、江西各地演戏、唱歌,进行抗日宣传。

暨大多次搬迁,其中在上海设校三次,前后达 18 年之久,同上海关系十分密切。上海是中国最大的城市,工业发达,工人阶级集中,教育文化事业发达,进步知识分子荟集,加上同国外交往频繁,各种思想先后输入,也是进步思想集中传播的地区。这些也是暨大师生思想比较进步的原因之一。

暨南大学创办以来,已将近百年,校友遍布海内外。我们期望暨南学子包括在台湾的校友,能本着一贯的爱国热情,团结起来,为促进祖国统一大业早日实现而共同努力。

(吴汉民主编《20 世纪上海文史资料文库》
第 8 辑,上海书店出版社,1999)

暨南大学南洋文化教育事业部的历史成就与贡献

李洁容

暨南大学素以“华侨最高学府”称誉海内外，它不仅培养了数以万计的华侨子弟，为发展华侨事业培养了大量人才，而且对华侨以及有关华侨的各种问题的研究，也取得了卓著的成果，在华侨发展史上产生了深远的影响。

暨大对华侨的研究，“不是一般大学的一般的学术研究，而是暨南大学所负的特殊使命”[1]，为了完成对华侨负有的特殊使命，学校在1927年扩展为大学之初，便建立了专门的学术研究机构——南洋文化教育事业部（以下简称“事业部”），在研究华侨、服务华侨方面做了大量的开创性的工作，充分体现了暨大作为华侨学府的鲜明特色。

一、华侨危机与事业部的使命

据考证，中国人侨居国外已有两千多年的历史。他们或迫于生计而漂洋过海寻找出路，或被诱骗“卖猪仔”出国成为“契约华工”，或出海从事商贸活动，或因政治失意而流亡海外。南洋群岛的拓殖、欧美大陆的开发，也吸引了大批华人前往创业。鸦片战争打开了中国的门户之后，东南沿海的劳动人民纷纷迁徙海外讨生活。据统计，到20世纪初，国外华侨已达700万。于是，“海水到处，莫不有吾侨之足迹”[2]。但中国封建统治者对出国侨民采取了遗弃甚至敌视的政策，广大侨胞在海外挣扎生存,艰苦创业,未能得到祖国的保护,经常遭受帝国主义与殖民主义者的压迫与摧残,生命财产没有保障。直到19世纪下半叶,清政府才逐步改变歧视华侨的政策,开始承认华侨在国内外的合法地位。然而,由于当时国力的衰微,海外殖民势力的扩张,日本的南进,世界经济结构的变化以及经济恐慌的蔓延,广大华侨在侨居地的政治、经济地位每况愈下。

暨大南洋文化教育事业部正是在华侨"江河日下"的情势下于1927年9月21日成立的。它在成立宣言中详细地分析了当时华侨的四大危机:"经济上地位渐次低落""祖国文化在南洋有渐次低落之势""教育上缺乏计划与联络""国家与社会不为之援助"。[3]鉴于此,"负有解决南洋华侨一切问题之责任"的暨南大学,除了教育培养华侨子弟外,还要"对于南洋华侨的一切问题,加以精密之研究",并"期与南洋华侨各团体、各机关联为有系统之组织,以研究所得,指导其实施"[3],以此帮助华侨增强开拓能力,提高其经济地位,"则江河日下之势,或可挽救于万一也"。[2]针对华侨的四大危机,宣言还进一步阐明了事业部成立的宗旨和要努力做到的事项:一是"灌输祖国文化于南洋期与其他民族共同荣盛";二是"调查南洋实际状况以为研究之标准";三是"从教育上增进华侨开拓之能力";四是"促成国人南移之企图";五是"鼓励华侨参加祖国之一切运动"。[3]这就表明,事业部是为华侨而设的,即为帮助华侨摆脱危机而设的。由于当时的华侨大都分布在南洋群岛,而本校当时的华侨学生也有五分之三来自南洋,故此,需要研究南洋,以便帮助华侨了解侨居地的历史、政治、经济、法律及风俗习惯等,使他们更能适应环境,发展自己的事业。

为了完成研究华侨、指导华侨、服务华侨、促进华侨事业发展的特殊使命,南洋文化教育事业部设有严密的组织建制,并随工作的实际需要不断改进。事业部成立之初按本校组织大纲设委员会统筹本部一切工作,下设教育、调查、指导、宣传、编辑五个股,各司其职。1928年2月修改组织条例,改为部主任制,把五个股合并为文化、教育两个股,分别负责研究、调查、辅助、促进南洋华侨文化教育事业的工作,包括:研究华侨文化、教育方面的各类问题,调查南洋及华侨文化、华侨学校及教育团体的实际状况并制成调查图表及数字统计,用文字和讲演方式向南洋华侨灌输中华文化,联络南洋各文化教育团体,接受各界对南洋及华侨各种问题的咨询,审查南洋侨校各种教材,指导华侨子弟回国就学,辅助华侨向当地政府争取权益和改善待遇,编辑出版南洋华侨书刊等。[4]事业部的组织建制后来又几经演变。

暨大第一任校长郑洪年非常重视对华侨问题的研究工作。鉴于“当时的社会人士,对于华侨事业,每多忽视,而于华侨文化教育事业之研究,尤不关心”[2]的情况,郑校长克服学校经济困难,排除重重阻力,创设这南洋文化教育事业部,以它与中学部、大学部作为暨大的三大支柱,并兼任事业部委员长,亲自主持研究华侨的工作。他延聘时彦硕学,把事业部办得有声有色,并不断扩大研究范围,从南洋扩至美洲,改称“南洋美洲文化事业部”,1934 年起进一步扩至为“海外文化事业部”,1937 年至 1949 年改名为“南洋研究馆”,他们研究华侨服务华侨取得的巨大成绩,在当时产生了很大反响,“国内外人士,俱知本校之南洋美洲文化事业部为国内研究华侨文化教育事业唯一之机关”。[2]

在那动乱的年代,暨大历经坎坷,屡遭战火破坏。但无论环境多么恶劣,条件多么艰苦,暨大坚持办学。迁入上海租界,移校福建建阳,弦歌不辍,南洋文化教育事业部坚持研究工作。鉴于暨大为华侨学府,历届校长不忘暨大对华侨肩负的特殊使命,均重视并支持事业部对华侨的研究工作,即使在经费拮据之时,仍分出专款维持该部丛书刊物的出版。该部历任部主任刘士木、丘汉平、吴泽霖、俞君适、王勤育、黄如今等,还有部内的大部分职员,均是当时有名的专家学者,他们开了华侨研究之先河,硕果累累,对指导海外华侨摆脱危机、发展文化教育事业及各项实业作出了历史性的贡献,出色地完成了南洋文化事业部的特殊使命。

二、华侨问题与事业部的研究成果

华侨问题千头万绪,涵盖历史、政治、经济、文化、教育、实业等等各种领域。事业部的研究内容很广泛,已涉及华侨问题的各个方面,尤以华侨历史、华侨概况、华侨教育、华侨经济等为重点。我们从其见诸文字的资料中可以看出其研究范围之广及研究成果之丰硕。

1. 对华侨概况的研究。他们已研究了南洋、加拿大、菲律宾、缅甸、暹罗(泰国)、南美洲等地的华侨概况,当时已出版了有关专著,发表了大量论文。

2. 对华侨历史的研究。已出研究成果的有南洋、东印度、马来亚、爪哇、菲律宾、暹罗等国的华侨史、华侨革命史。

3. 对华侨教育的研究。已成文或结集出版的有《华侨教育论文集》《南洋华侨教育概况》《南洋华侨教育危机》《南洋华侨学校调查概览》等,还有为数不少的具体论述华侨教育的方针、教育行政、经费、教材、教育重点以及华侨教育与当地教育比较等方面的文字见诸报刊。

4. 对华侨政治的研究。在他们的大批著作中论述了华侨在海外的政治活动、反日斗争、对革命的支持、对压迫者的反抗,揭露了某些国家政府的排华、虐侨行径以及华侨失业苦况,一些文章还为华侨请命,要求祖国政府负起救侨、护侨的责任。

5. 对华侨经济的研究。他们研究了华侨在南洋等地的经济活动概况、华侨经济地位、经济势力、经济特点、经济危机以及华侨经济的发展前景等问题,都有成果见之于世。

6. 对华侨事业的研究。不少论著中论述和介绍了华侨在国外操办各种实业的情况,如:菲侨办飞机场、棉侨开航业公司、岷侨经营保险公司以及华侨回国开发矿产资源等情况。

7. 对其他有关华侨问题各方面的研究。如华侨社会、华侨人口、华侨伟绩、华侨伟人、华侨国籍、华侨地位、华侨待遇、华侨资本、华侨生活、华侨与土人的同化以及华侨风俗习惯、战后华侨复兴等等,研究著述中均有涉猎。可见,事业部堪称全面研究华侨的机构。

三、华侨书刊与事业部的工作成就

南洋文化教育事业部"竭诚以文字能力与我侨胞接近而往还",他们著书立说，编辑期刊，开侨教会，办侨训班，咨询服务，工作纷繁，务虚务实，成绩斐然，名扬海外。

1. 丛书累累，论文繁多。给后人留下的40余种专著和大量论文，是当年南洋文化教育事业部全体同仁在南洋研究与华侨研究学术领域中辛勤耕耘的收获。他们所出版的《南洋丛书》有普通类、专著类与教科书三大类。普通类为南洋及华侨概况、现势、游记、纲要等之编撰，供一般侨胞及关心南洋与华侨者阅读，属普及性质；专著类则为南洋与华侨经济、法律、政治、实业、教育、史地等专门之著作，供专业研究者参考，属学术性质；教科书类则为侨校教材之编辑，供海外侨校教学之用。[2]这些丛书都具有较高的学术价值和历史价值。其中有关华侨的著作，如李长傅的《南洋华侨概况》《南洋华侨史》，陈宗山的《南洋华侨史略》，刘士木等的《华侨教育论文集》，吕家伟的《华侨运动之意义及其计划》，谢怀清的《南洋华侨教育》，钱鹤的《南洋华侨学校之调查与统计》，温雄飞的《南洋华侨通史》，胡炳雄的《南洋华侨殖民伟人传》以及苏鸿宾的《加拿大之华侨》等，都是引人注目的作品。[5]至于大量的研究华侨问题的论文，散发于《南洋研究》等多种刊物之中，涉及范围很广，是我们今天研究华侨课题的重要参考资料，因篇幅有限，此处不详列。

2. 期刊多种，内外沟通。南洋文化教育事业部先后编辑出版了定期刊物近10种，包括《南洋研究》《南洋情报》《中南情报》《海外侨讯》《中南周报》《华侨情报》以及每周分别向国内外发稿的《国内通讯》与《国外通讯》。在这些刊物中，成就与影响最大的首推《南洋研究》。《南洋研究》于1928年1月创刊，至1944年9月，共出版11卷54期。初为双月刊，后改月刊。中间曾因学校被破坏或战时转移而停刊，但每一次安定下来后即着手复刊，在非常艰苦的条件下维持了这刊物的出版发行。《南洋研究》是我国最早的、出版时间最长的研究南洋与华侨的学术性专刊，发表了大量有关南洋与华侨问题的著作。它是反映暨大在新中国成立前的重要科研成果的刊物，这些成果不仅代表了暨大当时研究南洋和华侨方面的学术水平，而且反映了我国一个历史时期这一学术领域的研究水平和实际状况。《南洋研究》先后辟有论丛、华侨与南洋、史地资料、教育、政治与法律、经济与产业、调查与统计、游记、文艺、杂录、风俗、考证、通讯、华侨消息、本部消息等专栏，既有长篇论著与译作，又有许多普及读物，时有南洋风光、物产、风土民情、人物的照片，“补白”中常穿插一些饶有趣味而富有哲理的小故事。内容丰富多彩，图文并茂，可读性强。为突出重点，常有“专号”出笼。先后出版过世界移民专号、暹罗专号、越南专号、马来西亚专号、本校9周年纪念特大专号等。《南洋研究》“尤注意于华侨生活之改进、地位之提高、待遇之改良、现状之调查。上以供政府之参考，下以供国人之观摩，故出版以来，其销路与华侨之足迹而遍及于宇内”[2]。每期均赠送给国内外之学校、商会、工会、会馆、领事馆及各公共团体与政府机关，国内外广大读者也踊跃订阅，但因经费所限，无法多印以满足读者之需求。

《南洋情报》比《南洋研究》更具普及性，它主要介绍侨地情况。辟有南洋时事述评、专论、资料、南洋问题丛谈、侨务及侨况、南洋要闻、文艺、游记、书报介绍、海外通讯、海外奇谈等专栏，是月刊。后改为《中南情报》，除保持原来体例外，增加国内消息，以满足侨胞之要求。该刊也出版过一些“专号”，如“排华专号”“发展南洋贸易专号”等。

《国内通讯》与《国外通讯》是为沟通海内外侨情而办的宣传性刊物，每周发稿一、二次，遇有特别事件发生则临时增发。对内发行的《国内通讯》，报道海外华侨居住地之国情、政治、经济、法规、学术、临时发生的与华侨有直接间接关系之事件及侨胞的经济、文化、教育和社会活动、风俗习惯等。该刊发行到国内各报馆、公共团体、政府机关等，借以引起国人对海外侨胞之关注，也为有意向海外发展之国民提供资料；对外发行的《国外通讯》，则向海外侨胞报道国内情况、政治趋向、经济状况、教育现势及重要事件，使他们身在海外而能时时了解祖国之近况。该刊分发到侨地之华文报馆、商会、会馆、学校、机关等单位。当时国内外读者对此二刊物“无不以先睹为快”[2]，可知其影响之大。

此外,事业部还在上海的《时事新报》发表“海外侨讯”稿,在厦门的《江声日报》刊登“中南周刊”,均每周发稿一次,以扩大宣传,进一步沟通海内外侨情与文教信息。

3. 图表资料,兼收并蓄。绘制图表与搜集资料也是事业部的一大历史功绩。这些表册与资料为研究提供了可靠的素材,具有重要的参考价值,也为后人保存了珍贵的史料。

首先是图表的绘制。在事业部成立后的三年间,便已绘制了各种图表十多种,其中许多是有关华侨资料的图表,如:南洋华侨人口比较表、南洋华侨今昔之变迁图、南洋各属华侨人数比较表、南洋各属华校比较表、南洋华侨在各属之投资额表、南洋华侨之经济基础表、华侨职业分类表、华侨惨案表、华侨课税负担表、南洋华侨商会调查表等不下数十种。[2]这些图表至今仍有重要的历史参考价值。此外,事业部绘制的图表还有南洋美洲各地的地图、统计表册,有关机关团体的地址、创立时间、历史与现状等,供华侨阅读参考。

其次是资料、实物的搜集。作为研究华侨各项问题的机关,南洋文化教育事业部对于各种资料的调查和搜集不遗余力,成效不小。这些资料包括两大类,一是实物资料,海外老华侨向事业部捐赠了各种华侨革命文物和金石实物标本一批,本部也曾购有南洋特产标本及风景照片等50多种,颇有研究价值;二是报刊文字资料,这方面的搜集整理工作也很有成绩,所不幸的是,初期收集得到的一大批珍贵资料在1932年上海“一·二八”战役中全被敌人烧毁。后经大家努力,重新积累,至1936年本校30周年校庆时,在经费支绌的情况下仍收集到中文图书355种,外文图书173种,华侨报刊23种。[6]他们对报纸进行了剪辑装订,分类储存,杂志则分类编目,研究查找非常方便。同时,事业部为研究华侨现势,还注意现况资料之调查搜集。一方面印发书信表格向海外侨务机构调查,另一方面派员到海外进行实地考察,所得资料及时在《南洋研究》发表,或汇集成专书出版。

4. 调研策划,推动侨教。二十世纪二三十年代的南洋群岛,是英、荷、法、美、日、葡等帝国主义“逐鹿之广场”，我侨胞不能在政治上进行角逐，必须借教育之功，提高其地位，以求平等之待遇及事业之发展。因此，忧心华侨事业者，无不以华侨教育为先务。暨南大学既为华侨最高学府，策进华侨教育，义不容辞。然要推动华侨教育的发展，应先了解它的历史与背景，现状与趋势，优势与劣势，才能做到有的放矢。为此，事业部于1928年至1929年两年间发出调查表格千余份，对南洋各地侨校进行系统的调查，先调查侨校概况，后调查其现状、趋势、背景资料。与此同时，他们还收集当时中央侨委会、外交部侨务局及南洋各国有关侨教、侨校情况的文字资料，并将此资料与回收的调查表进行综合研究、分析统计，于1930年12月出版了《南洋华侨学校之调查与统计》一书，这是南洋侨教的一份可靠史料，是一份珍贵文献。在调查研究的基础上，事业部与学校配合做了许多扶助侨教发展的工作。

（1）策划召开南洋华侨教育会议，大力推动海外侨教的发展。如果说，对南洋侨校的调查研究成果为发展华侨教育提供了理论依据的话，那么，1929年6月在本校召开的南洋华侨教育会议，更是推进华侨教育发展的重要学术活动。鉴于当时南洋侨校存在诸多问题与困难，如“教育宗旨之无定，学级之编制参差，教学训练之不一”和“行政不统一，经费不确定，教材不适宜，师资不敷分配”，加上“殖民地政府之压迫，祖国政府之漠视”，海外华侨教育发展步履维艰。[6]故举办研讨侨教方针大计的学术会议刻不容缓。以部主任刘士木为召集人的筹备组积极开展工作，筹划半年，于1929年6月6日由郑洪年校长主持召开了具有历史意义的“南洋华侨教育会议”，为时7天。会议代表78人来自南洋各埠的中华会馆、中华商会、华文报馆、书社、教育会、学术团体、中学以上学校及小学联合会，国内有侨委会、教育部、外交部等单位的政府官员及来自各校的教育专家参加会议。暨大作为东道主，有18人参加了会议，包括校长、教务长、秘书长、部主任、各学院院长、系主任。与会者大都直接或间接从事华侨教育工作，熟悉侨教情况，他们向会议提交了提案261份，内容涉及华侨教育的各个方面，包括教育行政、经费、师资、教材、学制等，问题有43个之多，充分反映了当时华侨教育的实际状况。提案指出了存在问题，提出了改进措施。会议对每个提案都进行了认真讨论研究，作出决议的有20余件，包括：确定华侨教育方针案、请教育部设立华侨教育行政委员会案、南洋各属设华侨教育总会各埠设华侨教育委员会案、编著适合南洋环境的教科书案、规定南洋华侨学校应以国语进行教学案、筹设华侨教育银行案等等。会议通过了《南洋华侨教育会议宣言》，并把它译成多国文字作广泛宣传。会议闭幕后，一切事宜统交事业部斟酌办理。次年，事业部即出版了《南洋华侨教育会议报告》《南洋华侨教育论文集》等专著，成为华侨教育史上的重要文献。

这次南洋华侨教育会议的召开，对推动华侨教育的发展产生了深远的影响：一是对南洋当时近千所华侨学校和数以十万计的侨校师生起到了极大的勉励和扶助作用，使南洋华侨教育界增强信心，克服阻力，共谋侨教事业的发展；二是促使国民党政府有关部门关心和重视华侨教育。会议闭幕不久(1929年11月)，国民党政府召开了“中央训练部华侨教育会议”，对南洋华侨教育会议提出的许多重大问题进行了讨论解决。当时教育部还对发展华侨教育订出了工作计划，如组织侨教设计会、调查侨教状况及教育经费，责成驻外领事馆兼管华侨学务，奖励华侨捐资办学，颁布华侨子弟回国就学办法等，此后又陆续设立了一些华侨教育机构；三是促进了国人对华侨教育及华侨问题的关注和研究，会后国内报刊常有一些探讨华侨教育的文章论著发表。

(2)举办海外侨民师资训练班，提高侨校师资水平。事业部在推动华侨教育事业方面的成就，除了研究、调查及策划侨教会议以外，还于1934年至1936年举办了两期“侨民师资训练班”，招收海外华侨学校的在职教师，免收学费和膳宿费，分文、理两组，培训一年，由本部主任兼班主任。此举对提高南洋华侨学校的师资水平起了一定作用。

(3)为侨校介绍教职员，编辑课本。事业部常接受南洋一些教育会或侨校的委托，给他们介绍教职员，使师资不足的侨校能及时补充人员。为使海外侨校能用上合适的课本，事业部还延请国内外教育专家酌以国内情形,参以侨地常识编辑国语、地理、历史、常识等课本供侨校使用。

5. 咨询服务,饮誉内外。事业部为增进国内外各种信息之交流,满足国内外人士的需要,做了大量的咨询服务工作,为国人、为华侨办了许多实事,诸举数项以说明。

(1)接受咨询。举凡国内人士询问海外之情况,如华侨之生活现状、人口分布、经济地位、教育趋向、移民律例、工商垦植、风俗习惯等问题,或国外人士询问国内之政治、经济、教育、文化、交通等等事项,力所能及者,无不一一详为解答。诸如询问华侨在海外的分布情况、南洋金融状况、南洋各属华侨被杀资料等等,或函复或面询,均能满足各方要求。后又从事务之咨询发展到文献之解答、编译之顾问,凡有关南洋或美洲册籍之查询、文献之疑义等,均据知而答。

(2)提供服务。诸如侨地教育会、商会、会馆之委托事业部代聘办事人员、调查事项、搜集资料、代印教材、代拟有关章程等,国内政府部门、团体、个人委托事业部办理与南洋、华侨有关之各种事项,均尽力为之。

(3)指导事宜。例如指导海外侨生回国升学,指导国外侨胞回国经营、考察、游览,指导国内人士研究华侨问题等等,无不视力而行。[2]

四、南洋文化教育事业部的启示

南洋文化教育事业部处于动荡不安的战争年代,工作人员经常不到10人,经费有限,条件艰苦,却做了大量工作,取得了如此卓著的研究成果,成为当年国内南洋问题、华侨问题的研究中心与咨询中心,在促进华侨事业和华侨教育,密切华侨与祖国的联系,维护华侨权益等方面,作出了历史性的贡献。他们的研究成果为后人的研究工作提供了宝贵的文献资料,他们取得成功的经验值得我们思考、学习和借鉴。

1. 科研工作应该发挥本校优势。南洋文化教育事业部根据暨大特点,时刻不忘华侨最高学府研究与指导华侨的使命,充分发挥了华侨学府同海外关系密切、学生大都来自南洋,有关南洋与华侨的信息资料来源渠道多等优势,积极开展对华侨及其侨居地南洋等地的研究,因而取得了出色的成绩。今天的暨南人,与海外华侨的联系更广泛更深入,我们更应进一步发挥本校的优势,有的放矢地开展科研工作,在华侨研究方面作出更大的贡献,更鲜明地体现暨南大学的侨校特色。

2. 提高科研人员素质是搞好科研工作的关键。当年的南洋文化教育事业部研究人员业务素质高,工作精神可嘉。虽在时代的变迁中部内人员不断变动,但他们都熟悉南洋、熟悉华侨,对南洋问题和华侨问题有独到的见解。他们知识渊博,视野开阔,重视调查研究,掌握丰富的资料,故不论著书立说还是接受咨询,都能左右逢源。他们具有强烈的使命感和工作责任心,"责任在肩,不敢自怠",在校长和部主任的领导下勤奋工作,克服各种困难险阻,"朝辛夕勤,未尝稍有倦容",任劳任怨,分工协作,"人少事繁,每多兼劳"。[2]工作效率之高,令人赞叹。

3. 学术研究应与教学密切结合,互相促进。教师既教学又研究,把研究成果应用于教学上,才能不断提高教学质量。在科研与教学相结合方面,当年的南洋文化教育部的做法和经验值得我们借鉴。一开始,他们就明确,对南洋华侨一切问题作精密研究目的之一,是"为教学上之预备"。当时学校规定以"南洋概况"为全校学生的公共必修课,讲授南洋的历史、地理、经济、社会、风土人情等知识。同时开设"南洋商史""南洋法规""南洋研究",在中学部开设"南洋常识""南洋史地"等课程,南洋文化教育事业部对这些课程的教材编写、教师罗致等方面都做了很多工作。为引起学生研究南洋和华侨问题的兴趣,该部还开辟研究资料室,供校内学生阅读和研究,部内派员随时指导,解难答疑。[7]他们还对外组织南洋问题演讲会,对内设南洋问题自由讲座,使本校学生对南洋有较全面之认识。他们的这些工作成果,同学校的教学活动相辅相成,起到了互相促进的作用。

此外,南洋文化教育事业部灵活多样的工作方法,重视调查研究,广泛搜集资料,开展咨询服务活动,以文字与行动沟通海内外侨情信息，以各种方式争取海外华侨与本校华侨学生对部内工作的支持，以及建立切合实际需要的组织建制等经验，都是值得我们今天参考和借鉴的。

参考文献：

[1]《南洋研究复刊词》，《南洋研究》第 8 卷第 1 号，1939 年。

[2]陈福璿《南洋美洲文化教育事业部三年来总报告》，《南洋研究》第 4 卷第 1 期，1931 年。

[3]《南洋文化教育事业部宣言》，《南洋研究》第 1 卷第 2 期，1928 年。

[4]《南洋文化教育事业部组织条例》，《南洋研究》第 1 卷第 4 期，1928 年。

[5]暨南大学校史编写组《暨南校史》，暨南大学出版社 1996 年版。

[6]罗晃潮《刘士木与南洋文化教育事业部》，《暨南校史资料选辑》第 1 辑。

[7]《南洋美洲文化事业部二十年度之进行计划书》，《南洋研究》第 4 卷第 2 期，1931 年。

（《暨南学报》2001 年第 5 期）

民国时期华侨高等教育的兴起与发展

——以暨南大学为例

纪宗安 何万宁

1927年,南京国民政府将暨南学校正式升格为国立暨南大学。这一历史性的举措,一则表明我国华侨的教育,已从幼儿教育、基础教育、职业技术教育发展成为以培养高级专业人才为目标的高等教育;二则说明海内外实施华侨教育的学校,无论是在华侨居住地所兴办,还是在国内本国政府所开设,从幼儿园到小学,从中学到大学,华侨学校有了高等学府,从此,海内外构成了一个完整的办学体系;三则实现广大华侨几百年来的教育夙愿,华侨在海外办学已有很长的历史,但由于种种原因,办学类型单一,办学层次不高,难以适应当地社会、经济日益变化对人才的要求。国立暨南大学的建立,使华侨子女不仅能够学习中华文化,继承民族优良传统,而且还能够掌握哲学、社会科学和自然科学的专门理论、系统知识和专业技术以提高自身素质,适应时代要求,成为在海外具有竞争能力的高级人才。国立暨南大学的成立,既是中国教育史上的一件大事,也是中国华侨史上的一件要事,她的诞生充分反映当时社会政治、文化、教育的深刻变化。探讨和研究民国时期华侨高等教育的兴起与发展,对于了解侨务政策与华侨教育之间的关系,认识华侨教育发展的规律,促进今后华侨高等教育的持续发展都有着重要意义。

一、民国时期的侨务政策对华侨高等教育兴起的影响

国立暨南大学的诞生,有着重要的政治背景和特定政策因素。研究华侨高等教育兴起的原由,从政治上分析,必然将关注的目光投向当时的侨务政策。因为,无论是暨南学堂,还是暨南学校,直至国立暨南大学,都是由当时政府直接投资兴办的学校,它们所招收和培养的对象都是来自海内外的华侨华人子女。而对侨居在海外的华侨子女实施教育,它所体现的是国家的民族意志和侨务政策以及办学宗旨。"从 1912 年至 1949 年,国内当局者一直奉行'移''殖''保''育'的四大侨务政策。'移'鼓励国人向海外发展;'殖'是协助国人在海外立基;'保'是保卫国人在海外安全;'育'是教导国人在海外滋长。这四者中,'育'是保侨的桥梁,是建侨的基础。"①所以,从整体上看民国政府对待华侨的态度基本体现了一种"关心、爱护和帮助"的政策。从当时南京政府在政治、经济、教育等方面对待华侨一系列的措施中,可窥一斑。例如:

(一)南京国民政府建立了两个体系:一是在国民党内建立"国民党中央海外工作委员会",这一机构对外开展工作的范围相当广泛,包括外交领事、国际经济贸易、文化以及侨务等涉外性质的活动;二是在行政院内建立一套比较庞大而复杂的"侨务系统",其主要职责:掌握海外华侨的状况,推动华侨社会的文化、教育、福利事业,鼓励海外华侨回国投资,办理华侨出入境等事务。

(二)在司法制度上,制定法律条例,维系民族血缘,保护华侨权益。1926 年 10 月,国民党中央执委会与各省党部在广州举行联席会议,通过了《国民党最近纲领》,其中第九部分列举了三项有关侨务的政策:"设法使华侨在居留地得受平等待遇";"华侨子弟回国求学者,须予以相当便利";"华侨回国兴办实业者,须予以特别保护"。② 这是

---

① 周尚《战后华侨教育》,载《教育杂志》第 32 卷第 1 号。

② 毛起雄、林晓东编著《中国侨务政策概述》,中国华侨出版社 1993 年版,第 106 页。

国民党正式公布的政治纲领中首次列有的侨务政策。

（三）在经济上，鼓励投资，兴办实业，建设祖国。旅居海外的华侨中不乏拥有巨资的工商业者，他们具有爱国爱乡的优良传统，曾大力赞助过孙中山领导的革命事业。国民政府建立后，他们的爱国热情一如既往，愿意为祖国的经济发展和建设事业作贡献。国民政府因势利导，鼓励华侨回国投资，协助他们兴办实业。1929 年 2 月，国民政府立法院制定了《华侨回国兴办实业奖励法》，这是国民党政府关于华侨回国投资的第一部立法。

（四）在教育方面，一方面，承接北洋政府对华侨教育所制定的适应性法规；另一方面，加强南京政府自身在华侨教育方面的立法。如 1930 年国民政府教育部发布《领事劝导华侨学校附设民众学校办法》；1931 年 8 月，国民党中央训练部颁布《海外各级党部推进华侨教育办法》；1931 年 8 月，南京政府教育部制定《华侨教育基金募集办法》《华侨教育基金捐募奖励办法》；1936 年侨务委员会颁布《资助国外华侨学校条例》，1940 年国民党五届七中全会通过《推进侨民教育方案》，以制定发展华侨教育的方针，提出改进普通教育、培植新师资、在海外设立侨民职业学校。

国民政府首先在政治上、经济上对华侨地位的确立，有效地激发了广大海外华侨的爱国热情，凝聚了他们对国家、对政府的向心力，纷纷捐资开办实业，支持国家的建设。而这种爱国热情和实际行动，同时又在不同程度上影响和推进国民政府为涉及华侨事业的政策与举措做出更大的努力。这种互动的结果，使华侨教育的加快发展有了明确而可靠的政治保证与政策依据，为暨南学校的提升和华侨高等教育的兴起提供了必要的政治和经济条件。

二、民国时期的教育改革对华侨高等教育兴起的推动

民国时期所兴起的华侨高等教育与整个民国教育改革与发展息息相关。

1912 年中华民国的诞生，结束了长达两千多年的君主专制，翻开

了民主共和的新纪元。政治变革的成功,促进了教育改革的步伐。孙中山关于“教育为立国之本,振兴之道,不可稍缓”①的高瞻远瞩,以及他对全民普及教育、女子教育与儿童教育、师范教育、普通教育、职业教育、社会教育和少数民族教育的一系列指导原则,勾画了以国民教育为中心的民国教育的新体系,为民国教育的创立开了一个新生面。如1912年,教育部公布的《大学令》和《大学规程》,基本确定了高等教育的目标和大学设置的条件以及各项重要管理规则。

1922年的新学制为中国现代教育奠定了基础。它确定的适应社会进化之需要,发挥平民教育精神,谋个性之发展,注意国民经济力,注意生活教育,使教育易于普及,多留各地方伸缩余地等七项标准;它采用美式“六三三四”学制;它实行的从小学到大学男女同学,使女子获得平等教育权利的规定;它实施的分科制和选科制;它所带动的课程体系和各级各类学校各科纲要的更新,各种新教学法的实验等等;这种深层次的教育改革,从根本上为后起的各种教育铺平了道路。

国民政府在30年代加强教育立法和制度建设。1931年国民党中央常务会议发布《三民主义教育实施原则》,对初等教育、中等教育、高等教育、师范教育、社会教育、蒙藏教育、华侨教育、留学教育等各级各类教育的目标及课程、训育、设备等,做出详尽的实施规定。据此,国民政府教育部积极制定各项教育法规法定,至1933年大体完备,陆续公布《专科学校组织法》《大学组织法》《小学法》《中学法》《师范学校法》《职业学校法》以及相应规程,详细规定了各级各类学校的总纲、目标、修业年限、课程设置、设备管理、编制、师资、行政、经费、成绩考查、入学、毕业等事宜。相继颁行的课程标准,更对各科课程的目标、教学大纲、教学时数、实施办法作了具体规定。这些教育立法和制度方面的建设,使民国教育有法可依、有章可循,起到了规范教育、严格管理的作用,从而有利于教育事业的有序发展和教育质量的逐步

① 转引秦孝仪《国父思想学说精义录》第2编,(台北)正中书局1976年版,第429页。

提高。

在全面抗战的艰难岁月里，国民政府从抗日战争的实际需要出发，采取了一系列紧急应变的措施，诸如高等学校搬迁内地，创设国立中等学校，安置流亡青年就学等等；高校西迁，又带动了西南、西北地区文化教育事业的发展。

总而言之，民国时期基本建成了一个比较合理、完整的现代国家教育体系。除普通教育外，师范教育、专门教育、职业教育、社会教育、边疆教育、华侨教育、特殊教育也渐次开展并趋于完善，形成了一个多层次、多方位，公私并举、上下互补的教育体系。①

这些教育变革的成果，一方面为华侨基础教育提升为华侨高等教育营造了良好的社会氛围；另一方面为国立暨南大学的兴办提供良好的范式。暨南学校升格国立暨南大学顺应当时教育发展趋势，满足海外华侨子女升学需要。

三、民国时期华侨教育的内在进步对华侨高等教育兴起的促进

清朝晚期，两江总督、朝廷重臣端方于 1905 年呈递《筹设暨南学堂》奏折，获清政府批准，并在南京筹办招收归国侨生的暨南学堂。1907 年 3 月上旬，首批来自爪哇的归国侨生抵达上海，然后转到南京，这是华侨学生回国求学的开始。1907 年 3 月 23 日，暨南学堂正式开学，国内第一所华侨学府从此诞生了。1911 年 10 月武昌起义爆发，暨南学堂被迫停办。虽然学堂仅办了 4 年多，但为华侨学生回国求学打开了大门。暨南的名字已传遍南洋，为后来暨南学校的恢复和发展奠定了基础。辛亥革命的胜利和中华民国的成立，激发了海内外华侨的爱国热情，各地华侨热心办学。

当时的政府加强了华侨教育的领导和管理。1913 年 2 月，北洋政府教育部发布《领事管理华侨附设民众学校办法》。接着，1915 年北

① 李华兴主编《民国教育史》，上海教育出版社 1997 年版，第 804 页。

洋政府教育部为全面掌握海外华侨教育情况，并研究如何管理与改良侨教，综合成为“调查华侨学务事项”。1915 年，海外共有华侨学校 253 所，在校学生达 18959 人。[①] 在国内，教育人士和海外华侨强烈要求恢复暨南学堂，并改名为暨南学校。1917 年 12 月，北洋政府颁布《暨南学校章程》，章程规定：“暨南学校以招集华侨子弟已在南洋受有初步之教育者，授以适应与南洋需要之知识技能，并发达其爱国思想。俾毕业后从事于华侨教育或实业，冀其事业之改良与发展为宗旨。”学校的任务：“以实施中等教育为主，逐步创造条件实施高等教育。在未实施高等教育之前，华侨欲送其子弟入本国大学或专门学校，或为升学计欲入普通中等学校者，本校负指导介绍之义务，须补习者，并设法使之补习。”

黄炎培先生在国外对侨校通过大量考察，加上参与复办暨南学校的过程，逐步形成了对华侨教育的理念，提出了一些华侨教育的思想和观点。他认为：(1)华侨教育应该继承中华民族优良传统，弘扬中华文化，保存发展中华民国之特性，发扬爱国主义精神；(2)华侨教育要提倡国民外交，即通过教育手段，培养华侨的外交礼节，体现中华民族的非凡气度、高尚人格和文明行为；(3)华侨教育应该重视体育和卫生；(4)华侨教育要着眼于教育发展的整体和全局，破除狭隘的地域观念，大力提倡国语(普通话)教学，加强与祖国教育界、实业界的联络、沟通、交流和合作；(5)华侨教育应该发展以实用主义为基础的职业教育和中学教育。鉴于华侨社会基本上是商业社会，教育应把“自主”“就业”“实用”贯穿起来，以满足华侨社会的实际需要，并促进华侨社会经济和生产力的发展；(6)应该建立和完善学校管理体系，以提高华侨教育水平。[②]

1918 年 9 月 9 日，暨南学校正式开学。当时设有师范科、商业科、补习科和小学。由于华侨学生来自不同的学校，个人学历极不均衡。

---

① 《华侨华人百科全书》(教育科技卷)，中国华侨出版社 1998 年版，第 125 页。
② 《华侨华人百科全书》(教育科技卷)，第 106 页。

有的英文程度颇高，而国文算学程度极低；有的国文已达中学三四年级程度，而英文程度极低；有的国文英文程度都不错，而算学却很差。学校针对这种情况采取了灵活的教学方法，以帮助学生克服学习上的困难。20 世纪 20 年代初，上海已是中国商业最发达，也是江南教育最集中的城市。为了更好地延聘教师和学生实习，1921 年 2 月底，暨南学校商科迁往上海徐汇区。在经历与东南大学合办上海商科大学后，于 1922 年 6 月开始自办商科大学部。当学校定址于上海真如后，华侨教育得到快速发展。一是商科大学部得到拓展。增设预科，以提高南洋及国内旧制中学毕业生进入本科学习的程度；分设学系，针对海外华侨工商业发展的需要，从原来单一普通的商业系，增设银行理财、会计统计、国际贸易和工商管理等学系，共 5 个学系；增设学程，列出公共必修与各系必修和选修学程表。二是中学部的改进和女子部的扩充。在高中除学普通学科外，增设教育史、教育原理、教育社会学等等。同时在女子部设立商科，为南洋华侨女子教育开辟了一条新的途径，受到华侨女生及其家长的欢迎。三是华侨教育的规模得到扩大。1926 年下半年归侨学生数量迅速增加，原有学生仅有几十人，这一年各科学生共达 602 人。

1927 年，南京国民政府任命郑洪年为校长。郑到职之后，即提出改组与扩建计划。他表示："鉴于侨胞处于殖民政府铁蹄之下，受尽帝国主义之蹂躏，暨南教育非提高程度，扩充为完善大学，不足以增进侨胞之地位，不足以谋适应其特殊环境，不足以使华侨父老咸达自由平等之目的。"①并计划将暨南学校"扩充为一完善之大学，改商科为商学院，并增设农学院、文哲学院、自然科学院、社会科学、艺术学院五门，以期从质量上完成华侨之最高学府。使华侨子弟得享受世界高深的知识，与祖国优美的文化，以为他日参加祖国一切运动，及提高华侨地位之准备"。1927 年 9 月 5 日，国立暨南大学隆重举行开学典礼。

① 郑洪年《一年来之经过并今后之讲话》，载《国立暨南大学校务特刊》1927 年，第 12 页。

此时,商科大学改为商学院,原有系科改组为工商管理学、银行学、国际贸易学、会计学以及普通商业学等 5 科,继续招生,4 个年级俱全。经过两年的努力,至 1929 年,除商学院外,相继成立了文学院、理学院、教育学院。其中文学院下设中国语文学、外国语文学、政治经济学、历史社会学 4 个系;理学院下设数学、物理学、生物学 3 个系;教育学院下设教育学、心理学 2 个系以及师资专修科;1930 年又成立法学院,下设法律系及外交领事专科。至此,国立暨南大学拥有 5 个学院、16 个系和 2 个专科,成为一个完全的大学。

四、民国时期华侨高等教育兴起的作用与意义

海内外华侨教育的蓬勃发展,使得华侨社会受教育的人数越来越多。教育水平的提高不仅使人们更多的明白事理,更清楚地认识自我与社会;而且也使他们自身素质得到提高,能够谋求和应对更多的发展机遇。由于文化知识水平的提高,加上一定数量的资本积累,海外华侨从业的结构也在悄然变化,逐步由出卖劳动力维持生存向通过智慧、技能和资本获取发展空间过渡。特别通过商贸经营这一渠道来形成华侨经济的优势。海外华侨又充分利用地区之间物流的互补性来挣取差价,获得利润。这样做既繁荣了当地经济,受到居住地政府和居民的欢迎;又加快了华侨自身富裕的步伐。因此,懂得商务知识,掌握会计技能成为当时华侨商界、商人的迫切愿望。同时,资本主义在华侨居住国家和地区发展很快,现代工业、农业和社会需要大量的专业人士,缺乏专长和技能就会受到生存的威胁。另外,海外的华侨教育需要具有受过正规教育与训练的师资,师范教育也是急待解决的实际问题。这种华侨社会需求成为了华侨教育提高办学层次,培养专门人才的重要基础和强大动力。

(一)华侨高等教育的兴起完成了基础教育向高等教育转变,教育的目的由普及文化提升为培养专业人才。为了谋求在海外发展,广大华侨意识到仅仅凭借“三把刀”的简单技艺是不行的,唯有依靠教育之力,掌握文化科技知识,成为专业人士才能求得一席之地。1917 年新

加坡学务委员的布告称：当此智识竞争之世界，若不急谋高尚之智识技能，则生计必然日蹙，将来恐无立足之地。① 国立暨南大学成立前，海内外的华侨学校其基本任务就是培养一个懂得中国文化的人，所开设的课程也只是语文、历史和算术，所讲授的内容大都还是“四书五经”，难以适应时代的要求。1921 年 7 月 13 日，国立东南大学与暨南学校合办“上海商科大学”是华侨教育出现关键性转折的重要标志。这是我国第一所商科大学，郭秉文兼任上海商科大学校长，马寅初任教务长。商科大学的诞生表明中国华侨高等教育的嚆矢。教育的特性发生了变化，不再是一般意义上的文化补习。大学培养的是专才，是当时华侨社会急需的人才。因为，南洋华侨大都从事商业，“南洋社会需要商业教育，实有非常迫切之情势，则非仅在小学略授以商业知识，如所谓预备商业教育者为可能满足要求”②。上海商科大学招收的第一批学生中，就有暨南学校商科应届毕业生陈锦聪等 6 人。1925 年 6 月，暨南学校自办大学商科部，对外称“国立暨南商科大学”。商科大学开设了普通商业学系、国际贸易系、工商管理系、会计系、银行学系等 5 个系，学制为 4 年。从此，初步形成了高级商学人才培养体系。这是我国最早、最为完整的商科高等教育。暨南人常常说道：始有暨南，便有商科。

（二）暨南学校升格为国立暨南大学，办学层次得到提高，海内外华侨终于有了自己的最高学府。海外华侨教育经历了几百年艰难曲折的发展，在华侨居住地得到了一定程度普及，教育的层次也在逐步提高。从幼儿园到小学，从初中到中专，形成了基础教育和技术教育体系。但是，就是缺少一个高等教育层次，没有大学，培养不了专门人才。海外华侨社会中的有识人士热切希望建立自己的最高学府。可是，要在海外建立一所华侨高等学校非常困难。一是所在国家政府的态度，能否准许建立华侨高校？华侨在居住国始终是少数民族，少数

① 《新加坡学务委员布告》，载《教育杂志》第 9 卷第 2 号。
② 《暨南学校概况报告书》（第一次），载《中国与南洋》第 1 卷第 8 期。

民族教育难以成为该国主流教育而得到重视；二是建设经费来源，除了校舍基建费外，学校长期的维持费来自何处？兴办大学主要依靠政府的投入，而政府的钱来自纳税人，即使政府同意，国民也难以赞成；三是学校的管理等一系列问题难以处理和解决。因此，广大海内外华侨自然将希望的目光投向国内的暨南学校。这是一所政府出资兴办的学校，有稳定的经费来源和完善的管理，有 20 多年的办学经验。尤其商科大学的开办，为建立一所综合性的大学奠定了基础。暨南学校升格为国立暨南大学，从而使华侨教育的层次有了新的突破。海外的华侨子女在他们居住国或居住地完成基础教育后，既可在当地继续深造，接受高等教育；也可远涉重洋，回到祖国完成学业。同时，从教育体系的完善来看，在内地暨南学校和其他类型的华侨学校都还是基础教育，在国民教育的系列中似乎不够完整。国立暨南大学的产生，华侨高等教育就像普通教育、师范教育、专门教育、职业教育、社会教育、边疆教育一样成为了国民教育的组成部分。

（三）暨南学校升格为国立暨南大学，教育教学体系和学术研究机构得到进一步完善，培养与造就了一大批华侨英才。国立暨南大学的成立，使中国有了华侨高等教育。但是，要办成具有一流水平的大学，使华侨子女“享受世界高深的知识”，成为能够为中华民族和居住国家（地区）以及华侨社会作出贡献的杰出人才，得需要完善的教育教学体系和优良的设施。建校初期，首先，构建本科教学单位。学校设立 5 个学院，即商学院、文学院、理学院、法学院和教育学院；16 个学系，即中国语言文学系、外国语言文学系、政治经济学系、历史社会学系、数学系、物理学系、教育学系、心理学系、法律学系、银行（金融）学系、会计学系等；2 个专科，师资专修科和外交领事科，形成了一个多学科、综合性的大学。其次，延聘了一批知名的专家、学者来校任教和讲学。如商学的杨汝梅、叶渊、蔡正雅；文学的陈钟凡、夏丏尊、叶崇智、黄凌霜；理学的于基泰、陈苌民、黎国昌、俞君适；教育学有谢循初、郃爽秋、张耀翔；法学的王人麟、刘英士，等等。在暨南讲坛上还活跃着很多社会名流，鲁迅 3 次应邀到校演讲，还有高一涵讲“求学与革命”；蔡元培讲“我国新教育之趋势”；简又文讲“西北军大概”；张君劢讲“我国政治制度”；郑振铎讲“到民间去”；马叙伦讲“校读古书之第一问题——中国文字之构造法”；徐志摩讲“秋风——又名时代病的研究”等。这种活跃的学术讲座启迪学生的思想，开阔视野，提高钻研学术兴趣。再次，学校采取积极有效的措施和优惠的办法，帮助华侨子女入学。例如：增加大学部的免费生，优待南洋小学教师，增加特别名额，增设辅助班等。第四，改革教学原则和教学方法，强调理论联系实际，强化基础教学，重视中国文化教育，建立主辅修制和选课制。由于得法、有效的制度和措施，使初建的国立暨南大学有了一个极为良好的开端。同时，多学科的开设和华侨专业人才的培养，使华侨社会的人力资源发生变化，不仅为侨居地的经济发展和社会进步做出了贡献，而且也增强了华侨在居住地的经济实力，使得华侨经济从“惟商独秀”的格局逐渐向多元化方向发展。

国立暨南大学如同当时国内的著名大学北大、清华一样，不仅成为传授知识，而且成为“研究高深学问”的学府。从学校自身的特点和办学的特性出发，选择开展南洋研究，出版刊物和专著、编纂丛书与图表。当时《南洋丛书》出版了 40 余种，这是迄今为止国内最早研究南洋问题的系列书籍。学校成立了经济研究会、中国文学研究会、教育研究会、政治学会、法律学会、历史社会学会、会计学会和国画研究会等，学术风气蔚然。经过艰苦奋斗，国立暨南大学的建设与发展取得了很大的进步。据统计，从 1924—1948 年，学校共培养了 3392 名本科毕业生。[①] 一大批华侨毕业生返回世界各地，他们为加强中华民族与世界各族人民的交流与合作，为居住地区的经济繁荣和社会进步，为广大海外华侨社会地位的提高发挥了积极的作用。他们当中的一些人后来成就卓著、享誉海外，如新加坡国立大学首任校长李光前；曾任新加坡中华总商会会长的陈共存；曾任印尼雅加达中华侨团总会主席

① 暨南大学校史编写组《1906—1996 年暨南校史》，暨南大学出版社 1996 年版。

的司徒赞；组织中国印尼文化协会的洪渊源；曾任泰国国会主席、泰国盘谷银行董事长，积极推动中泰建交的许敦茂，等等。

（四）华侨高等教育所独具的特色，成为中国高等教育中的一朵奇葩。华侨高等教育是中国高等教育中一个非常独特的部分。她的形成与发展与其他类型高等教育的产生具有明显的不一致，例如有的是在中国传统教育的演变中发展起来的高等教育，也有的是受“西学东渐”的影响而形成的高等教育，还有的是在宗教教育的基础上产生的高等教育，等等。而华侨高等教育是在国家出于对本国侨民进行民族传统教育需要的基础上，由基础教育逐步发展起来的高等教育。这种高等教育既有浓烈的民族传统教育色彩，她肩负向海外华侨传播中华文化的使命；又有鲜明西方教育的“风味”，教育教学中的民主性、科学性和开放性，充分体现了近代高等教育的时代特征。因此，当时的华侨高等教育具有“中西合璧”的特色。与其他类型的高等教育相比，华侨高等教育的基础教育在海外，高等教育却在国内进行；生源来自世界各地，汇聚在国立暨南大学接受教育，毕业后又返回到他们的居住地就业。这些特点引发了在教育对象、培养目标、教育结构、教学内容和教学方法等方面与其他类型高等教育的差异。正因为有了这众多的差异，极大地丰富了教育教学活动，开拓了教育发展的空间，形成了华侨高等教育与众不同的自身特色。

华侨高等教育在民国时期的兴起与发展，在一定程度上说明国民政府在对待华侨政策和发展教育方面是有远见的，也是深得人心的。如果没有国立暨南大学的建立和华侨高等教育的兴起与发展，难以有今天遍布世界各地的华侨学校和华侨教育。因此，民国时期华侨高等教育的兴起与发展具有里程碑的意义。

（《民国档案》2006 年第 1 期）

暨南大学南洋文化事业部的历史沿革

赵灿鹏

1927 年 9 月 21 日诞生的暨南大学南洋文化事业部,是中国现代史上规模最大、历时最久、成绩最多、声名最著的东南亚与华侨华人研究的专门机构,至 1951 年暨南大学暂时停办,它以 24 年长期持续的努力,在海内外产生了广泛久远的社会与学术影响。已故东南亚华侨史家姚楠先生,晚年总结中国 20 世纪的东南亚华侨研究史,认为暨南大学南洋文化事业部的设立,是"标志着华侨史研究进入一个新阶段的事件",它"开辟了华侨史研究的一个历史时期"。[1] 另一位著名的东南亚史家王赓武先生也说:"……1928 年(应为 1927 年——笔者注)上海暨南大学成立南洋研究所(译者按:原名为南洋文化教育事业部),并出版刊物《南洋研究》,乃是促使中国政府更积极地卷入东南亚事务的这个强大的运动的最高潮。"[2] 据此,我们借用 1920 年代人们使用的语汇,说暨南大学南洋文化事业部开辟了中国现代东南亚与华侨华人研究的一个"新纪元"①,似乎并不为过。

关于这一机构的历史,除暨南大学各版校史中相关部分之外[3],

① 国立暨南大学南洋文化事业部编印的《国立暨南大学南洋文化事业部工作报告(1928—1929)》(1929 年,第 2 ~3 页)说南洋文化事业部的创立,是暨南大学校长郑洪年改组创校工作中最有价值的部分,"可以说替暨南大学开一'新纪元'";该部秘书钱鹤在《策进南洋文化事业之两大问题》(《南洋研究》第 2 卷第 2 号,1928 年 8 月 15 日,第 8 页)一文中说,希望郑洪年校长"能坐言起行……以开侨务之新纪元"。又 1929 年 4 月 1 日,钱鹤在暨南大学南洋华侨教育会议归国代表谈话会上说:"……郑校长……接办暨南……创设南洋文化教育事业部,这一点对南洋方面能开一新纪元。"(《南洋华侨教育会议代表谈话会》,《南洋研究》第 2 卷第 6 号,1929 年 6 月 30 日,第 241 页。)

罗晃潮、沈立新、张央、李洁容等先生女士曾撰有专论①,使我们对于该机构的基本情形与发展线索,有一个较为清楚简明的认识。虽然如此,前贤的论述或有讹误与疏略之处,笔者不揣固陋,草成《暨南大学南洋文化事业部史稿》一书,以供学者了解暨大校情、进行东南亚与华侨研究学术史回顾时的参考。兹先将关于"历史沿革"部分发表,因所见资料有限,笔者的认识必多错误,恳请校内外师友教正。

一、名称

暨南大学南洋文化事业部的名称,几经变迁,情形略见下表:

暨南大学南洋文化事业部沿革表

	成立时间	名称
1	1927 年 9 月 21 日	南洋文化教育事业部
2	1928 年 9 月	南洋文化事业部
3	1929 年夏	南洋美洲文化事业部
4	1932 年 3 月	南洋研究委员会
5	1932 年 9 月	南洋美洲文化事业部
6	1934 年 4 月	海外文化事业部
7	1939 年秋—1951 年 3 月	南洋研究馆

南洋文化事业部前后共有 6 种不同的名称,使用时间长短不一:"南洋文化教育事业部"(1 年),"南洋文化事业部"(约 1 年)、"南洋美洲文化事业部"(4 年半)、"南洋研究委员会"(半年)、"海外文化事

① 罗晃潮《刘士木与南洋文化教育事业部》,暨南大学华侨研究所编印《暨南校史资料选辑》第 1 辑,第 169 ~ 185 页;沈立新《原暨南大学"南洋文化教育事业部"介绍》,《华侨华人历史研究》1986 年第 3 期,第 54 ~ 57 页;张央《南洋文化事业部始末》,《侨史资料》1988 年总 7 期,第 6 ~ 9 页;李洁容《暨南大学南洋文化教育事业部的历史成就与贡献》,《暨南学报》(哲社版)2001 年第 5 期,第 110 ~ 116、140 页。

业部”(约5年半),“南洋研究馆”(11年半),其中以“南洋研究馆”一名时间最长,达10余年之久。① 名称虽有变化,但机构本身,前后一脉相承,则为不争的事实。②

在这6种名称中,“南洋文化事业部”虽然仅使用过约1年的时间,却是最通用的名称。早在1928年9月之前,该部名称为“南洋文化教育事业部”时,暨大校内人士已多以“南洋文化事业部”一名称之③;1930年代,该部改称“南洋美洲文化事业部”后,暨大校内仍有称之为“南洋文化事业部”者④;1940年代,时人追溯该部初期史事,亦称

---

① 《华侨华人百科全书·著作学术卷》编辑委员会编《华侨华人百科全书·著作学术卷》(中国华侨出版社2000年版,第346页)有“南洋文化事业部”“南洋美洲文化事业部”“南洋研究馆”等3个条目,体例似有不纯粹之嫌,最好的办法是以“南洋文化事业部”一条统括全部,如需逐一列举,则缺少“南洋文化教育事业部”“南洋研究委员会”“海外文化事业部”等3个条目。

② 1947年1月9日,南洋研究馆职员尹育民,向暨南大学校长室报告该馆办理经过情形时说:“……南洋研究馆前身,于廿四年名海外文化事业部,廿三年曰南洋美洲文化事业部,民国十七年初成立时,则曰南洋文化教育事业部。名称因人、因时不同,或曰部,或称馆,亦系命名人自己心理上之区别。正如酒系一样,酒装在方瓶、圆瓶内,外表看去有些异样耳。”(“国立暨南大学关于南洋研究馆改名为南洋研究所事与教育部的来往文书”,上海市档案馆藏,国立暨南大学档案Q240－1－635,第127～130页。)此语可以代表该部中人的意见。本文作者按:南洋文化教育事业部成立于1927年9月,并非“民国十七年初”,此处系尹氏误记。

③ 《职教员一览表·南洋文化教育事业部表》(《国立暨南大学改组特刊》,1927年,第11～12页)记南洋文化教育事业部职员,教育股主任徐中舒等五人,职务皆以“南洋文化事业部”名称冠首;又《洪年图书馆日记》(《暨南周刊》第2卷第6期,1928年4月2日,第41页):3月19日,暨南大学洪年图书馆“收《南洋文化事业部宣言》二十册”。按:该宣言原名为《南洋文化教育事业部宣言》(《南洋研究》第1卷第2期,1928年4月,第119～124页)。《国立暨南大学十六年度下学期第七次纪念周》(《暨南周刊》第2卷第7期,1928年4月9日,第71页,校长郑洪年报告):“……调李(继膺)至南洋文化事业部担任编辑。”《洪年图书馆日记》(《暨南周刊》第3卷第2期,1928年6月4日,第124页):5月22日,暨南大学洪年图书馆“通知南洋文化事业部及出版课,即日将本校刊物邮寄《大光报》馆”。

④ 例如《二十二年度第五次校务会议纪录》(《暨南校刊》第85期,1933年12月11日,第6页):“南洋文化事业部主任刘士木先生来函请假三月……”

为“南洋文化事业部”①。下至1980年代和1990年代，曾任暨南大学副校长的翟俊千（1891—1990年）以及该部成员费哲民（1893—1978年）、姚楠（1912—1996年）、苏乾英（1910—1996年），晚年回忆该部历史，都以“南洋文化事业部”称之。[4]可证“南洋文化事业部”一名，为该部最一般的通称。下文除了需要特别表明机构沿革的部分，多使用“南洋文化事业部”之名，作为该部的称谓。

二、创立

暨南大学南洋文化事业部的创立，是以先前暨南学校的研究成绩、组织酝酿与人员储备为基础而得以实现的。1918年3月，暨南学校编辑出版《中国与南洋》（*China and Malaysia*）杂志，揭开了暨南大学东南亚与华侨华人研究的序幕，也是中国现代东南亚与华侨华人研究的开端之一。② 就组织方面来说，早在1921年，暨南学校已有在师

---

① 钱西园编《（顾因明先生）年谱》（《南洋文化》第1卷第1期，1941年6月，第89页）：“民国十七年（一九二八年）……时刘士木主持国立暨南大学南洋文化事业部……”按：钱鹤，号西园，1928年2月至1931年2月任职于该部［国立暨南大学南洋文化事业部编印《国立暨南大学南洋文化事业部工作报告（1928—1929）》，第9页；陈福璿编《南洋美洲文化事业部三年来总报告》，《南洋研究》第4卷第1号，1931年9月1日，第169页］；刘士木于1928年6月被聘为南洋文化教育事业部主任［《校长布告（第九十一号）》，《暨南周刊》第3卷第6期，1928年7月2日，第70～71页］；1940年代，该部已改名“南洋研究馆”。

② 中国现代东南亚与华侨华人研究的专门刊物，据笔者见闻所及，时间最早应数1910年6月，旅日中国学者李文权（1878—?）在东京组织“南洋群岛商业研究会”，刊行《南洋群岛商业研究会杂志》（参见李文权《三十七年自述》，《中国实业杂志》第6年第9、10期合卷，1915年10月1日，第597页；上海图书馆编《中国近代期刊篇目汇录》，上海人民出版社1984年版，第2914页）。中国国内则以1912年2月在上海成立的华侨联合会，于1913年11月创办《华侨杂志》（*The Chinese Overseas Magazine*）为最先，惟于次年1月出版第3期后即停刊（《华侨杂志》第1期，1913年11月；上海图书馆编《中国近代期刊篇目汇录》，第812页）；其次即1918年3月暨南学校编辑《中国与南洋》杂志，至1922年5月停刊，前后共出版3卷25期。1928年10月21日，菲律宾华侨颜文初致书暨南大学南洋文化事业部说：“……就出版物论，除民元时华侨联合会有《华侨杂志》（至第三期而止），与贵校昔时《中国与南洋》出版外，皆不多见。”（《菲律宾颜文初先生致本部同人书》，《南洋研究》第2卷第4号，1928年10月15日，第172页，出版日期据版权页所署，实则该期至12月才印出。）

范科设立海外研究部的意向,后因故未果。[5]1927年5月,暨南学校校长姜琦拟订《国立暨南学校改革计划意见书》,其中提出设立研究部的设想。该部的宗旨与功能,与数月之后诞生的南洋文化教育事业部如出一辙,这是南洋文化事业部历史上不应被忘却的一页。①

1927年6月14日,暨南学校校长郑洪年莅校就职。② 他履任之初,即积极主持暨南学校改组为国立大学。6月27日,郑氏发表暨南大学改组计划大纲[6],其中明确提出设立南洋文化教育事业部的计划:

> ……此外更当设立南洋文化教育事业部,期与南洋华侨各种教育机关联为有系统的组织,以统一南洋所有文化教育事业。并调查南洋各属华侨的生活,以为将来设施扩充的根据,且一方面使国人明了华侨在南洋之现状,以促成国人向海外发展的企图;一方面使华侨明了祖国之现状,以造成华侨参加祖国一切运动的机会,此皆暨南职责所在,义无旁贷者也。[7]

在组织大纲中,暨南大学设置大学部、中学部与南洋文化教育事

① 姜琦《国立暨南学校改革计划意见书》,1927年,第38~42页。又同年7月,暨南学校教员刘南风,提出设立"南洋学院"的构想(刘南风《南洋学院建议》,《暨南半月刊》第48期"暨南建设号",1927年7月30日,第22~24页),皆可表明南洋文化事业部创立前夕,暨南学人中普遍的想法。关于南洋文化事业部创立的动机、缘由与背景,详参赵灿鹏有关论著。

② 《民国十七年度大事月表》[《国立暨南大学校务特刊(十六年度)》,1928年9月,第24页]说:"民国十六年六月十三日,郑洪年校长奉国民政府命莅校接收。"但郑氏于1928年2月8日暨大开学仪式上致词说:"前学期我是六月十四到校的……"(《开学记事》,《暨南周刊》开学号,1928年2月18日,第2页;郑洪年《暨大校务的改进》,李邦栋编《郑洪年教育言论集》第1集,1929年,第8页。)郑氏《一年来之经过并今后之计划》(李邦栋编《郑洪年教育言论集》第1集,第11页):"洪年自去年六月十四日受命中央,接长暨南以来……"又1929年4月1日,暨南大学南洋华侨教育会议归国代表谈话会上,会议筹委、南洋文化事业部秘书钱鹤说:"……郑校长在民国十六年六月十四日接办暨南……"(《南洋华侨教育会议代表谈话会》,《南洋研究》第2卷第6号,1929年6月30日,第241页。)且6月14日为民国时期暨大校庆日,故以郑氏自述日期为确。

业部,三者鼎足而立,该部在校内地位的重要由此可见。①

9月5日,国立暨南大学校长郑洪年正式就职。[8]9月21日,暨南大学南洋文化教育事业部召开第一次部务会议,正式宣告成立。[9]该部下设教育、调查、指导、宣传、编译等五股,分股办事,各股职责如次:[10]

(1)教育股:“办理关于辅助南洋华侨教育事宜”;

(2)调查股:“调查南洋文化教育一切事宜”;

(3)指导股:“指导南洋华侨一切改进事宜及南洋各种问题之研究”;

(4)宣传股:“办理本国与南洋之各种宣传事宜”;

(5)编译股:“办理本部出版事业”。

各股负责人分别为:教育股主任徐中舒,调查股主任刘南风,指导股主任章铁民,宣传股主任章衣萍,编译股主任王名烈。[11]

南洋文化教育事业部设立委员会总揽部务,校长郑洪年任委员长,“负责对内对外一切责任”[12]。委员名额则有异说,1929年编印的《国立暨南大学南洋文化事业部工作报告(1928—1929)》说委员有十七人②,1931年编印的《南洋美洲文化事业部三年来总报告》说委员有十六人③,二说难以遽断正误,存疑待考。

---

① 《国立暨南大学计划大纲》,《国立暨南大学改组特刊》,第1页。不过,南洋文化事业部的这种特殊地位,至1930年代已经发生改变。比如在1933年的暨大组织架构中,南洋美洲文化事业部已经“降格”为“特种组织”之一,与各种委员会并列(《组织大纲》,《国立暨南大学法规集》,国立暨南大学,1933年,第8页)。

② 国立暨南大学南洋文化事业部编印《国立暨南大学南洋文化事业部工作报告(1928—1929)》(第8~9页):“本部职员,最初有黄建中、夏丏尊、汪奠基、徐中舒、林思温、刘南风、余佑人等十七人当委员。”

③ 陈福璿编《南洋美洲文化事业部三年来总报告》(《南洋研究》第4卷第1号,1931年9月1日,第169页):“民国十六年十月,本部创设之始,采行委员制。郑校长兼任委员长,聘本校大学部教务主任黄建中、中国文学系主任夏丏尊、教育学系主任汪奠基、教授郑宝照,及本校教职员徐中舒、刘南风、章铁民、章衣萍、王名烈、林思温、汤文聪、蔡和钦、邬翰芳、余佑人、龚业光、杨昭悊十六人为委员……”按:“杨昭悊”之“悊”字,原文误作“化”,径改。

委员名录亦有以下四种不同版本：

甲、1928 年 1 月 14 日出版的《暨南周刊》“寒假特刊”，载有黄振汉《改组后的国立暨南大学》一文，中有“职员一览表”，表中所列南洋文化教育事业部委员人名，依次为黄建中等十六人。[13]

乙、1928 年 4 月出版的《南洋研究》第一卷第二期，载有《南洋文化教育事业部宣言》，文后署名有委员叶崇智等十二人。[14]

丙、1929 年编印的《国立暨南大学南洋文化事业部工作报告（1928—1929）》，说委员有十七人，列举黄建中等七人。[15]

丁、1931 年编印的《南洋美洲文化事业部三年来总报告》，称委员有黄建中等十六人。[16]

四种名录内容互有参差，为简明起见，特制作对照表如次：

南洋文化事业部委员名录对照表

序号	人名（以姓名拼音字母为序）	名录甲	名录乙	名录丙	名录丁
1	蔡和钦	☆	☆		☆
2	龚业光	☆			☆
3	黄建中	☆		☆	☆
4	林思温	☆	☆	☆	☆
5	刘南风			☆	☆
6	刘士木	☆	☆		
7	汤文聪	☆	☆		☆
8	汪奠基			☆	☆
9	王名烈	☆	☆		☆
10	邬翰芳				☆
11	夏丏尊	☆		☆	☆
12	谢循初	☆	☆		
13	徐中舒	☆	☆	☆	☆
14	杨昭悊	☆	☆		☆
15	叶崇智	☆	☆		

（续表）

序号	人名（以姓名拼音字母为序）	名录甲	名录乙	名录丙	名录丁
16	余佑人	☆	☆	☆	☆
17	章铁民				☆
18	章衣萍	☆	☆		☆
19	郑宝照	☆	☆		☆

以上四种名录，甲、丁两种较为完整，其中甲种时代最早，故最可信据，但所阙刘南风、邬翰芳、章铁民三人，当时分别担任南洋文化教育事业部调查股主任、指导股助理、指导股主任之职。[17] 据《南洋文化教育事业部组织条例》第五条，以各股主任、助理充任委员会常务委员[18]，因而三人都应该在委员之列。① 是则委员数目计得蔡和钦、龚业光、黄建中、林思温、刘南风、刘士木、汤文聪、汪奠基、王名烈、邬翰芳、夏丏尊、谢循初、徐中舒、杨昭悊、叶崇智、余佑人、章铁民、章衣萍、郑宝照等十九人，但委员名额只有十七名或十六名，可以推断此十九名委员并非同时在任，前后应有更替。

同时，教育股主任徐中舒，兼任该部主任秘书，具体主持部务。②

三、沿革

1928 年 2 月，南洋文化教育事业部修改组织条例，分设文化、教育

① 《职教员一览表》（《国立暨南大学改组特刊》，第 11 ~ 12 页）明言邬翰芳为“南洋文化教育事业部委员兼指导股助理”。

② 《民国十七年度大事月表》[《国立暨南大学校务特刊（十六年度）》，第 31 页]：1927 年 11 月 29 日“聘徐中舒先生任南洋文化教育事业部主任秘书”。但此处疑有讹误，因 10 月 29 日该部举行的茶话会上，徐氏已经以主任秘书的身份报告该部经过情形，并代表校长郑洪年担任会议主席（《南洋文化教育事业部招待本校全体教职员及学生团体代表纪事》，《南洋研究》第 1 卷第 1 号，1928 年 1 月 5 日，第 147 页）。按：徐氏曾协助校长郑洪年起草暨南大学改组计划书与组织大纲（《国立暨南大学十六年度下学期第七次纪念周》，《暨南周刊》第 2 卷第 7 期，1928 年 4 月 9 日，第 69 页，校长郑洪年报告），为郑氏在南洋文化教育事业部最为倚重的人物之一。

两股以及编译委员会,“文化股办理关于促进南洋华侨文化事宜,教育股办理关于辅助南洋华侨教育事宜,编译委员会办理本部编译出版事宜”[19]。聘刘士木任文化股主任,徐中舒任教育股主任,前任委员都去职。① 同年6月23日,聘刘士木任南洋文化教育事业部主任。[20]

1928年9月,南洋文化教育事业部更名为南洋文化事业部②,下设事务、编译、调查、宣传四股③。次年1月,南洋文化事业部修改组织条例,分设总务、编译两科,总务科下设庶务、宣传、调查、交际股,编译科下分月刊、丛书、通讯股。④

1929年夏,南洋文化事业部改组为南洋美洲文化事业部,下设总务、编译二股[21],后改设调查、编辑两股[22]。南洋美洲文化事业部的设立时间,过去学者都认为是1930年9月⑤,此说有误。暨大校长郑洪年撰《民国十八年之暨南大学》一文说:“南洋文化教育事

① 国立暨南大学南洋文化事业部编印《国立暨南大学南洋文化事业部工作报告(1928—1929)》,第9页。张晓辉主编《百年暨南史(1906—2006)》(第50页)说教育股主任为刘南风,疑误。

② 陈福璿编《南洋美洲文化事业部三年来总报告》(《南洋研究》第4卷第1号,1931年9月1日,第168页):“十七年九月,部内同人,以本部创立,尚在缔造之时期,一切设施,当循序渐进,乃裁教育于文化,更名为国立暨南大学南洋文化事业部。”按:“尚”字原作“當”,疑误,据文义改。陈氏报告(第169页)又说:“十七年七月,部制复改,并教育于文化,改‘南洋文化教育事业部’为‘南洋文化事业部’。”时间稍有差异。

③ 《华侨消息·国立暨南大学之近况》(《南洋研究》第2卷第2号,1928年8月15日,第117页):“最可令人注意者,暨大特设南洋文化事业部,专负研究指导南洋文化事业之责,原分文化、教育两股,今已改分事务、编译、调查、宣传四股……”

④ 国立暨南大学南洋文化事业部编印《国立暨南大学南洋文化事业部工作报告(1928—1929)》,第7~8页。《南洋文化教育事业部》(暨南大学华侨研究所编印《暨南校史资料选辑》第1辑,第164页,原载《一九二九年暨南年鉴》):“十八年二月起,本部组织条例,又略有变更,分设事务和编译两股……”记述稍异。

⑤ 陈福璿编《南洋美洲文化事业部三年来总报告》(《南洋研究》第4卷第1号,1931年9月1日,第169页):“十九年九月,校长以本部二年来之努力,成绩斐然,乃扩大本部之范围,兼及美洲之研究,旋更名为国立暨南大学南洋美洲文化事业部。”此说为各版校史沿袭[暨南大学校史编写组编印《暨南校史(1906—1986)》,第41页;暨南大学校史编写组编《暨南校史(1906—1996)》,第38页;张晓辉主编《百年暨南史(1906—2006)》,第51页]。

业部……成立以来,已经二年。今年夏间,再扩充为南洋美洲文化教育事业部。”[23]明言此为民国十八年即1929年之事。1929年4月2日公布的《国立暨南大学组织专章》,第一章第一条说:“本校分下列各部:一、大学部;二、中学部;三、南洋及美洲文化事业部。”①无名氏于1929年4月18日所撰《南洋文化教育事业部》一文也说:“……本部新改名称叫‘南洋及美洲文化事业部’。现在因经费和人才关系,还是把南洋做范围,没有扩充到美洲哩。”[24]1929年10月27日,该部致暨大病逝学生周勖钧追悼大会挽联,落款亦已署称“南洋及美洲文化事业部”[25]。1929年11月3日,该部秘书钱鹤,于中央训练部举办华侨教育会议演讲“华侨教育问题”,也说:“暨大所设之南洋文化事业部,近亦改为南洋美洲文化事业部,推广范围,扩大组织。”[26]1929年11月7日出版的《暨南校刊》第十七期,有《南洋文化事业部最近工作》一文,说:“……南洋文化事业部,今已扩大范围,改为南洋及美洲文化事业部……”[27]又1929年11月28日出版的《暨南校刊》第廿三期,录有《本校组织与教职员姓名》,其二“职员之部”之丙,为“南洋美洲文化事业部职员名录”[28]。凡此足证1930年说为误。

1932年1月,中日淞沪战事爆发,暨南大学校舍位于战区,学校本部被迫迁至上海赫德路。3月,因战时经费紧缺,南洋美洲文化事业部暂时撤销,同时撤销的并有商学院南洋商业调查部,另外组织南洋研究委员会,聘陈钟凡、于基泰、孙寒冰、谢循初、叶渊、樊守执、杨裕芬、刘士木、褚凤仪、刘世芳、蔡正雅、丘汉平、林有壬、陈希文等十四人为委员,褚凤仪、刘士木、杨裕芬等三人为常务委员[29];4月,刘士木兼任该会编辑股主任,褚凤仪兼任调查股主任[30]。7月15日,聘刘士木、魏振华、陈希文、林有壬、褚凤仪、汤文聪、陈其英、蔡正雅、杨裕芬等九人为南洋研究委员会委员,刘士木为主席委员兼调查股主任,陈希文

---

① 《校长布告(第一五七号)》,《暨南周刊》第5卷第7期(1929年5月6日),第1页。按:部名原为“南洋及美洲文化事业部”,后省“及”字。

为副主席委员兼编辑股主任,魏振华为常务委员兼秘书。① 9月,暨南大学于战后迁回真茹校址,南洋研究委员会撤销,恢复南洋美洲文化事业部②,组织仍沿用委员制③。1933年2月,南洋美洲文化事业部取消委员制,恢复部主任制,主持人员仍旧。[31] 11月3日,该部主任刘士木因母丧请假,主任职务由副主任陈希文代理[32];12月2日,以该部主任刘士木续请长假之故,聘陈希文任南洋美洲文化事业部主任[33]。是年,暨大校长郑洪年拟将该部改为研究所,后因故未果。④

1934年1月23日,暨南大学校长郑洪年辞职,校长职务由沈鹏飞代理,因为校内风潮的影响⑤,南洋美洲文化事业部职员大多去职⑥。2月5日,聘丘汉平任南洋美洲文化事业部主任,俞君适任副

---

① 《校长布告(第十号)》,《暨南校刊》第24期(1931年8月1日),第3页。《本会概况》(《南洋研究》第4卷第3号,1932年7月1日,第119页)记"现任职员",有常务委员陈希文、魏振华、刘士木等三人,委员有陈钟凡、于基泰、孙寒冰、谢循初、叶渊、樊守执、杨裕芬、褚凤仪、陈其英、蔡正雅、刘世芳、丘汉平、林有壬等十三人,稍有出入。

② 《国立暨南大学董事会议事日程·报告事项·战后整理经过及本年迁回真如开学情形》(上海市档案馆藏,国立暨南大学档案Q240－1－682,第79页下):"本季开学……一切组织,恢复'一·二八'以前状况。……南洋研究委员会,则恢复为南洋美洲文化事业部。"

③ 《暨大南洋美洲文化事业部一年来概况》(《南洋情报》第2卷第3期,1933年6月1日,第121页)记是时南洋美洲文化事业部委员名录,与当年7月所聘南洋研究委员会委员名录,数目皆为九人,差异在以王维骃代杨裕芬。

④ 《南洋美洲文化事业部本学期第一次部务会议纪录》(《暨南校刊》第57期,1933年3月27日,第4～5页,暨大秘书长杨裕芬报告,按:题目"录"字原阙,据文义补):"下学年校长拟将本部改为研究所,与本校教务相联络,俾全校员生共同研究侨教文化问题。"

⑤ 自1933年12月起,暨大校内发生严重学潮,致使校长郑洪年被迫辞职,同时有大批教授与行政职员去职。这次变故出于非常,当时校中人士多以"不幸事件"称之。即使在沈鹏飞代任校长之后,暨大学潮仍然余波未歇,直至1935年7月,沈氏辞职,何炳松继任校长之后,才最终平静下来。1934年前后暨南大学的风潮,是民国时期政治派系势力在教育领域延伸的一个显著案例,其中有许多未解之谜,亟待深入探讨[参见赵灿鹏《江应樑先生早期佚文一束——暨南大学校史文献披览所见》,《西南古籍研究(2007年)》,云南大学出版社,即刊]。

⑥ 《南洋美洲文化事业部近况》(《暨南校刊》第90期,1934年3月12日,第7页):"南洋美洲文化事业部,前以风潮影响,职员星散,工作进行,久告停顿。"

主任,朱伟文任编辑股主任,邱致中任研究股主任,谢怀清任调查股主任。[34]4月,南洋美洲文化事业部改名为海外文化事业部。① 1935年5月15日,该部主任丘汉平辞职,改聘原文学院院长孟寿椿为该部主任。[35]

1935年7月,教育部任命何炳松为暨南大学校长,暨大代理校长沈鹏飞辞职。[36]8月17日,聘吴泽霖任海外文化事业部主任[37];9月10日,聘林仲达任海外文化事业部研究股主任,彭胜天任调查股主任,俞君适任编辑股主任。[38]1936年3月,聘请陈果夫、孙哲生、陈立夫、萧吉珊、陈树人、林文庆、李登辉、黎照寰、钟荣光、程天放、周启刚等十一人为海外文化事业部顾问,温雄飞、刘士木、李长傅、陈春圃、陈其英、林幽、吴景超、陈达、黄建中、陈里特、罗香林等十一人为海外文化事业部评议会评议员。② 8月,海外文化事业部主任吴泽霖调任暨南大学教务长,该部主任职务由编辑股主任俞君适兼代。[39]

---

① 《二十二年度第二学期南洋美洲文化事业部第三次部务会议录》,《暨南校刊》第94期(1934年4月15日),第6页;《本部新闻》,《中南情报》第2期(1934年5月1日),第81~82页;"南洋美洲文化事业部致代理校长沈鹏飞函",上海市档案馆藏,国立暨南大学档案Q240-1-635,第12页;"秘书处致南洋美洲文化事业部函",上海市档案馆藏,国立暨南大学档案Q240-1-635,第10页。改名原因,以"海外文化事业部致秘书处函"(上海市档案馆藏,国立暨南大学档案Q240-1-635,第19~21页)说得最为明白:"属部所研究问题,其范围不仅限于南洋、美洲一带,凡华侨足迹所到之处,无不在研究探讨之列,原名'南洋美洲文化事业部',不独含义过狭,未能名副其实,且似嫌累赘冗长,经于第三次部务会议,议决改为'国立暨南大学海外文化事业部'。"

② 《海外文化事业部二十四年度第二学期第一次部务会议纪录》,《暨南校刊》第164号(1936年3月16日),第6页;"第三十一次行政会议纪录",上海市档案馆藏,国立暨南大学档案Q24O-1-2,第45页下;"海外文化事业部评议会委员",上海市档案馆藏,国立暨南大学档案Q240-1-635,第81~82页。按:海外文化事业部顾问名录,该部部务会议提出萧吉珊等八人,大学第三十一次行政会议增加陈果夫、孙哲生、陈立夫等三人;评议会评议员名录,该部部务会议(2月27日)与大学第三十一次行政会议(3月13日)所提"海外文化事业部评议会委员"皆为十一人,差异在后者以罗香林代替黄素封,该名录为暨南大学致海外文化事业部评议会评议员函稿(3月20日发)附件,时间最晚,故据以为正。

1937 年 7 月，抗日战争全面爆发；8 月 13 日，上海发生“八一三”事变，暨南大学校址沦为战区，校部迁入上海租界。因战事关系，海外文化事业部暂时停办。①

1938 年 12 月，暨南大学拟议组织南洋研究馆筹备处。② 1939 年春，南洋研究馆筹备处成立。[40]当年秋，正式成立南洋研究馆，教务长周予同兼任该馆主任，下设研究、联络二组，该馆主任周予同兼任研究组主任，彭胜天任联络组主任。[41]

1941 年 12 月 8 日，太平洋战争爆发，日军占领上海租界，暨南大学停课。[42]1942 年 6 月，暨南大学迁至福建建阳，南洋研究馆主任周予同留沪未随校迁闽。③ 1943 年 1 月，南洋研究馆恢复，聘王勤堉为该馆主任。[43]1945 年抗战胜利后，校长何炳松拟订暨大发展计划，包括扩大南洋研究馆，设立研究院，招收研究生等方案，后因调任英士大学校长，旋即逝世，而未能实现。[44]

1946 年 6 月，暨南大学迁回上海，校长何炳松去职，李寿雍继任暨大校长。同年 12 月 9 日，暨南大学呈文教育部，请将南洋研究馆改设为南洋研究所；经多次公文往返，至次年 11 月 29 日，教育部批复南洋研究馆照旧设置，不准改办南洋研究所。[45]1948 年，聘黄如今任南洋研究馆主任。④

---

① 教育部编《全国专科以上学校要览》（上册），正中书局 1942 年版，第 61 页。《南洋研究馆要闻 · 南洋研究馆正式成立》（《暨大要闻》海外版第 2 期，1940 年 2 月 1 日，第 7 页）：“本校原设有海外文化事业部，自廿六年战后即行停顿。”

② “第一一五次行政会议纪录”，上海市档案馆藏，国立暨南大学档案 Q240－1－3，第 51 页。按：原文误作南洋研究所。部名由海外文化事业部改称南洋研究馆，原因在于：“……抗战军兴，材料搜集不易，乃于廿八年缩小编制，定为现名（笔者按：指南洋研究馆）。”（“国立暨南大学校长李寿雍致教育部呈文稿”，1947 年 2 月 8 日，上海市档案馆藏，国立暨南大学档案 Q240－1－635，第 124～126 页。）

③ 程俊英《我所了解的何炳松校长》（刘寅生等编《何炳松纪念文集》，第 273 页）：“暨大迁往福建建阳去了……周予同先生因女病重亦未成行。”

④ 暨南大学校史编写组编《暨南校史（1906—1996）》，第 325 页；“国立暨南大学调查概况”（1949 年 6 月，上海市档案馆藏，国立暨南大学档案 Q240－1－226，第 4 页）：“原有组织系统及负责人：南洋研究馆，黄如今。”

1949年5月27日，上海解放。6月24日，上海市军事管制委员会派员接管暨南大学。[46]7月中旬，暨南大学校务委员会成立，李正文任主任委员，不久离职，由王延青任代理主任委员。[47]8月20日，上海市军事管制委员会发布命令，将暨南大学恢复为华侨高级学府，文、法、商学院并入复旦大学，理学院数理、化学两系并入交通大学，地理系并入南京大学，人类学系并入浙江大学。[48]

1949年9月，院系合并任务完成，教育部规划筹建新暨大。[49]1950年10月—11月，南洋研究馆职员尹育民清点移交馆藏文物。①1951年3月16日，中央侨委会和教育部联合召开暨南大学问题座谈会，决定暨南大学暂时停办，燕京大学停止招生，拟将燕京大学改名为暨南大学，兴办华侨教育。[50]

1951年7月，原暨南大学校务委员会代理主任委员王延青与部分留校人员，携带暨大文件档案、日文书刊及有关南洋研究资料，调入燕京大学，担任华侨学生先修班主任，兼燕大教务长。[51]1952年，燕京大学取消，文、理、法科并入北京大学，工科并入清华大学，燕京大学改名暨南大学之议中辍。②

南洋研究馆的学术活动，在1949年5月上海解放以后，实际上已

---

① 尹育民"报告"，上海市档案馆藏，国立暨南大学档案Q240－1－225，第33页；"国立暨南大学通知稿"，1950年11月1日，上海市档案馆藏，国立暨南大学档案Q240－1－225，第31页；"国立暨南大学秘书处通报稿"，上海市档案馆藏，国立暨南大学档案Q240－1－225，第32页。按：尹育民负责南洋研究馆文物标本、图书资料的清理安置工作，自1949年4月已经开始（尹育民"报告"，上海市档案馆藏，国立暨南大学档案Q240－1－225，第38页；"国立暨南大学南洋研究馆移交清册"，上海市档案馆藏，国立暨南大学档案Q240－1－225，第39页）。

② 王学珍等编《北京大学纪事（1898—1997）》，北京大学出版社1998年版，第441、455、457～460页。王延青《征程》（第338～339页）："当时我和领导华侨教育的韦副部长研究，认为侨生不重视政治的学习，燕京大学原是美国教会大学的司令部，是培养高等华人的贵族人材，将来在此办暨南大学，培养出来的学生在政治上不合祖国建设的要求，而且北京大学校舍陈旧破烂，不如把燕大合并北大，以燕大校舍为北大的校舍，侨生多为广东人或福建人，将来暨南大学不设在广州，就设在福建较好。"

经中断，但该机构并未取消①；随后的文物、标本与图书资料清点交接工作，一直延续到1950年底，故该机构存在的年代下限，似以1951年3月，中央侨委会和教育部决定暨南大学暂时停办之时较为合适。暨南大学南洋文化事业部的历史至此中止，自1927年9月起，共计存在24年。

注释：

[1]姚楠《浅谈我国对华侨史的研究》，郑民等编《华侨华人史研究集》(一)，海洋出版社1989年版，第5、12页。

[2]王赓武《中国历史著作中的东南亚华侨》，姚楠编译《东南亚与华人——王赓武教授论文选集》，中国友谊出版公司1987年版，第236页。

[3]暨南大学校史编写组编印《暨南校史(1906—1986)》，暨南大学出版社1986年版，第二章第二、三节；暨南大学校史编写组编《暨南校史(1906—1996)》，暨南大学出版社1996年版，第二章第二、三节；张晓辉主编《百年暨南史(1906—2006)》，暨南大学出版社2006年版，第二章第二、三节。

① 《国立暨南大学组织大纲(草案)》第四章第十八条："本大学设图书馆及南洋研究馆，馆长各一人，由校委会推定之。"(上海市档案馆藏，国立暨南大学档案Q240-1-682，第3页上。)该文未署年月，按第一章第一条说"国立暨南大学遵照新民主主义文教政策……"(第2页上)，第七章第廿六条说"本大纲由校委会通过后，呈请上海市军管会核准施行……"(第3页下)，可知此为1949年7月暨南大学校务委员会成立后制订。约在1950年，暨大整顿期间，曾有建立研究部的设想："研究部——着重南洋情况的专门研究，招收对华侨问题有相当研究并愿献身华侨事业者，从事研究工作。此项研究生不限于华侨子弟，凡在大学肄业二年以上，或本校师范科与财经科毕业生，均得报考本部，研究年限不定。"("国立暨南大学之编制及课程内容"，广东省档案馆藏，国立暨南大学档案88-1-40，该卷未署年月，然以"国立"二字冠首，可知并非1958年后于广州重建的暨南大学；卷内师范科社会组选修课程有"马列主义名著选读""毛泽东思想方法研究"等科目，故推断为1950年前后暨大整改时期印刷品；又同一卷宗中有"国立暨南大学历届毕业生人数统计表"，首页注有"1950年报华东教育部"字样，亦可为旁证。)该研究部"着重南洋情况的专门研究"，关注华侨问题、华侨事业方面，同时进行研究生培养，显然为南洋文化事业部的延续与扩大，但因1951年暨南大学停办，该计划未实现。

[4]翟俊千《暨南大学创办初期点滴回忆》,上海市政协文史资料委员会编《上海文史资料存稿汇编》第9辑“教科文卫”,上海古籍出版社2001年版,第118页;费哲民《费哲民自传》,海宁县政协文史资料工作委员会等编印《海宁人物资料》第1辑,1986年,第185~186页;姚楠《对二十世纪中国研究东南亚史与海外华人史的情况介绍和几点看法》,宗廷虎编《名家论学》,复旦大学出版社1988年版,第318页;苏乾英《回忆何校长二三事》,刘寅生等编《何炳松纪念文集》,华东师范大学出版社1990年版,第453页。

[5]《民国十年度暨校预算计划说明书摘要(呈教育部文)》,《中国与南洋》第2卷第4、5期合刊(1921年11月),第9~10页。

[6]《民国十七年度大事月表》,《国立暨南大学校务特刊(十六年度)》,国立暨南大学,1928年9月,第24页。

[7]郑洪年:《国立暨南大学计划大纲》,《国立暨南大学改组特刊》,国立暨南大学,1927年,第1~2页。

[8]《校长正式就职纪事》,《暨南周刊》第1期(1927年10月8日),第5~9页。

[9]《南洋文化教育事业部记录·第一次部会议》,《暨南周刊》第2期(1927年10月15日),第31页。

[10]《南洋文化教育事业部组织条例》,《暨南周刊》第3期(1927年10月22日),第3页。

[11]《职教员一览表》,《国立暨南大学改组特刊》,第11~12页。

[12]《南洋文化教育事业部组织条例》,《暨南周刊》第3期(1927年10月22日),第3页。

[13]黄振汉:《改组后的国立暨南大学》,《暨南周刊》寒假特刊(1928年1月14日),第16~24页。

[14]《南洋文化教育事业部宣言》,《南洋研究》第1卷第2期(1928年4月),第124页。

[15]国立暨南大学南洋文化事业部编印《国立暨南大学南洋文化事业部工作报告(1928—1929)》,第8~9页。

[16]陈福瑎编《南洋美洲文化事业部三年来总报告》,《南洋研究》第

4 卷第 1 号(1931 年 9 月 1 日),第 169 页。

[17]《职教员一览表》,《国立暨南大学改组特刊》,第 11 ~12 页。

[18]《南洋文化教育事业部组织条例》,《暨南周刊》第 3 期(1927 年 10 月 22 日),第 3 页。

[19]国立暨南大学南洋文化事业部编印《国立暨南大学南洋文化事业部工作报告(1928—1929)》,第 7 页。

[20]《民国十七年度大事月表》,《国立暨南大学校务特刊(十六年度)》,第 46 页。

[21]《国立暨南大学组织大纲》,国立暨南大学编印《国立暨南大学一览(十九年度)》,1930 年,第 4、6 页;《南洋美洲文化事业部办事细则》,《国立暨南大学一览(十九年度)》,第 75 页。

[22]《南洋美洲文化事业部规程》,国立暨南大学教务处出版课编印《国立暨南大学法规集》,1933 年,第 57 ~58 页。

[23]《暨南校刊》,第 33 ~36 期合刊(1930 年 1 月 23 日),第 24 页。

[24]《南洋文化教育事业部》,暨南大学华侨研究所编印《暨南校史资料选辑》第 1 辑,1983 年,第 163 页,原载《一九二九年暨南年鉴》。

[25]国立暨南大学教育学院辛未级周君勖钧纪念册编辑委员会编印《周君勖钧纪念册》,1930 年,第 157 页。

[26]钱鹤《华侨教育问题》,《暨南校刊》第 23 期(1929 年 11 月 28 日),第 17 页。

[27]《南洋文化事业部最近工作》,《暨南校刊》第 17 期(1929 年 11 月 7 日),第 13 页。

[28]《本校组织与教职员姓名》,《暨南校刊》第 23 期(1929 年 11 月 28 日),第 4 页。

[29]《第三次特别校务会议纪录》,《战后之暨南(二十年度第二学期国立暨南大学一览)》,国立暨南大学,1932 年,第 54 页。

[30]《南洋研究委员会第二次会议纪录》,《暨南校刊》第 10 期(1932 年 4 月 11 日),第 3 页。

[31]《暨大南洋美洲文化事业部一年来概况》,《南洋情报》第 2 卷第 3 期(1933 年 6 月 1 日),第 121 页。

[32]《校长布告(第一一七号)》,《暨南校刊》第80期(1933年11月6日),第1页。

[33]《校长布告(第一三〇号)》,《暨南校刊》第84期(1933年12月4日),第2页。

[34]《校长布告(第七号)》,《暨南校刊》第88期(1934年2月26日),第5页;《南洋美洲文化事业部近讯》,《暨南校刊》第88期,第8页。

[35]《校长布告(第一二三号)》,《暨南校刊》第136期(1935年5月20日),第3页。

[36]《教育部令(秘字第七八九号)》,《暨南校刊》第142号(1935年9月20日),第1页。

[37]《校长布告(第七号)》,《暨南校刊》第142号(1935年9月20日),第4页。

[38]《校长布告(第十七号)》,《暨南校刊》第142号(1935年9月20日),第10页。

[39]《海外文化事业部暑期工作概况》,《暨南校刊》第178号(1936年9月7日),第10页;房鑫亮《何炳松年谱》,刘寅生等编《何炳松文集》第4卷,商务印书馆1997年版,第772页。

[40]教育部编《全国专科以上学校要览》上册,正中书局1942年版,第61页;"国立暨南大学南洋研究馆筹备处(民国二十七年第二学期)进行计划",上海市档案馆藏,国立暨南大学档案Q240-1-635,第95页。

[41]《南洋研究馆要闻·南洋研究馆正式成立》,《暨大要闻》海外版第2期(1940年2月1日),第7页;教育部编《全国专科以上学校要览》上册,第61页。

[42]何炳松《〈暨大校刊〉复刊辞》,刘寅生等编《何炳松文集》第2卷,第708~709页。

[43]何炳松《〈暨大校刊〉复刊辞》,刘寅生等编《何炳松文集》第2卷,第710页;房鑫亮《何炳松年谱》,刘寅生等编《何炳松文集》第4卷,第820~821页;"国立暨南大学三十二年度第一学期教职员题名录",1944年1月,上海市档案馆藏,国立暨南大学档案Q240-1-597,第44页。

[44]马均权《我的校长何炳松》,《读书通讯》第117期(1946年9月25日),第16页。

[45]"国立暨南大学关于南洋研究馆改名为南洋研究所事与教育部的来往文书",上海市档案馆藏,国立暨南大学档案Q240-1-635,第120~130、137、139、141、143页。

[46]"中国人民解放军上海市军事管制委员会命令(接文字第壹号)",上海市档案馆藏,国立暨南大学档案Q240-1-225,第29页。

[47]王延青《征程》,广西师范大学出版社1991年版,第318页。

[48]"中国人民解放军上海市军事管制委员会命令(军教字第一号)",上海市档案馆藏,国立暨南大学档案Q240-1-225,第6页,剪报;王延青《征程》,第319~320页,文字略异。

[49]"暨南大学简史",上海市档案馆藏,国立暨南大学档案Q240-1-682,第8页。

[50]王延青《征程》,第320页。

[51]暨南大学校史编写组编《暨南校史(1906—1996)》,第111页;王延青《征程》,第333页。

(《东南亚研究》2007年第6期)

郑洪年与中国的华侨教育

郑洪年(1876—1958),广东番禺人,少中举,能诗文,曾师康有为,继就读于广州广雅书院,两江政法学堂毕业后历任国民政府要职。他参与创办暨南学堂,任暨南学堂的首任堂长和国立暨南大学的第一任校长,是我国著名的华侨教育家,对开创和发展我国的华侨教育事业,指导和推动海外华侨教育事业的发展作出了重大贡献。他还极积倡导和筹划成立专门机构,进行南洋问题和华侨问题研究,在国内外产生了广泛而深远的影响。

1906 年,清政府在南京创办了暨南学堂。郑洪年极积参与创办工作,并被任命为首任堂长。他曾将暨南的使命概括为八个字:“中华文教,远暨绝域。”为此,学堂开设了十门课程:修身、国文、经学、算术、英文、图画、历史、地理、乐歌、体操,既重点讲授中华民族的传统文化,也学习外国文化科学知识。

郑洪年在为暨南学堂奠定基础后,另调政府部门它用。但他仍然热心和支持教育事业。辛亥革命爆发后,暨南学堂无人主事而停办。郑洪年曾通过当时教育部次长董鸿祎,多次向当局提出建议和催促尽快恢复暨南学堂。复校后的暨南学校于 1922 年成立校董会,郑洪年出任校董。1927 年,再次担任暨南学校校长。他深感肩上责任重大,认为“暨南学校所负之责任绝非海外任何事业所能比拟”。上任后不久,他就对学校的建设和发展作了通盘的规划,计划将暨南学校扩充为一所完全大学,以期从质量上成为华侨之最高学府,使华侨子弟得享世界最高深的知识与祖国优美的文化,以为他日参加祖国一切运动及提高华侨地位之准备;同时极力改革刷新旧中学堂,使它充实,能与大学部程度衔接;设立南洋及美洲文化事业部,发展南洋问题和华侨问题研究。计划将暨南扩充为三部鼎立、六院具备的华侨最高学府,得到了教育部的批准实施,国立暨南学校改组,升格为国立暨南大学。

郑洪年把延聘名师硕学作为办学的关键。他说:“任事之初,以集中人才为先图,其学有专长,德行足为学子表率者,无远近皆以礼先之。”在任期内,他广罗人才,延聘了大批著名教授学者来校任职任教,如杨汝梅、叶渊、潘序伦、陈钟凡、夏丏尊、叶公超、梁实秋、翟俊千、张耀翔、许德珩、孙寒冰、洪深、张君劢、沈从文、钱锺书、周建人、张世禄、黄宾虹、夏衍、罗隆基等。延聘的教员中,留学国外并获得博士学位的有 19 位,获得硕士学位的有 26 位。可谓人才荟萃,阵容鼎盛。

郑洪年在学术上兼收并蓄,允许各种学派、不同团体观点,各抒己见,自由阐发,让学生独立思考,判断抉择;经常邀请名流名家到暨大演讲,如鲁迅、蔡元培、马叙伦、李达、胡适等都应邀到暨大演讲;倡导和支持学生组织学术团体,进行学术研究,形成了生动活泼的学术气氛。他亦注重体育,当年暨大足球队猛将如云(如徐亨等),南征北战,名闻中外。篮球队员亦有入选世运代表(如蔡演雄等)。真如时代的母校,1927—1934 年,可说盛况空前。

郑洪年十分重视南洋问题和华侨问题的研究。在他的倡导和筹划下,南洋文化教育事业部于 1927 年 9 月 21 日成立,与大学部、中学部鼎足而立,是暨南作为华侨最高学府的重要特征之一。郑洪年亲自兼任该部首任委员长(后改为主任),并聘任了刘士木、李长傅、王旦华、钱鹤等一批著名专家学者到该部从事研究工作。在南洋问题和华侨问题研究方面做了大量开创性的工作,出版了学术刊物《南洋研究》,编纂了《南洋丛刊》,编印了《海外侨讯》等刊物,取得许多重要的研究成果,为国内外所瞩目。

郑洪年还通过南洋文化教育事业部,积极指导,大力推动南洋华侨教育事业的发展。每年派人赴南洋调查考察,多次寄表格给南洋各埠的中华会馆和华侨学校进行书面调查,并编印《南洋华侨学校之调查与统计》一书。1926 年 6 月,暨南大学主持召开了我国历史上第一次南洋华侨教育会议。会议讨论了有关华侨教育的方针、内容、教学大纲、教材管理体制等问题，对南洋近千所华侨学校和数以万计的侨校师生，起到了“勉励、督促、扶助”的作用，也有助于南洋华侨教育界的“精神统一”。同年 11 月，郑洪年以主席身份参加国民党中训部召开的南洋创办教育会议。在会上他阐述了华侨教育的特殊意义，介绍了暨南大学创办和发展的历史概况，强调“今后政府对于华侨教育应确定方针，扶助指导发展”。

郑洪年致力于华侨教育，其目的不是为教育而教育，而是为了改变华侨的处境、提高华侨的地位。他说，创办和发展华侨教育是“冀以教育手段俾成学术化拯救海外数百万侨胞于水火，达到平等自由”。他任暨大校长期间，殚精竭虑，艰苦擘划，大力推进学校各项建设。为了办好暨南大学，他“对华侨教育无日不在研究改进之中”，本人还给学校捐建了一座郑洪年图书馆。这一时期是暨南大学办学规模迅速发展，在校学生人数最多，教学水平显著提高，学校对外影响日益扩大的时期。

1934 年 1 月，郑洪年辞去暨大校长职务，赴南洋考察华侨教育。“八一三”事变后旅居香港。当时暨大校舍毁于战火之中，迁入上海公共租界，华侨学生前往求学十分困难。郑洪年感到急需另设学校，为海外华侨青年提供学习机会。于是便在香港创办华夏学院、汉华中学。这两所学校除招收本地学生之外，也招收了不少海外青年入学。

（《暨南之声》2008 年第 6 期）

杂录

华侨对于暨南学堂助款之慷慨

新加坡道南学堂正总理、中华商务总会副总理、中书张显宗筹备洋银一千二百元，报效暨南学堂，经费禀请江督核收等情，当奉批云。查暨南学堂虽经开办，一切均待扩充，该员侨寓南洋，于学务要政竭力担任，本部堂早经嘉许。兹复首捐巨款补助暨南学堂，实属好义急公，关怀祖国。披阅来禀，佩慰良深，除将捐款札发暨南学堂外，仰宁学司转饬知照。

记者曰：海外华侨对于祖国学务，其热忱如此；我不知政府对于华侨，亦有如此否。

（《华商联合报》1909 年第 10 期）

爪哇巴东华侨派送子弟入暨南肄业之特志

爪哇巴东黎君元和护送学生吴君世晋、李君沁耻、卢君淮牧、陈君启基、李君友琴、陈君荣菊、颜君瑞益，往南京暨南学堂就学，于七月六日到沪，由李徵五观察介绍，延至本馆小驻。七月十二日，本馆特派司事陪往南京入堂肄业。

记者曰：海外同胞归国就学，道经沪江，辱荷枉顾，本馆何幸如之。惟自愧招待无状，东道主之微忱未得稍展于万一耳。

记者又曰：此次南来诸君，皆生长外洋，习闻外洋风俗、政理，与记者历历言之，心胸为之一豁，窃恨相遇之暂而相见之晚也。

麟曰：近今南洋华侨归国就学者纷至沓来，足见吾道不穷，行将及南矣。

（《华商联合报》1909 年第 13 期）

对本校侨生之诤言

陈福璿

古者谏有专官，所以抗君上之失，辅政教之行；故有事必言，言则必直，能如此，谓之“诤臣”。朋友之间，相砺以德，讲习以文；善则劝，过则规；不以巧逢恶，不以好溺趋，谓之“诤友”。“诤友”者，“益友”也，故君子贵乎切磋之攻，而重声气之求。予学浅识陋，未足以附于益友之林，奚敢自比于诤言之列；虽然，“诤言”者，“直言”也，无仲山甫之德，而有补衮职之行者，惟愚者能之。予，愚者也，性多憨，近于直；自比于诤，故有诤言之进；况手居其地者忧其政，虑其事者捷于言，吾同学诸君，居斯校而有所感乎？请语吾之所见！

懿欤，休哉！“风雨如晦，鸡鸣不已。”吾校成立于有清之世，于今垂二十年之久，其间虽经无穷之波折，而弦歌依然悠求，言之可兴来者之感，笔之可增史册之荣；且吾校之成立，既负文化学术之责，复负南岛需要之供求。是吾校其善也，则同侨之学术文化、国际地位，亦将与之增进，彪炳灿烂；吾校其不善也，则同侨之声誉事业、道德技能，亦将与之而暗澹，蹇涩颓唐。盖吾校为同侨负养育文化学术之责，而同学则为同侨负指导辅翼之任，其关系之大，亦可知矣！

今吾侨生万里归来，就学斯校，故国之典章文物，以时习闻；异地之佻达浮嚣，无染于怀，如春风之化，如雨露之润，融融之乐，当不待言。矧夫三月暮春，江南草长；九序深秋，岭北红落；依依景物，发人爱思。去荒僻之炎土，揖江湖之佳胜，于耳提面命之下，行切磋砾磨之功，窗前聚首，灯下谈心，彼为我言乡土之风俗习惯，我为彼言海外之轩渠怪异，桑麻有趣，解颐无闷，枘凿隔阂之见可除，互助扶持之道可通，投桃赠李，弃短取长，其关系于潜修濯砺，广见益闻者，理当不少，吾真为吾校侨生祝，而幸得参与其列也。乃事竟有出人意外者！盖所谓望之殷者去之远，拟之高者别之遥，吾校同学，虽有“他山借助”之机，“见闻相益”之能；然而各自为政，攻守异途，于是国内外之同学，两不相侔，各人之优点，固保之而勿失，即其劣处，亦恐或有所遗！窃思本校兼收国内之同学，已十数年；此十数年之中，其时间不可谓不久，然而赋性相背者随处可见，而融洽潜化者则未之有闻，故两方之防，不分而自分，不划而自划。察而区之，国内同学以“沉思毅静”见长，国外同学以“勇敏刚强”见优，惟其失也，则前者流于“颓巽”，后者则近于“浮躁”，见习既不相同，虽共处一堂之中，亦分道而扬镳矣。因此之故，蔑视于焉以生，嫉忌因之而起，于是学校之内，常有失和之声，懦者感于心，强者厉于色，当事者不之觉，至可痛心之事也。

或曰：“南洋乃帝国主义者侵略之战场，而土著又多蛮性，侨胞居之，或有习焉，故不察。”是又不然。吾兄妹皆长于南，且久居，未尝有以斗狠闻者，即戚友亦无不恭而有礼，故谓南地缺乏教育之侨胞，或为习俗所移，好斗者有之，若必谓其皆然，未免论人太虐。况是季开学伊始，郑校长以两次长校之观察，盛赞吾侨生之优良，是侨生之性，固有可赞者矣！

以吾意度之，英人有好让（英人对英人）之风，中土多谦恭之德，吾侨生优游其中，当能兼此两者之长，而取其所短。上言之事，或非出吾侨生之所为，似可决也，然而悠悠之口，烁烁之言，周公含怨，流言滋盛，吾侨生竟身膺其冲，其又何哉？

盖纳瓜田之履，正李下之冠者，不免众人之疑。吾侨生昔有刚强之名，未免邻于斗狠之实，况前此之事，或竟出于吾侨生之一二轻浮者之所为乎？吾甚愿吾侨生于此而深思焉！

矧侨生之来学于此者，多属侨胞中之智识阶级，南侨既严地域之防，而有隔阂之误，正宜以其所修，化其所顽，则团体生活之准备，良好友爱之示范，又宜练习于群居之校中；若并此而不能，非特无以慰南侨之远望，抑亦非本校创设之本旨也，遑论教育之改良、学术之输进?!

虽然，人生世上，不患有过，而患过之惮改。苟能闻过思改，又何伤于日月之明？况习焉不察，非执迷者之可比乎。歧途未远，回头是岸，勉矣哉！

冒昧之言，自知获罪，特心以为危，不敢以不告耳。吾同侨有则改之，无则加勉，当无伤也！吾虽非长于南岛，亦侨生之一份子，深痛“斗狠”皇冕之加戴，而喜相处之以“和”，哲者观微知隐，星星之火，可以燎原，吾侨生其亦知所自省哉！

十六年十月二八日于一宿舍

（《暨南周刊》1927 年第 10 期）

南洋华侨教育会议之筹备要讯

（会期定明年三月十六日起，议决要案多项积极进行）

本部特讯：第一次筹备会 十一月五日下午三时开第一次筹备会，出席者郑洪年（刘士木代）、刘士木、曹聚仁、范慷源、杨汝梅、夏开权、李长傅、钱鹤，及委员代表许一民、魏天育等。主席刘士木，纪录钱鹤。兹将议决各项照录于下。

一、正式定名：南洋华侨教育会议。

二、开会日期：十八年三月十六日起一星期。

三、代表标准：(1)中华会馆，(2)中华商会，(3)阅书报社，(4)报馆，(5)教育会（或学务总会），(6)学术团体，(7)中等以上学校，(8)国民党总支部，以上各推代表一人；(9)各埠小学校合推一人至三人；(10)国内外专家由本会延聘若干人；(11)本校教职员当然出席者若干人；(12)侨务委员会、教育部、外交部各推一人。

四、开会地点：上海真茹暨南大学。

五、实施办法：(1)寄发通知书于各团体；(2)应请书；(3)证明书（附开代表履历）；(4)登报通告。以上由南洋文化事业部办理。

六、组织大纲：由南洋文化事业部起草。

七、征求议案：向本校教育系师范科教授及南洋各校征求。

八、代表招待：由本校供给食宿。

九、代表旅费：由推派团体自给。

第二次筹备会 十一月二十三日下午二时召集第二次筹备会，出席者刘士木、杨汝梅、范慷源（刘代）、顾因明、陈宗山（顾代）、夏开权、曹聚仁、李长傅、钱鹤。主席刘士木，纪录钱鹤。兹将议决各案暨通过该会组织大纲照录于后。

议 决 案

一、南洋华侨会议组织大纲，照原案修正通过。

二、南洋各团体推派代表细则，照草案修正通过。

三、通知书、应请书，及登报通告照原稿修正通过；登报通告，寄请南洋各报登载义务广告二月——自十八年一月一日起，至二月底止，间日登载。

四、呈请国民政府教育部备案：待筹备完竣，由本校秘书处呈请国民政府教育部备案，并正式报告侨务委员会。

五、本会经费来源数额概算：本会经费，作本校临时开支，呈请教育部核拨，概算由文化部拟定，送请郑校长核夺。

六、向本校教职员征求议案：待筹备完竣，正式通告事，征求全校教职员议案。

七、聘请专家标准：由各筹备员提出专家姓名，待第三次筹备会公决。

八、本会分任筹备事务，先分文书、议案、事务三股，文书股暂由文化部担任。

九、第三次筹备会日期案，由文化部主任遇必要时随时召集。

南洋华侨教育会议组织大纲

第一条 国立暨南大学为南洋华侨学校三民主义教育之实施、学校行政之统一、教育经费之规划，以及教学训练之改进，召集南洋华侨教育会议。

第二条 本会由左列各项会员组织之：

一、南洋各埠中华会馆代表各一人；

二、南洋各埠中华商会代表各一人；

三、南洋各埠阅书报社代表各一人；

四、南洋各埠报馆代表各一人；

五、南洋各埠教育会（或学务总会）代表各一人；

六、南洋各埠学术团体代表各一人；

七、南洋各埠中等以上学校代表各一人；

八、南洋各埠小学校联合各推代表各一人至三人；

九、南洋各埠国民党总支部代表各一人；

十、国内外教育专家由本会选聘者十五人；

十一、侨务委员会、教育部、外交部代表各一人；

十二、暨南大学校长、南洋文化事业部主任暨教务长、秘书长、各系各科主任或代表。

第三条 南洋各团体各学校推派代表方法另订细则，惟以深明党义，任校董、校长、教员，或于华侨教育著有劳绩者为合格。

第四条 本会设主席团五人，常任主席由暨南大学校长任之，其他主席由全体会员票选之。

第五条 本会议在上海真茹国立暨南大学开会。

第六条 本会议会期定于十八年三月十六日起至二十一日止，遇必要时得由主席展缓或延长之。

第七条 本会议议案以各代表各专家提出之议案为限，但会外提案由会员三人以上之介绍得接受付议。

第八条 本会议以应请报到人数过半数出席为法定人数，表决议案取决于出席会员之多数，遇可否同数时取决于主席。

第九条 各代表各专家如有提案，须于开会前二星期寄到本会议筹备处，以便预加整理，编印议事日程。会员如有临时提案，须经会员七人以上之副署，用书面送常任主席，酌量编入议事日程。

第十条 本会议议决各案呈请国民政府教育部核准施行。

第十一条 本会议在筹备期间设筹备委员会办理各种事务，自十七年十一月五日开始办公，至大会结束之日为止。

第十二条 本会议议事细则另订之。

第十三条 代表往返川资由各团体自行担任，在会期内膳宿等项均由本会供给之，惟选聘专家得酌贴旅费。

第十四条 本大纲如有未尽善处，得由筹备委员会修正之。

附 南洋各团体、学校推派代表之细则

一、南洋地域，以英属马来半岛、婆罗洲、缅甸，荷属东印度，法属越南，美属菲律滨，葡属帝汶各岛，及暹罗国为范围。

二、南洋各埠，以上属各州各埠，有本会议组织大纲第二条各团体之一者，即得推派代表。

三、中华会馆、中华商会之代表，为该会馆该商会之总副理，或其全权代表，凡尚未成立之埠，得由省府州属会馆商会，联合推举之。

四、阅书报社及报馆之代表为社长与总理，或其正式代表，但以现时存在，每日发行者为限。

五、教育会（或学务总会）、学术团体之代表为正副会长，或其代表，惟以正式成立，办有成绩者为限。

六、中等以上学校之代表为校长、主任，或其代表，小学校兼办中学，或同等程度之补习班、专修科者，亦得推派一人，惟夜校不在此例。

七、小学校之代表，每埠有十校内者推派一人，二十校以上者二人，三十校以上者三人，联合办法，由小学校长自行集合推举，或由会馆、商会、教育会（或学务总会）召集之。

八、国民党总支部代表，为执行委员会常务委员，或其代表，惟以正式成立，直属现在中央党部者为限。

九、南洋地域辽阔，本会议通知各团体各学校，必有遗漏，特登南洋各报公布办法，各团体各学校如未接到通知书者，得向载有本会广告之各报馆，索阅办法，推派代表。

十、各团体各学校，接得通知书后，即依照本细则推定代表，将应请书、姓名、履历、议案等，至迟在三月一日以前，寄到本会议筹备处。证明书回国报到时面缴。

十一、各代表应请书、履历表、证明书、议案纸，本会均已印就，只

须详细填明,加盖团体图记及领袖各章,即为有效。

十二、各代表回国,如预先告知到沪时日者,本会派人在码头迎接;否则到沪之后,请到本会报到。

十三、本会议一切信件电报,请书寄上海真茹国立暨南大学南洋华侨教育会议筹备处,所有接洽问讯地点,亦同。电报挂号简称"南洋部"(Nanyang dura)即可送到。

(《南洋研究》第 2 卷第 4 期,1928)

南洋华侨教育会议代表谈话会

李邦栋 钱 鹤 纪录

召集原因

本校南洋文化事业部筹备之南洋华侨教育会议,以展期开会,各埠代表,未及电止行期,已有出发在途,先后抵沪者。因距大会开幕,为期尚遥,郑校长爰于四月一日正午,假座上海大东酒楼,召集已归国各代表,先开谈话会,借以交换意见,商榷进行,兼以长途劳顿,为之尘焉。

列席人员

陈文亨　缅甸华侨中学、中华会馆等十一团体
丘守愚　棉兰新中华报
温济民　爪哇玛琅中华学校
王家骥　吡叨和平兴中学校
樊守执　本校秘书
翟俊千　副校长
范慷源　筹备员
潘华典　泗水中华学校代表
李长傅　筹备员
萧碧川　泗水振文、同善学校代表

张　凤　筹备员
林伯新　安汶、沙吧濑中华学校代表
钱　鹤　筹备员
顾因明　槟榔屿钟灵中学代表
刘士木　麻六甲、三马林达各校代表
刘成灿　巴城华侨智育会代表
谢循初　筹备员
李邦栋　通讯记者
周灿煌　庶务
曹聚仁　筹备员
陈宗山　槟榔屿光华日报、新加坡新国民报代表
杨和林　南洋槟城福建女校
陈锦聪　来宾
黄警顽　来宾

会场布置

利用大东之大餐台，一字排列，点缀花果，秀雅可人，壁上粘着开会秩序单，桌上放着代表签名簿。各员入门时，由南洋文化事业部主任刘士木赠以《南洋研究》《华侨学生指南》《大国民之使命》，本校秘书处赠以《暨大校务特刊》《财务特刊》诸书物。并由筹备员李长傅、钱鹤等殷勤招待，分发议案及代表姓名一览，各代表得此均精神饱满，极现愉悦之色，未几相邀入席，振铃开会。

讲演纪要

△主席翟俊千　诸位今天不远千里，从南洋各属到此，郑校长满拟今天来和诸位见面，因为昨天忽接工商部电促回京，所以兄弟代表欢迎。因为大会展期，一方面还要对诸位道歉，诸位因开会回到国内，是一个很好的机会，不可错过，今天略备菲肴，希望和诸位谈谈，请诸位各抒伟见，做将来大会讨论的准备。今天兄弟所要讲的，是华侨教

育的意义和暨南大学所负的责任。我们要希望社会国家的好,一定要将教育的根基培植好。何况华侨教育,要有特殊的人才,特殊的方法,和专门的学术来开发,暨大应负的使命与寻常大学不同,寻常的大学,只要达到教育的普通目的,暨南因为南洋特殊的环境,华侨有光荣的历史,近年常受他国的文化侵略,为华侨继续发展的大障碍,所以暨南除要达到普通的教育的目的之外,还要注意到华侨的特殊问题。因此要请诸位回国来交换意见,所以这种会议是不可少的。并且希望将来能继续举行,预测前途一定有好的结果。今天诸位代表已踊跃的参加谈话会,将来正式大会,代表是一定很多的。而平日我们所景仰的各代表先生,均惠然莅止,实在是我们暨南的光荣,值得感谢的。

暨南大学固然是一个特殊的教育机关,除各系科在普通科目之外特别注意南洋课程,又有南洋文化事业部之创设。该部主任刘士木先生,是以研究南洋问题视为终身事业者。他的热心,他的毅力,将来对于华侨文化事业方面必有伟大的贡献,希望诸位多多赞助刘先生的成功。

△筹委钱鹤 鄙人代表南洋华侨教育会议筹备会报告筹备经过情形。在未报告之前,有几句话要说的,就是今天招待谈话会,很有意义包涵在内。本会原定三月内举行,嗣后因事愆期到六月内开幕,许多代表还没有知道,电报打到南洋,各位已动身回国,对于诸位回来的失望,这是筹备会要抱歉的。今天谈话会,各位热心来参加,虽没有开大会,但是也可与诸位详细的讨论,听诸位发抒伟见,筹备同人感谢的。

本会的筹备,不是无因而生的,乃是根据郑校长在民国十六年六月十四日接办暨南,拟具组织大纲,条文中有除设大学中学两部而外,并创设南洋文化教育事业部。这一点对南洋方面能开一新纪元。南洋文化教育事业部组织条例第十条,暨大应招集南洋学术会议,曾经呈请前中央教育行政委员会批准立案,这就是本会议筹备的根据。十六年九月南洋文化教育事业部成立,办过很多的事。到十七年十月廿日,文化教育事业部部务会议,提议实行举办此会,到会的都一致通过。当时就推举筹备委员，文化事业部五人，学校五人，加郑校长共十一人。

十一月五日开第一次筹备会议，议案甚多，重要的是推定南洋文化事业部同人起草会议组织大纲、推派代表细则，及原名南洋学术会议，觉得太广泛，改为南洋华侨教育会议。十一月二十三日开第二次筹备会议，通过起草组织大纲，登报通告，及经费预算各事。十八年三月二十六日开第三次筹备会议，主要议案为延期问题，因为一则筹备未充分，二则接到英、荷等属要求展期来信。其次则因总理奉安展期，为希望出席有较多的代表，所以公决以展期为宜。二十七日即分电南洋新加坡、棉兰、马尼剌、盘谷、吧城、望加锡、西贡、仰光八十埠领事馆转各报馆各团体各学校，当地无领事馆的，就电中华会馆及各华商会。二十八日南洋各报俱有登载了。又送广告至南洋，承各报馆予以义务的登载。这是延期的经过。

三月二十五日开第四次筹备会议，因为代表已有回国，要有相当的招待，议决招集今天的谈话会，借以交换意见。其次聘请侨学专家三十名，先通过二十四人，将来或再推选。

以上筹备经过报告经完全毕，此外还有三事要报告。

第一是经费问题，已拟有概算，总共六千四百五十元，内招待费三千余元，专家旅费津贴一千五百元，邮电印刷一千元，余属杂支。此项经费拟用暨大名义，向教部请领，但手续尚未办妥，有无尚不可知。因本校经常费尚积欠累累，此费无论有无，而本会总要开的，因为已得郑校长同意，不得已或由校长私人挪垫。

第二请教育部备案，十二月十二日奉批照准。展期亦呈报教部声明，十八年三月十七日部批照准。侨务委员亦去函报告筹备本会议，但无批复。

第三是南洋各团体和学校很多，本部调查难得清楚。发出的通告仅四百七十余件，后在南洋各属三十四家报馆登义务广告，而以本会议的通知书托代应索借作补救办法。嗣有几家报馆已发完了，并来函续索。

今天开谈话会要请教代表诸公者很多,第一是本会的开幕期,究在何日为妥,同人未敢决定;第二如何使南洋各埠多派代表,要想出一个办法来。等一会要请诸位详细讨论,以补同人所不逮。

△华侨代表

△刘成灿　鄙人向系经商,对于教育没有什么计划,但很见到南洋方面的学校各自为政,编制太不统一,教员亦不一致,多数并非是真能研究南洋教育。荷属到现在没有中学,最高只有高小,办理也有几年,可是没有成绩。希望此次会议有统一的办法,以后并介绍好的教员,到南洋去重组织。

△林伯新　一向在南洋办教育,曾走过爪哇、新加坡等地,各学校在表面上看来,像有进步,实在没有进步。因为没有统一的机关。所以行政纷歧。这次鄙人回国在沪宁一带所见学校,较之南洋,相去不知几倍。南洋各校大同小异,希望本会有所改进。

△丘守愚　鄙人走遍南洋各属,对于华侨教育十分悲观。以受殖民地政府的压迫,和祖国政府漠视,前途很少希望。并且多数华侨不肯热心出钱,维持学校,更是危险。希望暨南大学加以注意才是。

△潘华典　华侨教育弊害甚多。最大有四点:

一、行政不统一;

二、教费不确定;

三、教材不适宜;

四、师资不敷支配,希望本会能一一解决。

△杨和林　南洋华侨教育,本来幼稚,女子教育更甚,南洋华侨心理还是重男轻女,所以女学很少。且学生亦不多,这是华侨教育一个大问题,要请各位注意。

△温济民、陈文亨、萧碧川、陈锦聪、王家骥等相继均有极诚恳之意见发表。对于南洋教育现状之困难与希望,无不发挥尽致,咸热望此次大会有以解决之。并由本会请求政府作有力之赞助,俾华侨教育得尽量发展。

会务讨论

一、大会日期问题。由代表刘成灿、潘华典，筹备员钱鹤等相继发表意见，主张六月六日为大会开幕之期，一致通过。

二、如何使南洋各属多推代表。由代表潘华典、丘守愚、林伯新等详细讨论。主张南洋各属小学每校得派代表一人，以期普遍，众无异议通过。

三、组织临时参观团。由代表温济民提议，经众讨论主张明后二日间，由南洋文化部派员暨请黄警顽引导，参观上海各文化机关通过。

会余拾零

一、谈话会将毕，商务印书馆特派交际黄警顽莅会，招待代表翌日至该馆参观，并举行茶会。

二、暨大形数检字法发明家张天方博士，大赠其张凤字典创造本，并即席作三分钟之讲演宣传。

三、散会后同至中华照相馆摄影以留纪念。

（《南洋研究》第2卷第6期，1928）

华侨教育协会会务概况

（十七年五月一日）

民国十五年二月七日本会成立于上海，为南洋麻坡华侨实业家刘贝锦君、南洋吉礁中华学校校长荣渭阳君、南洋事业专门研究者刘士木君等联络海内外热心侨教人士发起组织之，以协助华侨教育之发展、增进侨民之文化事业为宗旨。所有开办费由刘君贝锦等捐助，当时集议数次，订定章程，选举职员，筹划进行，不遗余力。会内分董事干事两部，各设正副主席，当即举韩希琦、刘贝锦、陈敬贤为干事部正副主席，刘士木、黄介民为干事部正副主席，干事部分总务、经济、文书、庶务、调查、研究、编辑、宣传、介绍、交际等十股，每股设正副主任各一人，干事员若干人，分理会务。设事务所于环龙路八十三号，并特派荣渭阳、刘贝锦二君赴南洋联络华侨、宣扬会务、征求会员。荣君于十五年春奔走马来半岛，颇得各埠侨学界之同情，新加坡黄肖岩、庄丕唐、曾几生、张楚鸣，麻坡刘静山、刘怀光、方之栋，吉隆坡顾舜华，马六甲沈鸿柏，槟城钟乐臣、戴培元、谢丕意，吉礁林裘墨、陈英担、谭桂芳、林润泽等赞助尤力，当时踊跃加入者有数十人之多。在国内方面则设华侨招待处，由交际主任黄警顽主其事，送往迎来，无不竭诚尽礼。华侨杂志社、华侨通信社亦筹议再三，正在进行之际，忽受时局影响，各职员奔走革命散往各省，一切会务进行因此停顿，同人良用自愧。幸自去秋以来海外会员陈宗山、罗四维、荣渭阳、施伯谟、庄一中、张图南、陈玉壶、江龙渊、蒋人、黄一敬、陈承谟、庄心水等先后归国，国内干事部各职员刘士木、黄介民、施方白、袁绍先、曹仲渊、黄奠华、刘仁航、王淮军、刘薰宇、陶载良、郑天成、吴觉农、华豪吾等亦复重聚沪上,新会员姜琦、郑洪年、钟荣光、匡互生、章绳以、周国钧、祝枕江、雷宾南、崔广秀、林思温、黄昌怀、张国基、朱炜文、林之干、招佐羲、尤惜阴、顾天放、陆礼华、周永昆等,及沪上各学校华侨学生均踊跃加入,海内外会员达三百五十余名。乃先于二月十九日开第一届第十三次干事会,决定发行《新华侨杂志》,各推陈宗山为编辑主任,黄介民、梁冰弦、刘士木、刘薰宇、蒋人、施方白、罗四维为编辑委员,袁绍先、黄警顽、荣渭阳为社务正副主任,周国钧、郎静山为广告主任,姜琦、夏丏尊、丰子恺、陶元庆、黄浊秋、刘仁航、孙本文、金国宝、祝枕江、张图南、庄一中、周为群、庄汝霖、章锡琛、汪起予、陈少苏、张楚鸣、李春鸣、季毅生、李长傅、庄病鹤、傅无闷、王志莘、稽翥青、徐中舒、颜文初、陈肇荣、章绳以、季煦章、吴体仁、王涌德、潘四存、沈厥成、张国基、俞君适、孙治钦、张国维、施仁夫、高迈、江卓群、张锡培、方之桢、程安时、顾舜华、荣渭生等百数十人为海内外撰述员,定于五月内出版,月出一册;并公议移设事务所于江湾立达路一号,嗣后于三月四日开第二次会员大会,公推刘士木为主席,重选职员,改订会费,并议决华侨教育进行方针六项,兹分录于左。

职员:

董事部(国内方面)

蔡孑民　易培基　李石曾　吴稚晖　郑洪年　□□辉　杨杏佛　郑泽如　周启刚　金曾登　钟荣光　姜琦　匡互生　韩希琦　谢碧田　张鹏高　刘仁航　胡文虎　陈敬贤　黄弈住　简玉阶　马应彪　郭标　崔广秀　黄敬一　王禹庭　庄心水

(海外方面)

(新加坡)黄肖岩　刘贝锦　庄丕唐　曾汝平　曾几生　洪高兴　吴胜鹏　何思观　林文田　谢文进　施伯谟　王宣化　陈玉壶　宋季樵　(柔佛)黄羲初　(麻坡)刘静山　刘贝秀　戴金枝　张顺兰　蔡鹏飞　林照英　陈振打　郑文炳　郑赞乡　谢昭圆　郭东海　何文拈　张开川　(麻六甲)郑成快　沈鸿柏　(吉隆坡)陆运怀　辛

厚慈 （槟榔屿）戴培元 钟乐臣 林连登 谢聚会 陈民情 谢丕意 王景成 何如群 徐洋溢 邱文绍 韩文波 （吉礁）陈英担 谭桂芳 林裘墨 林润泽 王健臣 覃国炳 林有祥等五十人

干事部委员

刘士木 黄警顽 荣渭阳 黄介民 曹仲渊 袁绍先 陈宗山 姜琦 吴觉晨 施方白 陆礼华 顾天放 周霁光 匡互生 林复 华豪吾 刘仁航 徐中舒 陶载良 罗四维 郑天成

会费：普通会员年纳二元，特别会员年纳六元，维持会员年纳三十元。

提议华侨教育进行方针：

（一）华侨学校应注重人格教育，须具贫穷不移、威武不屈之精神，而教员尤当砥砺气节，转移学风。

（二）本会应设华侨教育研究委员会，研究华侨教育之方针及其实施方法，并编辑华侨学校适用之教科书。

（三）本会应呈请大学院，就各国退还庚子赔款中拨出一部分，供发展华侨教育之用。

（四）本会应请愿大学院，每年派人往海外视察侨学指导一切，并考选优秀学生回国求学，特定免费额，以资奖励。

（五）各属华侨学校经费，应完全由本国人负责筹集，毋庸受外人补助，以保持国民教育之精神。

（六）本会集合海外之热心华侨教育者，筹募基金，补助华侨学生回国求学。

三月十一日开第二届第一次干事会，公推荣渭阳为临时主席，报告大会选举结果，即互选主席、各股主任，兹将当选人列左：

正副主席：刘士木 姜 琦　　总务主任：荣渭阳 施方白

经济主任：匡互生 吴觉农　　文书主任：黄介民 曹仲渊

庶务主任：周霁光 郑天成　　调查主任：顾天放 林 复

研究主任：徐中舒 刘薰宇　　编辑主任：陈宗山 刘仁航

宣传主任：袁绍先 罗四维　　介绍主任：陶载良 华豪吾

交际主任:黄警顽　陆礼华

并公推左列四十人分任各股干事:

(总务)黄敬一　朱炜文　林之干　谢明章　王家骥　武元章　(文书)汪家培　刘华瑞　刘伯英　孙绍伯　(庶务)洁楚基　(调查)金国宝　招佐羲　周永昆　梁锡安　陈孟奋　(研究)周为群　钱梦渭　樊君穆　俞君适　(编辑)祝枕江　孙本文　陈承谟　蒋人　张图南　王淮军　梁冰弦　尤惜阴　吕守诚　陈福璿　潘络基　吕承徽　孙拯华　李长傅　(宣传)周国钧　刘君婉　林春汉　侯荐庆　(交际)林思温　郎静山

三月廿五日开第二届第二次干事会议,刘士木为主席,公推荣渭阳、刘士木、林复三君为代表,携带公文赴京呈请大学院立案,并向全国教育会议提出发展华侨教育之议案,又复推举海外董事干事,及征收会费委员,兹将提案中理由三项、办法十二项,及海外职员名单列左。

提案中之理由:

(一)发展华侨教育,以求国际上之自由平等。

(二)发展华侨教育,以求侨民在教育上有均等之机会。

(三)发展华侨教育,以谋世界全人类之永久和平。

提案中之办法:

(一)请大学院规定华侨教育宗旨——华侨教育宗旨,应根据三民主义,对于国外一般华侨子弟,施以全人的生活的劳动的教育养成其善良之品格、智识、趣味与技能,使其居留各国殖民地区域内,对个人方面能独立自治,对社会方面能互助合作,以保持其祖宗所辛苦经营之固有地位,且以发扬中华民族之光,促进世界新文化之完成,并对于各居留地政府及其人民,在政治上、经济上、社会上,获得其平等待遇之资格。

(二)请大学院通令各属华侨学校注重人格教育,须具不屈不挠之精神,而教员尤当砥砺气节以转移学风。

(三)请大学院在海外设立华侨教育指导员,并每年考选优秀学生回国求学，特定学额给以公费，用资奖励。

（四）请大学院就各国退还庚子赔款中，拨出一部分，以供发展华侨教育之用。

（五）请大学院通告各属华侨学校所需经费，应全由本国人负责筹集，毋庸受外人补助，以保持国民教育之精神。

（六）请大学院编辑华侨学校适用之教科书，并由大学院委托各地华侨教育机关搜集教材。

（七）请大学院特定条例，规定华侨学校董事部与教务部之权限，以免牵制之弊而收合作之效。

（八）请大学院通令各属华侨学校励行国语教授，以除畛域之偏见，而达团结之本旨。

（九）请大学院通告华侨各界提倡补习教育，俾年长失学或专读外国文者，有补受本国教育之机会。

（十）请大学院通告华侨中小学校，提倡男女同学，务使女子求学之机会与男子相等。

（十一）请大学院一方面造就华侨教育师资，一方面规定华侨学校教员资格，以免滥竽充数。并定优待教员办法，采用年功加俸制。

（十二）海外各埠华侨，有能统筹全局、规划宏远，特定筹集教育经费办法，而成效卓著，可资表率者，请大学院特加奖励；至于校董、教员，其办学有成绩者，亦宜规定条例以奖励之。

海外董事：

（英属新加坡）张永福　陈延谦　陈嘉庚　刘登鼎　陈秋槎（太平）玉水　黄启章　薛福明　戴尊三　林三及　黄伍贰　王康恩　陈醒石　刘毓麟　黄安宗　（彭亨关丹）余焯和　陈德和　（和丰）周国泰　郑弈定　李清溪　王振相　（槟城）卢文仪　倪祖鑫　戴振顺　林加如　薛木本　许生理　林任可　庄文栋　何瑞书　吴顺清　吴世荣　连裕祥　（吉隆坡）张郁才　扬思齐　叶宝清　（马六甲）曾江水　邱仰峰　（缅甸仰光）柯朝阳　陈守金　徐保甫　黄壬戌　林宗巧　林鉴　（巴东色海）陈存次　梅隆　扬明河　（噜叻）孙荣光

邱耀周 （双溪大呼）朱静珊 郑绍绪 谢伍章 陈植庭 （实吊远）李克成 （荷属巴城）王格善 黎殷甫 洪渊源 庄诗言 陈丙丁 钟子秀 梁炳农 蓝秋金 （三宝垄）郭春秧 薛双蛟 黄宗孝 （泗水）李双辉 陈显源 （万隆）叶纶 （棉兰）谢联棠 邱清德 张步青 张剑豪 黄丕安 温发兴 谢生珍 （望加锡）王信超 （实武牙）陈株使 李河清 （亚齐冷沙）王宝锡 何斗南 （三马旺）（北加浪岸）郭本立 马菱三 （美属菲律宾）陈迎来 戴通华 吴记藿 王泉笙 郑汉淇 陈佑孙 于以同 蓝季宪 张伯荫 庄一中 （暹属曼谷）萧佛成 伍佐南 林伯歧 朱庆初 陈堂美 叶子彬 陈梧宾 陈客来 云竹亭 黎淡观 王明福 （宋卡）徐玉山 林水春 徐蔚洲 王顺厚 王藏妙 梁文阵 陈耀宗 阮沛生 冯森榆 （陶公）符钟桂 黄坤生 梁士俊 范兆璋

海外干事：

（英属新加坡）何葆仁 阮翘 刘湘英 张楚鸣 李春鸣 陈瞻侃 黄子炎 古共持 张辟方 张春元 黄汉民 王清诲 丁寄冰 庄病鹤 徐来明 姚楚英 彭梦民 林葆松 李伊水 包传贤 （柔佛）吴中英 陈国香 （马六甲）张礼千 李轩夫 王霭多 许金耑 （芙蓉日叻务）张怀民 （麻坡）李适生 刘怀光 黄盛禄 牛沛江 （武吉巴西）金恒夫 （吉隆坡）顾舜华 谢祖佑 余辉 王绍曾 张钟灵 （槟城）唐桐侯 汪起予 陈少苏 殷传德 吴体仁 候和林 蔡公宝 张开川 赵承督 刘霓生 黄熙青 陈永年 （吉礁）徐浣尘 林拱民 陈梦侬 （双溪大呼）原鉴秋 （巴东色海）黎寿南 （暹属陶公）荣渭生 （霹雳实吊远）余泽春 （江沙）何欣侬 （和丰）渐晃西 （太平）董叔和 （荷属苏门答拉）（亚齐）（冷沙）陈森秉 （巴达维亚）吴琦 李钦文 洪渊源 （苏格拉加）沈厥成 （加勿棉）孙治钦 （北加浪岸）匡光照 张国基 （泗水）潘赖精 黄奋强 韦南溟 杨子明 徐君良 （直葛）申炳韶 （波罗洲巴里八板）柏汉襄 （邦加沙横）陈志民 （棉兰）钱雄飞 汪馥泉 洪敬铭 （实武牙）周宝儒 （仰光）许麾力 方之栋 陈震寰 张寿仁 林

侠华　陈筱西　管震民　陈愚仙　张耀琪　（菲律宾马尼剌）颜文初　钱抱器

海外征收会费委员：

（新嘉坡）庄丕唐　施伯谟　（麻坡）刘静山　（吉隆坡）刘舜华　（槟榔屿）钟乐臣　（吉礁）林润泽

荣代表于四月廿五日抵宁，向大学院呈递立案公文，并谒副院长杨杏佛先生，所有提案，当即收受。杨先生对于华侨教育极为重视，本会董事蔡孑民、周启刚、郑洪年、钟荣光、金湘帆诸先生，对于会务进行赞助尤力。本会驻宁干事罗四维、梁冰弦、张图南、陈承谟、袁绍先诸君，会同荣代表宣扬会务，进行颇为顺利，现正与出席全国教育会议诸公面商一切，共谋华侨教育之发展。本会并委派人员前往欧美及南洋各埠，与华侨学界接洽一切，务使海内外侨胞，通力合作，以谋会务之扩充。所望海内外热心人士，予以同情，加以指导，此不特本会同人馨香祷祝，抑亦中华民族前途之幸也。本会会址现设上海江湾立达路一号。

（《暨南周刊》第2卷第12期，1928）

对于华侨教育的意见

李守诚

江西李守诚先生,曾任全国华侨教育委员会委员,平昔对于侨务,有极精深之研究。数年前,曾任槟榔屿《光华日报》、棉兰苏门答腊《民报》及缅甸仰光等处华字日报总编辑,以觉世牖民为职志,而侨胞亦极钦仰之。本文所论各节,可称精到,其希望侨胞须与当地土人联络,或善用之以利群众,尤为透辟之见解,读者幸毋忽诸。

记者附识

我觉得要解决华侨教育的问题,先要解决华侨的问题。华侨问题本来是华侨自己才能解决的,我们在国内的人只好说帮助,或是想法帮助,我们也要先行决定对于华侨存什么希望。有许多人说华侨总不要忘记祖国,不要变作外国人,要能为祖国效力,这种希望自然也是正当的,但是深深地想一想,便觉得这种希望是不完全不扼要的。在十年前日本人的言论,有的是争日本人在美国的入籍权,他们的希望显然是怕本国人变作外国人的相反了。当美国决定参加欧战时,有的人说是英种美国人与德种美国人政争的胜败,可见种族的亲情是不可磨灭的,倒不在乎什么国籍的招牌。英国大战后,想联合各殖民地,在关税上加一改变,各殖民地的意见是很差的,可见先自身利益,后祖国利益,也是可容许的。日本人主张南进北进,全国人是何等的努力!最近几年,英伦想减少社会之不安,大规模的实行澳洲和加拿大移民,是何等的努力！华侨绝没有国家帮助，跑出国外，住在国外，已经是为祖国效了大力了，可见华侨为国效力，在华侨方面说，是应有的情感，在国内人去希望，或者是一种可耻的事。

中国人为什么要去外国做侨民，不消说是为生存。中国是没有侨民政策的，假使决定侨民政策，不外以如何生存，如何生活稳固及发荣几点作前提来演绎。华侨教育也适用这一前提。使每个人于现在与将来容易生存，本可说是教育广泛的目的，但是要达这种目的方法，在国内与国外，是微有不同的。

华侨的生活不容易，尤其是不稳固，更讲不到发荣。有些地方土人竟屡次请求政府驱逐华侨，最国际的事情，因宗教不同和移殖人数过多之故驱逐华侨，不能说是不可实现的怪事，是何等的可虑呢。生活不稳固的原因，不外三种：(1)帝国主义者嫉视；(2)土人嫉视；(3)多数华侨求生活的路道不好。

帝国主义的嫉视，一半是轻侮，一半是恐惧。轻侮是由于国内稀糟，在民国元年他们是改造过一次态度的；恐惧是由于不明了国民党，尤其是容共以后，要解决这一层，完全是国内的事。土人的嫉视，我们就不能不佩服日本，有许多地方嫉视华人的却欢迎日本人，抵制中国人做买卖的，却畅销日货，在邮船上或是公园里，遇见马来人缅甸人，你若对他们客气的招呼一下，他们老是先问一句话，“你是不是日本人”，可见日本人对于各处土人求亲附是全体奉行的一种策略。十年前，星洲一种日报纸盛倡日本人与马来人同种，他的论据有的是很可笑的，说日本与马来有许多字音相同，有的日本字是音读的，是从中国去的，然而日本人同时说他们和中国人不是同种，但他们的用意是不错的。中国在南洋的报纸，民国十一年尚有许多挑拨华人与土人的恶感的，十一年我在缅甸的时候，听说缅人有个青年会，是个很大的团体，是受甘地的影响才发生的，却是当地华人的知识分子，没有一个人去通问过一次。我同一个缅文翻译去会一个缅文报主笔，他说，“很奇怪，你从中国来，倒和我们有亲情，生长在此地的华人，对我们很不好”。第二次我想再去会会，那翻译就不肯，他是土生华人青年会的大八座——如同执行委员——他的团体,是专门反对土人的。土人对华人与日本人感情不同,是不足怪的,矫正这种差误,党的宣传要注意的,就是戴季陶先生主张过的另创一种国际的精神,要切实一点,就得另设学校。日人所设上海同文书院毕业生,每次派往中国各地,语言纯熟,态度亲昵,直深沈得可怕,然效果是不小的。我们学他们的外表,另换一种精神,较日本人诈作亲附,效果自然更大。语言是感情之邮,东京外国语文学校,学西班牙文、暹罗文、马来文的,比英法文的更多,为的是什么?中国国内学校,固然没有这种外国语文系,华侨自立的学校,也少有授当地土人语文的;这种师资,也应当特别养成的,要设这种学校,在江河流域,是不易招生的。

如何说华侨的生活路道不好呢?本来热带里天然是应该华人移殖的,白人不适于生存,他们的驻兵,是选择高爽清凉的地方,他们的小孩,在热带里是萎白而瘦弱的。土人是不能开发地方的,缅甸的耕农,竟有大半是印度人,但是华侨都是经商,很少是业农,很少的农侨,多是广东嘉应州人,大商贩渐渐为强国人占去,多数华侨只是作小商贩,是不生产的消费者,自然容易招人嫉视,尤其是鸦片、酒、典当、屠宰,是土人宗教观念上所贱视的。假使华侨务农的多,在经济关系上就不会招人嫉视,如缅甸的印度人,就万万不能驱逐,但提倡农业,要有较大的资本,要有组织,尤其是要有专门家指导,假使华侨子弟多点农学专家,就容易有希望。日本树胶事业是后起的,骎骎向上,是得力于专门家所组织成的树胶事务所,是很明白的先例,养成这农学专门学校的地点,想来只有琼州这个地方。

所以我们要帮助华侨教育,最好是在琼州设一大学,内设农、医、商各科,及外国语、师范各专科;附设一华侨教科书编纂会,因为普通教育,大都关于社会风土自然的知识,国内的教科书是不适用的,也不能希望书贾去办此项学校。开办费由亚美两热带里华侨去募集,我想是不甚难的,经常费由闽粤两省多分担点也不为过,假定在琼州及西沙岛等处,可开发的利源,交学校去经理,如广东中大经营滑水森林的故事,积点基金,想也不难吧。

附 李先生致刘士木君书

士木先生:

我于民国二年,由日本往南洋,在日本时,于日本移殖政策,多少晓得一点;到南洋后,又看见日人许多作为,已经有效的作为。当时有种意思,我们对华侨的希望,是希望华侨渐渐加多与当地人融成一气,作一部分主人希望的,最高点是能够和在美国恩格罗撒克逊人一样,左右政局,作和祖国亲情的连锁;不希望他们发扬国威,使所在地变作中国的属地;所怕的,是因祖国积弱,与华侨的见解谬误,招人嫉视,使华侨渐渐减少,不是怕华侨变作外国人。我在庇能和缅甸,都本着这种意思作过文字,不过很感着只是孤鸣,后来见到先生许多作品,异常佩服,我只是一点抽象的理想,先生就有充分的努力了。去年大学院聘我作华侨教育委员,曾提出一篇意见书,也只是老意见。中间因生活不定,二次未到会,这篇意见书,尚在审查中。现在已停止不开会了,承谟兄来知华侨教育协会同志推我为编辑干事,应当作文字上说的意见书,未曾在外间发表过,现在寄上,望先生看看有不对处,就请加以附注纠正,在《新华侨》上发表,这算是我先且塞责一下。我最希望的,是请先生和诸位同志,将我的意见书,或是整理一下,或是容纳在另一提案里面,设法向全国教育会提出。我想琼州的地点,或者是必要的,此外或是独立,或是作为暨南的分校都可;经费方面,也要更有点切实的法子。任何事业要有一种学校作核心,才容易见效,对于华侨,对于华侨教育,想也不能独外的。愚见如是,肃此奉达,即颂健康。

李守诚 四月十九日

赐函请寄南京单牌楼四号

(《暨南周刊》第3卷第3期,1928)

关于侨生教育上郑校长书

黄征夫

洪年先生钧鉴:获见长者,诚深荣幸。拜闻改革华侨教育大要,尤为景仰。生生长南邦,华侨教育之发展是其素志,暨校精神及学术之促进更为生分所应尔。虽不能即留校中供长者之驱策,岂敢不惮其思虑,凭愚者一得之见,以邀尊鉴乎?诚知长者高明之见无微弗烛,老诚治校何善弗举,惟生窃尤有进者。长者能者多劳,负党国重寄,对暨校之改良或有其心而时不与,而教职员间或有未能体长者之宏愿,秉行长者改革之大旨,则长者仁善为怀,欲造益侨生,而侨生竟未能获益,斯诚大可致意也。生质直好言,尤荷长者许其陈述微见,用敢知无不言,为长者述其最近之观察,但知求有益于南侨之教育,不问其他。盖暨南者,华侨之暨南也。华侨而不谋暨南之改良与发展,则诚华侨之罪人,于生更谊有攸关。区区微意,当蒙明鉴,非曰浪墨费纸求取悦于长者,而为升斗之谋也。昔在暹,达长者之函中论暨校教育类多过去及推想,未能得实,返校以来,耳闻目见较为真切,是不可不一言也。第欲明侨生今日之现象,非先略述侨生之特性及其背景不可;欲知侨生之特性及背景,更非光明华侨之家庭及学校之环境不可。

所谓侨生之特性者,即侨生在海外之家庭及学校所造就之一种生活习惯也。其在南洋华侨之家庭,多乏良好之家庭教育,又因华侨子弟多土生,母亲为所在地之土人者居多,南洋土番溺爱成风,侨生当非例外。因此侨校亦多改造乏力,华侨子弟遂多优游骄养,勤劳自爱非其所知。在家庭不能为勤劳之子弟,在学校当难为勤勉之好学生,率是之故,华侨家庭教育之不良遂至于影响学校教育,诚因侨校学生住校者少,侨校虽欲为严厉之管理以引导之,而力有所弗及也。所谓侨生之背景者,指其生活之环境而言也。侨生一般之生活经济皆较优美,彼辈每恃其家产之富有而轻视其本身在社会国家中所应负之职任,常妄用其金钱时间及脑力于无益之努力。更明言之,即从侨生之背景以论侨生,彼等仅视教育为一种装饰品,其升学祖国也,更为欲领略海上之文明,习染奢华之生活者居多,以故侨生虽多受教育,而皆未能明了教育之真趣,更多未能躬行教育所赋予之本能,殊为可惜也。侨生不能借其经济之优美、智力之聪明以求大就,是诚华侨教育之大损失大缺点,而亦祖国之不幸。目前侨生多借其经济背景之优美而放弃其使命,甚至于沦没其天才。盖从智力与体力上言,在今日中国之青年,侨生实天赋独厚,华侨教育正应引导侨生利用其优美之环境、聪明之智力及活泼坚强之体力也。由上述侨生在海外之习惯大多含有下列各件:

(一)侨生多数有惰性;

(二)侨生多具有天才;

(三)侨生多习于奢华;

(四)侨生多乏奋斗之人生观;

(五)侨生多乏自治能力。

返国求学之侨生,具上列各项之习惯者甚多。苟教育得宜,去其惰性,发展其天才,增加其自治能力,觉悟其为人之职任,则侨生对于国家对于华侨社会及文化事业之努力当大有可观。

前此暨校之教育确缺乏此种补救之精神。第知侨生外表蛮鲁,遂目为不可理喻,利用其自觉心之薄弱,而为宽弛放任,上下蒙弊,以欺骗华侨。故暨校成立廿余年,返国就学侨生以千万计,而皆西装一套,学则空如,睥睨一切。倘非父兄拥重资,足供若辈出校后之挥霍,则侨生将因受教育而沦落,而不能自立谋活者,正不知若干也。此皆历年华侨学生之现象,暨校同学中之觉悟者谁不同声痛悔,而恨昔日之受骗自欺乎！生治教育暹中，尝为激愤之言，谓以今日祖国之教育，欲受教育者苟非家无百万资产则不受教育，斯为愈也。盖今日华侨教育亦可，祖国教育亦可，从教育真正意义及目的言，无往而非贻误青年之教育或为过言，然岂无因耶？生尝求教育之本旨，纳卢梭、罗素、杜威等教育学者之释教育也，则教育之目的不外三者：

甲、给与生存的技能学识——即发展人类之本能以适应生活之需要。

乙、训养体力与德力——此属于伦理及生理维持人类社会之要需。

丙、栽培高深学术与思想——以欣赏人生及促进人类文明之进化。

此就普世教育之公同目的言。若中国，则更不止此也。以中国教育今日之现象而言，教育之目的似尚有待。中国教育极应待论者极多，于此仅专就华侨教育作言，兹请略之。

自长者重长暨校，外部发展之迅速，见者咸叹为未尝有。盖厥斯大任，非热毅如长者，莫得而肩也。今日暨校外部物质之建设已大可观，则对侨生内部精神之训养更不容缓。提高侨生学术之造就，促进侨生生活之改良，此固长者之本旨。观长者年来锐意改造学校环境，注重美化，尽力聘请闻名敦学之教授可以知矣。惟长者虽年来力谋侨生教育之增进不遗余力，然从实际上之考察，长者之企图似多未能达到最大，原因则为校长之宏愿，教职员未能努力秉行，以领导学生共趋长者改造华侨教育之鹄的也。更进而言，则校长虽深明侨生之特性及其背景所养成之习惯与所应采取之教育方针，暨校教职员则似多未明侨生教育之特殊状况也，甚希暨校教职员对此点加以相当之研究。

言中国教育之不振，一般教师实当首负其责。盖目下中国之教师多缺乏准备，或更为不得已而侧身于教育者，所谓良好之教师，不仅在具有优美学问，尤须有教学之经验，尤须更具有为教育而牺牲之精神，若仲尼之“学不厌，教不倦”而后可。暨校教师生固不敢尽谓为有学问而乏经验与热心者，然不敢谓为无也。教师空具有高深之学识而乏教学之经验及热心,已堪大虑;若并学识、经验、热心而无之,行尸走肉,敷衍学校,敷衍学生,则其阻碍华侨教育、贻误华侨子弟,长者宜知所注意矣。兹更请言暑期学校之真相。

长者闻之当亦深悲,不少教师利用侨生之惰性、教务之马虎,而敷衍上课;侨生更乘而利用教师之敷衍,每周数次缺席,在教师,事之常也,学生尽日旷课,又更常事也。月余暑校有足未至课室而结果分数及格,学分垂手而得,其事正复不少。暑校如此,平时相差当亦不甚相远。由此现象可以造成如许之结果:

(一)教师教学不严,侨生益得发挥其惰性。

(二)学分可以侥幸得到,一般学生便轻视勤勉者。

(三)教师放任,学校不知又不能警劝,引起侨生轻视学校行政之威权。

更由此三大原因而发生下列两种弊端:

(一)侨生益不能自治或竟不愿自治以研究学术。

(二)侨生更得利用其时间过其奢华及不正当之生活。千百万海外华侨所重寄之南侨学府成此情状,稍有心于华侨教育者,孰不痛心国府岁靡重帑?

长者费尽无限心血而不能使侨生获受良好教育,侨生一旦自觉,当亦痛悔无地,暨校教师愿亦有所感,庶足以慰我外侨矣。以上所述之弊端,为侨生公同现象。同学中之自爱者,教职员中之热诚者,类能道之,非生故吹毛求疵以厚诬母校之教育也。欲补救侨生之大病及学校之积弊,惟有具坚毅之决心、诚恳之态度,厉行各项之主张:

A. 提高学校教育精神;

B. 提倡学生自治精神;

C. 增加学生娱乐要素;

D. 溶化教职员及同学情感。

E. 以严格主义管理学生。

依此五项以前进,师生共同合作,努力于学理探讨、品格之砥励、意志之修养,一二年之后,侨生而不能气质一变,暨校而不能为中国教育之表率者，生不之信也。

关于教务之办理，长者亦宜留意。就最近开学之教务情状言之，大学、中学两部之教务负责者似甚乏经验，最普通之错误即对于学生之选择课程与学分缺乏精密之考虑。大学生所选学分每学期以廿一学分为标准，学生希图速于卒业，逾此标准者甚多，教务处未能依章限制，有失教务责任。或以为侨生懒惰，放任骄纵已惯，且暨校承当年赵氏积弊，校风久已萎靡宽弛，一旦而欲之勤劳，使之砥励，其不难骤极而变矣，即长者亦颇以是为然。故欲先从变换其内心之方法做起，斯诚善法，第生更有进者，则以为侨生虽有其恶劣之习惯，然其向善之心理亦至浓厚，一朝经师友之促觉，必皆能自悟而体长者之苦衷。微今日同学皆已一致信仰校长者乎？至于警惕不悟，自甘堕落而又必欲同学堕落者，此其害群之马，当以特种教育之方法施之。南侨父老皆愿其子弟勤俭力学，侨生之浪荡弃学，皆家庭之罪人，暨校而能严为教导，此则南侨所深祷，长者又何疑乎？五项改革之主张另纸说明其内容。生蒙长者见爱，许其陈言，又见报载长者愿献此身于华侨教育，益有所感，率直措辞，唐突尊前，自所弗免，维希曲谅为荷。谨此布达，并颂公安。

生　黄征夫　九月廿四日

（《暨南周刊》第 4 卷第 1 期，1928）

中央训练部华侨教育会议概况

刘士木 钱 鹤

中央训练部以华侨教育关系重要，爰继暨南大学南洋华侨教育会议之后，招集党政、教育、侨务各机关，并特约熟悉华侨教育诸同志，举行华侨教育会议，会期自十一月一日起，至九日止，列席代表四十余名，提出议案百余起，决议案二十余件，兹将概况略述于下。

一、开会缘起

径启者，查华侨远涉重洋，旅居异地，既受当地政府之苛遇，复有其他民族之排挤，乃仍努力奋斗，始终不渝，于经营工商业务之外，且知创设教育机关，灌输祖国文化，吸收欧美文明，俾一般侨民子弟，尚能保持我民族之精神，爱护我国家之心意，良深嘉慰。惟念华侨兴学，时逾二十年，因无整个之计划，遂乏一致之步趋，再加以当地政府诸多限制，良好师资不应供求，种种困难，致使华侨热心兴学之初衷，未能积极贯澈，殊为可惜。本党于此，认定教育事业，不特为国家建设之要图，亦实为民族复兴之任务，值兹训政开始之期，对于华侨教育事业，亟应图谋积极之设施。前经本部部务会议，决定约集与华侨教育有关之重要机关，或团体，会同制定华侨教育整个计划，以利推行。爰订于十一月一日在本部开会，敬希贵部推派代表二人，届时出席共商一切。并盼在会议前，将关于华侨教育之各项计划及刊物，赐予全份，借作参考。事关华侨教育根本大计，谅能乐予赞同也。中央执行委员会训练部启。

二、组织规则

(一)本会议之目的在谋华侨教育之统一改进与推广,由中央训练部负责召集之。

(二)本会议由左列各机关团体之代表及熟悉华侨教育之同志组织之:

1. 中央组织部代表二人;
2. 中央宣传部代表二人;
3. 中央训练部代表五人;
4. 中央侨务委员代表二人;
5. 国民政府教育部代表三人;
6. 国民政府外交部代表二人;
7. 国立暨南大学代表二人;
8. 华侨教育协会代表二人;
9. 熟悉华侨教育之同志若干人,由中央训练部聘请之。

(三)本会议会议范围如左:

1. 各机关团体关于华侨教育之报告;
2. 个人关于华侨教育之报告及提案;
3. 各机关团体关于华侨教育之提案;
4. 其他关于华侨教育之事项。

(四)各项报告及提案等须于会期前三日送交中央训练部。

(五)本会议以中央训练部部长为主席。

(六)本会议会期自本年十一月一日起至十日止,但必要时得临时变更之。

(七)本规则由中央训练部呈报中央执行委员会备案施行。

三、代表一览

中央训练部:李庚　蒋伯谦　王克仁　吴企云　黎友民

中央宣传部:陈重堪　刘德荣

中央组织部:谢作民　罗伟疆

侨务委员会:余超英　贺俊人

国立暨南大学:刘士木　钱鹤

教育部:吴研因　赵乃传　朱葆勤

外交部:陈锡璋　胡襄

华侨教育协会:荣渭阳　罗光汉

特约参加同志:林森　陈耀垣　周启刚　萧吉珊　郑洪年　李登辉　黎国昌　丘守愚　钟荣光　熊理　丘莘畇　陈安仁　吴公义　梁楚三　黄右公　吴铁城　陈肇琪　张忠道　李邦栋

秘书:史维焕　马超俊

纪录:钱义璋　张皎

四、开幕盛况

十一月一日,上午十时,在中央党部大礼堂,举行开会式,计到中央委员、中央训练部、组织部、宣传部、侨务委员会、国立暨南大学、国民政府教育部、外交部、上海华侨联合会等各机关代表四十余人,主席中央训练部部长戴传贤。一、开会;二、全体肃立唱党歌;三、向党国旗及总理遗像行最敬礼;四、主席恭读总理遗嘱;五、主席报告开会宗旨,大意谓华侨为革命之母,华侨教育,实与中华整个民族之存亡,有莫大之关系,原来华侨对于世界文明,有极大之贡献,海水所至之地,华侨皆有踪迹,具冒险耐苦的精神,为人类开辟新大陆,为世界建造文明基础,特智识不及他人,遂致治于人,而不能治人,此华侨教育之所以急不容缓也。中央委员吴铁城致训辞,大意谓华侨今日所处地位,非常危险,非从教育入手,毫无办法,而华侨教育,最须注意者有三事:一为确定方针,二为教育统一,三为领事馆兼理教育云。暨南大学校长郑洪年演说,大意谓华侨也是中华民族之一,彼辈在海外地位如何,我人根据统计,有八百万人,内有几百万,已为人同化,以至数典忘祖,抛弃本国文化,我人急宜利用教育力量,根据三民主义来谋全中华民族整个的独立,整个的自由平等云云。华侨教育协会代表荣渭阳、中央侨务委员会代表余超英、教育部代表赵乃传、外交部代表胡襄等,相继演说,对于华侨教育,应确定方针,统一发展,无不发挥无遗。演说毕摄影,继至中央第二会议厅,开谈话会,讨论会前应先决定诸事项,决定:(一)本会会期定五日至十日,必要时得延长之;(二)开会时间每日下午二时半起,五时半止,必要时,以继续至下午十时为度;(三)大会主席团为五人,当推定戴传贤、郑洪年、吴铁城、马超俊、陈耀垣等五人,为大会主席团,下午一时散会。

五、预备会议

一日下午二时开预备会议,出席代表,计有张忠道、郑洪年、黎国昌、丘守愚、贺俊人、余超英、钱鹤、李邦栋、吴研因、赵乃传、胡襄、陈锡璋、刘德荣、陈重堪、黄右公、周启刚、李登辉(罗虔英代)、罗伟疆、李庚、黎友民、荣渭阳、陈安仁、刘士木、王克仁、马超俊、史维焕等二十六人,主席郑洪年,纪录张皎、钱义璋。宣布开会,主席恭读遗嘱,首由马超俊起立报告上午谈话会决定三案毕,依照议事日程:(一)各机关代表报告教育部代表朱葆勤报告大学院及教育部处理华侨教育之经过现状,暨南大学校长郑洪年报告暨大成立经过及改组后之现况,至此已三时半,距规定时间,仅半小时,而依议程,尚有外交部、华侨教育协会等机关报告,但有二种事项,须在预备会解决,乃变更议程,将其余各项报告移至下会;(二)讨论华侨教育会议会议规则,逐条讨论修正通过;(三)组织提案审查委员会,决议由大会推定九人组织提案审查委员会,当推定陈安仁、陈肇琪、吴研因、钱鹤、余超英、陈锡璋、荣渭阳、王克仁、罗虔英等九人为提案审查委员,由王克仁召集,下午四时散会。

提案审查会,于同日下午四时一刻开会,审查委员全体出席,议决将所有议案分为十组,并推定各组整理人员如下。

甲、党义教育组:王克仁

乙、教育方针组:钱鹤

丙、教育行政组:吴研因、陈锡璋

丁、教育经费组:荣渭阳

戊、教育团体组:罗虔英

己、社会教育组:陈肇琪

庚、学校行政组:吴研因

辛、师资组:陈安仁

壬、课程教材组:余超英

癸、杂组:王克仁

六、第一次大会

十一月二日下午二时半,在中央第二会议厅,开第一次正式大会。出席代表:蒋伯谦、黎友民、余超英、刘士木、丘守愚、赵乃传、荣渭阳、吴研因、朱葆勤、张我华、胡襄、陈锡璋、刘德荣、陈重堪、李庚、罗虔英、黎国昌、钱鹤、李邦栋、郑洪年、陈肇琪、陈耀垣、梁楚三、吴企云、吴公义、王克仁、谢作民、黄右公、罗光汉、张忠道、贺俊人、陈安仁、史维焕等三十三人。主席郑洪年,纪录钱义璋、张皎。主席恭读总理遗嘱毕,由外交部代表、华侨教育协会代表报告提案;审查委员会代表王克仁,报告第一次审查会议结果。分为十组,继即讨论提案:(一)确定华侨教育之实施方针案,(二)华侨教育实施纲领案,(三)华侨党义教育实施计划案。经长时间之讨论,各代表充分发抒意见,对于各该案,极为慎重,最后由主席指定史维焕、刘士木、陈肇琪、余超英、朱葆勤、赵乃传、王克仁等组织审查会,悉付审查。(四)指定各组审查员案,议决由出席代表,各自认定二组,送交史代表维焕整理,于次日发表,议毕散会。

七、欢宴代表

中央训练部于三日正午,假鸡鸣寺考试院,欢宴出席代表,到四十余人,由戴季陶主席,席间宾主联欢,觥筹交错,畅论华侨教育问题。戴氏演讲约分三点:(一)华侨教育问题极为复杂,此次会议,应求一个"怎样办"的方法,有了办法,再问谁去办。希望能成立一民众团体,如华侨教育会之组织,而加以公法上之规定,付予执行华侨教育一切问题之权能。(二)希望扩充华侨学府国立暨南大学,不仅限于南洋,而能及于全世界各洲华侨,注意培养师资,改进华侨中小学,训练华侨社会活动之干部人才,如日本大学之有殖民科。(三)驻外领事馆,不仅为商务官,兼能运用教育上之职能,而为教务官,此外对于华侨教育经费问题,亦有整个伟大之计划,拟筹基金一千万元云云。后各代表如赵乃传、丘守愚、罗虔英、余超英等,均相继发表意见,或报告华侨教育现况。暨南大学代表钱鹤报告该校上次召集南洋华侨教育会议之情形,会议后之进行工作,及该校自前年改组后,经郑洪年校长锐意扩充,进步迅速,美澳等洲华侨子弟,来学者日众,不难副戴主席所企望扩充之热忱。四时席终,由戴氏导观该院警卫队表演剑术及该院菊花,兴尽而散。

八、第二次大会

十一月四日下午二时半,在中央第二会议厅,开第二次大会,出席代表:罗虔英、黎国昌、胡襄、陈锡璋、丘守愚、陈肇琪、张忠道、罗光汉、黎友民、余超英、陈重堪、刘德荣、吴铁城、郑洪年、荣渭阳、赵乃传、贺俊人、吴研因、陈安仁、黄右公、朱葆勤、李邦栋、蒋伯谦、李庚、吴企云、刘士木、戴传贤、钱鹤、罗伟疆、陈耀垣、王克仁、史维焕、马超俊等三十三人。主席郑洪年,纪录钱义璋、张皎。主席恭读总理遗嘱,首由华侨联合会代表罗虔英报告该会现状,审查会史维焕报告审查确定实施方针之经过。继即开始讨论:(一)确定华侨教育实施方案,(二)华侨教育实施纲领案。以上两案合并讨论,戴季陶、吴铁城及各代表相继发表意见。方针三条,大体通过,惟文字尚须修正,议交教育方针组,整理文字后,报告大会。次即讨论教育行政组审查报告,由审查会吴研因说明本组提案共二十余件,归纳之可分为:一、关于国内各机关管理华侨教育之职权者;二、关于华侨教育行政组织者;三、关于派遣指导华侨教育人员者;四、关于为华侨教育应行回国就学者;五、关于增设华侨学校者;六、关于华侨学生回国就学者;七、关于华侨教育之宣传劝导者;八、关于鼓励及奖励者。该组因审查工作尚未完竣,一致议决,明日大会暂停一日,将所有议案交付各组充分审查;所有各方提案,限六日正午截止。最后由戴传贤临时动议,本会应综合会议经过,发表宣言,议决由中央训练部负责起草,议毕散会。

九、第三次大会

十一月六日下午二时半,在中央党部第二会议厅,开第三次大会,出席代表刘士木、黎国昌、陈锡璋、胡襄、赵乃传、朱葆勤、吴研因、丘守愚、余超英、罗光汉、钱鹤、蒋伯谦、黎友民、王克仁、陈肇琪、吴企云、郑洪年、张忠道、陈重堪、刘德荣、陈耀垣、李庚、贺俊人、陈安仁、吴公义、罗伟疆、荣渭阳、马超俊、李邦栋、黄右公、史维焕、谢作民等三十二人。主席陈耀垣,纪录钱义璋、张皎。主席恭读总理遗嘱,先由秘书报告文件,及宣读第一第二两次大会纪录,次即开始讨论:(一)确定华侨教育行政组织案,甲、教育部宜增设华侨教育司,以统一华侨教育行政(议决通过);乙、驻外领事馆,宜酌设教育专员,以负管理当地华侨教育之责,(议决)延期讨论。(二)组织华侨教育设计委员会案,(议决)延期讨论。(三)厘订华侨教育团体组织案,(议决)应设立华侨教育会,其组织另订之。(四)华侨教育师资如何培植与检定案(议决),甲、在海外交通便利之地点,于可能范围内,量国家财力,逐渐建设师范学校;乙、从速整理国内外各校附设之华侨师范班;丙、在国内增设培养华侨小学师资之师范学校等五项,照审查案修正通过。(五)本日议程所列中训部提出之议案(议决)不必付审查,提交明日大会讨论。

十、第四次大会

十一月七日下午二时半,在中央党部第一会议厅,开第四次大会,出席代表蒋伯谦、黎友民、贺俊人、黎国昌、钱鹤、陈肇琪、胡襄、吴企云、陈重堪、刘德荣、张忠道、史维焕、朱葆勤、余超英、吴研因、赵乃传、李邦栋、荣渭阳、刘士木、李庚、李登辉(刘士木代)、丘守愚、罗伟疆、罗光汉、郑洪年、吴铁城、萧吉珊、陈安仁、黄右公、陈锡璋。主席吴铁城,纪录钱义璋、张皎。主席恭读总理遗嘱，先由秘书报告文件，及宣读第三次会议纪录，继即讨论提案。（一）广设海外华侨补习学校案，（议决）办法甲、设立半日学校、平民夜校、假期补习学校，及妇女补习学校等；乙、补习学科，应注重党义、国语、国文、本国史地，及有关职业科目，其课程纲目，由教育部规定颁行等五项。（二）为统一及发展华侨教育计，应设立华侨教育会，确定国立华侨学校之教育方针，增加领事官关于教育之职责，并筹集华侨教育经费案，（议决）全案修正通过。其大要为：甲、华侨教育会设总会于南京，设分会于海外所在地之重要地点；乙、领事馆内须有专员负责，考察并指导华侨教育；丙、培养使领人才，在中央政治学校及暨南大学等校，设外交科或领事科；丁、筹集华侨教育基金一千万元，内由国府拨款二百万，闽粤二省合筹一百万，余向海外华侨募集，并每年由政府提拨若干万元，补助各地华侨教育经费。

十一、第五次大会

十一月八日下午二时半，在中央第二会议厅，开第五次大会，出席代表陈肇琪、吴研因、胡襄、荣渭阳、黎国昌、丘守愚、陈锡璋、郑洪年、史维焕、马超俊、张忠道、赵乃传、朱葆勤、李庚、余超英、贺俊人、蒋伯谦、王克仁、黄右公、黎友民、吴企云、陈安仁、李邦栋、刘士木、李登辉（刘士木代）、刘德荣、罗伟疆、萧吉珊、陈重堪、谢作民、钱鹤、罗光汉等三十四人。主席马超俊，纪录钱义璋、张皎。主席恭读总理遗嘱，先由秘书宣读第四次大会纪录，继即讨论提案：（一）请政府每年拨五十万元，以供发展华侨教育之用费案，（议决）通过。（二）海外各地华侨教育经费之筹集支配保管，由各地组织华侨教育经费委员会掌理之，其组织法由教育部规定，（议决）留供参考。（三）为充实华侨学府，暨南大学应由教、财两部，照十七年度预算补足，以资扩充案，（议决）函送主管机关查案办理。（四）划清华侨学校校董与校长权限案，（议决）照审查案修正通过，其办法如下：甲、校董应组织校董会，其权限如下：一、捐募基金；二、筹划常年经费，及建筑设备等临时经费；三、审核预算及决算；四、保管校产；五、选聘校长；六、代表学校办理对于当地政府之交涉事项。乙、校长之职务如下：一、主持全校教务、训育，及其他一切事宜；二、聘任教职员；三、编造预算及决算。丙、校董会与校长相互之关系：一、校长在聘任期内，非确有失职，或其他不得已事故，双方不得中途解约；二、校长列席校董会议，并得提出议案，但无表决权；三、校董对于校务之兴革，有所建议，应提出于校董会议议决，交由校长处理之。（五）编订华侨学校课程标准及教材用书案，（决议）照审案通过，办法如下：一、由教育部设立编订华侨学校课程标准委员会，及编审华侨学校教科用书委员会；二、征集华侨学校适应教材，由教育部审核整理后，印发各侨校。（六）促进华侨学校教师研究党义案，（决议）照审查通过，规定办法五条如下：一、由中央宣传、训练二部，调查海外学校，多给予学校教师有关党义之各种印刷品；二、由海外高级党部领导各校教师研究党义；三、推行中央训练部所规定之各级学校教师研究党义条例；四、关于研究党义所发生之问题，得由个人呈请所在高级党部，转请中央指示解答。（七）请政府在海外择地设立学校，以为侨学模范案，（决议）留供参考。（八）擢用华侨人才案，（决议）原则通过，办法请考试院订定。（九）指导或资助华生回国求学案，（决议）原则通过，办法留供参考，讨论至此，因时间已过，议程尚有三案，不能进行讨论，当决议于今日上午八时半，开第六次大会，大会毕，即举行闭会式。

十二、第六次大会

十一月九日上午八时半，在中央第二会议厅开第六次大会，出席代表计有丘守愚、余超英、张忠道、陈锡璋、郑洪年、李邦栋、吴研因、朱葆勤、赵乃传、荣渭阳、李庚、蒋伯谦、贺俊人、刘德荣、王克仁、吴企云、黎国昌、黎友民、胡襄、史维焕、陈重堪、罗光汉、罗伟疆、刘士木、李登辉（刘士木代）、陈肇琪、钱鹤、黄右公、萧吉珊、陈安仁、马超俊、戴传贤、吴铁城等三十三人。主席郑洪年，纪录钱义璋、张皎。行礼如仪，先由秘书宣读第五次大会纪录，及报告文件，次依照审查报告逐项讨论:(一)广设海外华侨社会教育机关案,(决议)原则通过,办法参照第四次大会之决议之广设华侨补习学习案,修正通过。(二)请交涉解除各国对于华侨教育之压迫,并取得保护侨校权案,(决议)修正通过。(三)请由中央通令海外总支部,约集所在地华侨社团,组织劝学委员会,专事劝学案,(决议)在华侨教育会未成立之地方,酌择施行。(四)华侨党义教育实施计划案,(决议)大体通过。(五)请增设华侨教育专员负责督察指导华侨教育案,(决议)修正通过。(六)中央政治学校特设华侨训练案,(决议)留供参考。(七)组织华侨教育设计委员会案,(决议)留供参考。(八)请中央党部严格取缔反动分子活动案,(决议)送请中央宣传部办理。至此议程已毕,讨论临时动议二案:(一)决议本会决议案,送请中央党部核办。(二)决议由中央训练部、中央侨务委员会、教育部、外交部、暨南大学,各派代表一人,会同整理各决议案,并草拟总报告,当即推定陈安仁、钱鹤、胡襄、朱葆勤等五人任委员,由中央训练部召集,至十一时余散会。

十三、举行闭幕式

十一月九日上午十一时,在中央大礼堂举行闭幕式,除到各出席代表外,并到中央委员胡汉民、叶楚伧、余井塘,教育部长蒋梦麟,及来宾多人。主席戴传贤。行礼如仪后,主席致词,略谓:此次会议,系中央对华侨教育第一次的会议,此次议决各简单而重要之决议案,由负责机关赶快施行,至明年后得召集大规模之华侨教育会议。此次大会提案虽不多,决议案也简单而可满意的,成绩是切实可以执行的。其重要可分四项:第一,华侨能同力合作组织一扶助推行之团体,在本党中央之指导与政府之监督指挥之下,以自动的精神,来推行三民主义教育的华侨教育团体;第二,国内专为华侨而设之学校,及其他学校,确定其华侨教育之方针,扩充并改进其内容,积极注意于培养师资,造成侨民从事于海外事业之干练人员,并备为华侨子弟回国的预备教育;第三,增加驻外使馆对于华侨教育的职责;第四,筹集华侨教育基金,及请政府每年拨发补助费。至其余各案亦均切实而易实行,望大家努力，来促进决议案的实现。继由胡汉民代表中央训词，其大意首述华侨教育过去发展之困难及内部之复杂，次述本党协助华侨教育之经过，从事于社会教育之收效，中央希望此次会议各决议案之实现。来宾有教育部长蒋梦麟演说，略谓此次会议较以前各次全国教育会议之成绩都好，以前各次全国教育会议决议案，包罗万象，看似很好，而都无法实行；此次各项决议，均能适合实际情形，而能执行，本人当在中央指导政府监督指挥之下，切实执行。末由代表丘守愚致答辞。午后一时余摄影散会，各代表当赴安乐酒店应教育部之宴。闻外交部亦将于明日下午七时，在国际联欢社招待各代表云。

（《暨南校刊》1929 年第 23、24 期）

南洋华侨教育会议第一次筹备会议纪录

时　间：十一月五日下午三时起

地　址：莲韬馆会议室

出席者：郑洪年（刘士木代）　刘士木　曹聚仁　杨汝梅　范慷源
　　　　夏开权　李长傅　钱鹤

列席者：许民一　魏天育

议决案：

一、定名：南洋华侨教育会议

二、日期：十八年三月十六日起一星期

三、代表标准：

(1)中华会馆
(2)中华商会
(3)阅书报社
(4)报馆
(5)教育会（或学务总会）
(6)学术团体
(7)中学以上学校
(8)国民党总支部
以上各推代表一人

(9)各埠小学校合推一人至三人

(10)国内外专家由本会延聘若干人

(11)本校教职员当然出席者若干人

(12)侨务委员会、教育部、外交部各推一人

四、地点：本校

五、实施办法:

(1)寄发通知书于各团体

(2)应请书

(3)证明书(附开代表履历)

(4)登报通告

以上由文化事业部办理。

六、组织大纲:由文化事业部起草

七、议案:向本校教育系师范科教授及南洋各学校征求

八、代表招待:由本校供给食宿

九、代表旅费:由推派团体自给

(《暨南周刊》第4卷第8期,1929)

南洋华侨教育会议第二次筹备会议纪录

时　间:十一月二十三日下午二时起

地　址:莲韬馆会议室

出席者:刘士木　杨汝梅　范慷源(刘代)　顾因明
陈宗山(顾代)　夏开权　曹聚仁　李长傅　钱鹤

主　席:刘士木

纪　录:钱鹤

议决案:

一、南洋华侨会议组织大纲,照原案修正通过。

二、南洋各团体推派代表细则,照草案修正通过。

三、通知书、应请书,及登报通告照原稿修正通过,登报通告,寄请南洋各报载义务广告二月——自十八年一月一日起,至二月底止,间日登载。

四、呈请国民政府教育部备案,待筹备完竣,由本校秘书处呈请国民政府教育部备案,并正式报告侨务委员会。

五、本会经费来源与数额概算,本会经费作本校临时开支,呈请教育部核拨,概算由文化部拟定,送请郑校长核夺。

六、向本校职员征求议案,待筹备完竣,正式通告时,征求全校教职员议案。

七、聘请专家标准,由各筹备员提出专家姓名,待第三次筹备会公决。

八、本会分任筹备事务,先分文书、议案、事务三股。文书暂由文化部担任。

九、第三次筹备会日期案，由文化部主任遇必要时随时召集。

南洋华侨教育会议组织大纲

（十七年十一月二十五日）

第一条 国立暨南大学为南洋华侨学校三民主义教育之实施、学校行政之统一、教育经费之规划，以及教学训练之改进，召集南洋华侨教育会议。

第二条 本会议由左列各项会员组织之。

（一）南洋各埠中华会馆代表各一人

（二）南洋各埠中华商会代表各一人

（三）南洋各埠阅书报社代表各一人

（四）南洋各埠报馆代表各一人

（五）南洋各埠教育会（或学务总会）代表各一人

（六）南洋各埠学术团体代表各一人

（七）南洋各埠中学以上学校代表各一人

（八）南洋各埠小学校联合各推代表一人至三人

（九）南洋各埠国民党总支部代表各一人

（十）国内外教育专家由本会选聘者十五人

（十一）侨务委员会、教育部、外交部代表各一人

（十二）暨南大学校长、南洋文化事业部主任暨教务长、秘书长、各系各科主任或代表

第三条 南洋各团体各学校推派代表方法另订细则，惟以深明党义，现任校董、校长、教员，或于华侨教育著有劳绩者为合格。

第四条 本会设主席团五人，常任主席由暨南大学校长任之，其他主席由全体会员票选之。

第五条 本会议在上海真茹国立暨南大学开会。

第六条 本会议会期定于十八年三月十六日起至二十一日止，遇必要时得由主席展缓或延长之。

第七条 本会议议案以各代表各专家提出之议案为限，但会外提

案由会员三人以上之介绍得接受付议。

第八条 本会议以应请报到人数过半数出席为法定人数，表决议□取决于出席会员之多数，遇可否同数时取决于主席。

第九条 各代表各专家如有提案，须于开会前二星期寄到本会议筹备处，以便豫加整理，编印议事日程。会员如有临时提案，须经会员七人以上之副署，用书面送常任主席，酌量编入议事日程。

第十条 本会议议决各案呈请国民政府教育部核准施行。

第十一条 本会议在筹备期间设筹备委员会办理各种事务，自十七年十一月五日开始办公，至大会结束之日为止。

第十二条 本会议议事细则另订之。

第十三条 各代表往返川资由各团体自行担任，在会期内膳宿等项均由本会供给之，惟选聘专家得酌贴旅费。

第十四条 本大纲如有未尽善之处，得由筹备委员会修正之。

附 南洋各团体学校推派代表细则草案

一、南洋地域，以英属马来半岛、婆罗洲、缅甸，荷属东印度，法属越南，美属菲律宾，葡属帝汶各岛及暹罗国为范围。

二、南洋各埠，以上属各州各埠，有本会组织大纲第二条各团体之一人者，即得推派代表。

三、中华会馆、中华商会之代表，为该会馆该商会之总副理，或其全权代表。凡尚未成立之埠，得由省、府、州属会馆商会，联合推举之。

四、阅书报社及报馆之代表为社长与总理，或其正式代表，但以现时存在，每日发行者为限。

五、教育会或（学务总会）学术团体之代表为正副会长，或其代表，惟以正式成立，办有成绩者为限。

六、中等以上学校之代表为校长、主任，或其代表；小学校兼办中学，或同等程度之补习班、专修科者，亦得推派一人，惟夜校不在此例。

七、小学校之代表，每埠有十校内者，推派一人；二十校以上者二人；三十校以上者三人；联合办法，由小学校长自行集合推举，或由会馆、商会、教育会(或学务总会)召集之。

八、国民党总支部代表,为执行委员会党务委员,或其代表,惟以正式成立,直属现在中央党部者为限。

九、南洋地域辽阔,本会议通知各团体各学校,必有遗漏,特登南洋各报公布办法,各团体各学校如未接到通知书者,得向载有本会广告之各报馆,索阅办法,推派代表。

十、各团体各学校,接得通知书后,即依照本细则推定代表,将应请书、姓名、履历、议案等,至迟在三月一日以前,寄到本会议筹备处。证明书回国报到时面缴。

十一、各代表应请书、履历表、证明书、议案纸,本会均已印就,只须详细填明,加盖团体图记及领袖名章,即为有效。

十二、各代表回国,如预先告知到沪时日者,本会派人往码头迎接;否则到沪之后,请到本会报到。

十三、本会议一切信件电报,请书寄上海真茹国立暨南大学南洋华侨教育会议筹备处,所有接洽问讯地点,亦同。

(《暨南周刊》第4卷第8期,1929)

我所望于南洋华侨教育会议者

钱 鹤

南洋华侨自兴学迄今，垂三十年，赖侨胞之热心提倡，志士之努力鼓吹，得有今日相当之成绩。据十五年度荷印华侨学务总会之调查，总计荷属三十五府，有学校三百十三所，学生有三万一千四百四十一名。英属马来半岛，据十四年调查，有学校三百余所，学生有四万余名。美属菲律宾有学校四十余所，学生有六千余人，缅甸有学校一百五十余所，暹罗有学校百余所，其他尚无统计。南洋华侨，向称五百万，而学校数量，如彼其少，已足令人慨欲，若以学校内容言之，则更有令人不可思议者在焉。

华侨学校之为国内外人士诟病久矣，其最大之缺失，一为华侨教育宗旨之不能确定。前则保皇革命，无所适从；继则尚实尚文，各执一是；今则或以偏重国文英文而相左，或因教授语体文言而异趣。欲求适合南洋环境，与华侨需要之共同方针，吾无闻焉。二为学校行政之不能统一，即董事与校长之权限，不能划清。国内学校，为校长者，负学校行政上之一切责任，南洋侨校则不然，校长之上，有总理董事，除负经济责任外，有进退教员，与干涉教务之权，致校长徒拥虚名，有为者灰心引退，无志者苟延残喘而已。其他师资人品之不齐，教材之不合需用，经费之无固定的款，常使学校处于风雨飘摇之境，如最近树胶市价跌落，华侨学校多有停闭之虞，此非绝大危险事乎。

今者暨南大学南洋文化事业部，有南洋华侨教育会议之筹备，会期定于民国十八年三月十六日起，一周为止，业已正式发表，今正积极进行。此会为吾人从事侨务之夙愿，亦为华侨教育界多年之渴望，诚以事业之进步，贵有计划，重在统一，南洋侨校自创始以来，各自为政，不相为谋，且鼓励无人，督促无所，欲望进步，戛乎其难。暨南大学为造就华侨人才而设，不特负发展高等教育之责任，亦应顾及中小教育之重要，诚以教育始基，重在小学，爱国之心，成自儿童，若仅注力华侨大学之进展，而忽视海外中小学之衰微，其收效之难，必事倍而功半也。况大学区制，国内正在推行，南洋为暨南之大学区，名实最称符合，今特召集华侨教育之空前会议，集海外贤硕于一室，谋改进方案于来兹，其收效之大不待言矣。

顾一事之成也，一方出于环境之需要，一方由于人力之赞助。南洋华侨教育会议，今虽由暨南大学发起召集，但事属草创，举行非易，代表既不易回国，需费亦属甚巨，倘非南洋各团体与政府社会尽力赞助，其事恐不易成也。作者亦是会筹备委员之一，竞竞从事筹备工作，已历数周，故日夕祝望此会之成，收效之大，谨以最低限度之要求，而一致作诚恳希望之意可乎！

一、希望南洋各团体各学校，慎选代表回国列席与议也。

本会议所定组织大纲，举凡南洋各公团、各会馆、商会、报馆、阅书报社、学术团体、党部等，皆有推派代表之权。或谓各公团与教育无关，为何加入？余谓南洋华侨教育，非单独可以发展者，必借南洋各公团物质与精神之力，始克有济。故本会推选代表，取广义不取狭义，但代表资格，深望各团体，特别加以慎重。按本会规定以深明党义，现任校董、校长、教员，或于华侨教育，著有劳迹者为合格，此非规定谨严，诚以代表不明教育或与教育无涉，则回国列席，亦属徒然，提出议案，开会研究，更无论矣。幸南洋各公团之领袖人物，以作者所知，无不与教育有密切之关系，倘本人无暇，或无研究者可委托深明教育者为代表，切勿妄推滥选，以贻华侨教育之羞，此作者诚恳希望之意一也。

二、希望各代表各专家，多提议案，以交大会公决也。

会议之形式在代表，在开会；而精神则在议案，在讨论。各代表既得深明教育之人选，深望将南洋华侨教育应有问题，尽量提出，以作者所见，如推行华侨义务教育问题，确定华侨教育宗旨问题，筹划华侨学校基金问题，统一学校行政问题，栽培师资问题，编辑教材问题，改良教学问题，其他应行讨论者尚多。作者深望各代表各专家，本平日见闻经验之所得，发为文章，著为议案，但须理论与办法并举，切勿徒托空言，无补实际，议案多多益善，范围愈广愈佳，将来预加整理，分门别类，蔚为大观，此作者诚恳希望之意二也。

三、希望国民政府，拨给经费，并与以极大之助力也。

当此全国统一，训政开始之际，凡百设施，莫不需极大之经费。本会议系国立暨南大学召集，虽可为大学行政之一，然兹事体大，非向教育部备案，与呈请拨给经费，不足以昭郑重。按本会议全部经费，由筹备会公决，最低限度，计银六千四百五十元，谅此笺笺，教育部决不至靳而不予。且郑校长决心办去，经费一层，或可无虑。所望政府当局，若教育部、外交部、侨务委员会诸公，以热忱与本会议合作。除拨经费之外，或与本会以各种便利，或与本会以多方提倡，或与本会以切实指导，使本会议发挥光大，结果圆满，此作者诚恳希望之意三也。

四、希望华侨社会与国内人士群起注意共相策励也。

南洋华侨教育，向无大规模之会议，以谋统一与改进，此其原因，甚为复杂。而华侨社会，与国内人士之不注意，视华侨教育为无足重轻，亦一大原因也。今暨南大学，既召集此会，任事教育者固当勇跃从事，以偿夙愿。然华侨社会，与国内人士，亦当与以充分之助力，与充分之同情，并在旁督励而驱策之，否则一人热心，百人冷淡，其事鲜有不败者。华侨社会之中坚，当首推商会与报馆，商会负发展经济之责，报馆负发扬文化之任，深望对于是会，一则慷慨热心，筹集代表旅费；一则竭力鼓吹，著论加以指导。即国内人士，国内报纸，亦应予以同样之援助，使南洋与国内之民众，咸晓然于南洋各岛之重要，华侨教育之急切，则本会前途，庶乎其可，此作者诚恳希望之意四也。

我所望于南洋华侨教育会议者，至多且深，以上所述，不过开会前之种种希望耳。更有开会时，提案之精当，讨论之详细，决议之妥适，与夫开会后之能推行，能实施，尤为作者希望之中心。开会有期，实现非遥，作者非与诸君晤谈，容复纸上讨论亦可，今姑止于是矣。

（《南洋研究》第 2 卷第 4 期，1929）

为华侨教育而办教育

——十七年度下学期第一次纪念周兼举行春季开学典礼训词
（十八年二月廿五日）

郑洪年 讲　李邦栋 记

△经费运动结果

△继续添加设备

△重要职员之调动

△机关用人之精明

△坚定毅力维持学校

△基础巩固然后远引

今天是纪念周，又兼举行春季开学典礼，我要举出几点对诸位报告：

一、经费方面

自组织经费筹划会会议办法，同学与教职员又推举请愿代表，从事运动，并且博得舆论上的同情赞助。教育部对此问题，极为注意，曾在行政院提议。直至上星期三，蔡孑民、张静江、李石曾、戴季陶、易寅邨、孙科、蒋梦麟诸先生，提出中央行政会议，结果甚好。暨南、劳动、同济三校，应特别的维持，尤其是暨南为华侨最高的学府，具有特殊的关系，当时表同情的人占多数。易寅邨先生给本校说了许多（赞扬）的话，帮忙不少，蔡先生对全国国立学校教育费主持尤力，值得我们感谢的！结果，照行政院的议决，在新预算未成立以前，六校加拨六万元，一面交财政委员会，将各校——全国的——预算从速审查通过。所谓六校——中法工专、国立音乐院、艺术院——蒋先生说只提几千元给他们，暨南等三校得五万六千元，但是三校的预算，劳动比较多些，月可五万，本校四万六千，同济三万四千，合起来有十三万多元，平均比例分配，本校可得到二万左右。经费从本月份起，可以无问题，只是旧债，等到稍为舒松些，再设法募捐偿还。

二、设备方面

大学部下半年要开三年级，美洲又将有华侨归来，学生一定很多。宿舍、礼堂，想在暑假前完成；尚有理化仪器，不很完全，亦预备添办。刘麟书先生有每年添置什么的计画，大约需八千元，这几天预备定购，暑假后可以应用。其余应该设备的，我仍然努力的去办。

三、职员方面

本学期重要的职员，大抵有变更：

A. *教务长*　请董任坚先生担任。董先生是学教育的，对于大学教育行政，尤其研究得很清楚。但是我不知道光华已先请他担任教务主任，前天我与董先生商量，结果，他愿意到本校来，要等到把光华的事设法摆脱，又适逢他的祖母有病，昨天已回杭州去了。现在刚在开学的时候，杨先生又决不肯再干下去，所以暂请谢先生接收担任。杨先生对于商科研究，为国内难得的学者，担任商学院的主任极为相宜，所以我也不勉强他任教务长。

B. *秘书长*　秘书长一职很重要，非有资望的人担任不可。叶渊先生在校的资格很老，与其任教务，不如请他任事务。当我在财政部的时候，已请他任过一度的事务长，所以这次再请他任秘书长。又因为商科同学，要到各处参观工厂商场，甚至有机会要到大商店的去实习，叶先生指导是很妥当。本校出纳日繁,学校银行也要赶快办好,合作社办得不妥,等于多开一个普通商店!总理也说过生产、信托、消费,四大原则,所以能办到合作经济,能养成人类互助的习惯。最新的教授治校主义,一切银钱,学校不管,亦不设会计庶务,例如法国大学区内,设有财政局,代他们办得完完备备,学校内没有这些啰啰苏苏的琐屑事。国内事业不完全,以合作来代替,是最好的方法。像这一类的事体,很望叶先生担负起来!请他做秘书长也是这个意思。

C. 女生指导员 责任是很重要,过去的一学期,确有不大好的地方,现在改请何芸芳女士担任。何女士老成持重,中英文都很好,关于女生方面指导,比较从重,一定有进步的。

四、教学方面

一年来同学研究学术的功夫,已具有相当的成绩。但是一校的风纪,要全体负维持的责任!大约我可说全校同学大多数是很用功,守校纪,不良的只有少数,因少数而影响多数,这是最不好的,希望大家规劝勉励,使得成绩蒸蒸日上。尤其中学部的同学,一切的要格外谨慎!

近来从表面上看起来,南京方面各机关任用人员,比以前严格多了。考试制度,愈趋愈紧,任何人的力量介绍,总必须经过严格考试。前几天我介绍三位商科的同学,到铁道部去考,题目很难,这三位在校学问都是很好,有一位竟没有考得取,所以在校的时候,不得不求个实在。倘是贪图一纸文凭,出校后,还是没有工作。“求人不如求己”,求己之学,不愁无事可做。从本学期起,教学方面,应格外的认真、勉励!

五、风纪方面

珍重一语,“敬师重道”,这是大家记取常听我说的。我敢讲国内不应该有这么多的大学,为甚么呢?因为师资不足。同学们如果不以感情来维系师生间的关系,引起教师的兴趣,学校就很难维持了。不信,试看全国有数的学者,到处争相聘请,本校的经费,比不上中山、中央、北平诸大学,本校已经罗致来的学者,若是因为有甚么感触离去,将来就难乎其为继,等到去后,同学们感到错误,已无法挽回了。切不可凭一时的冲动,拿起笔来,就任性写甚么打倒,平常惯喜欢写打倒标语的人,这个学期,要严密的调查,调查出来,那就不客气了。因为这种现象,最容易摇动学校的基础,同学们要注意造成优良的风纪,浓挚师生间的情感。

六、个人意志方面

我到校已有两年,平日谆谆的训诲,无非要将校基巩固,要达到社会上的人士都承认本校已办好,承认本校已有相当的能力。现在建设时期,基础未固,我决在此维持,有来破坏的,任何人我总去和他抵抗,决不退后,我是为华侨教育而办教育,不管其他的一切。等到学校基础坚定了,学风也淳厚了,到那时,大家无论如何挽留我,我总是离去。以学校为工具的是学阀,学阀应该打倒,大家要认识清楚,要体谅我的意思,爱校要先从爱教师起!

附志:本届开学前一日,校长循向例邀集全校教职员在东亚酒楼开茶话会,讲词与此略同,故将两稿合并整理。

邦栋谨识

(《暨南周刊》第5卷第4期,1929)

暨南大学召开南洋华侨教育会议的文件资料

（1929 年 6 月）

（1）南洋华侨教育会议组织大纲

（1928 年 11 月 23 日）

第一条　国立暨南大学为南洋华侨学校三民主义教育之实施，学校行政之统一，教育经费之规划，以及教学训练之改进，召集南洋华侨教育会议。

第二条　本会议由左列各项会员组织之：

一、南洋各埠中华会馆代表各一人；

二、南洋各埠中华商会代表各一人；

三、南洋各埠阅书报社代表各一人；

四、南洋各埠报馆代表各一人；

五、南洋各埠教育会（或学务总会）代表各一人；

六、南洋各埠学术团体代表各一人；

七、南洋各埠中等以上学校代表各一人；

八、南洋各埠小学校联合推代表一人至三人；

九、南洋各埠国民党总支部代表各一人；

十、国内外教育专家，由本会选聘者十五人；

十一、侨务委员会、教育部、外交部代表各一人；

十二、暨南大学校长、南洋文化事业部主任暨教务长、秘书长、各系科主任或代表。

第三条 南洋各团体各学校代表办法,另订细则,惟以深明党义,现任校董、校长、教员,或于华侨教育著有劳绩者为合格。

第四条 本会设主席团五人,常任主席由暨南大学校长任之,其他主席由全体会员票选之。

第五条 本会议在上海真茹国立暨南大学开会。

第六条 本会议会期定于十八年六月六日起至十二日止,遇必要时得由主席展缓或延长之。

第七条 本会议议案以各代表各专家提出之议案为限;但会外提案由会员三人以上之介绍,得接受付议。

第八条 本会议以应请报到人数过半数出席为法定人数,表决议案取决于出席会员之多数,遇可否同数时,取决于主席。

第九条 各代表各专家如有提案,须于开会前二星期寄到本会议筹备处,以便预加整理,编印议事日程;会员如有临时提案,须经会员七人以上之副署,用书面送常任主席,酌量编入议事日程。

第十条 本会议议决各案,呈请国民政府教育部核准施行。

第十一条 本会议筹备期间,设筹备委员会办理各种事务,自十七年十一月五日开始办公,至大会结束之日为止。

第十二条 会议议事细则另订之。

第十三条 各代表往返川资由各团体自行担任,本会期内膳宿等项均由本会供给之。惟选聘专家得酌贴旅费。

第十四条 本大纲如有未尽善处,得由筹备委员会修正之。

(2)南洋各团体各学校推派代表细则

一、南洋地域,以英属马来半岛、婆罗洲、缅甸,荷属东印度,法属越南,美属非利滨,葡属帝汶各岛及暹罗国为范围。

二、南洋各埠以上属各州各埠,有本会议组织大纲第二条各团体之一者,即得推派代表。

三、中华会馆、中华商会之代表，为该会馆该商会之总副理或其全权代表；凡尚未成立之埠，得由省府州属会馆、商会联合推举之。

四、阅书报社及报馆之代表为社长与总理或其正式代表，但以现时存在、每日发行者为限。

五、教育会（或学务总会）学术团体之代表为正副会长或其代表，惟以正式成立、办有成绩者为限。

六、中等以上学校之代表为校长、主任或其代表；小学校兼办中学或同等程度之补习班、专修科者，亦得推派一人。

七、小学校之代表，每埠在一校以上者推派一人，十校以上者二人，二十校以上者三人，联合办法，由小学校长自行集合推举，或由会馆、商会、教育会（或学务总会）召集之。

八、国民党总支部代表为执行委员会常务委员或其代表，惟以正式成立、直属现在中央党部者为限。

九、南洋地域辽阔，本会议通知各团体各学校必有遗漏，特登南洋各报公布办法，各团体各学校如有未接到通知书者，得向载有本会广告之各报馆索阅办法，推派代表。

十、各团体各学校接到通知书后，即依照本细则推定代表；将应请书、姓名、履历、议案等，至迟在五月二十日以前寄到本会议筹备处，证明书回国报到时面缴。

十一，各代表应请书、履历表、议案纸本会均已印就，只须详细填明，加盖团体图记及领袖名章即为有效。

十二、各代表回国，如预先告知到沪时日者，本会派人往码头迎接，否则到沪之后请到本会报到。

十三、本会议一切信件电报，请书寄上海真茹国立暨南大学南洋华侨教育会议筹备处，所有接洽问讯地点，亦同。

（3）南洋华侨教育会议代表一览

（甲）南洋代表（以接到报到公函为准）

夏应炜　　丘守愚　　温济民　〇刘成灿

林伯新　○廖烈进　○陈之滨　徐乃达
叶映辉　○陈肇琪　王泽湘　陈文亨
刘士木　潘华典　范慷源　萧碧川
顾因明　陈宗山　杨和森　郗鸿丞
○蓝德原　郭美丞　李雨欧　王家骅
○陈章辉　郑洪年　张开川　熊　理
邝少智　吴善稽　庄信群　戚修祺
曾广思　余俊贤　○邵荫华　陈嘉言
方之栋　王竖白　尤文炳　林清池
蓝六桥　张春元　刘湘英　林镜仙
吴其祥　李汉醒　张汉军　程华铎
陈鸿谟　李希穆　蔡文模　○叶燕浅
方之桢　伍朝海　谢紫碧　石水英
朱伟文　罗润泉　○张正藩

(乙)专家代表(以发出聘请公函为准)

○萧佛成　周启刚(陈枚安代)　○颜文初
何剑吴　钟荣光　○赵厚生　姜　琦
叶华芬　林文庆(孙贵定代)　李登辉
黄昌怀　○韩希琦　邹秉文　○石鸣球
○谢联棠　林有壬　黄丕安　○高践四
○匡互生

(丙)暨大代表(以本会议组织大纲所规定者为准)

翟俊千　杨汝□　许克诚　许民一
谢循初　叶　渊　康桐候　叶崇智
张相时　○黎国昌　陈荩民　江　楫
黄凌霜　蔡正雅　石　炯　尤巽照
陈钟凡　刘麟书　萧道五　邓胥功

注:○为未出席者。

(4)南洋华侨教育会议宣言

中华民国十八年六月六日,南洋华侨代表应国立暨南大学之召集,根据华侨学府国立暨南大学组织大纲之规定,开南洋华侨教育会议于上海,议案著录者一百六十余件,出席代表都七十八人,凡英、荷、法、美、暹罗各属华侨教育重要团体,殆莫不与焉。溯自我国父孙中山先生首倡三民主义,谋人群之幸福,跻世界于大同,天下为公,含义至广,和平博爱,取精用宏。际兹全国统一,训政伊始,教育为立国大本,我国家亦既确定教育宗旨,宣告于国民曰:"中华民国之教育,根据三民主义,以充实人民生活,扶植社会生存,发展国民生计;延续民族生命为目的,务期民族独立,民权普遍,民生发展,以促进世界于大同。"本会议继去年全国教育会议之后,应时代需要而产生,一以求海外侨民之教育,与国内一致进行,无使落后;二以求三民主义教育,暨实施于国立者亦必实施于国外,庶我国父之遗训,得以泽及中外,一视同仁,无间遐迩。兹经本会议议决:"华侨教育方针应本三民主义,以养成海外中华国民之智能及品格,以求中国民族之健全,并中外民族间之平等。"准此旨趣,此次大会之开,就华侨教育之本身言,则以谋教育行政之统一,教材之适宜,经费之确定,师资之养成,升学之指导,办学人员之奖励,华侨美德之保存,爱国观念之加深,与夫一切环境上之适应。就各友邦相互之关系言,则根据三民主义之教育方法训练我侨民,思想要科学化,行动要纪律化,生活要艺术化。凡此以谋侨民之福利者,亦所以增进侨居地社会上之福利也;以期侨胞在政治、经济、法律上之地位提高者,亦与各友邦之所以教其国民者,同其趋向而立于均等也。是以华侨教育对于各友邦,只求侨民生存之适应,并无侵略之野心;华侨实施三民主义之教育,亦以求本身之自由平等,而以不侵害他人之自由平等为原则;同时遵我国父之诏示,以仁爱慈祥之态度提携世界人类,共同达到自由平等之域。今大会业告闭幕,实施即将发轫,爰撷纲要,以窥大体,详案具在,可资覆按,谨此宣言。

（侨务委员会之所属机构档案）

(《中华民国史档案资料汇编》第 5 辑第 1 编,
江苏古籍出版社,1994)

南洋华侨教育会议报告序

郑洪年

中华国家,虽历受异族侵凌,而我中华民族,在世界历史上,实有不可磨灭之光荣。曷以故?我民族在海外发展,据国史所载,秦汉时代,已徙民于交趾,至明代郑和下南洋,华侨势力已盛,有建国称王者。嗣后日增月盛,由南洋而美洲,而欧洲,而非洲,降至今日,地球大陆,海水所至,靡不有吾国之民之踪迹。且忍苦耐劳,栉风沐雨,斩荆棘,昌万死,为世界辟殖民大陆,为人类建文明基础。今日光华灿烂之南洋,何莫非我民族汗血胝胼之功也。

不特南洋为然,世界列邦,我中华民族之从事劳力者,自来不知凡几,例值欧战之际,我国虽未出一兵,然派送华工十余万,为后方服务,大战之胜利,我华人岂能无功?特缘智识不及欧人,故不能为先知先觉有名之俊杰,仅能为不知不觉无名之英雄。孙总理有言曰:"人类的分别,应该有三种:第一种人叫先知先觉,是发明家;第二种叫后知后觉,是宣传家;第三种叫不知不觉,是实行家。世界上的进步,都是靠这三种人,无论缺少哪一种人,是不可能的。"于此可见我中华民族之有贡献于世界,虽屈居下位,而其功效,实非浅鲜矣。

夫我民族,虽有数千年之文化,有大贡献于世界,然近世欧美,科学日进,教育发达,人民智识程度,远过于我国,故与欧人角逐于物竞天择之场,未有能逃优胜劣败之例者。试观南洋华侨,历受英、荷、法、美殖民政府之种种苛待,若禁止登岸,若被逐出境,稍有人心,莫不发指。我炎黄裔胄,自甘退让则已,不然者,发奋为雄,振兴教育,提高侨民智识程度,实为今日急不容缓之图也。

顾南洋华侨,非不知教育之重要,创始迄今,已垂三十年,惜乏稳固之基金,良好之师资,完善之设备;且时受殖民地政府之干涉,学校当局,动辄得咎,是以进步甚迟。且华侨子弟,入外人官立学校,受殖民地教育者日多,国性丧失,青年外化,实有不胜殷忧者。若长此以往,不图华侨教育之扩充与改进,不特华侨在南洋数百年之经营,占有经济上之优越地位,势将丧失;即华侨子弟,亦将尽归化于欧洲,为英、荷、法、美诸国之人民,南侨之危机,莫甚于是矣。

我暨南大学,为培植华侨子弟而设,创始于清季,洪年为第一任校长,迨国民政府奠都南京,受命改组,努力扩充,完成设备,大学已办四院十有六系,学生综计一千五百余名。惟教育始基,重在小学,爱国观念,成自儿童,若仅注力华侨大学之进展,而忽视海外中小学之衰微,其收效之难,必事倍而功半。南洋华侨学校,因教育宗旨之无定,学级编制之参差,教学训练之不一,在在足为华侨教育之大害。本校爰于本年六月六日至十二日,召集南洋华侨会议,蒙南洋各公团各学校,推派代表,万里归来,会议一堂,结果佥称圆满。所有议决各案,已载本报告中,不容赘述。

惟须声明者,本会议决在海外实施三民主义教育,其最大主旨,在求我侨民之科学化、纪律化、社会化、艺术化;对于各友邦,系毫无狭义之国家观念,以相排挤。总以求本身之自由平等,而以不侵害他人之自由平等为原则,此洪年可代表本会议而明白宣言者,勿滋他人误会也。今者会议报告,已由南洋文化事业部编竣付梓,爰撮述本会议之由来,与夫议决案之要旨,敬告海内外人士,并求相互策励焉,是为序。

(《暨南校刊》1930 年第 43 期)

南洋华侨教育会议报告序

顾因明

华侨教育会议而只限于南洋，南洋华侨教育会议而迟至中华民国十八年六月始有第一次之召集，且召集些会议者，仅以暨南大学为主体，亦不怪乎！

当是会未经召集之前，暨大诸同人曾有数度之集议，佥谓兹事体大，不宜孟浪造次，经费之如何筹拨，代表之如何推定，招待之如何筹备，议案之如何征集，通讯机关之宜如何敏捷省费，屡议屡辍。至十七年十一月而筹备处始告成立，经费由郑校长负责筹措，而筹备委员会诸同志亦从此开始工作。复经一度之延期，至十八年六月六日，而会议得以实现。国内外代表列席者七十有八，历时六七昼夜，卒得议决案四十有五。而会议报告之整理，一以委之南洋文化事业部。部中同人之负责整理者，本为刘士木、李緎三、钱铁琴诸先生，今刘先生既以葬亲兼程回广东兴宁原籍，而李先生亦以游学滞留东京未返，数月来所从事编辑，职司校勘者，几乎责之钱先生一人，然则钱先生亦太劳苦矣。

是会也，诚可谓亘古未有，千载难逢。一切经过情况，具详报告，其一种合作精神，读者自能得之于字里行间，固毋庸他人之称道。今所不能已于言者，在华侨自身，读此报告，其将动于中乎？其从此化除成见，革新孟晋，不待他人之督促，而一一见诸实行乎？南洋非中华民国领土，而华侨实为中华民国之国民，我政府奈何只知向南洋华侨筹饷募债,而不知所以维护华侨之教育!南侨学校之苦殖民地政府压迫久矣。道高一尺,魔高一丈。我中华民国内乱愈烈,国际地位愈低落,华侨之受痛苦亦愈甚,而侨校前途之危殆,益不堪闻问。领事久同木偶,外部形同虚设,教部更无所用其责备,一纸空文,数条虚例,只可当作国内外报章宣传品、徒惹殖民地政府之注目,而资以为口实,益肆其压迫剪除之狠毒,而反增南侨之痛苦,反使华校前途益趋于进退维谷之途径。故国内政治不上轨道,外交无实力可言,领事不能行使职权,所有各种议案之执行,前途必经无数之阻碍,甚或毫无效果,然则南侨教育会议之召集,岂非多事!

虽然,语有之,俟河之清,人寿几何?妇人本弱,而为母则勇。南洋华侨之命运,不在支撑现在,而在鞠育将来,使华侨子弟而憬然觉悟。远念乃祖若父之创业艰难,金钱来处之不易;近维白人之始以武力征服土著,继以资本开发南岛富源,终以科学方法部勒东方民族。我五百万黄农裔胄虱处其间,不思所以自存之道,势必逐年淘汰以尽,无复立足之余地。大难当前不思自奋,一味呼号哀鸣,希冀他人之宽宥援手,纯系弱者之思想,无益于事,只取辱耳。叫嚣暴动,不能忍耐须臾,适自促短其生命,而予摧残者以育好机缘,不亦左乎!为今之计,我华侨子弟于高小毕业以后,从速归国求学,齐向科学方面努力进取,人一已百,人十已千,当念父兄所处地位之危险,回救之急于星火,挽回厄运之责无旁贷,而始终持之以热忱毅力,精神所注,金石为开。我南侨父老夙借个人之奋斗,以有今日之相当地位,奈何其子弟愚借父兄之遗荫,而尚苦难于保守,无由发展乎?而南侨从事教育界诸君子,尤应本牺牲之精神,一以拯救侨胞为职志。于役炎荒,原属人生苦事。佛不入地狱,谁入地狱?南侨教育会议之代表,大多数既系留南教育界同志,其议案之执行,一部分固须外交上之援助,而体会力行之责任,就环境所许可,仍不得不责诸南侨教育界诸君子。委曲求全,待时乘势,只求国民教育精神之贯彻,不必拘泥于教本,更无所用其主义之标榜。朝呼口号,夕入囹圄,铁窗风味,只令人悲,不数月而锒铛就道,乾坤正气,固足以风厉薄俗,而适予华侨教育以重大打击。白人之气焰益张，而知识阶级之南进，益复难若登天，以国内人士而言拯救华侨教育，是犹隔岸观火，但见火势之燎原，而无从施用灭火机器，任令房屋财产之全部俱烬，欲哭无泪，欲笑则心有所不忍也。

政府所司何事！民国已历十八年，南侨教育会议，何以迟至今日，而始行召集？召集南侨教育会议，卒由暨大出而主持。南侨教育界诸君子，不以暨大为多事，历艰险，昌重洋，有中途作古者矣，有来而不能复返者矣。胜会不常，盛筵难再，第二次会议之召集，虽有时日地点，而临时是否延期，地点是否更变，诚属一大疑问。然则第一次会议之结果，何能忽视？此报告书之所以急于杀青也。深望第二次华侨教育会议，应由负责行政机关召集，而代表之派遣，不止限于南洋。日本有华侨，美洲有华侨，非洲亦有华侨，足迹之所经即为侨校之所在地。环境容或不同，而国民教育之精神允宜一致。在华侨自身，极应努力于自救，而为国民领袖之政府，可不援助之而维护之乎？其亡其亡，系于苞桑，华侨爱国热忱，即为中外人士所称道；华侨教育事业，实有赖于政府之奖掖。今国内军事渐告结束，政府诸公亦渐注意于建设事业。凡第一次华侨教育会议议决各案之须经政府保障施行者，希望负责行政各机关，切实保障施行之，则南侨教育之前途，庶有豸乎？

（《暨南校刊》1930 年第 48 期）

南洋华侨教育会议报告序

陈宗山

中华民国十有八年六月六日，华侨教育会议代表，应暨南大学之召集，大会于真茹黉舍，议案著录者二百六十一，出席代表七十八，凡暹罗及英、荷、法、美各属侨学主要团体，殆莫不出焉。际兹全国统一，训政伊始，三民主义即既定为国是，亦即为实施教育之南针，可行于海内者，即可推行于海外。暨南本为华侨而设，今欲通海内海外之邮，收群策群力之效，爰有斯会，以继全国教育会议之后。兹当报告杀青之日，问序于不佞，揭橥惜趣，以就正于海内外父老兄弟焉。

华侨处特殊之环境，办特殊之教育，三十年来之甘苦，非身当此中况味者不能知，知之不真不切，决无由谋改善，以策前途之进行。诸代表聚首一堂，探寻症结，期补其弊而扶其偏，请将提挈纲领，综举崖略。

以言教育行政，则无所统属，各不相谋，闭门造车，遑问合辙，散沙一盘，抟挠术穷。本会议主张建议当局，组织侨学主管机关——华侨教育行政委员会，与研究辅导机关——教育会，俾有所率循，此其一也。

以言教材，则国内所编，强半不适用于国外，譬犹冬梅腊雪，理科徒载之，学者生平未睹，教者依样葫芦，以诏儿童，徒增其惑，削足适履，未见其可。本会议提倡特编国外适用之教科书，制时地之所宜，定取材之标准，此其二也。

以言经济，则华侨办校，既无公帑，更鲜基金，语其来源，仅持捐募,常寅食夫卯粮,尤捉襟而见肘。各地学校之增减,恒视商业之隆替,市况兴盛,则校数骤增,市况凋弊,则纷纷停闭,中途辍学之儿童,竟类被裁之兵卒。本会议主张应为侨学立百年之大计,如何筹募基金,如何挹注常费,就提案多起,斟酌损益,胪列办法,以备各就地方情形,采择施行,此其三也。

以言师资,则华侨去国万里,选才綦难,求者或目迷朱紫,应者亦身作絮萍。每见教师或因校董之喜怒而更迭,或以见异而思迁,大抵任事之期,一年半季是其常,两年以上是其变,黉舍势同传舍,教员形同阁员,虽有良师,无以自效,此为通病,各地略同。本会议主张慎选人材,优其待遇,假以岁月,力矫五日京兆之风,并于国内造就侨校师资,使人材辈出,无虑缺乏,此其四也。

以言办学人员之奖励,则海外教育,纯由民众自办,与学者出其汗血所得,任教者不远万里而来,均属难能而可贵。诸代表见闻所及,各埠学校,皆赖一部分热心之士坚苦支持,若不有以奖励之,恐无以资激劝。本会议主张对于海外办学奖励,应特订专条,此其五也。

以言升学,则侨校限于小学,初中寥寥可数,小学毕业,几无上进之途,其能归国求学者,非富厚之家,无能为力。侨民岂皆富厚,寒畯岂无俊才?不为之筹出路,教育平等之谓何?本会议公决厘定优待侨生办法,务于可能范围,使平民子弟,咸有相当求学之机会,此其六也。

以言华侨文化,则去国久远,数传而后,或且同化于土著,或涵濡于殖民地教育,螟蛉蜾蠃,识者所悲。夫吾侨足迹遍五洲,溯其移殖之迹,散播之程,披荆斩棘之伟业,可歌可泣,可垂诸史乘,然犹荒渺,不尽可稽。本会议以为种姓意识,系于载籍,数典忘祖,非伊一朝,当搜辑关于侨民之图书,从事整理,物色侨学专家,从事纂述,则民族观念,相引弥长,爱国热忱,油然益烈,此其七也。

以言侨民环境,则处寄篱之势,怀触籓之忧,局天蹐地,动辄得咎;重以吾侨,或囿于语言风习,情感隔阂,有如械斗恶俗,操戈同室、贻人诟病;今虽渐戢,而畛域之见,犹未全泯。本会议以为宜用教育感化之力,一炉而冶,转变子弟之观念,使知其身为中华之国民,而非一,则一切萧墙之衅，不祛自除。尤望侨中父老深喻此意，盖处国省一县之人外者与国内不同，当以团结一致为原则，其对居留之地宾主之间，当以不越于法律为范围，尤须知吾侨民能自立足于海外者，非恃他长，实恃有勤苦耐劳之美德，愿今后永保持此美德于勿替，愿教育家以此为训育之方针，此其八也。

以言祖国对于侨民，则逊清以来，或视同化外，而秦越肥瘠，得失何关胸臆？或眩其多资，谓铜山金穴、缓急可供取求，其于吾侨颠连困苦之状，呼吁哀号之声，熟视无睹，充耳不闻，劳来抚字，生聚教训之道，更不屑措意。今幸国民政府已告成立，华侨于革命中之贡献，尤党国领袖所稔知，后之视今，必不同于今之视昔。本会议切望当局垂念华侨亦国民，勿遐弃而不顾；教育尤重要，勿搁置而不理；凡本会议公决各案，有须待命于政府者，尽量采纳，尽先施行，此其九也。

以言友邦对于华侨，则吾侨遍处各属，利害休戚，息息相关。本会议之开，或引起友邦之注意，不佞敢进数言。夫吾侨于居留地，但有生活之目的，初无侵略之野心；于侨民教育，亦但期养成适于生存之世界公民，同时不失其为中华国民而已。吾侨之侨居各地，有先他国人而至，有应友邦之招徕而至者，为之辟草莱，启山林，以助友邦开发新邑荒蔑之区，蔚为繁华之市，固由友邦殖民政治之效，亦赖吾侨胼手胝足之劳。吾侨所希望于友邦者，但求在居留政府统治之下，地位法律待遇一切平等，同其福利；吾侨子弟所欲受之教育，与友邦之所以教其国民者，同其性质。本会议所主张者，亦不外此鹄的，敢开诚布公、坦白无隐，以披沥于友邦，此其十也。

凡上所陈，著议案者，可观其具体，见其本文者，可汲其要旨。不佞谫识轻材，是会亦躬逢其盛，故知之较详，不禁言之缕缕也，蛾术蚊负，愿共努力，谨以为序。

（《暨南校刊》1930年第52期）

读郑校长刘士木先生等全国教育会议提案之感想

曾毅夫

溯我国侨民航海梯山，披荆斩棘，秉其耐劳刻苦之精神，建工商业于异邦者为数不少，以久受异族铁蹄之践踏，辗转呻吟于强暴之下，故其对于革命事业之努力，爱护国家之观念，常超人一等！诚如孙总理所言："华侨，革命之母也。"然吾人一察华侨之现状与地位，其痛苦之深，仍未稍减于曩昔！且华侨寄东篱之势，时怀触藩之忧！既无法律以资保障，而一切行动均受外界之束缚！其荦荦大者，即为教育与商业两大问题。吾校郑校长此次提案均为华侨争待解决重大问题，爰将个人意见，陈而述之。

郑校长题案厥为四端：

1. 请国民政府通令各税关免除华侨制造品进口税；

2. 请工商部于最短期间实行选派专员专驻或巡回各地，拔助华侨发展工商业；

3. 请教部指定与华侨教育有关之各大学造就义务干部人才；

4. 请外交部遇有关于华侨教育之交涉事宜，应负责从速妥善办理。

以上一、二两条，系关于华侨教育商业上之重大问题。盖我国侨民居留于海外者，数达千万有奇，而富商巨贾，亦复不少，惜以年来商业竞争，日趋剧烈，经济情形，一落千丈！兼之我国侨民，远居异地，其所受外来之侵略与压迫，种种苦况，诚有非笔墨所能形容者！若不急为设法补救，侨商前途，将不知伊于胡底！至三、四两项纯为救济华侨教育最低限度之要求。华侨远适异国，对兴办教育事业，固具有充分之热诚，而干部与师资人才之缺乏，与夫所受外人之压迫与侵略，尤为不可讳言之事实，急宜说法补救者也。

同日华侨教育组审□刘士木先生致全教会议之函，内容系根据暨南大学及中央训练部先后召集华侨教育会议议决案制成之具体方案，全文共十二条，皆为救济华侨教育之根□办法，以华侨垂危教育之现状，急应促其实行，冀图挽救于万一者。兹择其内容较要之点，略而述之：

1.（原案第三条）外部向英、荷、暹诸国政府提出交涉，取消华侨学校注册苛例，及勿得干涉学校一切行政。

2.（原案第二条）筹备华侨教育基本金一千万元，及国府补救助华侨优良学校每年伍拾万元。

年来我国侨民学子日多，为适应青年学子之需要，自不能不多立教育机关，然华侨教育历受外人之支配与压迫，殊为华侨教育前途最大之危机！盖教育机关之本旨，无非为灌输祖国文化，受社会潮流之领洗，使青年学子之脑海中，时有爱护国家之观念。华侨屡受外人之种种压迫，教育之本旨，既被摧残尽殆。如荷兰政府之取缔华侨教育，限制采用新学制教科书，禁用三民主义，严格取缔学生作文引用爱国的字句！任意驱逐教员……皆足为摧残华侨教育之铁证；又如暹政府取缔华文教员之暹文程度稍差者，致华校教员屡遭驱逐！而学校因无人主持而宣告倒闭者，指难胜屈！凡此种种皆为华侨教育最大之危机，急宜设法解决者。

迩来华侨教育机关数量增加，而经费方面，多数贫寒学子无负担学费之能力，其所恃以维持常费者，为按月乐助之校董捐其在英属方面有附抽华侨出口货税者，年来时局冷淡，商业凋零，学校经济直接受其影响！且华侨学校既无相当准备基金，一旦经济困难，即根本动摇，而无法挽救！

总之，日前华侨教育，既成一重大问题，而根本救济办法，一则为摆脱当地居留政府之压迫，实施三民主义之教育；一为筹备华侨教育基金，免因偶尔经济无着，而受根本动摇。前者为国际外交问题，而后者亦为兴办教育之根本条件。至专管华侨教育机关之设立，华侨教育适当课本之编订，办学人员之奖励，皆为切要之关，不容稍有忽视者，愿教育当局，有以注意之也。

十九年四月廿三日

（《暨南校刊》1930年第57期）

评教育部设立华侨教育设计委员会

钱 鹤

我中华民族之在海外发展，据我国史所载，秦汉时代，已徙民于交趾(今越南北圻)，至明代郑和下南洋，华侨势力已盛，有建国称王者。嗣后日增月盛，由南洋而澳洲，而美洲，而欧洲，而非洲；降至今日，地球大陆，海水所至，靡不有华侨之踪迹。英人尝言“英国无日落”，余敢谓“华侨无日落”；此稍知今日我华侨在海外发展状况者，谅不以余言为夸也。

据最近李长傅之调查，全世界华侨人数，有一千零六十余万；以南洋为最多，有五百六十余万；以非洲为最少，仅一万一千人。假定十之一为学龄儿童，则天真烂漫、急待造就之孺子，为一百零六万，至少须设能容百人之小学一万所，以教育之。况所谓教育者，不止学校一端，更不止小学一项，有社会教育，有民众教育，有中学与大学教育。以我华侨之如彼其多，华侨教育应如何发达？教育设施应如何完备？庸讵知有大谬不然者乎？

据十五年度荷印学务总会之调查，有学校三百十三所，学生有三万一千四百四十一名；英属马来据十四年调查，有学校三百余所，学生有四万余名；菲律宾有学校四十余所，学生有六千余名；缅甸有学校一百七十多所，学生有一万余名；暹罗有学校百余所。其他虽无确实统计，然以此类推，全世界华侨入学儿童，当不出十万；以十万与一百余万较，失学儿童岂非有九十余万？至于社会教育、民众教育，更不足论，试问华侨有自办之图书馆乎？有成人补习学校乎？中学虽略有几所，然皆程度低浅；若云大学，则更非华侨所能梦想矣。

原我民族之经营海外也，全赖个人之冒险精神与辛苦勤劳，政府不加过问，盛衰任其自然。且今日成家创业之辈，皆系昔日贩夫劳力之流，不知教育为何事，本无足怪。所可慨者，祖国政府，弃千百万侨民于化外，未尝予以确切之指导，与实力之援助耳。从前军阀政府固无论矣，今者国民政府统一完成，促进侨务之声，甚嚣尘上。侨务万端，教育为本，十八年八月十六日，教育部公布设立华侨教育设计委员会，自不知华侨教育者观之，固可额手相庆；但吾辈深知侨教实况者，则知设计委员会，对于华侨教育，决无改进与督策之可能。换言之，不过敷衍华侨，点缀门面而已，谓余不信，试论其详。

夫华侨学校之量，既如前言之少；而学校内容之质，则更有不可闻问者在。教育经费，无固定的款；学校行政，杂乱无系统；教材不合实用，师资良莠不齐，程度低浅，风潮叠起。且居留政府之压迫，华侨化外心之日盛，均足令人不寒而栗。前者如学校注册条例之施行，党义教育之取缔，与新编教科书之禁用；后者如华侨入外人学校，荷属设立荷华学校，与学校经费受居留政府补助等；诸如此类，不胜枚举，以如斯庞杂凌乱、岌岌可危之侨教局面，断非私人之力与空言机关所能救济于万一。试问教育部设立之华侨教育设计委员会能否负此重大责任？所谓设计，是否等于空言？试问办理教育，是否设计即可济事？又试问设计之后，主管机关何在？执行专司何人？教育部乎？外交部乎？部长司长乎？抑科长科员乎？凡此疑团，莫由解答。今举最近修正《教育部组织法》与《华侨教育设计委员会组织大纲》，以证其非。

查《教育部组织法》第四条，设置总务、高级教育、普通教育、社会教育、蒙藏教育五司。在各司掌管事项中，不见明文规定关于华侨事项，属于何司掌管，意或各司分掌之乎？以整个的华侨教育，而分属各司，实为下策。盖无人专负其责，焉有力图振刷之望耶？更按《华侨教育设计委员会组织大纲》第二条之职务，一曰调查，二曰计画，三曰拟定，四曰计议；可见设计委员会，仅属讨论建议性质，并无主管与执行权能。讵知今日华侨教育现状之需要，不在计画，而在实力；不在空言，而在实行？若讨论建议之责，付诸华侨团体或召集代表会议已足，政府何必设此固定机关为也！以蒙藏学校，尚未萌芽，犹设司以管理；华侨学校，早遍全球，竟置不问，岂非大惑不解者乎？

原来教育部设立华侨教育设计委员会发端于国立暨南大学召集南洋华侨教育会议之议决案。该议决案，系呈请教育部设立华侨教育行政委员会，经教育部部务会议，将原案否决，改设华侨教育设计委员会，将“行政”改为“设计”，其意义与职权，遂大相径庭。盖行政委员会之主旨，在设立一特定机关，对于华侨教育，有直接行政之职权，能发号施令，能执行监督，今改设计委员会则大异其趣矣。兹将南洋华侨教育会议所议决之《华侨教育行政委员会组织大纲》，与教育部对于议会之指令抄录于后，以见是会设立之渊源。

华侨教育行政委员会组织大纲

一、本委员会以教育部长、国立暨南大学校长为当然委员；另由教育部长，于华侨教育有关之各大学校长，或声誉素孚、熟悉侨情之教育家中，聘请若干人为委员。

二、本委员会设委员九人。

三、本委员会总理华侨教育行政事宜。

四、教育部长为本会主席委员。

五、本委员会直辖于教育部，得酌设科股，分理各种事务。

六、本委员会得按照海外各地情形，设立办事机关，并得派员视察指导。

七、本委员会得于华侨侨居各地聘请顾问。

八、本委员会经费由教育部担任。

教育部指令第一九二八号

（十八年八月七日）

呈及附件均悉，所请组织华侨教育行政委员会一节，现经本部第五次部务会议决议，华侨教育应由本部主管，无庸另设行政委员会。

为集思广益，增进行政效能起见，拟由本部增设华侨教育设计委员会，委聘熟悉华侨教育情形人员，筹划改进华侨教育，以慰侨望，据呈前情，合行令仰知照，此令。

按：南洋华侨教育会议集南洋各属代表，与国内华侨教育专家七十八人，会议一堂，屡经讨论，获有设立华侨教育行政委员会一案，并拟定《组织大纲》以供教育部之采择；不料经教育部部务会议，轻轻否决，且指令中云："华侨教育，应有本部主管，无庸另设行政委员会。"于此教部，不无误解。盖《行政委员会组织大纲》中第五项明白规定本委员会，直辖于教育部，何得曲解为另设？可见教部，对于是案，既未了解，又未注意，昧然否决；不特蔑视华侨教育会议代表之众意，抑且重蹈军阀政府之覆辙，弃千百万华侨于化外矣。作者今以简单之言，撮述批评与希望之大意，以为本文结束。

一、华侨教育设计委员会系讨论与建议性质，不合今日华侨教育岌岌可危状态下之需要。

二、吾人要求政府为整个的华侨教育在教育部设立特定机关如华侨教育行政委员会者，付以全权以掌管之。

附　教育部华侨教育设计委员会组织大纲

（十八年八月十六日公布）

第一条　教育部为改进并发展华侨教育，特设"华侨教育设计委员会"，专司计画华侨教育事宜。

第二条　本委员会之职务如左：

一　调查华侨教育情形。

二　计画华侨教育经费。

三　拟订改进华侨教育各种方案。

四　计议其他关于华侨之教育及文化事宜。

第三条　本委员会由下列各项委员组织之：

一　当然委员

甲　教育部主管华侨教育人员。

乙　中央执行委员会侨务委员会代表。

丙　与华侨有关系之各大学校长。

二　聘任委员

甲　熟悉华侨教育之教育专家。

乙　侨界热心教育人士。

丙　曾任驻外领事,经理华侨教育行政著有成绩者。

第四条　本委员会聘任委员额数九人至十一人,由教育部长就前条第二项所列各款人员延聘之。

第五条　本委员会由教育部长指定常务委员五人处理本会一切常务,常务委员互推主任委员一人,为常务委员会议之主席。

第六条　本委员会于必要时,得设秘书一人,事务员若干人,商承常务委员办理本会一切事项。

秘书事务员由教育部长指定教育部职员兼任之。

第七条　本委员会因处理事务之便利,得分组办事,其细则另定之。

第八条　本委员会常务委员每半月开常务会议一次,由主任委员召集之。

第九条　本委员会全体会议于必要时,由常务会议议决召集之。

第十条　本委员会委员均为名誉职,但因公来往得酌支川旅费。

第十一条　本委员会聘任委员任期定为二年,但得续被聘任。

第十二条　本委员会所拟关于华侨教育之计画由教育部长核准施行。

第十三条　本组织大纲经教育部长核准施行。

第十四条　本组织大纲,得由本委员会之决议,教育部长之同意修改之。

(《南洋研究》第3卷第1期,1930)

促进华侨教育会之呼声

△华侨教育设计委员会将开全体委员会

△刘士木、李登辉提议订定华侨教育会规程

教育部为改进与推广华侨教育，特设立华侨教育设计委员会，业已宣告成立。兹定六月二十六日在京开第二次全体委员会，讨论各项重要问题，委员刘士木（本校南洋美洲文化事业部主任）、李登辉提出“拟订华侨教育会规程案”，兹觅录原文于后：

自中央党部暨南大学先后召集华侨教育会议，议决华侨教育种种问题，继经第二次全国教育会议，又通过改进华侨教育全部方案，对于侨教计划，可谓粲然大备。惟议决方案，贵在施行，而施行方法，尤须订定规程细则，以资遵守，此行政上一定之程序也。

窃按第二次全国教育会议，关于华侨教育议决案，至多且详，论其轻重缓急，当以成立华侨教育会为第一步入手办法。是案前经中央训练部召集华侨教育会议，议决订定组织规程，由教育部公布施行，迄今未见颁布，且不知订定此项规程，究由何种机关起草？由何处审核通过？本会职司设计，对于是案，未便漠视，应先拟订草案，送呈中央党部审核，再交教育部公布。兹拟华侨教育会规程原则若干条，并请即日推举起草员起草，是否有当？敬候公决！

拟订华侨教育会规程原则

一、本会以研究发展华侨教育，辅助华侨教育行政为主旨。

二、本会会员，凡曾任或现任侨校职员，及热心侨务，有贡献于侨教者，均得为会员。

三、本会采委员制，总会设委员九人至十一人，内常务五人或三人。海外分会设委员五人至七人，内常务三人或一人。委员由会员大会选举，惟分会在组织之初，得由总会派员筹备之。

四、总会会址，设于首都，海外分会所在地，由总委会员会通盘筹划议决之，且得将重要各埠，先行成立。

五、会费每人每年两元，不敷费用，总会由教育部在华侨教育费项下拨充；分会得由总会酌量补助，或在当地筹集之。

六、本会成立后，凡海外原有教育会，须一律改组分会，如有职权组织不同之处，须经总会审核认可。

暨大文化部

（《暨南校刊》1930 年第 73 期）

为华侨教育敬告侨胞

林有壬

华侨具开创之天才，为建设之前驱；筚路蓝缕，以启山林，南洋锦绣河山，处处沾染侨血！愿披荆斩棘者吾人，养尊处优者异族；斯诚天下之至不平，华侨之所引领待救者也！

救之之道，一方固待祖国之扶植，一方亦赖侨胞之自治。自治程度，基于教育；教育不兴，一切无法。此暨南大中小学之所以创设，前之南洋文化事业部，今之南洋研究委员会，所以惟日孳孳，从事研究；不佞所由姑置其他，先以华侨教育问题，就正于我侨胞也。

（一）认定国别 人莫不爱其国；舍己国而爱人国，是谓拂逆人性！舍己国之主人教育，而受他国之奴隶教育，是谓自就死地！侨而曰华，必须受华侨教育，通晓华语，认识华文，确立其为华侨之身份。否则自覆本根，既足贻讥他国；倘遭排斥，更难回转故乡。于事于理，两均无当。在国界未破以前，愿侨胞认定国别。

（二）普设华校 近年经济恐慌，商场衰落，财力不充，固难为讳。然兴学为救侨大本，失教为致命重伤；他用可节，学款必须宽筹；他务未遑，华校必须设立。间有遭受商艰，竟将学校停闭，延滞百年大计，损失何可限量！须知人异禽兽，在乎"教"之有无。"教"之一字，与"衣""食""住"同等重要。为生活之维持，置教育于不问，所省至微至暂，所失至巨至远。盖生活之技能，为教育所从出；教育愈失，则生活技能愈薄弱，而生存愈无望。是罢教以维持生活，适以摧毁生活，不惟其身，且及其子孙，短见近视，莫逾于此！远识侨胞，幸祈注意！

（三）推广补习教育 曩者南洋土番浑浑噩噩，计数不能逾百，买卖不知贵贱，侨胞中之不识字者，仅借其在华族社会中所得之知识，已足玩弄之而有余。今则土番逐渐开化，贸易已不易欺，欲以昔日程度，战胜今日土人，势不可得。但侨胞南行，非迫于谋生，即迫于避难；已受教育者固多，未受教育者亦不少。亟应推广补习教育，多设民众学校。视地方之需要，分设半日校、半夜校、日曜校、假期校等，以资补救。

（四）普及社会教育 社会教育应与学校教育并重。不佞前在华侨教育设计委员会提议劝导各华侨商会教育会及其他团体倡办或附设图书馆阅报所；各华侨书报暨其他教育机关，于星期日或纪念日公开讲演会……早经决议通过，并由教育部制定办法施行。乃时逾一载，未见大效；半因当地政令繁苛，商况艰难；半因侨胞集中抗日，未暇提倡。惟是社会文野之程度，以社会教育设施之良否为比例；如确认为重要，则提倡不宜缓。苛政可设法回避，抗日正需要宣传，第恐知而不行，不患行而不动。此外如编演有益新剧，检查本国电影，亦于提倡侨胞地位、改良侨界风化，大有裨益。

（五）监督回国侨生 侨生回国求学，负有重大使命，对家庭将为克家令子，对侨界将为卫侨中坚，成功失败，关系非止一人；监督护持，内外均须努力。在家庭不应以溺爱为慈，寄款从其所欲；在学校不应以放任为爱，上课任其自由。盖堕落多由嫖赌，嫖赌必须金钱；身有多金，欲念斯起；人欲一纵，志气斯颓；回国何事？求学何为？迷途未返，均不顾及。学校方面，私立者或以收入为目的（当然有不以收入为目的者，已于“或”字表明之），少一学生则少一收入，经费将苦不敷，故借口优待侨生，听其空交学费；教授管理，格外宽大！官立者或以苟安为宗旨（当然不尽如是），盖恐管教过严，风潮易起；家庭或且偏听，尽职反不见谅，故托词习惯不同，听其逾越校纪，浸至积重难返，改革煞费苦心。窃谓侨生父兄，应各托人监督；一切必需用费，均须证实乃给。若无妥友可托，在沪如南洋研究委员会，在京如侨务委员会，在闽粤如该省教育厅教育局，当乐尽此义务。务期回国侨生，人人各成所学；既足增高侨界之信仰，尤可促进华校之勃兴。

（六）组织教育团体 海外华侨教育，苦无主管机关。一因居留政府以主权为口实，拒我国之视察。二因领事虽有经理华侨教育行政之责，或受条约束缚，不敢切实执行；或以懒惰成性，不肯尽量负责。三因各属多未成立教育团体，研究督促乏人。亟应依据华侨教育会暂行章程第二条及第三条，于各重要地点，设立华侨教育会分会，执行下列职务：（1）关于华侨教育之提倡推进事项；（2）关于华侨教育之领导研究事项；（3）关于华侨教育之协助调查事项；（4）关于华侨教育之设计建议事项；（5）关于侨教育之谘询商榷事项；（6）关于所在地无领事馆之华侨学校转呈立案事项；（7）关于介绍或保送华侨子弟之升学事项；（8）关于处理教育行政机关之委办事项。并可因应特殊环境，仿照前荷属华侨学务总会成例，由教育自聘视学视察所属侨校，庶几变通尽利，进步可期。

（七）举行各校会考 查各校会考，有利无弊；距今五六年前，不佞叠经献议，逐渐博得同情，各方多有试办。述其功效，约有数端：（1）海外华校，各自为政，成绩良否，不易判明；各校会考，优劣立分，校长教师，不易冒滥；家庭校董，有所适从。（2）不比较，无竞争；不竞争，无进步；各校会考，为最光明之竞争，必收最优良之效果。（3）学生程度参差，升学最有妨碍；欲求整齐划一，只有会考一途。（4）少数不良教师，献媚有力校董，定分升级，间有偏私，既误校董子弟，尤引学生不平。会考则卷皆弥封，弊无可作；勤勉聪颖者升级，偷懒鲁钝者落第；至公至正，尽美尽善！（5）侨校风潮，教师之倾轧者半，起于校董之冲突者半；而后者多为前者所引起。教师各挟其所恃以自重，校董各袒其所信以相持。甲董谓某师优良，乙董谓某师恶劣。聚讼纷纷，莫衷一是。如有会考，则某也教授某科，某也担任某级，视其竞试之结果，可断优劣之所在。教师知夤缘之无用，将专心于管教。侨学前途，必多裨益。（6）侨校经济，多赖校董；校董思想，新旧各殊；或提倡教授普通音，或主张教授闽粤音，或重文言，或喜白话；争执不已，遂致分裂；孰是孰非？难于判定。如有会考，则可视会考成绩之高下，判两方争执之得失；优胜劣败，适者生存；其效至宏！其利至溥！

（八）举办各种比赛 会考次数有限，比赛随时可行；如联合运动会，成绩展览会，演说竞进会，学艺观摩会等（作文、书法、算术、图画、手工，及其他重要学科，分期举行），既可鼓励学生自动竞争，尤足增益侨胞办学兴趣。且美恶相形，荣辱所系，自爱校长教师，即不为地位计，亦当为名誉计，各尽所能，自在意中。热心侨胞，盍与乎来！

以上八端，仅就感想所及，率笔疾书，挂漏舛误，自不能免，凡百君子，尚其教之！

（《南洋研究》第 4 卷第 3 期，1932）

调查华侨侨居地状况以作华侨教育教材方案

一、宗旨

华侨教育既为特殊教育，即应有特殊教材，所谓特殊教材，约分两种：

1. 祖国文化如何灌输于侨生，使不失为中国之国民。

2. 各属华侨居留地之政治、商业、风俗、习惯等，应如何采集，以便研究方案，供给侨胞实用，同时编为教材，使侨生充分准备为他日在海外实施。

二、办法

为实施以上两种主旨，兹拟办法如次：

1. 由学校派大学教授与中学教员，分期至海外考察。

2. 与海外中华会馆商办两事：

A. 尽量聘用或介绍本校毕业生至海外服务；

B. 与海外各学校分期酌量交换教师。

3. 与毕业生约定，按期将各居留地以下所规定情形，寄至本校：

A. 政治上之组织及变化；

B. 农产；

C. 工业之出品；

D. 各种商业之状况；

E. 各属土人与华侨之习惯与风俗。

4. 呈请外交部密令各属领事，襄助进行。

5. 对于搜集材料、整理方法：

A. 关于数字可以制表册者，以统计方法行之；

B. 关于事实可以编制成文者，以叙述编制文制之；

C. 分类编订；

D. 购置各属中西文报纸，分类剪裁，归入 A、B 两种材料以内，以备编制教材之根据。

三、编制教材

应以本校大中学两部专科教员，组织下列各种委员会分任之：

1. 史地科委员会（政治、风俗、习惯属之）；
2. 理化科委员会（工业属之）；
3. 生物科委员会（农业属之）；
4. 商业科委员会；
5. 教育科委员会。

四、教材实施

初中仍依教育部规定教材实施普通训练，但对于中国固有文化，应较他校重加成分。

高中各科第一年（如一年不足，尽可呈请教部另加一年）实施各科普通之专长训练；第二、三年（如两年不足，尽可呈请教部另加一年）则专以华侨教育实施之。高中各生毕业后，应按照前述办法，至居留地实行工作，如欲回国升学，应服务两年后，始得允准。大学各科应以世界眼光与华侨教育之设施参半行之。

（《暨南校刊》1932 年第 15 期）

南洋华侨青年求学问题

陈子实

在这个问题里，有两个紧要的问题，就是：(一)我们为什么要求学？(二)我们怎么去求学？

但于未伸说这两个问题之前，我们要先去说说华侨教育的情形，好作研究问题的准备。华侨教育的情形，可以划分两个时期去讲：

(A)民十以前的华侨教育；

(B)民十以后华侨教育。

前一个时期的教育，侨校都注重铜鼓、喇叭、手工、图画、体操等外学科，换言之，就是注重形式的教育。后一个时期的教育，侨校都注重国语、数学、英文、常识内学科，换言之，就是注重实在的教育。

我们研究华侨教育的这两种现象，都是受着祖国教育潮流的影响。前者是受军国民教育及职业教育的影响，后者是受新文化运动及科学教育的影响。总而言之，三十年来的华侨教育，都是以祖国的教育为教育的。

可是环境不同，文化的程度不等，只是一味生吞活剥的去摹仿祖国的教育，结果就如中国生吞活剥的去摹仿西洋的科学犯一样的毛病。华侨的教育既从生吞活剥之中得来，而又去生吞活剥了一番，其前途还堪设想吗！这种根本的原因，就是：

(一)董事部不懂得教育，把办学校当作组织俱乐部一样看待，既可把学校给自己的孩子作个娱乐处，而自己又可以拿学校来装饰门面。

（二）教员只知道贩卖死的知识，不去研究华侨自身的教育，以适应环境。

（三）各校各自为政，各人贩卖各人的知识，大家不去联络、讨论、观摩，以促进华侨教育。

华侨的教育既没有宗旨，又没有办法，所以三十年以来的教育都是徒为敷衍的。一般的青年在这种情形之下受教育，自然是不知道求学的目的究竟何在了。至于求学应该持着什么样的态度和方法，那是更不用说的了。

现在去讲正题。

一、我们为什么要求学？

这个问题，仿佛等于“我们为什么要读书”的一样，不过细细的鉴别起来，那就不同了。问为什么要读书，这是“知识”的问题。问为什么要求学，这是“人生”的问题。并且，因为书是死的，属于空间性的；学是活的，属于时间性的。二者虽则相关，实在不能认为一事。我们可以把读书这件事包括在求学的问题里面，但不能说“读书”就是“求学”。因为读书只是求学里面一部分的事情，而求学却不只限于去读书的一回事了。

可是普通一般人的观念，总认为“求学只是读书”，或者以为“能读书就算是求学”。如果依照着这种见解去论求学，那末，读了一辈子的书，所得的学问只是失去时代性的一些死观念而已。须知我们生在廿世纪的今日，应当用廿世纪的眼光去观察已往的社会，断不可据那刻板的死文学，以确定过去的事实。因为那种死文学是经过了文人的粉饰和删改，而非写实的、客观的、具体的记载的文学了。我们应当以进化的观念和眼光，向前追求，以确切的事物去验证史事，绝对不凭任何的传说与神话。所以我们说求学不只是读书，而读书之外更有灵活的宝贝，就是求学。不过求学应具有下列的三个条件：

（一）有适应时代的观察力；

（二）有研究学问的工具；

（三）有鉴别材料价值的能力。

有了上面的三个条件，才可以说到去求学，不然，那只是读死书。然而我们求学又为什么必须读书呢？因为“书中自有千钟粟，书中自有黄金屋，书中自有颜如玉”，所以我们要借着书来作求学的工具。

胡适之先生在《为什么读书》一文中，说读书有三个重要的原因，他说：“第一，因为书本是学问智识经验之纪录，人类之遗产。读书就是要接受这部遗产，来做基础，再去发挥而光大之。第二，因为要读书而读书，人类是必要读书的，是有读书之必要的，所以才要去读书；而且要读书，只有去读书。读书愈多，则所能读的书愈多。为要读书所以读书，为要多读书所以多读书。第三，因为要解决我们的困难，所以要读书。读了书是能够替我们解决目前的困难，应付环境，和获得思想材料的来源，所以要读书。”（见《读书月刊》第一卷第二期）

胡先生的这段话，第一、第三是说读书的效用，第二条是一种无谓的说法，没都有说到读书的目的，更没有说到求学的目的。

我们追询为什么要求学，就是要寻出求学的“目的”来的。现在我们先去说明目的意义。我们要知道，一个人的目的是没有多大一定的。因为目的的大小远近，是随着个人的才能而异，随着社会的环境而异，随着时代的潮流而异的。譬如，在小学时候的目的在中学，到了中学又移目的于大学，在甲地的目的不同于乙地，及至乙地又移目的于丙地。今年的目的到了明年而异，递及后年又不同了。一个人的目的是如此，而一团体、一社会、一国家的目的，亦莫不如此。人类社会之所以日进化于文明，就是因为人类的目的是进化的。这种进化的目的，完全基于人类的欲望不满足。欲望愈奢，目的愈大，这是无疑的。

人的目的，大概都是由小而大，由近及远的。目的虽然因个人的能力、环境、时代的关系而异，但有不异者在，就是人类的共同目的之“大公无私的至善”。

我们既经说明了人类的目的，现在要去我们求学的目的是什么。我们看国内青年求学的唯一目的，就是“做官发财”。他们进大学的目的，就是预备去"做官"，而做官的目的，也不外是"发财"。因为做官发财的思想，是我国社会数千年来遗传下的。从前有一首诗，很可以代表我国人读书的思想，就是："天子重英豪，文章教尔曹。万般皆下品，惟有读书高。"现代社会的制度虽已变更，然以读书为做官发财的进身阶，仍是承袭前代的。

西洋人求学的思想虽不能脱离了"发财"两个字，可是他们发财的目的，绝不像我们中国人的思想，发财是为荣身耀祖的，是为子孙谋幸福的。他们发财的思想，多是为社会谋利益的。我们看他们死后的财产，有些人不遗传给自己的子孙，而分赠给社会的公共机关，就可以知道他们发财的思想和我们中国人不同了。

因为思想欧化的关系，主权的问题，所以南洋华侨青年求学的目的，不是"做官"而是"发财"。请随便的试问一个我侨的青年学生："你求学是做什么用的？"他一定的会答道："做生意……做财库……做头家。"总而言之，他的求学目的就是"发财"。

但是要知道这种思想，是与"做官"的思想一样的错误。我们的目的只是想发财，倒反发不了财。须知我侨的地位，绝不是只图"发财"能够保持住的，而我侨的前途，也绝不是"有财"就能够得到自由发展的。根本的问题，我们必须要有充分的学识，精干的才能，始足以图久存，才可以增高我们的地位，发展我们的前途。所以我们青年求学的目的，应该是"增高华侨的地位，发扬祖国的精神"。不然的话，我们的侨民，终于只做奴隶，做守财虏，做"嘛哔"（猪猡）！

二、我们怎样去求学？

这个问题，就是研究我们求学的方法的。在我们求学的时期，有三个困难的问题：一个就是经济的问题。在经济势力超越一切的现在社会，没有钱是不能够读书的。一个就是学校的问题。我们要想享受良好的教育，必须在设备完善的学校去求学，但在华侨教育落后的环境里，要去找个良好的学校，确是一件不容易的事情。一个就是意志的问题。南洋的青年，大半都是懒惰成性，只能求到一点浅薄的知识，便自满足起来,不再进一步的去求高深的学问了。这样虽是经济,学校不成问题,可是也难以造成良好的人材出来。

我们青年求学的态度应该怎样?我们认为是:

第一,要以奋斗的精神,去征服经济的困难;

第二,要以坚苦的意志,去研究南洋的社会问题;

第三,要以科学的方法,去研究南洋的自然科学。

为什么?因为我们能奋斗,能坚苦,才可以发展我们的天才;我们要以科学的方法去求学,才可以表现南洋的真实科学大文化。不然,南洋的文化永久都是落后的,我们华侨前途的危机,永久都是没有法子挽救的!

(《南洋情报》第1卷第5期,1933)

南游后对华侨教育之观感

君 适

近十数年来，海外华侨教育之进步、普遍，殆非深居国内人士所能臆及者。最显著之事实，约有数项：（一）学校及学生数量之激增。海外各属，不独通都大埠，华校林立，校舍巍峨，即穷乡僻壤，凡有若干华侨聚居之处，即有华校之设立。较之国内乡村教育，遥为发达，甚至以一小埠，而有数所之华校。且各华校学生人数，亦极拥挤，多数学校皆不能尽量容纳，大有供不应求之感。（二）国语之普遍。凡南洋各属之华侨中小学校，纯以国语教学（用方言教学者，极居少数），故所有华校学生，所操国语，无不纯正流利，非国内偏僻地方所能及。多数华侨家庭父兄，每因子女之入华校，操国语，虽其本人生长海外，足未抵国门者，受子弟语言影响，尽弃其闽粤各省方言，而亦能操流利纯正之国语。据闻十数年前，海外各属，国语尚未有现在之普遍，国内人士赴南洋游历者，作公开演讲时，倘操国语，非同时请闽人及粤人翻译闽粤方言，则不能以宣达其意旨云。华侨因语言沟通，过去各省畛域之界，渐见消泯；合作之精神，亦日渐浓厚，关系华侨前途福利，影响至巨。（三）国家观念之强烈。华侨寄居他人篱落，饱受刺激，国家观念自较国内人民为进步，对国事关切倍至。近以华侨教育发达之故，爱国情绪乃愈益高涨激进。试观近年华侨对祖国各项事业之参加，捐输之踊跃，凡爱护国家之举动、人物，则备受华侨之拥护；反之，则华侨即群起而非难之，可为明证。惜自海外市场受世界经济恐慌影响以来,华侨经济顿受打击,华侨教育未能尽展其所长,否则其进步当更不止此也。本人前此南行,历时数月,匆匆一过,足迹所至,亦至有限,闻见固不周,然就目击耳承,观感所及者而言,华侨教育之进步、普遍,略如上述,然其缺点与困难,有待于改进与解除者,亦颇有足述者,兹特揭之如次,以供留心华侨教育问题者之参考。

一、属于教师方面者

华校教师在数量上不但不缺少,反嫌过剩。荷印一华校本年曾公开征聘教师二三人,而投函应征者至四五百人之多,其他各属亦同此情状,大有人满之患。在反一方面,华校欲求一适当之教师,殆苦不可得,其矛盾有其如是者。虽然若细加考察,华校教师在数量上虽感过剩,而在品质上言之,优良适用之教师,则大感缺乏也。盖南洋自创办教育以来,初期仅有小学,其后始有少数中学,所有教师完全须仰给国内。在过去经济状况繁荣时期,教师待遇颇为优厚,国内教育界尚以远涉重洋,裹足不前。且以南洋范围广大,华侨人数众多,华校日见增设,需要教师数量甚巨,非国内仅有教师,足供华校需求也。迨至经济恐慌时期,教员待遇降低,薪脩锐减,较之过去,相差霄壤,国内教师之南下者,除侨生在国内受教育毕业回其原有侨居地者外,几已绝迹,华校教师愈感缺乏之苦。一般华校,乃不得不退思其次,只计聘请薪脩低廉之教师,减少学校经济之支出,而不暇顾及教师之学力与修养。高小毕业充任初小教师者,为数极夥,通常以聘请国内教师一人之薪金,至少可聘用小学毕业者二人至三人之用,故教育效率特为减低、退步,此为华侨学校目前之一严重问题也。

至暹罗华校教师问题,较其他各属华侨举校,尤为困难。暹罗近数年来,厉行强迫教育,对华校教师限制特严,无论担任何种科目,皆须谙暹文,经暹政府考试及格后,始能执教,违反之者,学校即须受封闭处分。因此华校教师,更成为唯一大问题。暹罗华校为迁就现实,不得不尽量任用高小毕业学生以为初小教师，以高小毕业生皆曾学习暹文，不抵触政府条例，以救济目前。前此暹教育部有提高教师程度之拟议，必须中学毕业相等程度者，始准为教师。此项拟议，华校闻之皆惊惶失措，苟暹政府必欲实行，则在暹华校，无法得此大批合格之教师，十之八九，均须停闭，其问题严重，非等寻常也。幸暹政府现颇了解华校之实际困难情形，不至急遽实现此项拟议。然华校教师程度之降低，效能之减小，则无可否认之事实。抑思高小毕业者，修养尚无基础，即令其担负教育事业之重责，未免过于早熟。而暹政府之提高教师程度，迟早终须实现，此大批之华校教师，应如何准备，实为负有华侨教育之责者之一急切问题也。

其次，华侨学校以经费之艰窘，乃迁就因循，大事减薪，及聘请薪金低廉之教师。另一方面，则增加教师之负担，以一人而兼二人以上之工作，普通一教师，每周授课时数少则二十三四小时，多则三十余小时。每日尚有学生课业之改作，课外活动之管理等，甚至因经济不足，尚须负导演学生游艺以为开夜市举行游艺会募捐等事务。教师负担，未免过于繁重，超出常理之外。惟在此世界经济恐慌，百业凋蔽之际，此种权宜救济办法，以维持华侨教育于不堕，亦属苦心孤诣不得已之举。但华校教师负担职务过重而使华教效率之低落，亦为应注意之一问题也。

至于教师修养问题，依上述情状言之，担负既若是之繁重，终日疲于教学及处理校务，安有余暇从事一己之进修，对华侨教育事业安能有远大深刻之体认？对其本务安能有充分发挥之余力？更安望其对华侨社会思想负指导改进之任！

华侨社会，较国内为守旧。地力畛域之见，根深蒂固，影响华侨事业至巨；风俗习惯，亦抱残守缺，不肯改进。例如土生华侨，结婚大典，男子仍有御清时代之缨帽补服，女子则凤冠蟒袍。居常男女之界限亦严，男女稍长即须分校读书，甚至成年女子，即不令再入学校，须待字深闺。迷信鬼神，迎神赛会，哄动远近，动耗数百万金。社会其他黑暗，不一而足。窃以为华侨社会之改进，教育界人士不负其责，则更无他力能负指导前进之任，将永沉沦于锢蔽之域，而被人认为无进步之人类也。华侨教育界人士所负之责任，不独为青年学生之导师，并须为华侨社会之导师，职责至巨也。

以现状而言，华校教师，其好学深思，对其本务，力行不倦，黾勉负责，而为华侨社会所仰赖者，固不乏人。而大多数则以报酬低微，仰事俯蓄，负累日积；日出而作，日入而息，无所运用其心思才力，只求无过，不计有功。观于各处华校教师教学方法之陈陈相因，根本直无方法之可言，较之过去私塾差胜一筹而已，即可窥见一斑。至其下焉者，以华侨教育无监督指导机关，听其自生自灭，故为华校教师者，除校董会之监督外，别无过问之者。而校董对于校务，诸多隔阂，教师之优劣，未必能一一明察，进退漫无客观标准，多以感情为定评。如此则滥竽匿职者，则反可固位而久任；热心而称职者，反未必能安心尽职也。甚至教育界败类，只须结好于有力校董，即可以为所欲为，罔有顾忌也。闻马来亚教育界有所谓四大金刚者，即其人在教育界之罪恶昭彰，而有此徽号，但无人敢于过问或愿过问者，可胜叹哉！故华侨教育可谓为三不管之教育，即居留地政府除违反当地禁例外，其余则概不愿过问一也；祖国教育当局以及领事官，事实上不能过问二也；董事多不知过问三也。依此情势，而欲推进华侨教育，改良华侨社会，不其难乎！

二、属于教材方面者

华侨教育目前最感困难之问题，除教师问题外，则为各科教学所用之书本及学生课外读物是矣。自有华校以来，各殖民地政府，对华侨学校，无论其若何遵守当地政府法令，服从其指导，而始终不能了解，予以宽待，咸以华校为危险物，教科用书及学生读本为最可恐怖之锐利武器，尤以对史地、社会、国语等科为特甚，而必横加干涉，禁止采用，甚至逮捕华校当局，予以严重处分，或竟封闭其学校，诸如此例，乃为不胜缕举之事实。亦足见各殖民政府，对我华侨用心之偏窄，疑忌之深刻，视华侨为群羊，只可供其驱策，而不使华侨之能获得真正之知识，更不愿华侨之认识自己国家，有爱国之思想，至可慨叹！

华校教科书本，向采用商务、中华、世界等各大书局出版之教科书，关于国语、社会、史地、公民各科，有全部被禁用者，有仅全书内某册某章禁用者，有因一节一句之被疑忌而禁用者，有今日可用而明日则干禁例者，其繁苛殆非可以理喻者。至于学生参考读物，放置图书室，学校当局随时随地有被干涉受处分之危险，噫，亦甚矣！

关于此一严重问题，过去商务、中华两大书局，因营业关系曾派员南下，遍访南洋各属，探其困难所在，有所改进，便利华校不少，诚为盛举！独惜时间短促，未能作深刻探讨，为根本救济。华校本身有拟自编教材以供应用者，然事实上亦多困难之点，不易实现。盖教科书之编纂，非率尔可以从事者，即学力优长、经验丰富之教师，以现在南洋各华校经济情况言，亦无人能有此时间，以编纂教科书而解决此种困难。最近我教育部与侨委会共同负此艰巨，着手编纂华侨学校教科书，并派员南下详密调查华侨教育现状，将来此书告成，对华校困难，或能予以解除也。

虽然以现状而言，华校教科用书问题，前途困难仍多，谅非目前即能完全解决者：第一，吾人置身国内，以编纂海外各属华校应用之教科书，书成之后，在吾人已认为绝对妥善无疵，而当地政府则仍不以为然，仍予以禁用，吾人安有余力以强其必用？第二，有此属政府认为可用，而他属则认为不可用而加以阻止，此种困难，势在必有。第三，即使各殖民地，不加禁阻，而各属之政治、自然、社会种种环境，彼此差异殊多，以一种普遍一律之教科书，而广泛应用，亦有方枘圆凿不相入之弊。现在商务、中华之南洋教科书中，此类困难不胜枚举。故对华校用书问题，决非仅以编纂为能事，而必须派遣专科人员分属详密调查，作深刻探讨研究，广为搜集资料，然后始能成一完善之本。若能编定分属应用之教科书，则更为完善。一面并须从外交着手，各殖民地对侨校用书，如过于无理干涉，我外交当局，亦应提出质问，严重交涉，不应噤若寒蝉，则华校用书困难，或有相当解决之一日也。

三、关于统制督促机关者

华侨教育之最大缺恨，则为各自为政，无统属督促机关而支离破碎，困难环生，其弊有不可胜言者。关于教师方面无督察指导，前节已略述梗概。华侨过去因地域宗族关系，而分疆划界，不相为谋，例为广东华侨依地域关系分为若干帮，福建之华侨亦然。每一大帮又分为若干小帮，此外依族姓及行业又各分帮。各帮有各帮创设之学校，以教育其本帮之子女。他帮亦如是。似此则人力财力，均分散而不集中，意见多而妒忌横生。常见一小商埠，而有华侨中等学校二三所之多。骤见之当疑其地教育极发达，或热心教育之人士必极多。然揆之实际，则知其不然。盖因意见分歧，不能合作统属之故耳。在此种情势之下，彼此对峙学校之校董或教师，乃冰炭之不能相入，妒忌、排挤诸不合理手段，均不恤倒行而逆施。过去我教部及侨委会曾通令海外各领馆，须兼理侨教，姑无论领馆是否真能为侨教尽力，实行督从；但华校之设立，经费出诸华侨本身，与领馆无关；而行政权，则操之于居留民政府之手，领馆无直接管理华校之权。领事馆既无政治之权，复无经济支配之力，对于华校，根本无法可以改善。其次则华校亦有设立联合会或教育委员会，以谋所以联合统制之用，然此仅有感情之结合，而无法律上之服从义务，何足以济事？

就学校设置而言，若以爪哇岛为例，倘有整个通盘之计划，则可以以现有经费之数，校数仅可减少，而学生仅可增加，教师亦可大量容纳与资格之提高。现爪哇华校之有中学班者不少，实际上如依爪哇区域分配，于东爪哇及西爪哇，各设一完备之华侨中学，即足敷用。东爪哇之马朗，西爪哇之茂物或万隆，地属高原，气候凉爽宜人，最宜于修学之所，设立中学，至为适当（西人大规模学校，均以该地为中心）。其他各处，视华侨入学儿童之多寡，而规定设置小学地点。至于应酌设之各种职业举校，亦宜通盘筹划。如此则可以事半而功倍，此其一。

其次则为教学设备问题。现在华侨学校，校舍之建筑，固多适宜。而教学上之设备，则几等于零，有之亦因陋就简，缺而不全，尤以教授自然科学，则皆纸上谈兵，实验教具，殊少经见，除书本教学外，绝无长物。倘能使华校合并集中，则经费充裕，教师教学负责，则不难使设备完全，此其二。

教师方面，倘华校能集中有统属督促机关，则教师之优劣立判，滥竽匿职者，得免贻误青年；而热心负责者，则有所保障，此其三。

经费方面，华侨学校概少有固定经费，在过去经济繁荣时期，华侨学校未能注意及此，可谓坐失事机，今则百业萧条，更未易注意及此。以故经费稳定者，颇不多觏；而经费短绌，恃游艺会或临时捐募以维持者，实居其大多数；如此欲求华侨教育之健步发展，殊不易期。倘华校能统筹集中，则经济负担，亦不至临渴掘井，若是之艰窘，此其四。

华侨学校之校董会，对校政过于牵制，不独行政用人大权须决之于校董会，即琐碎微细之事，亦须加以干涉，校长只拥虚名，而无督率全校之实权。教育部及侨委会虽曾明文颁发华校董事会之规程，然而亦等于空文，未有重视之者。校董会权限不明，障碍华校发达，此亦一问题也。故无整个督促统率之机关，欲求华校之进步，诚忧忧乎其难也。

总而言之，华侨学校以寄居他人殖民地权力支配之下，祖国政府鞭长莫及。华侨兴学，全恃其本身之力，故成为无组织、无系统、无计划之教育。且以各殖民政府，对华侨教育始终疑忌，未能放心，华侨教育界本身虽欲力求改善，亦每不获当地政府谅解，严加干涉。譬之方萌蘖之种子，既无追加之肥料，复受霜雪之侵凌，安能生长畅遂耶！然则今后欲求华侨教育之改善，其事业虽繁重，非短时期所可几及者。要在华侨教界本身能自求进步，加以国内各方之协助，则未始无望也。而唯一根本问题，仍视人谋之臧否以为断。凡百事业，人存则立举。愿留心华侨教育问题者，对于人材师资方面，盍一积极注意也！

（《南洋研究》第6卷第6期，1936）

1929 年第一次南洋华侨教育会议研究：以文化认同与适应为视角

冯翠 夏泉

华侨华人的文化认同与适应问题是近年来学界在华侨华人研究领域比较关注的学术问题。认同与适应问题既是海外华侨华人要面对的普遍问题，也是关乎其在居留地适应和发展的重要因素。教育事业特别是我国的华侨华人教育事业影响着海外华侨华人的民族认同、文化认同以及社会价值与行动认同，对他们的文化、生活及社会适应产生深刻影响。本文拟以 1929 年由国立暨南大学召集的第一次南洋华侨教育会议为个案，根据相关的文献资料，从南洋华侨的文化“认同”及“适应”视角，探讨教育对华侨的文化、社会认同与适应的构建、贡献及意义。

一、认同与适应：华侨教育的特殊使命

“有海水的地方，就有华侨华人。”中国人因经商贸易或避难而移居海外，早在一千余年前即已开始，且主要集中于南洋地区。为了教育子女、提高竞争力以适应居留地社会，同时保持传统文化，维系华侨社会，华侨把中国传统的书院、私塾等教育模式移植到海外，一般认为 1729 年荷印巴达维亚华侨成立的明诚书院是华侨教育的开端。

清末以降，国门洞开，内忧外患交相频仍，国人侨居海外者数以万千计，在很多国家与地区逐渐成为主要外来民族之一。“当时，多数居

留国对华侨实行较宽松的政策,因而支撑华侨社会的三大支柱——社团、学校和报刊蓬勃发展。"[1]它们强调民族性,在对华侨的教化中强调对祖国的认同,同时鼓吹"适应南洋""殖民南洋"。为此,华侨十分重视开办学校教育子女,近代华侨教育亦应运而生。

进入20世纪,晚清政府实行废科举、兴学堂、派遣留学等"新政",1906年创办了专门培养华侨子弟的暨南学堂;"保皇党康有为以戊戌政变,亡命爪哇鼓吹兴学。革命志士以起义失败,群集南岛,尽瘁教育"[2]。他们都以教育为途径笼络侨心,增强民族认同,增进华侨智识,以利于生存竞争。这一时期,南洋华侨教育形势发生很大变化,新式华侨学校如雨后春笋涌现,南洋华侨掀起首次兴学热潮。

辛亥革命时期,海外侨胞对祖国的革命事业给予莫大的人力、物力与精神支持,孙中山先生曾称赞:华侨乃革命之母。鉴于海外侨胞对革命事业的巨大贡献,且海外侨胞的生存、发展与国内形势发展息息相关,民国成立后十分重视侨务,实施"移、殖、保、育"四大政策("移"即鼓励国人向海外发展,"殖"即协助国人在海外立基,"保"即保护国人在海外的安全,"育"即教育国人在海外成长)[3],在华侨教育方面相继出台、实施了一系列相关措施与政策法规,并恢复暨南学校,以维护海外华侨的教育权益。由于国内政府的关注,华侨教育开始受到国内外社会及学界的重视,这鼓舞了海外侨胞的办学热情,他们积极兴办各类学校,掀起第二次兴学热潮。

国立暨南大学及其前身暨南学堂、暨南学校是北洋政府于1906年创办的首所侨校,它始终以专门招收、培养回国求学的华侨子弟为己任。民国时期,在国家重视华侨教育政策影响下,暨南学校受到政府的特别关注,学校不断发展完善。1918年,黄炎培在南京复办暨南学校,后在上海真如兴建校区;1927年,暨南学校升格为国立暨南大学,成为华侨归国求学之最高学府和当时成立较早的著名国立大学之一。不久该校南洋华侨文化教育事业部成立,专门负责南洋华侨文化、教育事宜。1929年,为谋华侨"教育行政之统一,教材之适宜,经费之确定,师资之养成,升学之指导,办学人员之奖励,华侨美德之保存,爱国观念之加深,与夫一切环境上之适应”[4],国立暨南大学组织召集了南洋华侨教育会议,这是我国国内召集的第一次统一的华侨教育会议。

纵观南洋华侨教育事业的发展历程,我们可知,侨校教育一开始便承担着维系民族意识和适应居留地社会的双重任务,对华侨中国意识的形成与维持起着决定性的作用。正所谓“山可以移,海可以填,惟有教育功能,一经灌输,则苍黄所染,便先入为主了”[5],且“海外的自然环境与社会环境和国内不尽相同,华侨在实际生活上的各种需要,当然和国内人民亦未尽相同,故华侨教育的机能,就是应如何使华侨能适应海外的特殊环境,以促进其实际生活的改善”[6]。也就是说,“华侨教育在原则上应如何使华侨与国内民族相一致,共同致力于中华民族的自救与复兴,在方法上,应促进华侨如何获得经验,如何学习种种知识技能,如何养成良好习惯,以促进其生活的向上”[7]。

诚如陈雯登所言:“华侨教育的本质是什么?试为侨教下一定义,即‘甲国人民,侨居乙国,仍受祖国文化的熏陶,同时致力于居留地谋生所需要的技能和当地语言文字的熟习’之谓。……侨教,教什么?简单的答:‘教他们懂得适应环境,教他们能就地谋生,教他们发煌先人创业,同时教他们莫忘祖国。’这便是侨教本质的注脚。”[8]也就是说,华侨教育的特殊使命在于教华侨“认同”中华文化,“适应”当地环境。

南京国民政府时期,“认同”与“适应”已成为南洋华侨要面临的普遍问题。他们一方面受中华文化影响,保持着特殊的民族特性;另一方面为了更好地生存与发展,不得不适应其所居国与地区的社会制度与文化,即南洋华侨的认同与适应是双向的,既有对祖国文化、社会、政治、教育、风俗习惯等的认同与适应,又有对侨居地文化、社会、政治、教育、风俗习惯等的认同与适应,文化认同与适应是其中关键性的两个方面,具体体现为华侨华人对民族文化的认同及对居住地社会生存的适应。

根据教育社会学理论,文化认同与适应性正是教育对于人类社会的基本功能之一,教育对于某一特定群体(如南洋华侨华人)的民族文化认同与生存适应具有显著的促进意义。华侨教育事业是构建和推动华侨的民族文化认同与生存适应的关键。教育会议是教育政策、教育境况、教育措施、教育宗旨等教育相关问题的集合,是反映教育的载体,更是实现、促进教育功能的加速器。1929 年第一次南洋华侨教育会议作为华侨教育事业的重要载体,所建构和实施的各项措施及途径,集中体现了教育增进南洋华侨的民族文化认同与生存适应的促进作用。这种民族文化认同结合了族群认同与祖国文化认同及祖国政治认同的因素,是南洋华侨对本民族文化及祖国意识形态的理解、接受和实践、传承的过程,目的在于拥有共同的信念、价值观和行为方式,更好地适应在侨居地民族中的生存环境。

二、兴学与困境:会议召开的历史背景

民国时期,政府重视华侨教育,南洋各地华侨教育的现状受到前所未有的关注,这鼓励了海外华侨的办学热情,增强了其民族认同与自豪感。是次会议的召开,与海外华侨、南京国民政府、国立暨南大学、国内外学术界的共同努力息息相关。本文试图从如下四个方面分析南洋华侨教育会议召开的背景。

1. 第二次海外华侨兴学热潮的出现

近代以来,海外华侨兴学相继出现四次热潮,分别是在清末新政时期、民国初期、1929 华侨教育会议召开后以及 1945 年二战结束后这四个时期。有论者指出,南京国民政府的成立,极大鼓舞了海外华侨的爱国热情与民族自豪感,他们对祖国文化认同更加深刻。“1911—1927 年间,海外华侨掀起第二次兴学热潮,华侨学校逐渐普及于侨胞聚集的各个地区。不仅亚洲、北美洲的华侨兴办了学校,而且非洲、大洋洲、中南美洲的华侨也都开办了华侨学校。”[9]不仅如此,“这时各地华侨兴办的侨校已开始形成规模,并在办华侨小学的基础上尝试兴建华侨中学”[10]。南洋华侨是兴办侨校的先锋,据不完全统计,1928 年荷属东印度群岛华侨学校总计达 313 所,学生总计 31441 人;英属马

来七州府华侨学校总计696所,学生总数达43961人。[11]试以荷属东印度中华会馆学校为例,略作分析(见下表):

荷属中华会馆学校统计

年份	爪哇及马都拉			外省			总计		
	学校	教员	学生	学校	教员	学生	学校	教员	学生
1915	175	346	10010	105	294	6489	280	640	16499
1920	153	410	12472	429	67	1770	195	477	14242
1923	165	408	11712	177	299	6681	342	707	18393
1924	197	487	13774	107	324	1923	394	813	21697
1925	240	650	16026	225	124	10381	465	1062	29401
1926	262	645	20054	245	447	12614	507	1092	43668

资料来源:根据钱鹤编《南洋华侨学校之调查与统计》第491~524页整理而得。

从上表可知,在兴学热潮影响下,南洋地区华侨学校及学生数不断增加,南洋华侨教育事业发展迅速。海外华侨兴学热潮推动了南洋华侨教育会议的召开,同时会议又促进了第三次海外华侨兴学热潮的发生。

2. 民国成立后对华侨教育的逐步重视

民国初,百废待兴,政府对华侨教育事业日趋重视,这主要体现在以下四个方面:首先,颁布相关法令统一华侨教育方针。在“移、殖、保、育”四大侨务政策的指导下,1913—1928年,教育部及大学院相继颁布了《领事管理华侨学务规程》《侨民子弟回国就学规程》《捐资兴学褒奖条例》《华侨学校立案条例》《华侨小学暂行条例》《华侨补习学校暂行条例》《华侨视学员章程》《驻外华侨劝学员章程》《华侨子弟回国就学办法》等有关华侨教育事业的法令、政策。其次,向南洋地区派遣视察员及学务监督。1912年广东、福建两省分别指派曾揖馨、郑贞文和陈鸿祺学务委员到南洋各地视察华侨教育并调查侨校情况;1915

年教育部委托高登鲤、梁家义为驻外侨校视察员；翌年又改派泗水中学校长熊理为荷属视学；1917 年教育部派江苏教育会会长黄炎培等赴南洋调查指导华侨教育。再次，在南洋地区成立相关华侨学务机构，管理当地华侨教育。在国民政府的支持、倡导下，南洋各地相继建立华侨教育机构。1911 年“爪哇学务总会”更名为“荷印华侨学务总会”，统一领导荷属东印度地区的华侨教育事宜；1912 年在马来亚设立学务总会；1913 年槟榔屿成立华侨教育会；1914 年在新加坡成立英属华侨学务总会，作为英属马来群岛侨校统一的监督机关；在马尼拉也成立了菲律宾华侨教育会。最后，在国内倡导并发展华侨教育事业。在政府政策指导下，国内华侨教育开始复苏，1918 年暨南学校在南京旧址复学，后发展升格为国立暨南大学，专门培养回国就学的华侨子弟；1921 年陈嘉庚出资创办厦门大学；1926 年刘士木等人在上海发起成立了华侨教育协会。

在国民政府政策的积极指引下，南洋华侨教育开始受到国内外社会、学术界的关注，国内外的华侨教育事业开始复苏并逐步走向有序的发展。相对稳定的政治环境以及政府的积极倡导与支持是南洋华侨教育会议召开的重要前提；政府的经济支持和有关部门的直接积极指导、帮助保障了是次会议的顺利进行。

3. 国立暨南大学及南洋文化事业部以兴办侨教为办学宗旨

第一次南洋华侨教育会议的召开与国立暨南大学密切相关，该校是国内专门创设的华侨学府。根据国立暨南大学组织大纲第二十二条第二点规定：“由本校及南洋美洲华侨学校学术机关与其他有关系之团体组织之议决关于海外一切文化教育事业”[12]，这与会议宗旨所载“中华民国十八年六月六日，南洋华侨代表，应国立暨南大学之召集，根据华侨学府国立暨南大学组织大纲之规定，开南洋华侨教育会议于上海”[13]相呼应，旨在探讨华侨教育领域中的一些重要问题，群策群力，以谋南洋华侨教育事业的发展及华侨的文化认同与适应。

1927 年 9 月，暨南大学成立南洋文化事业部，这是学校改组计划大纲中的一项重要内容，“期与南洋华侨各种教育机关，联为有系统的组织，以统一南洋所有文化教育事业，并调查南洋各属华侨生活，为将来文化运动上设备扩充的依据”[14]。暨南大学南洋文化事业部设立之初即确定了需要推进的五大目标：“第一，灌输祖国文化于南洋；第二，调查南洋实际状况，作为研究启发的标准；第三，从教育上增进华侨开拓的能力；第四，促进国人在南洋扩大发展；第五，鼓励华侨参加国内的一切运动。”[15]不仅如此，该部还提出了将要进行的各项具体工作，如沟通中外文化、提高华侨地位、撰辑丛书教材、编印《南洋研究》、宣达各属侨情、调查华侨教育等。南洋文化事业部与大学部、中学部鼎足而立，体现了国立暨南大学鲜明的办学特色。该部以全面推进南洋华侨文化教育事业发展为核心任务，作为国内研究南洋问题的主要科研机构，负责南洋华侨教育会议的具体筹备工作。从 1928 年 11 月开始筹划至开会前，该部共召开了六次筹备会议，详细讨论了会议的组织大纲、选派代表细则、拟聘请的专家、大会流程、具体招待等各项内容，为会议的顺利召开做好了充分准备。

4. 南洋华侨兴学的困境

南洋地区社会、政治环境十分复杂，华侨教育事业受到当地政府、殖民政府及国内政府等各方面的影响与牵制。进入 20 世纪以来，尽管南洋华侨教育事业得到相当发展，但受殖民地政府政策、社会经济及华侨内部因素影响，各地兴学仍困难重重，具体而言其困难主要有如下三端：

首先是侨居地政府的干涉与破坏。20 世纪初侨居地政府从最初的不干涉转变为限制、干涉、同化华侨教育，“颁布各种苛刻的禁例与罚则，用以管制华侨学校，对华侨学校教师的任用、学校行政、课程教材、学生年龄等等做出严格限制，给华侨学校以极大的压力”[16]。1920 年海峡殖民地政府颁布限制学校注册的《英属三州府学校普通章程》；1923 年荷属殖民当局颁布《荷属东印度学校条例》；1929 年被荷印政府以各种借口停职递解出境的华校教员达 33 人，受处分的侨校达 25 所。不仅如此，各侨居地政府还开设殖民学校，吸引华侨子弟入学或向华侨学校提供津贴以控制华侨学校办学方向，试图通过这些途径来瓦解华侨学校，同化华侨。

其次是南洋华侨各地区教育事业各自为政。根据南洋华侨教育会议各议案内容所反映的情况，南洋各地华侨教育在教育宗旨、学校行政、课程教材、师资培养、教育经费等方面不统一，多数各自为政；地区间教育事业发展不协调，学校资源分布不合理；同一地区或国家内学校间缺少联系，没有统一规划；学校内部校长与校董间围绕学校管理矛盾重重，存在诸多问题，亟待解决。

再次是国内政府与社会的忽视与缺少关注。早期移居南洋的华侨被清政府视为“天朝弃民，不惜背祖宗卢墓，出洋谋利，朝廷概不闻问之”[17]。到光绪年间清政府才开始陆续派遣学务大臣或视学到南洋各地劝学，考察实际教育状况。民国初期，华侨教育被政府提到一定高度，相继出台一些华侨教育政策，但仍然处在探索阶段，对华侨教育实际情况并不熟悉，颁布的有关条例也只是应急而非从根本上系统地筹划华侨教育政策，对于华侨教育的宗旨、目标、实施等并不明确。民初社会各界更多的是关注国家的和平与稳定，华侨教育状况为国内社会所鲜知，且“以国内人士而言拯救华侨教育，是犹隔岸观火，但见火势之燎原，而无从施用灭火之机器”[18]。

三、途径与措施：构建华侨的文化认同与适应

1929年6月6—12日，在上海国立暨南大学真如校区召开华侨教育会议，出席代表78人，著录议案261件，讨论内容涵盖华侨教育的宗旨、经费、教材、师资、行政、升学、文化、环境等各个层面，其目的重在统筹海外华侨教育与国内教育的共同发展，实施三民主义教育于海外华侨社会。“此次大会之开，就华侨教育之本身言，则以谋求教育行政之统一，教材之适宜，经费之确定，师资之养成，升学之指导，办学人员之奖励，华侨美德之保存，爱国观念之加深，与夫一切环境上之适应。”[19]华侨教育会议的召开以及华侨教育相关问题的提出与解决，最终目的在于加深海外华侨的民族文化认同与适应能力，教育的发展是为构建南洋华侨的民族文化认同以及生存与适应服务，“于侨民教

育,亦但期养成适于生存之世界公民,同时不失其为中华国民”[20]。这些途径与措施主要有下述十点:

1. 统一华侨教育行政,完善南洋华侨教育

南洋地区华侨以万千计,各属地理环境、政治制度、风俗习惯、华侨状况等不同,由于没有华侨教育行政总机关统一管理,各地区间散漫不相联络,各自为政。统一华侨教育行政机关势在必行。与会代表群策群力,审议通过《确定华侨教育方针案》《统一华侨教育机关案》《请政府保障华侨教育案》《统一华侨学制案》等议案,确定华侨教育方针为“本三民主义,以养成海外中华国民之智能及品格,以求中国民族之健全,并中外民族间之平等”[21];呈请教育部设立华侨教育行政委员会并颁布组织大纲;呈请国民政府,转令外交部对各属殖民政府干涉、破坏华侨教育提出严重抗议,并通告全国民众协力援助;制定了创办侨校的标准,统一华侨中小学学制,并请教育部修改华侨小学暂行条例及华侨学校立案条例;规定华侨学校教务部与董事部之间的职权,决议董事部采用委员制,负责筹划学校经费、保管学校基金以及进退校长等事务,教职员由校长聘任,校长对学校组织及行政负全责。此外,会议还决定扩充华侨中等教育及职业教育;推广实行华侨社会教育;倡导兴办各类补习学校;尝试普及华侨平民教育,并请求国立暨南大学添设侨务训练班,以训练赴南洋服务的教员,希望通过这些努力来实现南洋华侨教育方针、行政的统一与教育事业的完善。

2. 编著适应南洋环境的教材和教科书

南洋各侨校所用的教材多半由国内中华书局及商务印书馆编辑出版,其内容并不适合南洋社会、环境、气候实际情况,为了增进学生在海外自谋生存的能力,最好就南洋地域气候、民族宗教、语言习惯及与我国南洋华侨历史有关的内容分类编辑。会议审议通过《编著适合南洋环境教科书案》《专就南洋环境先编辑侨校补充材料案》《确定添加及注重各教材案》等,呈请教育部颁布华侨学校课程标准及教科书编辑原则;请国立暨南大学南洋文化事业部征求各方意见编辑适合的教材;要求根据南洋实际,添加中国近百年进步史及中国与南洋关系

史，促进侨生了解祖国近代进步的情况，借以激发爱国爱乡的热情，加深海外侨民的民族文化认同；建议各侨校注重当地语言文字及社会状况研究，中高等教育注意商科建设，小学校重视野外教学，将国文作为中心教育。总之，教材要“适应当地社会环境，养成生活能力，激发爱国心，利用环境，以增加教育效能”[22]，既应“注重养成海外雄飞之中国公民，同时亦应注意养成适应侨居地情形之公民”[23]。

3. 设立教育会，规定指导员制度，加强联络

至1929年南洋华侨教育会议召开，南洋华侨兴办教育已近三十年，各地教育团体却数量稀少，且互不统属，各谋发展，缺少联系，使得各地教育事业情形殊不一致，标准不一，改进困难。有鉴于此，会议审议通过《请设立南洋各地华侨教育会案》《请于南洋各属设立华侨教育总会案》《请规定南洋华侨教育会组织条例案》等，决议在南洋各属设立华侨教育总会，并根据各地情形酌量设立教育会；组织委员会起草并通过南洋华侨教育会组织条例；呈请国民政府教育部每年派专员视察南洋各地华侨教育，加强国内外及南洋各属间的联系；提倡南洋华侨教育成绩展览会；呼吁海内外办理华侨教育之各学校互派教职员考察及研究以资联络，规定国立暨南大学每年派教员一或二人至南洋各地考察，各属各校每年亦分派或合派教员一或二人至该校师范科学习，或在国内参观。通过这些措施，不仅可以全面洞悉南洋华侨教育情况，了解华侨的思想意识，联络侨民感情，改善侨民教育，促进生活环境适应，还可以增进侨胞对祖国的认同。

4. 妥善筹集教育基金及教育经费

教育经费的缺乏与不确定一直是阻碍华侨教育发展的重要因素，南洋华侨教育经费素来都是靠学费、月捐、募捐筹集，月捐为数甚少，募捐视商人发展情况而定，这些都是不确定的。为解决这一问题，会议审议通过《请国府及南洋当地妥筹教育基金及经费案》《请国民政府补助华侨教育经费案》《妥筹南洋教育基金以补助各校经费案》等，确定各埠华侨以百货捐及土产捐之收入作为教育经费；政府于庚子赔款项下，抽出若干作华侨教育基金；教育部于每年教育经费预算中拨

出若干,补助南洋各地侨校及教育行政机关等;同时请侨民所住地之属国政府对华侨所得税加收若干,作为教育经费;请国民政府通令各地领事及中华商会与各团体赞助平民教育经费;确定创办华侨教育银行。总之,希望通过政府、社会各界的努力与资助,实现华侨教育基金及经费的确定。

5. 实施三民主义及国语教育,加强华侨文化认同

三民主义是当时的国家意识形态,是民族认同的核心,国语教育是加强文化认同的载体与基础。国民政府要笼络华侨,深化南洋华侨的民族归属感,就必须加强三民主义及国语教育。

会议审议并通过的《南洋华侨学校应实施三民主义教育案》《南洋华侨学校应以国语教授为原则案》《规定南洋华侨学校年暑假及休假日纪念日案》《定总理诞辰为华侨教育节案》等,呈请教育部令南洋各属华侨学校加入三民主义一科,并令外交部正式照会英、荷、暹、法各国政府,各殖民地华侨学校加授三民主义,勿得干涉;成立海外华侨三民主义教育实施委员会;通令各侨校实施国语教学;制定"华侨歌"并颁布华侨学校一体唱习,从而使全体华侨悉受祖国文化影响以发扬民族精神;注重人格教育,并搜集中国古来名人嘉言懿行为训话教材;鼓励侨生与其他华侨结合,使侨生潜移默化受祖国文化之陶冶,以期团结华侨社会,抵制语言同化,加强华侨文化认同。

6. 培养南洋华侨教育师资

师资的培养对教育的发展至关重要。由于南洋离祖国遥远,社会环境与国内迥异,加之华侨教育情况特殊,各侨校教师聘任十分困难,教师素质参差不齐,这些长期困扰着南洋华侨教育事业的发展。会议审议通过《在南洋适当地点设立师范学校案》《规定南洋华侨师资标准案》《互派教员留学及考察以资联络案》等,商讨在南洋适当地点设立师范学校,为侨校培养合适的教师;请教育部规定南洋师资标准,并依据标准检定教员;请教育部在南洋适当地点设立华侨小学教员暑期学校,提高教员素质。教师资源的保障、文化素质的提高,以及从业能力的完善,有助于提高南洋侨校的适应与生存能力。

7. 奖励南洋华侨办学人员

南洋教育事业的发展很大程度上依赖于热心华侨教育事业的商界、政界、教育界、学界等各界人士的资助与坚持。会议审议通过《请奖励热心办学人员案》《请政府制定并实行奖励热心华侨教育者条例》《捐资兴学褒奖案》等,请国民政府奖励兴学成绩卓著的刘静山先生;呈请教育部修改捐资兴学褒奖条例第九条,凡捐资兴学者应由华侨教育主管机关呈报请奖,并另订立奖励华侨办学人员条例。如此,既可鼓励兴学佳绩,又可收宣传、倡导华侨教育的功效。

8. 优待华侨学生回国升学

华侨学生十之七八均属劳工家庭,贫寒者居多,本来受教育的机会就少,加上南洋华侨高等教育十分匮乏,回祖国升学又路途遥远,华侨学生继续升造的甚少。为改变这一情况,会议审议通过《请国府优待侨生案》《请暨南大学每年在南洋招生一次并特别优待侨生案》《请国立大学优待南洋小学教员回国升学》等,规定华侨贫苦学生就读国立省立大学中学师范予以免费,各校合理酌定优待侨生并给以相当职务;暨南大学每年在南洋招生一次,并特别优待向学侨生;凡在南洋曾服务三年以上、卓有劳绩的教员,由学校当局或当地领事馆转呈教育部令国立各大学予以回国升学免费优待。通过这些办法鼓励华侨子弟回国就学、升造,潜移默化接受祖国文化熏陶,同时提高其在南洋社会的生存、适应技能。

9. 倡导设立华侨图书馆,出版教育刊物

要使南洋华侨加深对祖国文化的认同,增强适应能力,就必须为其创造获得知识的机会,“欲普及侨民常识,非各埠设立华侨通俗图书馆不为功”[24],而大众刊物的发行与宣传、通讯机构的设立也是必然趋势。会议审议通过的《设立华侨图书馆案》《刊行华侨教育书报案》《设立华侨教育通讯机构案》等,请教育部会同工商部,通令南洋各埠中华总商会附设图书馆,各埠各校增设或扩充图书馆;由教育部颁布条例奖励私人或团体倡办图书馆事业;由华侨教育机关指导编辑,在海外发行关于华侨教育方面的消息、研究著作以及居留地政府的教育政令、条例等书报刊物;在祖国教育最进步地区,聘请教育专家及富有华侨教育经验者共同研究华侨教育问题,以帮助海外的任教者。希冀通过这些宣传与帮助,探讨华侨教育存在的问题,唤起华侨的民族意识与公民常识。

10. 保障华侨教育权益

英、法、荷等各殖民政府对华侨教育实施严格控制,颁布苛刻条例打压华侨学校,对华侨学生实施同化政策,使得华侨教育发展受到严重干涉。会议审议通过《请取消阻碍华侨教育发展之英属南洋华侨学校注册条例,以本会名义致电英首相麦唐纳请取消案》《请取消暹政府非法压迫华侨案》《请特别保护沙罗越华侨之教育》各案,呈请国民政府与各殖民当局交涉,保障华侨教育权益,为南洋华侨教育事业发展提供保障。

总之,以上各措施与途径涵盖了南洋华侨教育事业的各个方面,对其存在的困难与弊端提供了相对合理的解决办法,希冀在一定程度上增进南洋华侨的民族文化认同及生存适应能力,促进华侨社会的繁荣与发展。

四、促进与发展:会议召开的历史意义

南洋华侨教育"不在支撑现在,而在鞠育将来。使华侨子弟而憬然觉悟,达念乃祖若父之创业艰难,金钱来处之不易"[25],我华侨子弟"不思所以自存之道,势必逐年淘汰以尽,无复立足之余地"[26]。由国立暨南大学组织召集的第一次南洋华侨教育会议对于我国近代华侨事业的发展贡献卓著,影响深远。

首先,它是我国国内召集的第一次统一的有组织的有关华侨教育事业的会议,具有统一性、广泛性、专业性、前瞻性等特点。其统一性在于它由国立暨南大学统一筹划,实现了各埠教育机构、团体、侨校的统一规划发展;广泛性体现在国内外有关华侨教育事业的团体、个人、机构、组织踊跃参加,引起社会、政府、学界的广泛重视;专业性体现在与会代表来自华侨教育各界,且会议只专注于华侨教育事业;前瞻性

体现在其通过的各议案为华侨教育事业发展中一系列问题的解决提供了许多建设性意见。可以说,是次会议是20世纪初期国内举办的第一次华侨教育盛会。

其次,促进国民政府华侨教育事务管理臻于完备。是次会议为该年11月份由国民政府中央训练部召开的华侨教育会议提供了借鉴,前者审议通过的各议案,绝大多数被后者所采纳。会议通过的各项规章填补了民初华侨教育制度的不足,直接影响到民国政府华侨教育政策措施的出台,为其提供了蓝本。"据考,国民政府为发展华侨教育而制定了40多部法规,形成了较完整的华侨教育法规体系"[27],华侨教育被政府提到了前所未有的高度。

再次,从各个层面极大地促进了南洋华侨教育事业的发展。是次会议审议通过的各议决案对探讨克服华侨教育所面临的困难,统一与发展华侨教育,促进华侨民族觉悟,加强侨胞文化认同感,联系侨情,传播中华文化,提高华侨社会认同度以及适应能力,努力改善华侨的社会处境及社会地位,作出了重要贡献。华侨社会受到极大的鼓舞与支援,积极兴办各类华侨教育事业,掀起第三次海外兴学热潮。

最后,这次会议由国立暨南大学组织召集,体现了国立暨南大学这一"华侨最高学府"的特殊地位与办学特色。该校既是倡导者又是组织者,为华侨教育会议的召开贡献良多。通过此次会议,该校确立了在华侨教育界的地位,扩大了学校的影响,为其南洋文化事业部的完善提供了机遇。各界代表的支持与肯定以及会议的圆满结束推进了国立暨南大学开展华侨教育研究、调查南洋华侨情形、规划南洋教育事业、出版华侨刊物等一系列工作的进行。在该校的带领与宣传下,国内外华侨教育、华侨文化理论研究渐次兴起。

注释:

[1]黄昆章《论华人文化的适应、传承与改造》,《华侨华人历史研究》1998年第4期。

[2]张唐生《清政府与华侨教育》,《华侨教育》第1辑,1983年,第

34页。

[3]方建新、付建辉《国民政府时期南洋华侨教育的发展状况及原因》,《中国石油大学胜利学院学报》2006年第4期。

[4]国立暨南大学南洋文化事业部编《南洋华侨教育会议报告》,1930年,第22页。

[5]吴体仁编著《南洋各属之教育制度》,商务印书馆1938年版,第3页。

[6]朱敬先编著《华侨教育》,台湾中华书局1973年版,第2页。

[7]同[6]。

[8]陈雯登《华侨教育的本质》,《海外月刊》第5卷第2期。

[9]别必亮《承传与创新——近代华侨教育研究》,河北教育出版社2001年版,第18页。

[10]同[9]。

[11]钱鹤编《南洋华侨学校之调查与统计》,国立暨南大学南洋文化事业部印行,1930年,第491~524页。

[12]国立暨南大学秘书处编《国立暨南大学一览》,国立暨南大学印行,1930年,第68页。

[13]同[4]。

[14]《南洋文化教育事业部概况》,上海市档案馆:国立暨南大学档案全宗,Y8-1-925。

[15]张晓辉、夏泉等著《百年暨南史(1906—2006)》,暨南大学出版社2006年版。

[16]同[9]。

[17]同[6]。

[18]同[4],第11页。

[19]同[4],第21页。

[20]同[4],第8页。

[21]同[4],第21页。

[22]同[4],第94页。

[23]同[4],第27页。

[24]同[4],第 269 页。

[25]同[4],第 10 页。

[26]同[4],第 10 页。

[27]同[3]。

(《东南亚研究》2010 年第 6 期)